Matthias Vogt

PHILOSOPHIE

DÖRFLER
RATGEBER

Umschlagabbildungen von links nach rechts und von oben nach unten: Johannes Kepler/Bayer AG/Albert Camus/Symbolische Darstellung der Durchbrechung des mittelalterlichen Weltbildes/Friedrich Nietzsche/René Descartes/Umschlagfond: Aristoteles/Frontispiz: Philosophenmosaik aus Torre Annunziata

Genehmigte Lizenzausgabe für Edition DÖRFLER
im NEBEL VERLAG GmbH, Eggolsheim

Im Internet finden Sie unser Verlagsprogramm unter:
www.edition-doerfler.de

Vorwort 9

ÖSTLICHE PHILOSOPHIE

Indien 10
Veden 10 • Klassische Systeme 11 • Buddhismus 12

China 13
Konfuzianismus 14 • Taoismus 15

WESTLICHE PHILOSOPHIE

ANTIKE 16

Vorsokratiker 17
Milesier 18 • Thales von Milet 19 • Anaximander 20 • Anaximenes 21 Pythagoras 21 • Heraklit 24 • Eleaten 27 • Xenophanes 27 • Parmenides 28 Zenon 30 • Empedokles 31 • Anaxagoras 33 • Demokrit 34 • Sophisten 37 Protagoras 38 • Gorgias 40

Klassische Periode 41
Sokrates 42 • Sokratische Schulen 47 • Platon 48 • Aristoteles 55

Hellenismus und Rom 63
Stoa 63 • Zenon von Kition 68 • Kleanthes 68 • Chrysippos 68 • Panaitios von Rhodos 69 • Poseidonios von Apameia 69 • Seneca 70 • Epiktet 71 Marc Aurel 72 Epikur 73 • Skeptizismus 77 • Eklektizismus 79 • Cicero 80 Philon von Alexandria 81 • Neuplatonismus 82 • Plotin 84

MITTELALTER 88

Patristik 89
Clemens von Alexandria 92 • Origenes 93 • Augustinus 94

Scholastik 102
Frühscholastik 104 • Johannes Scotus Eriugena 105 • Anselm von Canterbury 106 • Pierre Abélard 108 • Hochscholastik 110 • Bonaventura 112 Albertus Magnus 112 • Thomas von Aquin 113 • Spätscholastik 120 Johannes Duns Scotus 121 • Wilhelm von Ockham 123 • Meister Eckart 126

Nichtchristliche Philosophie 128
Islamische Philosophie 129 • Jüdische Philosophie 131

NEUZEIT 133

Renaissance 133

Humanismus 135 • Nikolaus von Kues 138 • Marsilio Ficino 142 • Pico della Mirandola 143 • Michel De Montaigne 144 • Naturphilosophen 144 • Kopernikus 146 • Paracelsus 147 • Giordano Bruno 147 • Johannes Kepler 149 Galileo Galilei 150 • Francis Bacon 151 • Reformation 153 • Martin Luther 155 Jakob Böhme 156 • Staatsphilosophen 157

17. und 18. Jahrhundert 162

Rationalismus 163 • René Descartes 165 • Benedictus de Spinoza 168 Gottfried Wilhelm Leibniz 172 • Empirismus 175 • John Locke 176 George Berkeley 177 • David Hume 178 • Aufklärung 180 • Charles de Montesquieu 183 • François Marie Voltaire 183 • Enzyklopädisten 184 Jean-Jacques Rousseau 185 • Immanuel Kant 187

NEUESTE ZEIT 193

19. Jahrhundert 193

Glaubensphilosophen 197 • Romantik und Deutscher Idealismus 198 • Johann Gottlieb Fichte 199 • Friedrich W. J. Schelling 201 • Georg W. F. Hegel 204 Arthur Schopenhauer 208 • Materialismus 211 • Ludwig Feuerbach 212 Karl Marx 213 • Sören A. Kierkegaard 215 • Friedrich Nietzsche 217 • Positivismus 219 • Auguste Comte 220 • John Stuart Mill 221 • Pragmatismus 222

20. Jahrhundert 224 *von Günter Schulte*

Lebensphilosophie: Wilhelm Dilthey 225 • Henri Louis Bergson 226 Phänomenologie: Edmund Husserl 228 • Hermann Schmitz 229 • Existenzphilosophie: Karl Jaspers 230 • Albert Camus 231 • Jean-Paul Sartre 232 Martin Heidegger 235 • Marxismus: Ernst Bloch 237 • Kritische Theorie: Max Horkheimer 238 • Theodor W. Adorno 239 • Jürgen Habermas 240 Kritischer Rationalismus: Karl Raimund Popper 241 • Systemtheorie: Niklas Luhmann 243 • Analytische Philosophie: Bertrand Russell 244 • Ludwig Wittgenstein 245 • Strukturalismus: Ferdinand de Saussure 247 • Claude Lévi-Strauss 248 • Michel Foucault 249 • Postmoderne: Jean François Lyotard 250 Peter Sloterdijk 251

Quellen 254
Sachregister 255
Personenregister 260

Vorwort

Geburtsakt der Philosophie

Erschrocken starrt der Heide Schaf mich an,
als sähs in mir den ersten Menschenmann.
Sein Blick steckt an, wir stehen wie im Schlaf,
mir ist, ich sah zum ersten Mal ein Schaf.

Christian Morgenstern

Ob man auf diese Art, über das Staunen, zum Philosophen wird oder weil man typischen Kinderfragen wie »wieso gibt es die Erde, weshalb ist Gott lieb, warum muss ich sterben« nicht ausweichen will oder weil wir vielleicht mit Kants berühmten Fragen: »Was können wir wissen? Was sollen wir tun? Was dürfen wir glauben?« konfrontiert werden – immer ist es lohnend und hilfreich, Rüstzeug mitzubringen, und sei es nur, um bei passender Gelegenheit glänzen zu können. Denn, wie bereits der Begründer der modernen Philosophie, René Descartes, meinte: »Die Philosophie lehrt uns, mit einem Schein der Wahrheit über alles zu reden, und trägt uns die Bewunderung der weniger Gelehrten ein«.

Wie die meisten an Universitäten gelehrten Disziplinen, die, wie beispielsweise die Physik, die Soziologie oder die Ökonomie, fast durchweg frühere Teilbereiche der Philosophie sind, hat sich auch die »Weisheitsliebe« – so die Bedeutung dieses griechischen Wortes – immer mehr spezialisiert, das Feld immer mehr den Fachleuten, Professoren und Wissenschaftlern überlassen. Für einen Freund der Weisheit, der sich einen Überblick über das verschaffen möchte, worauf unsere Sicht der Welt beruht, wird es darum immer schwieriger, sich im Dschungel der Denkrichtungen zurecht zu finden. Wer findet noch Zeit und Muße, Originaltexte von Platon und Kant, Aristoteles und Nietzsche zu lesen, wer bringt die Geduld auf, akademischen Diskussionen über Hermeneutik und Phänomenologie zu folgen, geschweige denn weiß, worum es sich dabei überhaupt handelt? Für alle die, die sich trotzdem auf das Abenteuer des Denkens einlassen wollen oder zum Zwecke des Studiums müssen, wurde dieses Werk verfasst. Die Aufgabe war, in verständlichster und knappster Weise, jedoch ohne zu simplifizieren, durch 2500 Jahre Philosophiegeschichte zu führen. Das Ergebnis ist ein Handbuch, das durch seine Gliederung und ein umfangreiches Register auch dann noch zu Rate gezogen werden kann, wenn aus der Liebe zur Weisheit eine Lebenspartnerschaft wird. Entstanden ist eine Art chronologisch gegliedertes Lexikon, dessen Artikel über Philosophierichtungen, Philosophen und ihre Epochen vor allem aber dazu verführen soll, in diese faszinierende Materie tiefer einzudringen.

ÖSTLICHE PHILOSOPHIE

Indien

Die indische Philosophie wurde erst im 19. Jh. von den Europäern entdeckt und gerade auch wegen ihrer Fremdartigkeit begeistert aufgenommen. Ein Faszinosum war vor allem der Gedanke der Seelenwanderung, den das Abendland nicht kannte, ferner die große Traditionsgebundenheit sowie die Geringschätzung des Irdischen und des Verstandes zugunsten der Intuition. Vor allem bei Schopenhauer, aber auch bei Herder und Schelling, hat die indische Philosophie ihre Spuren hinterlassen. Sie lässt sich grob in die Zeit der Veden (15. Jh.–5. Jh. v. u. Z.), die Zeit der klassischen Systeme (5. Jh v. u. Z.–10. Jh. n. u. Z.), zu denen auch Jainismus und Buddhismus zählen, die Nachklassik (10. Jh.–19. Jh.) und Moderne (seit dem 19. Jh.) einteilen. Im Gegensatz zur westlichen Philosophie entsprechen diesen Perioden keine historischen Epochen in der Geschichte Indiens. Diese sei jedoch wenigstens kurz skizziert. Um 1500 v. u. Z. begannen die Arier von Nordwesten nach Indien einzuwandern. Sie verdrängten die ältere Induskultur und führten ihr Dreiklassensystem ein, das die Grundlage des Kastensystems bildet. Neben schon früh bestehenden Handelsverbindungen kam die indische Kultur erstmals im 4. Jh. v. u. Z. in größerem Maßstab in Berührung mit Europäern: Alexander der Große dehnte sein Reich 325 v. Chr. bis zum Indus aus. Sein Zerfall ermöglichte das Entstehen eines großen indischen Reichs im 3. Jh. v. u. Z. unter Ashoka, das jedoch auch nicht von Dauer war. Teilreiche kamen und gingen, erst fielen die Hunnen, dann die Türken ein, bis ab 711 Araber folgten, die den Islam mitbrachten und damit die alte Religion und Philosophie zurückdrängten. Erst im 17. Jh. gelang wieder eine weitgehende Vereinigung der Landesteile unter den Mogul-Kaisern. Im 19. Jh. wurde England Kolonialmacht und führte das Land 1947 in die Unabhängigkeit.

Veden

Das seit dem 15. Jh. v. u. Z. eindringende Volk der Arier schuf die in Sanskrit verfassten heiligen Schriften, die *Veden* (sanskr. = Wissen), vier Handbücher, *Rigveda, Samaveda, Yajurveda* und *Atharvaveda*, die Lobeshymnen, Gesänge, Opferformeln und Zauberformeln zum kultischen Gebrauch der vier Priester jeder Opferhandlung, den Brahmanen, enthalten und ungefähr den sechsfachen Umfang der Bibel haben. Im weiteren Sinne gehören zu ihnen jeweils auch noch theologische Texte, die *Brahmanas*, und zu diesen wiederum die zwischen dem 8. und 6. Jh. v. u. Z. entstandenen, philosophisch wichtigsten *Upanischaden* (sanskr. = Lehre für die, die »in der Nähe (des Meisters) sitzen«), über 100 in pessimistischem Grundton geschriebene Texte, von denen Schopenhauer sagte: »Es ist die belohnendste und erhebendste Lektüre, die in der Welt möglich ist«. In einem der ältesten Teile, den *Hymnen des Rigveda*, wird die indische Götterwelt geschildert, aus der Indra, der Kriegsgott hervorragt. Sie ähnelt in ihrer Menschlichkeit den griechischen Göttern und hat mit dem Gott des Juden- oder Christentums wenig gemein. Im *Rigveda* ist auch der indische Schöpfungsmythos zu finden, nach dem aus einer Art Chaos, entsprechend dem *apeiron* der Vorsokratiker, durch die auch dem Menschen eigene innere Kraft, dem *tapas*, »das Eine« entstand, aus dem wiederum Licht und Dunkel, Himmel und Erde und auch die Götter hervorgingen. Die philosophischen Lehren in den *Upanischaden* sind heterogen. Am bedeutendsten ist diejenige von »Brahman«, dem Urgrund alles Seins, der Weltseele, und »Atman«, dem Selbst, einer Art Seele des einzelnen Menschen. Dieser wird gemäß seines Karma, den Werken, in neuer Gestalt, die auch die eines Tieres sein kann, wiedergeboren. Da Leben Leiden ist und immer wieder mit dem Tod endet, muss man nach einer Unterbrechung dieses ewigen Kreislaufes, nach Erlösung streben. Erreichbar ist dies durch Askese und Wissen, das Wissen um die Einheit des »Atman« mit dem »Brahman«, um die eigene Seele als Teil des Weltprinzips. Da alles Äußerliche nur *maya*, Illusion ist, ist die Kenntnis davon völlig vernachlässigbar, empirische Wissenschaften können keine Rolle spielen.

Klassische Systeme

Die klassische Zeit der indischen Philosophie begann im Anschluss an die Formulierung der *Upanischaden*, etwa 100 Jahre vor der klassischen griechischen Philosophie, die bereits vor Alexander dem Großen durch weiträumige Handelsbeziehungen Kenntnis nicht nur von der vorderasiatischen, sondern auch von der indischen Philosophie hatte. In der nun beginnenden Periode erreichten die Veden auch breitere Bevölkerungskreise, was zur Ausbildung verschiedenster Systeme führte, die sie – wie die sechs orthodoxen Systeme – entweder als Offenbarung ansehen oder – wie der Buddhismus und der Jainismus – deren Einzigartigkeit ablehnen. Dabei ergeben sich erstaunliche Parallelen zu griechischen Ansichten: So existiert in einem aus den zwei orthodoxen Systemen Nyaya und Vaisheshika entstandenen System eine dem Aristoteles vergleichbare Kategorienlehre und andere logische Denkformen, wie der Syllogismus. Und auch der Atomismus, die Lehre von der Zusammensetzung der Dinge aus unzerstörbaren Atomen, ist keine alleinige Erfindung der Griechen, sondern war auch Teil der Naturphilosophie des Vaisheshika. Das Samkhya, das dritte der sechs orthodoxen Systeme, geht von einem dualistischen Weltbild aus, einer Welt aus Geist und Materie, die selbst im Menschen nur scheinbar verbunden sind. Dabei ist Purusha der passive, mit Bewusstsein ausgestattete Geist, und Prakriti die aktive, unbewusste Materie, in der drei Entwicklungskräfte wirken, durch deren Bewegung die 24 Grundelemente der natürlichen Welt entstehen. Das bekannteste System, der Yoga, baut auf dem Samkhya auf und konzentriert sich auf die Methoden, durch die eine Befreiung von der Materie möglich wird - der Grundlage zur Erlösung aus dem ewigen Kreislauf der Wiedergeburten. Diese wird über acht Stufen erreicht, die von der Einhaltung moralischer Gebote über die richtige Körperhaltung, Atemkontrolle und Meditation bis zur Versenkung, der Vereinigung des Geistes mit dem Göttlichen, reichen. Die wichtigste philosophische Schule Indiens ist der Vedanta, das »Ende der Veden«, gemeint sind also die *Upanischaden*. Wie auch bei den anderen Systemen werden beim Vedanta einzelne Denker greifbar, so der größte Philosoph Indiens, Shankara (788–820), der im Gegensatz zum Samkhya einen absoluten Monismus lehrt, die Existenz nur eines Prinzips, das aufs Ganze bezogen Brahman und im Einzelnen Atman heißt. Im Umkehrschluss bedeutet das, dass Shankara die empirisch feststellbare Vielheit der Dinge leugnet, sie nur für Illusionen, für *maya* hält, für eine Verblendung durch das Nichtwissen. Das sechste der orthodoxen Systeme, die Mimamsa, schließlich sieht ihre wichtigste Aufgabe in dem Erstellen von Regeln zur Auslegung der Veden.

Aum (Om) – diese Silbe, geschrieben in Sanskrit, versinnbildlicht das unbenennbare Absolute.

Buddhismus

Wahrscheinlich im Zusammenhang mit der Samkhyar-Philosophie entstand eine der großen Weltreligionen, der Buddhismus, der im Gegensatz zu den drei monotheistischen Religionen, Judentum, Christentum und Islam, keinen ewigen Gott kennt und daher auch als atheistisch bezeichnet wird. Aus der Wiege hob die sie prägende Philosophie ihr Namensgeber, der Fürstensohn Siddharta Gautama (um 560–480 v. u. Z.), der sich nach seiner Erleuchtung selbst Buddha (sanskr. = der Erleuchtete) nannte. Da es kein dauerhaftes Sein, sondern nur Werden und Vergehen gibt, sind die Daseinsfaktoren, aus denen sich die belebten und unbelebten Dinge zusammensetzen keine geistigen oder materiellen Substanzen, sondern unbeständige Eigenschaften und Zustände, die in die fünf Gruppen Körperliches, Empfindungen, Unterscheidungen, Triebkräfte und Bewusstseinsakte eingeteilt werden. Wie in den Upanischaden gibt es eine ewige Wiedergeburtskette, in der durch das Karma die Taten vergolten werden. Auch beim Buddhismus besteht nun das Ziel darin, den Kreislauf durch Wissen, hier durch die aufeinander aufbauenden »vier edlen Wahrheiten« zu unterbrechen. Sie lauten: Alles Dasein ist leidvoll; Ursache des Leidens ist der Lebensdurst; die Befreiung vom Leiden ist das Auslöschen des Lebensdurstes; zur Aufhebung des Lebensdurstes führt der »edle achtfache Pfad«. Ähnlich, aber abstrakter als die zehn Gebote, bildet dieser Pfad – acht Regeln – einen Leitfaden fürs Leben. Statt »du sollst nicht« werden hier rechte Anschauung, rechte Gesinnung, rechtes Reden, rechtes Handeln, rechter Lebensunterhalt, rechtes Streben, rechtes Überdenken und rechtes Sich-Versenken zur Voraussetzung der Erlösung, die aus dem Eingehen ins Nirvana (sanskr. = Verwehen) und dem Abbruch der Wiedergeburten besteht. Um die Zeitenwende spaltete sich der Buddhismus in eine Richtung, in der Buddha als Gott verehrt wurde und eine, die an der einfachen Lehre festhielt. Heute bestehen vor allem in Asien zahlreiche Systeme buddhistischer Philosophie.

China

Die chinesische Philosophie ist im Gegensatz zur indischen sehr viel stärker am Leben des einzelnen Menschen und der Gruppe – Familie und Staat – ausgerichtet, an deren Handeln und Verhalten, an Moral und Ethik. Die für Indien so typischen Fragen nach dem, woher wir kommen und wohin wir gehen, also Vergangenheit und Zukunft treten hier zugunsten der Gegenwart in den Hintergrund. Gemeinsam ist allen chinesischen Philosophierichtungen außerdem das Streben nach Harmonie zwischen Mensch, Natur und Kosmos. Darum haben Extreme keinen Platz, gibt es gegensätzliche Prinzipien, so wird eine Synthese versucht. Die drei wichtigsten chinesischen Philosophierichtungen, Konfuzianismus, Taoismus und Mohismus, eine Nützlichkeitsphilosophie mit dem Motto »Die allgemeine Wohlfahrt fördern und das Übel bekämpfen«, entstanden im chinesischen Altertum, das bis etwa 200 v. u. Z. dauerte, dem Datum einer Vereinigung der sechs chinesischen Staaten zu einem Kaiserreich durch Cheng, den König von Ch'in. In den 1200 Jahren des daran anschließenden Mittelalters, in dem China seine größte Machtfülle erreichte, beherrschten, begünstigt durch die kulturelle und geographische Isolierung Chinas, weiterhin die beiden ältesten Lehren das Denken. Sie wurden erst zu einer Weiterentwicklung gedrängt, als ihnen – vom Kaiser begünstigt – mit dem indischen Buddhismus erstmals ein ernst zu nehmender Konkurrent erwuchs. Den Sieg trug der Neu-Konfuzianismus davon, der die Geschichte der neueren chinesischen Philosophie fortan beherrschte. Auch wenn bereits im 13. Jh. europäische Händler bis ins Reich des Himmels vordrangen, wurde das chinesische Denken erstmals durch Leibniz (1646–1716) gewürdigt. A la mode wurde es kurze Zeit später, als ganze Schiffsladungen mit chinesischem Porzellan die europäischen Höfe überfluteten und sich namentlich Wolff, Diderot, Voltaire und Goethe mit dem Fernen Osten auseinandersetzten.

Konfuzianismus

Ältere Überlieferungen wurden von dem »Meister aus dem Geschlecht Kung«, auf chinesisch Kung-fu-tse (551–479 v. u. Z.), latinisiert Konfuzius, gesammelt, der, ähnlich Platon und Aristoteles, seine eigene Schule gründete und im Alter noch Justizminister seines Landes wurde. Diese Sammlungen veröffentlichte er in den fünf kanonischen Büchern *Ging*, dessen erstes, das *I Ging* oder *Buch der Wandlungen* vielleicht das älteste erhaltene philosophische Dokument und unter den fünf das bedeutsamste ist. Es enthält auch schon die Lehre von den zwei entgegengesetzten Prinzipien Yin – weiblich, weich, dunkel, passiv – und Yang – männlich, fest, hell, aktiv –, die für Entstehung und Wandel aller Dinge wirksam seien. Vier weitere, die nicht von ihm verfassten »klassischen Bücher«, enthalten seine eigene Lehre oder die seiner Schüler. Wie Sokrates vermittelte Konfuzius seine der Lebenspraxis gewidmete Lehre nur mündlich. »Was du selbst nicht wünschst, tu nicht den andern!« – diese später bei Kant ins Positive gewendete Regel ist nur einer von vielen Verhaltensgrundsätzen und moralischen Geboten, aus denen der Konfuzianismus besteht. In Menschlichkeit, Rechtschaffenheit, Schicklichkeit, Weisheit und Loyalität, den fünf grundlegenden Tugenden, sieht er sein Ideal, dessen Erlangung vor allem in einer entsprechenden Erziehung gründet, bei der neben dem Erlernen seines Verhaltenskodex' auf die Vermittlung von Literatur und Musik ein besonderer Akzent gesetzt wird. Was für den normalen Bürger gilt, gilt verstärkt für die Regierenden, die mit ihrem Beispiel, nicht durch Gesetze oder Gewalt, die Ordnung im Staat sicher stellen. Ein Staat, der die nüchterne, konservative, auf Ausgleich bedachte Lehre des Konfuzius so sehr schätzte, dass sie unter der Han-Dynastie (206 v. u. Z.–220 n. u. Z.) zur Staatsphilosophie wurde und es bis 1911 blieb. Die Folge: Eine Weiterentwicklung war nicht nötig, die Lehre erstarrte in Ritualen. Erst das allmähliche Erstarken des im 1. Jh. n. u. Z. nach China gelangten und dem chinesischen Denken so fremden Buddhismus bewirkte eine Aktualisierung. Zhu Xi (1130–1200), bedeutendster Philosoph des in drei Epochen – entsprechend den Regierungszeiten der herrschenden Dynastien Sung, Ming und Qing – eingeteilten Neu-Konfuzianismus und in seiner Nutzbarmachung und

Aktualisierung klassischer Schriften Thomas von Aquin vergleichbar, vertrat eine rationalistische Position, die in dem Dualismus aus Weltvernunft Li und Materie Qi, ähnlich Yin und Yang, ihre Grundbegriffe hat. Li ist das Frühere, aber gleichzeitig auch in Qi enthalten. Die Vernunft, Li, ist die Wurzel, die Materie, Qi, der Stoff, aus dem die Dinge sind. Mit der Revolution von 1911 verlor der Konfuzianismus seine Stellung an die neue Staatsdoktrin: den Kommunismus.

Taoismus

Während es keinen Zweifel daran gibt, dass Konfuzius eine historische Person ist, lässt sich dies nicht für den Begründer der anderen großen Richtung in der chinesischen Philosophie, für »den alten Meister«, Lao Tse, so der Beiname, unter dem Ri Li bekannt wurde, sagen. Wenn er gelebt hat, dann traditionell eine Generation vor Konfuzius, den er einmal getroffen haben soll, wahrscheinlicher aber im 4./3. Jh. v. u. Z. Sein Werk oder besser das Werk, in dem die Philosophie des Taoismus beschrieben wird, ist das *Tao Te King*, das Buch vom Weg (Tao) und der Tugend. »Des Menschen Richtmaß ist die Erde, der Erde Richtmaß ist der Himmel, des Himmels Richtmaß ist Tao, des Tao Richtmaß ist es selbst« – Tao kann außer mit »Weg« auch mit »Vernunft« übersetzt werden und meint den Urgrund der Welt. Seine Eigenschaften, dass es unbegreiflich, namenlos und unbeschreibbar ist, macht es zu einem dem abendländischen Absoluten – etwa bei Hegel – vergleichbaren Prinzip, dessen Wirken man nur indirekt in den Gesetzen der Natur erkennen kann. Erhebt sich der Taoismus damit auch auf eine für die chinesische Philosophie ungewöhnlich abstrakte, metaphysische Ebene, so wird er doch auch wieder ganz praktisch, wenn es darum geht, dass der Mensch sich vom Tao führen lassen soll. Er muss sein Selbst loslassen, Selbstlosigkeit »ist des Himmels Weg«. Er muss, darin ist der Taoismus der indischen Lehre verwandt, die Wertlosigkeit aller Dinge erkennen und alle unnötigen Eingriffe in das Geschehen unterlassen, die Mitte zwischen Handeln und Askese finden. Der Weise muss »bewirken, ohne zu handeln, belehren, ohne zu reden«. Daraus ergibt sich eine Ethik der Einfachheit, in der der Weise lebt: »Der vollkommene Mensch wünscht, nicht zu wünschen, und schätzt nicht schwer zu erlangende Güter ...« Durch Nicht-Tun, nur durch die Ausstrahlung von Ruhe und Tugend, muss der Fürst regieren und danach streben, das Tao in seinem Reich zur Herrschaft zu bringen, denn wo es herrscht, herrscht der Friede. Die Strenge und Einfachheit des Taoismus fand weit weniger Anklang als die Lehre des Konfuzius und verwässerte mit der Zeit. Im 5. Jh. n. u. Z. beeinflusste der Taoismus die Entstehung des Zen-Buddhismus, während am anderen Ende der bekannten Welt, in Europa, gerade mit dem Altertum die erste Epoche der abendländischen Philosophie zu Ende ging.

WESTLICHE PHILOSOPHIE

ANTIKE

Vieles an der Geschichte der westlichen Philosophie wird klarer, wenn dabei nicht die politische Geschichte aus dem Auge verloren wird – ein Satz, der auch in seiner Umkehrung gelten kann. Denn beider Akteure sind Menschen, deren Lebens- und damit Denkbedingungen immer auch den historischen Umständen unterworfen sind. Darum werden – wenn auch nur als Gerüst – wenigstens die großen Epochen der Weltgeschichte, Antike, Mittelalter, Neuzeit und Neueste Zeit in eigenen Abschnitten dargestellt, soweit sie die Bühne für die hier handelnden oder besser: denkenden Figuren abgeben, darum wird auf die historische Kulisse auch bei den Lebensbeschreibungen der Philosophen da Wert gelegt, wo sie eine besondere Rolle spielt. Aus dem Blickwinkel der Philosophie beginnt die Geschichte mit den griechischen Kolonien an den Küsten des Mittelmeers. Hier begegnen sich durch den Handel die Kulturen, hier beginnt im 6. Jh. v. Chr. durch die Vorsokratiker die geistige Wende »vom Mythos zum Logos«, von der Erklärung der Welt durch Mythen und Götter zu der Suche nach rationalen, natürlichen Begründungen für die uns umgebende Wirklichkeit. Griechenland besteht zu dieser Zeit aus zahlreichen Stadtstaaten, die untereinander, aber auch gegen Phönizier und Perser kämpfen. Politische und wirtschaftliche Erfolge lassen vor allem Athen, neben Sparta die wichtigste Stadt auf griechischem Boden, prosperieren und zu einer kulturellen Blüte führen, die in der Klassischen Periode der Philosophie ihren Ausdruck findet. Profiteur von Philosophie – Aristoteles war sein

Raffaels Fresko *Die Schule von Athen* in der Stanza della Segnatura im Vatikan zeigt viele Philosophen mit Gesichtszügen seiner Zeitgenossen. So im Zentrum den bärtigen Leonardo da Vinci als Platon im Gespräch mit Aristoteles.

Lehrer – und Uneinigkeit der Griechen war Alexander der Große, dem es gelang, ein Weltreich zu erobern, das bis nach Indien reichte, und dort die griechische Kultur zu etablieren, die unter seinen Nachfolgern, den Diadochen, für die nächsten 300 Jahre als Hellenismus überall den Ton angibt. Fast gleichzeitig war es den Römern von Italien aus geglückt, den westlichen Mittelmeerraum zu unterwerfen. Für beide, Römer und Griechen, kam mit der Zeitenwende die Zäsur: nicht wegen der Geburt Christi, deren Auswirkungen damals von Niemandem zu ermessen waren, sondern wegen des Übergangs der römischen Staatsform von der Republik zur Monarchie und dem Fall des letzten Diadochenreichs, Ägyptens, durch den Sieg des ersten römischen Kaisers, Augustus, über die letzte Pharaonin, Kleopatra. Ihre Hauptstadt Alexandria bleibt kulturelles Zentrum im östlichen Mittelmeerraum. Von nun an dominierte das Reich der Römer die westliche Welt, wuchs weitere 100 Jahre bevor es, überrannt durch asiatische Völker, geschwächt durch soziale Spannungen und die Teilung in West- und Oströmisches Reich mit der Hauptstadt Konstantinopel, in seiner alten Form im Jahre 476 zusammenbricht. Der Vorhang fällt, die Antike endet, das Mittelalter beginnt.

Vorsokratiker

Vieles von dem, was die westlichen Philosophen in den anderthalb Jahrhunderten vor Sokrates dachten, wird wohl für immer unbekannt bleiben. Von keinem Vorsokratiker ist das Werk oder auch nur eine einzelne Schrift vollständig erhalten. Es existieren nur rare Bruchstücke, Fragmente. Sie haben ihre Gedanken zwar in Büchern festgehalten, deren manuelle Vervielfältigung war jedoch mühsam, ihr Material vergänglich. In den letzten 100 Jahren wurden von den Archäologen so gut wie keine authentischen Worte gefunden. Warum wir dennoch relativ viel von ihren Lehren wissen, liegt daran, dass sie zitiert und kommentiert wurden. So ist es möglich, die bekannten Namen, deren heute gebräuchliche und hier auch so verwendete Schreibweise französischen Ursprungs ist, in Zusammenhänge zu bringen. Zuerst die Milesier, die wie fast alle Vorsokratiker über die Entstehung und den Aufbau der Welt nachdachten und den Urgrund aller Dinge in einem Urstoff zu finden glaubten. Dann Pythagoras und die Pythagoreer, deren Welterklärung auf der Zahl aufbaut. Wie die Milesier auch aus Ionien stammend, aber ein Einzelgänger, war Heraklit, der mit der schwer zu deutenden Tiefe seiner Aussagen seinen beiden großen Verehrern des 19. Jh., Hegel und Nietzsche, vorausging. Wie den Milesiern Milet, ist auch den Eleaten ihre Heimat, Eleas, gemeinsam, ebenso aber auch ihr Beharren auf einem einzigen unwandelbaren Sein und dem Verleugnen von Werden und Vergehen. Manche zählen zu ihnen auch noch

Empedokles, obwohl seine Heimat Agrigent war. Werden und Vergehen negierte auch Anaxagoras, der als erster Philosoph in jener Stadt lebte, die wir am ehesten mit antiker Philosophie verbinden: Athen. Für unser modernes Denken vielleicht am bedeutsamsten sind jedoch Demokrit und die Atomisten, die erstaunlicherweise die damals noch völlig unbeweisbare Lehre von den Atomen als eine Art Synthese von eleatischen und heraklitischen Ansichten entwickelten. War dies alles noch hauptsächlich Naturphilosophie – Naturwissenschaften und Philosophie waren noch eins –, kümmerten sich erstmals die Sophisten erklärtermaßen um den Menschen. Ihn verlor die Philosophie von da an nie mehr aus den Augen, so wie es bis heute kaum einen Gedanken gibt, den die Vorsokratiker nicht wenigstens einmal angerissen hätten, sofern er nicht auf historischen Gegebenheiten beruht, deren Vorhersage eines Sehers, nicht eines Vorsokratikers bedurft hätte.

Milesier

Entlang der Mittelmeerküste der heutigen Türkei hatten Ionier, ein griechischer Stamm, zwölf Küstenstädte gegründet, in denen die Waren, die über die Karawanenstraßen aus dem Inneren Asiens bis dorthin gelangten, auf Schiffe umgeladen wurden, um mit diesen nach Griechenland zu segeln. Die Bürger dieser Städte vermittelten jedoch nicht nur Waren zwischen Asien und Europa, sondern auch Wissen und Techniken. Auf diesem Wege kamen beispielsweise Münzen und Gewichte, die Astronomie und der Kalender in viele von Griechen besiedelte Orte Europas. Die südlichste und reichste der zwölf Städte war Milet, im 11. Jh. v. Chr. gegründet und heute, nach der Versandung des Hafens im Mittelalter, als Dorf noch immer existent.

In dieser Handelsmetropole, ausgezeichnet durch ihre Lage zwischen Orient und Okzident, erlebte das 6. Jh. v. Chr. die Geburt der griechischen Wissenschaften. Durch Hektaios entstand dort das erste Geschichtswerk der griechischen Literatur. Und die ersten drei bekannten Philosophen, Thales, Anaximander und Anaximenes lebten hier. Sie nannten sich selber nicht Philosophen, sondern eher so, wie sie Aristoteles bezeichnete: *physiologoi*, Naturwissenschaftler.

Diese drei, kurz auch »Milesier« genannt, machten den entscheidenden Schritt über die alten Mythologien hinaus und bereiteten den Boden für Wissenschaft und Philosophie. Sie sind Naturphilosophen, sie fragen, wie sich die Entstehung der Welt und das Geschehen in der Welt begreifen lässt. Es geht ihnen um das Wesen der Wirklichkeit, kurz gesagt um die Natur, nicht um den Weg der Erkenntnis wie später Platon. Alle drei waren Materialisten, für jeden von ihnen bestand die Welt aus jeweils einem anderen Grundstoff: Wasser, Luft oder dem *apeiron*. Alles Seiende bestand aus diesem Urstoff oder Urprinzip.

Trotz dieser für uns und sicher auch schon für die Philosophen der klassischen Periode – Sokrates, Platon und Aristoteles – einfachen Erklärungsansätze ist ihre Bedeutung gar nicht hoch genug zu schätzen. Denn sie sind die ersten westlichen Denker, die mit naturwissenschaftlichem Denken etwas zu erfassen suchen, das – so die bis dahin gültige Meinung – mythologische, mystische Ursachen hat.

THALES VON MILET *(um 630 v. Chr. in Milet (?) – um 546 v. Chr. in Milet (?))*

Thales, als erster westlicher Philosoph der Geschichte gefeiert, ist als Person kaum greifbar. Er lebte im kleinasiatischen Milet, einer griechischen Siedlung, und war wohl Kaufmann. Als solcher bereiste er wahrscheinlich Ägypten und kam dort und im Kontakt zu anderen Händlern aus dem Osten, aus Persien, Babylonien und Syrien, vermutlich mit dem in Berührung, was man später als Philosophie und Naturwissenschaften bezeichnete. Details aus seinem Leben sind nur als Anekdoten bekannt. So die Geschichte, die Platon erzählt: Thales sei, während er vertieft in astronomische Betrachtungen nach oben blickte, in eine Zisterne gefallen. Darauf habe eine Magd spottend gesagt: Er bemühe sich zwar, den Himmel zu ergründen, bemerke dabei aber nicht, was vor seinen Füßen liege. Eine andere Geschichte zeigt ebenfalls, dass er schon zu Lebzeiten als weltfremder Theoretiker gesehen wurde, aber tatsächlich durch seinen Verstand Erfolg im täglichen Leben hatte. Er soll nämlich, als man ihm seine Armut und nutzlose Philosophie vorwarf, in weiser Voraussicht einer durch den Verstand vorausgesehenen reichen Olivenernte sämtliche Ölmühlen schon im Winter für wenig Geld gepachtet und dann für viel Geld weitervermietet haben, als die reiche Ernte wirklich eintraf. Diese Verbindung von Theorie und Praxis spiegelt sich noch in zahlreichen weiteren antiken Anekdoten über Thales wider.

Platon ist auch der Gewährsmann für den Stellenwert, den man Thales schon in der Antike beimaß. Er bezeichnet ihn als den ersten der sieben Weisen.

Die sieben Weisen

Thales gehört gemäß Platons Dialog *Protagoras* zu den sieben Weisen, sieben Staatsmännern aus dem 7. und 6. Jh. v. Chr., die vor allem wegen ihrer Lebensregeln bekannt sind: »Alles zur rechten Zeit« (Pittakos von Mytilene), »Die meisten Menschen sind böse« (Bias von Briene), »Alles mit Maß« (Solon von Athen) und »Erkenne dich selbst« (Thales von Milet).

»Erkenne dich selbst«, so lautete auch die Inschrift des Apollontempels in Delphi. Dieser Spruch galt als göttliche Rechtfertigung der Philosophie.

Am bedeutendsten griechischen Heiligtum war der Spruch des Thales: »gnothi sauton« – Erkenne dich selbst – angebracht.

Wie durch spätere antike Philosophen und Philosophiehistoriker überliefert wurde – von Thales sind keine Schriften erhalten –, war er der Ansicht, dass die Welt von Wasser umgeben und letztlich aus Wasser geboren sei. Die Analogie zu den Gewässern der Mythologie, den die Welt umfließenden mythischen Urstrom und den Totenfluss Styx, lässt erkennen, wie nahe Thales in seiner Naturdeutung noch der Volksreligion, die er mit der Muttermilch eingesogen hatte, ist. Dennoch brach er mit mythologischen Traditionen, die alles mit Göttern und Geistern erklärten, und kam zu einer naturalistischen, wissenschaftlichen Perspektive, die ihm letztlich ermöglichte, eine Sonnenfinsternis für den 28.5.585 v. Chr. genau vorherzusagen. Thales beschäftigte sich mit Magnetismus und ermittelte, so die Überlieferung, die Höhe der ägyptischen Pyramiden durch Messung ihres Schattens zu einer bestimmten Tageszeit. Für die Nilüberschwemmungen fand er natürliche Ursachen und versuchte die Passatwinde zu berechnen, was ihm jedoch nicht gelang. Trotzdem sah er noch ganz traditionell die Wirklichkeit mit Göttern bevölkert, die für ihn natürlich auch aus Wasser bestanden. »Gott«, so wird eine Aussage von ihm überliefert, »ist das, was weder Anfang noch Ende hat.« Wie auch bei den anderen Milesiern und den Vorsokratikern im Allgemeinen steht die Ethik, die sittliche Lehre, in seinem Denken nicht an vorderster Stelle, sie wird eher stiefmütterlich behandelt. Erwähnenswert ist sein Grundsatz, dass tugendhaft handle, wer »niemals das tue, was er an anderen verurteile«. Eine Regel, die in der Philosophie nach ihm in abgewandelter und ergänzter Form, so beispielsweise auch bei Kant, immer wieder auftaucht.

Anaximander *(um 610 v. Chr. in Milet (?) – 545/6 v. Chr. in Milet (?))*

Chronologisch und der Bedeutung nach war Anaximander der zweite der drei berühmten Milesier. Von seinem Werk ist im Gegenteil zu Thales, dessen Schüler er möglicherweise war, zwar kein materielles Fragment, aber immerhin ein Zitat einer Textpassage erhalten. Damit ist er der erste abendländische Philosoph, von dem man mit absoluter Sicherheit weiß.

Konnte Thales noch nicht klären, warum gerade das Wasser der Urstoff aller anderen Stoffe sein soll und wie dessen Umwandlung in die wahrnehmbaren Dinge erfolgt, gibt Anaximander darauf eine Antwort: Als Ursprung, Grundbestandteil und Urgrund des Universums bestimmt er etwas nicht Wahrnehmbares, das *apeiron.* Ein griechischer Begriff, der »das Grenzenlose«, der Urgrund aller ungeformten Dinge bedeutet. Damit hat er erstmals etwas nicht Wahrnehmbares und Unbestimmtes als seiend postuliert, um damit wahrnehmbare Phänomene zu erklären versucht. Das *apeiron* hat göttliche Eigenschaften. Es ist nichtalternd und unsterblich, ebenso wie die Götter in den Mythen. Durch Rotation wurden aus dem *apeiron* Gegensätze, Kaltes und Warmes, Trockenes und Feuchtes, es entstand die Erde, die zuerst flüssig war und dann trocknete, es bildete sich erst die unbelebte, dann die belebte Natur. Der Mensch schließlich entstand nach Anaximander aus einem fischähnlichen Wesen – eine evolutionistische Betrachtung der Entwicklung des Menschen vor über 2500 Jahren! Die Erde steht im Mittelpunkt, die Himmelskreise umgeben sie konzentrisch, sie befindet sich im Zustand eines stabilen Gleichgewichts. Das *apeiron* erhält keinen Namen, es bleibt abstrakt und lenkt die Welt nicht wie die Götter, sondern durch ein rational erfassbares Gesetz, das Anaximander in dem erhaltenen Fragment so beschreibt: »Woraus die Dinge entstehen, dahinein vergehen sie auch mit Notwendigkeit; denn sie zahlen einander Recht und Ausgleich für ihr Unrecht, nach der Ordnung der Zeit«. Mal überwiegt das eine, mal das andere, alles ist in Veränderung begriffen, aber letztlich immer in Harmonie. Alle Kräfte sind gleichrangig, demokratisch und nicht wie in der Mythologie oder der Monarchie hierarchisch geordnet. Am Beispiel von Tag und Nacht bedeutet das: Der Tag nimmt sich mehr Raum, ist also im Unrecht, die Zeit setzt fest, wie lange er im Unrecht bleiben darf und gewährt dem Unterlegenen, der im Recht ist, also der Nacht, dafür wieder Ausgleich. Diese nimmt sich immer mehr und muss deswegen nach einiger Zeit wieder dem Tag geben. Tag und Nacht und die Jahreszeiten, die zyklischen Perioden der Natur, standen wohl Pate für diese Betrachtung.

Von Anaximander soll außerdem die erste Erdkarte stammen. Auf ihr ist die Erdfläche symmetrisch angeordnet und das von Wasser umgebene, runde Festland teilt sich in zwei identische Hälften: Asien und Europa.

ANAXIMENES *(um 575 v. Chr. in Milet (?) – 525 v. Chr. in Milet (?))*

Anaximenes war wahrscheinlich Schüler von Anaximander und in Rang und Chronologie der dritte der milesischen Naturphilosophen. Auch von seinem Leben ist nichts bekannt, von seinen Schriften nichts erhalten, nur über die antiken Philosophiehistoriker ist etwas von seinem Denken überliefert.

Da Anaximenes das nicht fassbare *apeiron* seines Lehrers Anaximander und auch das Wasser des Thales als Grundstoff ablehnt, findet er diesen in der Luft. Denn mit ihr lässt sich erklären, wie aus dem Grundstoff die anderen Elemente entstanden: Das Wasser beispielsweise durch Verdichtung der Luft – so glaubt er es im Falle des Regens zu beobachten und nutzt damit Analogieschlüsse. Durch Verdünnung der Luft dagegen entsteht das Feuer. Alles ist nur eine Frage der Dichte, eine rein quantitative Frage – ein erster Schritt in Richtung Naturwissenschaften!

Bei allem darf jedoch nicht vergessen werden, dass Anaximenes noch nicht jene Vorstellung von Luft als aus Atomen zusammengesetzte Materie hatte, wie wir sie heute als selbstverständlich voraussetzen. Für ihn ist Luft noch etwas Unbestimmtes, fast wie das *apeiron*. So ist sie für ihn auch, als belebender Atem, die Seele.

Pythagoras *(um 575/70 v. Chr. auf Samos (?) – um 500 v. Chr. in Metapontum (?))*

Der wahrscheinlich auf Samos geborene Pythagoras ist den meisten sicherlich als Mathematiker ein Begriff. Von ihm stammt der berühmte Satz: »Das Quadrat über der längsten Seite eines rechtwinkligen Dreiecks ist gleich der Summe aus dem Quadrat der beiden anderen Seiten.« Doch diese starre Trennung von Philosophie und Mathematik gab es zu seiner Zeit noch nicht. Pythagoras galt als Philosoph, als »Wissenliebender«, der sich mit Mathematik beschäftigt. Er war übrigens der Erste, der sich auch selber als solcher sah. Auf die Frage, ob er ein Weiser, ein *sophos* sei, antwortete er: »Nein, ich liebe nur das Wissen!«

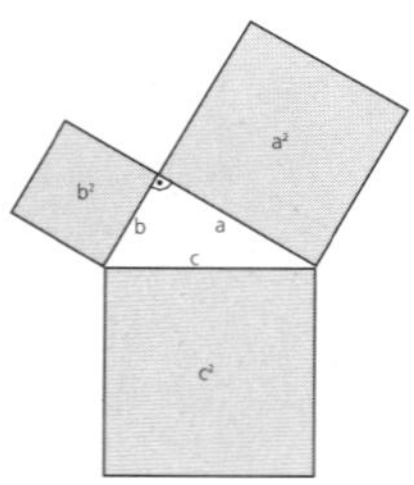

Satz des Pythagoras: $a^2 + b^2 = c^2$

Von seinem Leben sind im Wesentlichen – neben vielen Legenden – noch folgende Fakten überliefert: Etwa fünfzigjährig musste er wegen der Herrschaft des Tyrannen Polykrates, dem Schiller in seiner Ballade *Der Ring des Polykrates* ein Denkmal gesetzt hat, nach Kroton, heute Cotrone, in Süditalien fliehen; wahrscheinlich hatte er vorher schon Ägypten und den Orient besucht. In Kroton gründete er eine aus Männern und Frauen bestehende philosophisch-religiöse Gemeinschaft mit zeitweise bedeutendem politischen Einfluss. Laut Platon hatte er dort »… den Vorsitz über eine Gruppe von Anhängern, die ihn wegen seiner inspirierenden Gesellschaft liebten und ihren Nachkommen eine Lebensweise nahe brachten, die die Pythagoreer bis zum heutigen Tag vom Rest der Welt unterscheidet.« Er wurde jedoch gestürzt und floh ins ebenfalls in Süditalien gelegene Metapontum. Seine Schule in Kroton, die unter seinen Adepten noch größeren Einfluss gewann, bestand etwa 200 Jahre und verkörperte die Verbindung von Philosophie und Religion in einer abgeschlossenen Gemeinschaft. Mitglieder mussten bei der Aufnahme geloben,

Feuer, Erde, Luft, Himmel und Wasser bestehen für Platon jeweils aus Polyedern, den »Platonischen Körpern«.

enthaltsam und bescheiden zu leben, kein Tier zu töten, es sei denn zur Verteidigung, und jeden Abend ihr Gewissen zu prüfen. Ein fünfjähriges Studium der Musik, Heilkunde, Gymnastik und Wissenschaft war Pflicht. Ihre bedeutendsten Schüler emigrierten Mitte des 5. Jh. v. Chr. nach Griechenland. Dadurch spalteten sich die Pythagoreer in zwei Richtungen, in die Orthodoxen, genannt »die Hörer«, und in die in ihrem Einfluss auf die weitere Entwicklung – und das Wiederaufleben pythagoreischen Denkens in der römischen Kaiserzeit – bedeutenderen »Forschenden«. Mit dem Neupythagoreismus findet diese philosophisch-religiöse Denkrichtung im 2. Jh. n. Chr. ihr Ende.

Da von Pythagoras keine Zeile überliefert ist und einzelne Gedanken weder ihm noch seinen Schülern genau zuzuordnen sind, ist hier die Lehre der Pythagoreer so dargestellt, wie sie im Allgemeinen vertreten wurde.

»Alles ist Zahl« war schon die Devise des Pythagoras, und die Mathematik, die universal ist und überall gleichermaßen gilt, der Schlüssel zum Ganzen. »Die Elemente von Zahlen sind die Elemente von Dingen; der ganze Himmel ist eine Harmonie und eine Zahl.« Ein sehr schwer nachzuvollziehender Gedanke. Die Pythagoreer suchen das Geheimnis der Welt, die für sie ein lebendiges, ewiges und göttliches Wesen ist, nicht in einem Urstoff, sondern in einem Urgesetz: Das Eine, der Urgrund aller Zahlen, erlegt dem Unbegrenzten Grenzen auf, indem es dieses in Zahlen verwandelt und so zum Anfang der ungeraden und geraden Zahlenreihe wird. Folgerichtig steht das griechische Wort *kosmos*, Ordnung, bei den Pythagoreern anscheinend erstmals für Welt. In krassen Gegensatz zu den Materialisten geraten sie mit der Vorstellung, dass deren Grundbestandteile Zahlen – die sich die Pythagoreer als geometrische Körper vorstellen – und Zahlenverhältnisse sind. Das mag in unseren Zeiten einer Physik, die die Mathematik für den Schlüssel zum Verständnis des Universums hält, und einer Chemie mit ihrer Zahlenlogik des Periodensystems der Elemente schon leichter nachzuvollziehen sein. Die Welt ist als mathematische Ordnung organisiert. Ihr Fundament ist die Zahl. 10 ist die vollkommene Zahl, da sie sich aus der Addition der vier Grundzahlen 1, 2, 3 und 4 ergibt. Dass sich die Quadratwurzel aus 2 nicht als Verhältnis zwischen natürlichen Zahlen, sondern nur als irrationale Zahl ausdrücken lässt, erschüttert das pythagoreische Weltbild.

Orphik
(von griech. Orpheus) Mysterienreligion, der Sage nach von Orpheus gegründet. Ihr Grundgedanke: Der Mensch besitzt eine unsterbliche Seele, die durch Askese vom Körper erlöst werden kann. Einfluss auf Pythagoras und Platon.

Die komplexe Sicht der Pythagoreer auf die menschliche Seele verrät einen Einfluss der Orphik. So wie die Welt ewig ist, so ist es auch der beste Teil des Menschen, seine Seele. Solange sie im Leib eingesperrt ist, bleibt der Mensch gespalten. Beim Tod des Leibes wandert sie weiter und erfährt immer neue Wiederverkörperungen, auch in Tieren. Um den Kreislauf der Seelenwanderung zu unterbrechen, muss sich der Mensch reinigen, an der Seele arbeiten, Selbstdisziplin, Enthaltsamkeit und Genügsamkeit üben. Erst nach völliger Reinigung vereinigt sie sich mit dem Kosmos. Wahrnehmung und Erkenntnis entstehen durch Passung zwischen Seele und mathematisch-geometrischen Körperformen. Das Erkennen erklären die Pythagoreer so: Das sinnlich Wahrnehmbare wird mit inneren Urbildern verglichen und dann als übereinstimmend oder nicht übereinstimmend beurteilt.

Pythagoras verwendet seine Theorien auch zur Erklärung der Musik und der Bewegung der Sterne. Zahlenverhältnisse sorgen für den harmonischen Zusammenklang von Tönen. Saitenlänge und Tonhöhe der Lyra verhalten sich proportional zueinander, die drei Basisintervalle der griechischen Musik entsprechen den numerischen Gleichungen 1:2 (Oktave), 3:2 (Quinte), 4:3 (Quarte). Die Mathematik bringt damit auch ins Chaos der Töne Ordnung und Schönheit, Harmonie.

Von Aristoteles kritisiert und mit stärkstem Einfluss auf Platon, wirkten die Pythagoreer auch noch in späteren Zeiten nach, wenn auch ihre theoretischen Zahlenspekulationen nur in übertragenem Sinne, als Unterscheidung von gedachter und wahrnehmbarer Wirklichkeit von Bedeutung sind. So widmete Johannes Kepler ihrem Gedanken einer Harmonie des Weltalls ein ganzes Buch; ihre Vorstellung, die Sterne machten laute Geräusche, die nur die Götter hören, die Sphärenmusik, wurde auch von Dichtern immer wieder verwendet.

Heraklit *(lebte um 500 v. Chr. in Ephesos)*

Auch Heraklit war Ionier und stammte aus Kleinasien, aus der Küstenstadt Ephesos, der Stadt, die mit dem Artemistempel eines der Sieben Weltwunder barg und später die Hauptstadt der römischen Provinz Asia wurde. Von aristokratischer Herkunft erbte er die Königswürde, die zu dieser Zeit in Ephesos allerdings kaum

Wie Demokrit als »lachender«, so wird Heraklit als »weinender« Philosoph bezeichnet.

noch von politischer Bedeutung war, und gab diese an einen Bruder weiter. Im Alter soll er, aus Opposition zu den demokratischen Bewegungen in seiner Heimatstadt, als Einsiedler gelebt und sich in den Bergen niedergelassen haben. Er liebte Rätsel, Paradoxa, verwirrende Wortspiele, die den Sinn seiner Aussagen verschleiern. Er formulierte seine Lehre in streng formal konzipierten Sinnsprüchen *(Gnomen)*, die ihm schon in der Antike den Beinamen »der Dunkle« eintrugen. Auch aufgrund der verwirrenden Tiefe und Doppeldeutigkeit seiner Lehre, mit Aussagen wie: »Der Weg nach oben und nach unten sind ein und dasselbe« steht er unter den Vorsokratikern alleine da. Er ist als einsamer Mahner bezeichnet worden, verachtete die Demokratie und kritisierte sogar solch unantastbare Geistesgrößen wie Pythagoras und die Dichter Homer und Hesiod.

Die Quellenlage ist günstiger als bei allen seinen Vorgängern: Heraklit wird eine Reihe von Fragmenten zugeschrieben, mit denen etwa die Hälfte seines Werkes repräsentiert sein könnte. Seine Schrift über die Natur, die in über 130 Fragmenten erhalten ist, machte ihn berühmt. Weitere Fragmente lassen sich in die Themenkreise Logoslehre, Kosmologie, Politik, Ethik sowie Theologie ordnen.

Vor allem zwei problematische Zitate legten die Rezeption über Heraklit für zwei Jahrtausende fest. In einem seiner Dialoge lässt Platon Sokrates sagen, Heraklit lehre den Spruch »alles fließt« – die Konsequenz: auf »Werden und Vergehen« schossen sich die Deutungen ein. Das andere, sein berühmtestes Fragment, ist noch prekärer: der Spruch »der Krieg ist der Vater aller Dinge« ist in allen Zeiten zur Rechtfertigung von realen Kriegen missbraucht worden. Doch Heraklit meint nicht den Krieg, wie wir ihn als politische oder soziale Auseinandersetzung wörtlich verstehen. Er denkt viel abstrakter, sieht jedes Ding aus gegensätzlichen Eigenschaften bestehend, die einander im Gleichgewicht halten, und findet dafür Bilder wie das Meerwasser, das gleichzeitig gesund und ungesund ist, oder auch den gespannten Bogen, dessen Spannung die Harmonisierung eines Widerstreits darstellt. Diese Art Widerstreit, nicht ein wirklicher Krieg, ist substanziell für den Stadtstaat, nur aus ihm entspringt das Gemeinsame. Alles, Gegenstandswelt und soziale Welt, besteht aus vereintem Gegensätzlichen. Mit dem Ende der Spannung, die aus den Gegensätzen entsteht, würde Stillstand, ja Tod eintreten. Zu jedem Auf gehört ein Ab: zur Gesundheit die Krankheit, die erst genießen lässt, was es bedeutet, gesund zu sein, oder der Hunger, der erst Bewusstsein dafür schafft, was es bedeutet, satt zu sein. Ein Gedanke, der heute aktueller denn je ist.

Die Welt ist ewig und durch den *logos*, die Weltvernunft, eine geordnete Einheit, in der sich gegensätzliche Prinzipien, wie Leben und Tod, bekämpfen, sich »im Krieg« befinden. Der *logos* ist aber keine Materie wie das *apeiron* bei Anaximander. Neben der allgemeinen gibt es auch eine individuelle Vernunft, die mit dem *logos* zusammenhängt und mit der sich daher die Wirklichkeit erfassen lässt. Ein Vorgang, der durch reine Empirie, also nur durch Erfahrung, nicht möglich wäre. Einsicht in die Zusammenhänge der Natur kommt jedoch nur wenigen Menschen zu, die dadurch zu natürlichen Führern der anderen prädestiniert sind – die Ablehnung einer egalitären Demokratie ist für ihn darum nur konsequent.

Heraklit befasste sich intensiv mit dem Feuer, begriff es ähnlich wie Anaximenes die Luft oder Anaximander das *apeiron*. Feuer ist die Materie, aus dem der göttliche Blitz besteht, eine Art Ur-Energie, die eine symbolische, keine materialistische Rolle spielt. Feuer bewirkt Veränderung und Verschiedenheit, das ewige, göttliche Feuer ist die Substanz, aus der die Welt besteht. Es wirkt aber auch denkend, steuernd und richtend. Daneben gibt es das kosmische Feuer, das einem ständigen Umschlagprozess unterliegt und in Wasser oder Erde (Fleisch) umgetauscht werden kann, ohne dass etwas von der Substanz verloren geht. Das ewige Feuer nährt das kosmische und lenkt alles Geschehen im All, ähnlich der mythischen Vorstellung von Zeus mit dem Blitz. Auch die Seele ist feurig und hat eine Materie wie die Sterne, die körperlose Löcher im Himmel sind. Es gibt keine Seelenwanderung, mit dem Tode fällt sie zurück in den *logos*.

Stabilität ist Illusion, das einzig Konstante ist die Veränderung. Die Welt befindet sich immer im Wandel, »man kann nicht zweimal in denselben Fluss steigen«, denn man selbst und der Fluss haben sich verändert. »Gleich mit jedem Regengusse/Ändert sich dein holdes Tal,/Ach, und in demselben Flusse/Schwimmst du nicht zum zweitenmal,« dichtete Goethe. »Denen, die in dieselben Flüsse hineinsteigen, strömen andere und wieder andere Wasserfluten zu, das Hinzufließen und Wegfließen befindet sich stets im Gleichgewicht, der Wechsel geschieht so, als ob immer das Identische bleibt«, es findet ein ständiger Ausgleich statt. Alles fließt!

Gerade Heraklits Lehre vom Gegensätzlichen, das Grundlage jeder Entwicklung ist, erzielte zu allen Zeiten eine große Wirkung, wenn auch oftmals aufgrund falscher Deutungen. Namentlich Platon und die Stoiker, auch Hegel, Nietzsche, Heidegger und vor allem der Marxismus wurden durch sie beeinflusst. Nicht zuletzt ist sie, die Lehre vom ständigen Kampf der Gegensätze, grundlegend für Darwins

Evolutionstheorie. Schließlich gilt seine Lehre vom *logos*, das die Welt ordnet und eint, aber immateriell ist, als ein erster Ansatz, der – über Platon und die hellenistischen Philosophen – zur Vorstellung vom Wort Gottes in der christlichen Religion führt.

Eleaten

Die griechischen Siedlungen in Italien waren kulturell sehr rege. Darum brachten sie, die vor allem vom Handel lebten und damit leicht den Gedankenaustausch auch mit fremden Kulturen pflegen konnten, zur Lebenszeit des Pythagoras noch eine andere philosophische Richtung hervor: die eleatische Philosophie. Sie wurde nach dem Ort Elea benannt (heute Veglia, in Kampanien, 40 km südlich von Paestum), in dem ihre drei wichtigsten Vertreter lebten: die Eleaten.

XENOPHANES *(um 570 v. Chr. in Kollophon – um 470 v. Chr. in Sizilien (?))*

Aufgewachsen in Ionien, wanderte Xenophanes nach der Eroberung von Kollophon durch die Meder (546/45 v. Chr.) in den Westen aus – wie kurze Zeit später auch sein Zeitgenosse Pythagoras. Er selbst berichtete, von da an fast 75 Jahre lang als Wanderer in Süditalien und vor allem an der Ostküste Siziliens unterwegs gewesen zu sein. Als Gast aristokratischer Griechen trug er in deren Häusern Dichtungen vor. In Elea, südlich von Salerno an der italienischen Westküste, ließ er sich nieder und gründete dort eine Philosophenschule etwa zeitgleich mit der des Pythagoras.

Erhalten sind Teilstücke von Gedichten des Xenophanes, bei denen es sich möglicherweise um philosophische Lehrgedichte handelt.

Zwei Themen gilt sein Denken: der Erkenntnistheorie und vor allem Gott. Er ist wohl der erste, der mit der hergebrachten Religion bricht, Aber- und Wunderglauben ebenso wie die Seelenwanderungslehre ablehnt.

Xenophanes kritisiert die Meinung, dass Götter den Menschen ähnlich seien: »Äthiopier sagen, ihre Götter seien breitnasig und schwarz, Thraker sagen, sie seien blauäugig und rothaarig«. Dies zeige, dass ein anthropomorphes Gottesbild subjektiv und damit falsch sein müsse, denn könnten Tiere Statuen herstellen, so würden diese sicherlich auch ihnen ähneln.

Statt dessen vertrat er einen abstrakten Monotheismus: »Ein Gott, unter Göttern und Menschen der größte, auf keine Art Sterblichen ähnlich, weder an Körper noch Geist.« Seine Theologie lässt sich in sieben Dogmen zusammenfassen: 1. Es gibt nur einen Gott. 2. Gott besitzt einen Körper, aber keinen menschlichen. 3. Bewegung ist für ihn nicht notwendig. 4. Er bewegt und verändert die Welt allein durch sein Denken und Wollen. 5. Dies gründet sich auf seine vollkommene

Wahrnehmung und Reflexion. 6. Gott ist ewig. 7. Gott ist moralisch vollkommen. Die Welt ist nicht Produkt dieses Einen, wie bei den Milesiern, sondern sie ist das Eine: Gott bildet die Welt – der Kosmos ist Gott. Er vertritt also eine pantheistische Lehre, Gott ist in allem. Vorsicht ist jedoch geboten: Die erhaltenen Bruchstücke seines Denkens lassen auch andere Deutungen zu.

In der Erkenntnistheorie ist er ein Skeptiker: »Das Sichere sah kein Mensch, und keiner wird wissen über Götter und über alles, was ich sage. Auch wenn jemand zufällig ganz Wahres sagen sollte – er selbst weiß es nicht: in allem ist Meinung.« Es gibt eine endgültige Wahrheit, die der Mensch jedoch nicht finden kann, und wenn doch, so erkennt er sie nicht, denn über allem liegt Schein. Diese Sichtweise, die Gegensätze Wahrheit und Schein, tauchen erstmals bei Xenophanes auf. Doch er bleibt Optimist, sieht zwischen Wahrheit und Schein noch die Wahrscheinlichkeit, nach der man sich richten solle. Zudem verhilft die Zeit, nicht die Götter, zu immer besserer Erkenntnis – die Geburtsstunde des Fortschrittsgedankens in der erhaltenen griechischen Literatur!

Parmenides *(um 515/510 v. Chr. in Elea (?) – nach 450 v. Chr. in Elea (?))*

Über keinen Philosophen seines Ranges ist so wenig bekannt wie über ihn. Sein Geburtsjahr könnte auf 515, aber auch auf 540 v. Chr. datiert werden. Aus seiner Lehre wird von manchen Philosophiehistorikern abgeleitet, dass er ein Schüler des Xenophanes war, aber auch das ist nicht sicher. Unzweifelhaft ist lediglich, dass er den Großteil seines Lebens in der griechischen Kolonie Elea an der westitalienischen Küste verbrachte, wo er eine philosophische Schule gründete.

Relativ lange Passagen (etwa 150 Zeilen) seines in Hexameterversen (auch die anderen italischen Philosophen Xenophanes und Empedokles kleideten ihre Lehre in epische Verse) abgefassten Werks *Peri Phseos (Über die Natur)* sind überliefert. Es beginnt mit der Schilderung seiner Reise vom Dunkel ins Land des Lichts, der Wahrheit und des Wissens. Dort trifft er eine Göttin, die ihn unterweist – eine Parallele zu Hesiods Lehrgedichten – und erklärt, es gebe in Wirklichkeit weder Unterschiede noch Veränderungen, alles sei Eins. Entweder etwas existiere oder es existiere nicht. »Nichts ist nicht«.

Gäbe es Unterschiede oder Veränderungen, hieße das, dass etwas Seiendes ist, das nicht dieses oder jenes ist. Es sei jedoch sinnlos, über etwas zu sprechen, das nicht ist. Nur das Seiende ist. Dieses Seiende kann weder entstehen noch vergehen, da es nicht aus dem Nichts entstanden sein kann, und wäre es aus einem anderen Seienden entstanden, bewiese das nur, dass alles Seiende unentstanden ist. Wenn es nicht entstanden ist, kann es auch nicht vergehen, es ist unvergänglich. Es ist einheitlich, denn hätte es Teile, müssten diese durch etwas Seiendes

Rekonstruktion der Argumentation aus Platons Dialog *Parmenides*
In diesem Dialog lässt Platon Parmenides mit seinem Schüler Zenon und dem jungen Sokrates diskutieren: Denken ist wie sehen. Wenn ich sehe, dann sehe ich etwas, z. B. einen Tisch oder einen Baum. Entsprechend gilt: Wenn ich denke, denke ich an etwas. Wenn ich etwas sehe, sehe ich etwas, das da ist, etwas Seiendes. Wenn ich an etwas denke, denke ich an etwas Seiendes. Umgekehrt: Wenn ich an etwas Nicht-Seiendes denke, dann denke ich an etwas, das nicht da ist, ich denke an nichts, denke also nicht! Das Nicht-Seiende ist undenkbar, nur das Seiende ist! Veränderung kann es darum nicht geben, denn sie setzt voraus, dass etwas, das noch nicht ist, sein kann. Alles, was sich entwickelt, muss ein Ziel dieser Entwicklung in sich tragen, wenn es aber noch nicht ist, wie kann es dann so etwas in sich tragen?

voneinander getrennt sein, für die dann wieder dasselbe gelten müsste, so dass es eine unendliche Anzahl von Teilen geben müsste, was für Parmenides undenkbar ist. Das Seiende ist ganz und unbeweglich, denn wäre es beweglich setzte das voraus, dass sich etwas an eine Stelle hinbewegen müsste, an der noch nichts ist. Aber das Nichts, das Vakuum, ist nicht existent! Das Seiende ist eine Kugel, denn nur die Kugel ist unbegrenzt und damit ohne Mangel.

Parmenides passiert die Grenze zwischen traditionellen Vorstellungen, den unzuverlässigen Meinungen der Menschen und erreicht auf dem Weg des Denkens ein Verständnis vom Wesen des Seienden. Indem er das Seiende nicht nur beschreibt, sondern auch definiert und mit Aussagen zu begründen versucht, die nur durch die Vernunft und nicht die Erfahrung gewonnen werden, begründet er mit seiner Lehre vom Seienden die Metaphysik. Er schenkt allein dem Urteil der Vernunft, nicht dem der Sinne sein Vertrauen. Erstmals in der europäischen Philosophie stehen sich Wahrnehmung und Vernunft gegensätzlich gegenüber. Nicht mit den Sinnen, nur durch dialektisches Denken kann die Realität erfasst werden. Dies führt direkt zu Platon.

Parmenides argumentiert viel abstrakter als alle Philosophen vor ihm und als seine Zeitgenossen. Er ersann »einen neuen Weg des Denkens«, interessierte sich nicht für die Zusammensetzung der Dinge, sondern für das »Sein selbst«. Er brachte die Lehre vom Seienden, die Ontologie, auf eine neue Ebene der Abstraktion, die sich mit den fundamentalsten Aspekten des Griechischen befasste, insbesondere mit dem Verb »sein«. Die Welt, wie wir sie kennen, ist nicht die wahre Welt, aber wir können auch keine andere kennen. Wir erleben ständige Veränderung, obwohl es keinen Wandel geben kann. Was wir also Realität nennen, ist die »trügerische Ordnung der Worte«.

Parmenides Bedeutung liegt vor allem in der Entdeckung der Ontologie, seiner Abstraktion von der physikalischen Natur. Sein Denken beendet die Epoche der Milesier und des Heraklit. Nach ihm entwickelte sich die Philosophie in zwei Richtungen: zum Einen zu Empedokles, Anaxagoras und Demokrit, die die Idee der Unveränderlichkeit aufgreifen und weiterentwickeln, und zum Anderen zur Ideenwelt Platons.

ZENON *(um 490/85 v. Chr. in Elea (?) – nach 445/40 v. Chr.)*

Zenon, der berühmteste Schüler des Parmenides, von dem ihn eine Generation trennt, stammte wie dieser aus dem süditalienischen Elea. Von seinem Leben ist kaum etwas bekannt. Wie Platon jedoch bezeugte, besuchte er Athen und soll dort u.a. von Perikles und Sokrates gehört worden sein.

Auch von seinem Werk, einer Sammlung Paradoxa, sind nur Fragmente erhalten, die weitere Überlieferung stammt vor allem von Platon und Aristoteles.

Zenon verteidigt mit Paradoxien den von Parmenides begründeten ontologischen Monismus, die Einheit des Seins, und gilt mit seiner hochentwickelten Kunst der Beweisführung als Begründer der Dialektik. Er beweist, dass unsere Vorstellungen von Zeit und Veränderung, von Bewegung und Vielheit eine Illusion ist. Am berühmtesten ist das Paradoxon des Pfeils, die berühmte *Dichotomie* (Halbierung): Wenn ein Pfeil sich vom Bogen zum Ziel bewegt, berührt er irgendwann den Mittelpunkt der Strecke, die er insgesamt zurücklegt. Darauf berührt er kurze Zeit später wieder den Mittelpunkt der verbleibenden Strecke. Wieder etwas später geschieht das Gleiche, er berührt den Mittelpunkt der nun noch verbleibenden Strecke, die jetzt ein Viertel der Ausgangsstrecke misst. Und so fort. Er wird also unendlich viele Punkte auf seinem Weg zum Endpunkt berühren, denn jede Reststrecke lässt sich ja wieder halbieren. Daraus folgt: Wenn sich etwas bewegt, vollzieht es unendlich viele Handlungen, es steht fest bzw. ruht. Wenn aber etwas zu jedem Zeitpunkt ruht, kann es keine Bewegung geben. Der Pfeil kann sein Ziel nie erreichen. Es ist also eine Illusion, wenn man annimmt, Zeit und Veränderung seien real.

Mit stoischem Blick und Philosophenbart: Zenon von Elea.

Da sich der Raum und damit die Strecke tatsächlich unendlich oft teilen lässt, muss sich die Lösung des Paradoxons im Beweis finden, dass die Annahme, etwas könne unendlich viele Handlungen vollziehen, falsch ist. Auch wenn Zenon sicherlich wusste, dass der Pfeil sein Ziel erreichen wird, der schlüssige Beweis hierzu ist trotz der Beschäftigung von Generationen von Wissenschaftlern damit bis heute nicht erbracht!

Zenon hat wenig Interesse an der Metaphysik, den Prinzipien des Seienden, und entwickelt auch keine Theorie der Logik. Letztlich errichtet er auch kein eigenes philosophisches Lehrgebäude. Sein Ziel ist Kritik, er schafft nichts Neues, sondern setzt beim Bestehenden an. Er sucht nach Wissen und könnte daher auch schon als Sophist bezeichnet werden. Gorgias, einer der berühmtesten Sophisten, erweist ihm in seinem Werk *Über das Nichtseiende* vielerorts Referenz.

Zenon hat den Blick dafür geschärft, dass nichts als Gegeben genommen werden darf, sondern alles in Frage gestellt werden kann. Seine Argumentationsweise verwendet erstmals in der griechischen Philosophie den indirekten Beweis: wenn das Gegenteil des zu Beweisenden falsch ist, muss die eigentliche Feststellung richtig sein! Im 20. Jh. erlebte er eine Renaissance wie nie zuvor, besonders bei Bertrand Russel, der die Paradoxien der Mengenlehre entdeckte.

Empedokles *(um 492 v. Chr. in Akragas (?) – um 430 v. Chr. auf dem Peloponnes (?))*

Auch Empedokles war nicht im Mutterland der Griechen, sondern in einer italischen Kolonie, in Akragas, dem heutigen Agrigent, an der Südküste Siziliens zu Hause. Als Aristokrat, der nicht nur Philosoph, sondern auch Arzt und Religionslehrer war, spielte er dort auch eine maßgebliche politische Rolle. Er war an dem Sturz des Tyrannen Theron beteiligt, der 480 v. Chr. durch seinen Sieg über die Karthager, Akragas zur größten Machtentfaltung geführt hatte. Die Stadt wurde eine Demokratie und Empedokles hatte sich Feinde gemacht. Die Folge war, dass seine Rückkehr nach einer Reise durch Süditalien nicht erwünscht war. Hier nun setzt eine Reihe von Legenden ein, deren bizarrste die von seinem Tod durch einen Sprung in den Ätna ist, womit er angeblich jede Spur von seinem Tod tilgen wollte, da er selber von seiner Göttlichkeit überzeugt war. Der Vulkan soll jedoch einen Schuh wieder ausgespieen haben. Wahrscheinlicher ist, dass er auf den Peloponnes starb.

Obwohl Empedokles ähnlich wie Pythagoras seinen Anhängern die Geheimhaltung seiner Lehre empfahl, sind viele seiner Gedanken überliefert worden, waren sie doch von ihm selbst auch in schriftlicher Form fixiert worden. Von seinen in Hexameterdichtungen (epischen Versen) verfassten Schriften sind zwei in größeren Fragmenten erhalten: *Über die Natur (Peri Physeos)* und *Entsühnungen (Katharmoi).*

Empedokles wählt aus den Lehren vorangegangener Philosophen Gedanken aus und fügt sie zu etwas Neuem zusammen; er schafft damit nichts grundsätzlich Neues, er ist jedoch auch kein reiner Eklektizist. Man kann bei ihm die aus dem indischen und der Orphik bei Pythagoras übernommene Seelenwanderung genauso wiederfinden wie den periodischen Wechsel von Weltentstehung und -vernichtung des Heraklit. Er ist ein Anhänger der zentralen Erkenntnis des Parmenides, wenn er bestreitet, dass etwas aus dem Nichts entstehen und dass etwas völlig zunichte gemacht werden könne. Aber die Schlussfolgerung, dass die Realität eine bewegungslose Einheit sei, lehnt er ab.

Nicht über die Sinne, jedoch mit Vernunft und göttlicher Eingebung ist erkennbar, dass Entstehen, Vergehen und Veränderung auf Mischung und Trennung von etwas Ursprünglichem, Unveränderlichem beruht. Was das ist? Die »Wurzeln aller Dinge«: Erde, Wasser, Feuer und Luft. Ihm gelingt damit eine Synthese seiner Vorgänger, der Milesier, von Heraklit und Parmenides. Aristoteles, für dessen Physik dieses Denken die Basis bildet, nennt diese »Wurzeln« später die Elemente. Sie sind unerzeugt, unveränderbar, unzerstörbar, homogen, aber – und hier macht er einen wichtigen Unterschied zu Parmenides – in Bewegung und teilbar. Die Schlussfolgerung: Sie können sich darum auch mischen. Mit der Neuordnung unvergänglicher Materie erklärt Empedokles also Bewegung und Veränderung. Doch warum ordnet sie sich überhaupt neu?

Zwei externe Grundkräfte bewegen in ständigem Wechsel, der ihnen durch einen »mächtigen Schwur« vorgegeben ist, die Elemente: Liebe, Freundschaft, Anziehung auf der einen, Hass, Streit, Abstoßung auf der anderen Seite. Am Anfang stand alles in der Macht der Liebe, alle Elemente waren vereinigt, vermischt, vollkommen, eine Kugel. Es gab keine Einzeldinge. Zyklisch, wie bei Anaximander, entmischte sich durch Streit alles, Pluralität entstand. Die Kräfte, Anziehung und Abstoßung, sind nicht materiell zu sehen, sondern unsichtbar und unvorstellbar fein, eher geistig. Für Empedokles existieren also Geist und Materie.

Die vier Elemente, die noch unser Denken beeinflussen, sind den kosmischen Sphären Land, Meer, Atmosphäre und Himmelsfeuer (Sonne, Sterne, Licht) zugeordnet. Erst entstanden Himmel und Erde, dann das Leben. Zunächst Pflanzen und Tiere, erst dann kam der Mensch. Ein erstaunlicher Vorgriff auf die moderne Evolutionstheorie, 2300 Jahre vor Darwin! Ebenso auch seine Vorstellung vom Ende der Welt: Es wird wieder die Einheit des Anfangs herrschen, alles wird vereinigt zu einer Kugel.

Bewusstsein und Erkenntnis sah Empedokles als von organischen Vorgängen abhängend an. Er stellte sich den Vorgang der Wahrnehmung so vor, dass sich kleinste Teilchen des Wahrgenommenen absondern und in Poren der Sinnesorgane eindringen, falls sie dort hineinpassen. Auf diese Weise ist das menschliche Erkennen natürlicherweise begrenzt, da nur erkannt werden kann, woraus auch der Mensch selber ist: »Denn durch Erde schauen wir die Erde, durch Wasser das

Wasser, durch Äther den göttlichen Äther, aber durch Feuer das vernichtende Feuer; die Liebe ferner durch unsere Liebe und den Hass durch unseren traurigen Hass.« Ergänzt wird das so zustande gekommene Wissen durch die göttliche Eingebung.

Und genau darum geht es in seinem Werk *Katharmoi*: um Gott und theologische Vorstellungen. Wie die Welt anfangs vollkommen war, lebten auch die göttergleichen Menschen in vollkommener Harmonie. Durch Streit brachen sie das höchste Gesetz, das Verbot des Tötens. Zur Strafe wurden sie in den Kreislauf der Wiedergeburt verbannt, der nur durch einen Reinigungsprozess unterbrochen werden kann, der Ziel seiner Philosophie ist. Auch dieser Gedanke ist nicht neu, sondern in der pythagoreischen Seelenwanderungslehre bereits dargelegt.

So ist einmal mehr die große Leistung des Empedokles die Verbindung des Besten seiner Vorgänger, eine Mischung aus ionischer Naturphilosophie, Parmenides, Pythagoras, ein bisschen Orphik und Heraklit.

Anaxagoras *(500/496 v. Chr. in Klazomenai (?) – um 428 v. Chr. in Lampsakos)*

Anaxagoras stammte aus der griechischen Kolonie Klazomenai an der Küste Kleinasiens, nahe dem heutigen Izmir. Er war nicht nur der erste, der behauptete, dass die Vernunft regiere – nicht umsonst erhielt er den Spitznamen »Geist« –, sondern auch der erste der Philosophen aus den kleinasiatischen, thrakischen oder italienischen Kolonien Griechenlands, der lange in Athen lebte. Dort stand er in Verbindung mit Perikles, dem großen Staatsmann Athens. Aufgrund einer Anklage wegen Gottlosigkeit durch Gegner des Perikles wurde er später aus Athen verbannt. Er hatte als Erster behauptet, die Sonne sei kein Gott, sondern bestehe aus glühendem Gestein. Für den Rest seines Lebens ließ er sich dann in Lampsakos, an der Südküste des Hellespont, nieder.

In seiner Lehre folgt Anaxagoras der Kritik der eleatischen Schule des Parmenides an den Spekulationen der Naturphilosophen über Weltentstehung und Veränderung. Er übernimmt die Grundthese des Parmenides: nichts entsteht, nichts vergeht, es gibt keine Atome, alles lässt sich unendlich weiter zerteilen. Anaxagoras nimmt an, dass die Welt schon immer alles enthalten habe. Jedes Ding trage einen Teil von allem in sich, jedes Teilchen bewahre in sich den Urzustand der Welt. Im Marmor fänden sich also zum Beispiel Fleischteile, im Fleisch Baumteile und im Baum Honig. Die Welt entstehe nicht aus vier primären Elementen, wie nach der Meinung des Empedokles, auch nicht – nach Demokrit – aus einer homogenen Materie, sondern aus einer Mischung aller später vorkommenden Dinge. »Alle Dinge waren zusammen, unendlich an Zahl und an Kleinheit. Keines (der Dinge) war sichtbar der Kleinheit wegen, denn alle umfassten *aer* und *aither*, beide unendlich.« Ursprünglich waren in der Welt unendlich große Mengen unendlich kleiner, qualitativ verschiedener Stoffe, die er »Samen« oder »Keime« der Dinge nennt. Eine externe Kraft, die Weltvernunft, setzte einen Wirbel in Gang, wodurch die Dinge in ihrer Verschiedenheit ausgesondert wurden. Dieser Geist trennte zuerst *aer* und *aither* voneinander, die beiden polaren Zustände der Materie. *Aer*, das Dichte, Kalte, Feuchte, Dunkle, sammelte sich im Zentrum und verdichtete sich zur Erde, *aither*, das Dünne, Heiße, Trockene, Helle, wurde in die äußeren Bereiche und so zum Himmel geschleudert. In jedem Ding dominiert eine der beiden Substanzen, die dann auch dessen äußere Erscheinung und seine Natur bestimmt. Über den Geist schreibt er: »Alle anderen [Dinge] haben einen Anteil von allem, doch [der] Geist ist unendlich und autark und mit nichts gemischt, sondern völlig allein bei sich selbst. Er ist das feinste und reinste von allen Dingen und hat alles Wissen über ein jedes und größte Macht; und alles, was Leben hat, beherrscht [der] Geist.« Auch mit dieser Trennung von Ursache und Wirkung, von Geist und Bewegung, beschreitet Anaxagoras neue Wege. Der anorganischen Materie gibt der Geist nur den ersten Anstoß, die Lebewesen beherrscht er kontinuierlich. Ihre Lebensenergie ist ein Teil des Geistes, und dadurch sind sie Lebewesen. Der Geist, die Weltvernunft als Ursache der Ordnung der Welt und des Lebens – damit »erfindet« Anaxagoras die teleologische Erklärung der Welt, die Deutung der Weltentstehung als zielgerichteten Prozess im Gegensatz zu den Kreisbewegungen bei Empedokles oder Heraklit.

Demokrit *(um 460 v. Chr. in Abdera – um 370 v. Chr. in Abdera)*

Wie allgemein bei den Vorsokratikern sind auch Demokrits Lebensdaten nicht genau bekannt. Sicher ist, dass er aus Abdera stammt, einer kulturell sehr regen, reichen griechischen Küstenstadt in Thrakien, dem Teil des heutigen Griechenland, das an die Türkei grenzt und das die Nordküste der Ägäis bildet. Er war ein Schüler des Leukipp, des aus dem kleinasiatischen Milet stammenden Begründers der Atomlehre, die er übernahm und modifizierte. Um seine Person kreisen viele Sagen und Anekdoten. Demokrit gilt als »lachender« Philosoph, da in ihm ein Spötter über die Torheit der Menschen gesehen wird.

Demokrit war sehr gebildet, reiste nach Ägypten, in den Vorderen Orient und nach Persien und stand in Kontakt zu anderen Philosophen, wie den Pythagoreern. Er selber sagte über sich: »Ich aber bin von meinen Zeitgenossen am weitesten auf der Erde herumgekommen, wobei ich am weitgehendsten forschte, und habe die meisten Himmelsstriche und Länder gesehen und die meisten gelehrten Männer gehört ...« Nach seiner Heimkehr widmete er sich den Wissenschaften und der Kunst, hielt sich der Öffentlichkeit fern und begründete keine Schule.

Sein Ausspruch »ich möchte lieber einen einzigen Beweis [in der Geometrie] finden, als König über die Perser werden« charakterisiert treffend seinen Hunger nach Erkenntnis.

Demokrit hatte gut Lachen: Er war Mitbegründer der Atomlehre.

Demokrits Werk umfasst – ähnlich vielfältig wie das des Aristoteles – Ethik, Physiologie, Psychologie, Mathematik, Physik, Astronomie, Geographie, Dichtung, Sprache, Malerei, Musik, Ackerbau und Kriegskunst, jedoch ist auch davon nur wenig überliefert.

Wie Parmenides sucht Demokrit nach einer Erklärung für die Veränderung der Welt unter Berücksichtigung der Argumente der Eleaten bezüglich Wandlung, Bewegung und Vielheit.

Er entwickelt die Kosmologie der Milesier weiter und erkennt, wie schon sein Lehrer Leukipp – von dem mit dem Fragment »kein Ding entsteht planlos, sondern alles aus Sinn und unter Notwendigkeit« wohl die erste Formulierung des Kausalgesetzes überliefert ist – , dass alles eine Ursache haben müsse, die Welt also nicht aus dem Nichts entstanden sein könne. Trotzdem war es ihm unmöglich, Empedokles in dessen Schlussfolgerungen zu folgen, die zu einer Leugnung von Bewegung und Pluralität führten.

Vielmehr verfolgte er den Gedanken des Leukipp, der in Elea mit den Thesen des Parmenides in Berührung gekommen war. Leukipp erklärte das Seiende mit unteilbaren (Atom = *a,* nicht, und *tom,* zerschneiden, zerteilen: hier entsteht dieser für die Zukunft so bedeutende Gedanke erstmals!), unveränderlichen, ewigen und bewegungslosen Materieteilchen, die damit alle Eigenschaften aufwiesen, die Parmenides seinem Seienden zuerkannte. Wie dieses bewegten sie sich nicht in sich selbst, dafür aber gegeneinander. Darum musste es auch einen leeren Raum geben, es musste ein Nichtseiendes existieren! Hierauf baute Demokrit auf. Für ihn besteht die Welt ebenfalls nicht nur aus dem Einen, sondern aus einer nicht bestimmten Anzahl von Partikeln, die ein Merkmal gemein haben: Sie lassen sich nicht weiter teilen, sind massiv oder kompakt, haben keine Poren oder Lücken. Daneben gibt es den leeren Raum. Kurz gesagt: Die Welt besteht aus einem raumerfüllenden Vollen, dem Seienden, und dem leeren Raum, dem Nichtseienden. Diese Atome bewegen sich durch ihre Schwere, ohne anderen Verursacher, ziellos im Nichts. Jedes ist ewig und lässt sich weder erschaffen noch zerstören (denn aus dem Nichtseienden kann nichts werden, und ebenso kann etwas Seiendes sich nicht in Nichts auflösen – die gleiche Argumentation wie bei Parmenides also), sie sind unsichtbar, unveränderlich, unterscheiden sich durch Größe und Form, sind in steter Bewegung und prallen aufeinander, wobei sie Richtung und Geschwindigkeit ändern, können sich aber durch Kräfte verbinden und zusammengesetzte, sichtbare Körper bilden, die auch wieder vergehen können. Charakter und Eigenschaften von Körpern, ihre Schwere, Dichte und Härte, die quantitativen, primären Eigenschaften, hängen von den Atomen ab. Demokrit ist absoluter Materialist, in seinem Weltbild ist für die Mythologie kein Platz, es gibt für ihn keine von außen auferlegte Ordnung oder Intelligenz, keinen *logos*, der Mensch wird nicht vom Schicksal oder Göttern bestimmt, die Seele überlebt uns nicht, Geister sind Hirngespinste.

Sinneserfahrung, die qualitativen, sekundären Eigenschaften der Dinge, wie Farbe und Geruch, erklärt Demokrit ähnlich wie Empedokles: Die Dinge und die Wahrnehmungsorgane bestehen aus Atomen. Atome gehen von den Dingen aus und stoßen auf die von den Wahrnehmungsorganen ausgestrahlten. Die entstehende »dunkle« Sinneserkenntnis muss, da nichts erkannt wird, wie es ist, sondern nur, wie es auf uns wirkt, durch die Vernunfterkenntnis, die »echte« Erkenntnis, ergänzt werden. Überhaupt sind nur durch sie die Atome und der leere Raum erfahrbar.

Auch für die Entstehung der Welt hat Demokrit eine mechanistische Erklärung. Sie entstand aus einer Wirbelbewegung, bei der die schweren Atome ins Zentrum schleuderten und die Erde bildeten, die, da sich die Atome weiter bewegen, auch wieder vergehen wird. Dann werden wieder neue Welten entstehen usw. Dies geschieht nicht zufällig und auch nicht durch einen lenkenden Geist, wie Liebe und Hass bei Empedokles, sondern mit in den Dingen wohnender Gesetzmäßigkeit, die wir nicht erkennen können.

Wie auch sein Zeitgenosse Sokrates beschäftigt Demokrit die Frage, wie der Mensch glücklich werden könne. Die Antwort: *ataraxia*, Gemütsruhe, muss erreicht werden. Sie ist erreicht, wenn sich die Seelenatome ruhig und gleichmäßig bewegen, denn für den Materialisten Demokrit besteht nicht nur der Leib, sondern auch die Seele aus – sehr feinen – Atomen, die sich nach dem Tod zerstreuen. Das Gute ist das, was der Seele zuträglich ist. Erstes Zeichen dafür ist die Freude, die aber – wie jede Wahrnehmung – nicht objektiv ist, sondern von der Vernunft geprüft werden muss. Der Mensch ist Herr seines Glücks, das er durch Mäßigung, durch Bildung des Geistes und Geringschätzung von Genüssen erreichen kann.

Leukipps und Demokrits Naturphilosophie ist *das* materialistische System der Antike – da in ihm nur die stofflichen Atome vorkommen – und wirkt auf das wissenschaftliche Weltbild von heute, wenn auch inzwischen entdeckt wurde, dass auch die Atome weiter teilbar sind. Es ist kein naturwissenschaftliches Weltbild, denn es ist nicht durch Beobachtungen verifiziert, sondern beruht »lediglich« auf Spekulationen. Erst im 17. Jh. wurde es zur Grundlage der exakten Naturwissenschaften, die es über den wieder aufkeimenden Epikureismus, der Lehre des hellenistischen Philosophen Epikur, der die Atomlehre Demokrits übernahm, rezipierte. Vorher unterband der christliche Schöpfungsglaube und die Ablehnung durch Platon und Aristoteles, beides übermächtige Kapazitäten für christliche Philosophen, eine Renaissance der Atomisten, Leukipp und Demokrit.

Sophisten

Mit den Siegen der Griechen gegen die Perser in den Kriegen 500–449 v. Chr. und der damit einhergehenden Ausschaltung einer Bedrohung von außen konnte sich Griechenland und vor allem Athen auf den Ausbau des Handels konzentrieren, durch den es immer reicher wurde. Gleichzeitig mit dem Luxus wuchs auch der Anspruch an eine umfassende Bildung, zu der die ersten Philosophen bereits das Fundament gelegt hatten. Sie sollte vor allem auch dazu dienen, den Lernenden einen Zugang zu den wichtigen Machtinstitutionen der Demokratie zu ermöglichen, denn hier reichte es nicht, die Gunst der adeligen Geburt zu besitzen wie in den Erbmonarchien. Wissen und seine geschickte Anwendung waren Voraussetzung dafür, zu Macht und Einfluss zu gelangen. Wo aber Lernwillige sind, werden Lehrer der Weisheit, auf Griechisch *sophistai*, Sophisten, benötigt. Diese Nachfrage wurde von Wanderlehrern gestillt, die eigentlich nicht Philosophen waren, sondern die Lehren der Philosophen anwendeten, Praktiker, unter denen die Besten das vorhandene Wissen neu ordneten, neu kombinierten, durch eigene Gedanken ergänzten.

Dass »Sophisterei« heute ein im Duden zu findendes Schimpfwort ist, Haarspalterei ebenso wie Spitzfindigkeit bedeutet, verdankt sich einem negativen Beigeschmack, der schon in griechischer Zeit auf den Sophisten lastete: Da es ihnen nicht möglich war, die absolute, objektive Wahrheit zu vermitteln – dem standen zu viele verschiedene Lehrmeinungen entgegen –, konzentrierten sie sich von Anfang an darauf, ihr Wissen als Mittel zum Zweck einzusetzen. Der Zweck für die meisten Schüler bestand darin, mit dem erworbenen Wissen und der Kunst der Rede ihre Zuhörer künftig so zu überzeugen, dass sie Prozesse gewinnen, Volksversammlungen für sich entscheiden und Wahlen in ihrem Sinne beeinflussen konnten. Eine Art der Lehre, die moralisch anstößig war, wenn es nicht darum ging zu überzeugen, sondern zu überreden. Der Stärkere überlebt – dieser darwinistische Leitsatz könnte von den Sophisten stammen, denen Platon, der die Sophisten bekämpfte und ihnen Geschäftemacherei vorwarf, beispielsweise folgendes in den Mund legt: »Wenn man durch Worte zu überzeugen im Stande ist, sowohl vor Gericht die Richter als in der Ratsversammlung die Ratsherren und der Volksversammlung das Volk ... Denn hast du dies in deiner Gewalt, so wird der Arzt dein Knecht sein, der Turnmeister dein Knecht sein, und auch bei dem Bankier wird sich zeigen, dass er für andere erwirbt und nicht für sich, sondern für dich, der du verstehst zu sprechen und die Menge zu überzeugen.«

Diese moralische Anrüchigkeit in Kombination mit dem hohen Honorar, das die Sophisten, die ersten Berufsphilosophen, forderten und erhielten, machte sie den Griechen, die Arbeit generell von Sklaven verrichten ließen, verdächtig und unbeliebt. Ein Urteil, das sich bis heute gehalten hat.

In einer Geschichte der Philosophie dürfen die Sophisten dennoch auf keinen Fall fehlen. Warum? Weil sie sich erstmals nicht um ihre Umgebung, um die Natur, sondern um die eigene Spezies, den Menschen, gekümmert haben. Sie waren es, die sich mit Erkenntnistheorie nicht nur – wie ihre Vorgänger – als eine Art »Abfallprodukt«, sondern mit einem besonderen Akzent befassten, sie wollten wissen, wie das Denken selbst funktioniert. Nicht nur das Erkennen, sondern die Verarbeitung des Erkannten, seine Möglichkeiten und Grenzen spielten für sie eine besondere Rolle. Letztlich haben sie die ethischen Wertmaßstäbe einer rein vernunftgemäßen Betrachtung unterzogen und damit den Weg für die auf sie folgenden größten griechischen Philosophen geebnet, bei denen die Ethik ein eigener Bereich der Lehre wird. Neben dieser Bedeutung für die Philosophie liegt ihre Leistung namentlich auf dem Gebiet der Sprache, der Grammatik und der Rhetorik.

Die Sophisten bildeten keine Schule, jeder lehrte für sich, alle wirkten jedoch – zumindest zeitweise – in Athen. Neben Gorgias und Protagoras, dem bedeutendsten, stehen Namen wie Prodikos von Keos und Thrasymachos für diese Richtung der Philosophie.

Protagoras *(um 485 v. Chr. in Abdera – 415 v. Chr.)*

Der aus wohlhabender griechischer Familie stammende Protagoras reiste ab etwa 455 v. Chr. von Stadt zu Stadt und gab Unterricht in Rhetorik und Politik. Er sah sich selber als Sophist, als Erzieher und Lehrer der menschlichen Tugend, wofür er erstmals Honorare forderte. Nach 450 v. Chr. war er in Athen, wo der bedeutende Staatsmann Perikles zu seinen Freunden zählte. Dieser war es auch, der Protagoras 444 v. Chr. damit beauftragte, eine Verfassung für die neu gegründete panhellenische Kolonie Thurioi in Unteritalien auszuarbeiten. In dieser entwirft er eine Demokratie, in der Grundbesitz eingeschränkt, eine allgemeine Schulpflicht eingeführt wird und die Lehrerbesoldung Sache der Bürgerschaft ist. Er reiste nach Sizilien und war vor 431 v. Chr. wieder in Athen. 421 v. Chr. wurde er zur Figur einer Komödie des Kallias, deren Szenerie Platon später für seinen Dialog *Protagoras* übernahm, in dem es darum geht, ob Tugend lehrbar sei. Im Haus seines Freundes Euripides, in dessen Tragödien immer wieder Gedanken des Protagoras auftauchen, soll er seine Schrift *Über die Götter* erstmals der Öffentlichkeit vorgestellt haben. Angeblich gegen Lebensende in Athen wegen dieser Schrift der Blasphemie bzw. Asebie, Leugnung der Götter, beschuldigt, musste er die Stadt verlassen, sein Buch wurde öffentlich auf der Agora verbrannt. Er floh nach Sizilien, erlitt dabei Schiffbruch und ertrank.

Protagoras Werke sind verschollen, nur Fragmente und Kommentare anderer Philosophen zeugen noch von seinem Denken – vor allem Platon und dessen Dialoge *Protagoras* und *Theaitetos*. Auch dessen *Politeia,* der *Staat,* soll durch Protagoras angeregt sein.

Bekannt ist vor allem sein überlieferter Satz: »Der [einzelne] Mensch ist das Maß aller Dinge, der seienden, dass sie sind, der nichtseienden, dass sie nicht sind« – der angebliche Beginn seiner philosophischen Programmschrift *Wahrheit oder Niederwerfung,* mit dem er sich gegen die Seinslehre des Parmenides wendet. Für Protagoras – und die Sophisten – gibt es nichts Feststehendes, Unveränderliches. Es gibt keine objektive Wahrheit, Wahrnehmung ist immer subjektiv, das Wahrgenommene wird vom Wahrnehmenden beeinflusst. Egal, was ein Mensch erfasst, ob etwas Materielles oder Immaterielles, wie Gut und Böse, es ist für ihn immer wahr: Es gibt nur diese momentane, subjektive Wahrheit – der Mensch, der in einen Fluss steigt, registriert immer den gleichen Fluss, obwohl sich das Wasser ständig austauscht, so hatte es Heraklit formuliert. Alle Realität ist an die jeweilige menschliche Situation gebunden, der Wind fühlt sich für den einen warm, für den anderen kalt an. Alle Meinungen sind gleich wahr, aber einige sind besser als andere. Als Sophist muss Protagoras Hilfe leisten, die besten Meinungen zu politischen und moralischen Fragen zu finden. Der Lernerfolg seiner Schüler ist die eigene Wohlberatenheit im Handeln und Reden, aber auch die Fähigkeit, anderen zum Wohle zu raten. Dies gilt für den eigenen Haushalt, aber auch auf einer gesellschaftlichen Ebene, in der Bürgerschaft. Der so ausgebildete Schüler kann und soll durch Rhetorik und Eristik, die Kunst des Streitgesprächs, andere von seinem Standpunkt überzeugen.

Der Mensch hat am Göttlichen durch seine Vernunft teil, wegen dieser verehrt er die Götter, durch sie kann er sich artikulieren und auch Behausungen, Bekleidung usw. schaffen. Zeus schickte den Menschen Respekt vor dem anderen und Gerechtigkeit, so dass sie zusammen leben können. Protagoras sagt: »Über die Götter vermag ich nichts zu wissen, weder dass sie sind, noch dass sie nicht sind, noch von welcher Gestalt sie sind; denn vieles steht dem im Weg: sowohl die Dunkelheit der Sache als auch die Kürze des menschlichen Lebens.« Er erkennt die Götter und die Religion als wichtig für den Menschen an, aber nicht als bestimmend.

Die Geschichte des Menschen ist die des Fortschritts und der Entwicklung von Fähigkeiten und sozialen Normen, die es ermöglichen, dass die Menschen friedlich in einem Rechtsstaat leben können. Moralische Vollkommenheit ist durch Fleiß, Übung und Belehrung erlernbar, dazu dienen Pflege, Erziehung, Gesetze und auch Strafen – sie haben nur diesen Sinn – eine bahnbrechende Erkenntnis des Protagoras, des bedeutendsten der Sophisten!

Gorgias *(um 480 v. Chr. in Leontinoi – ca. 380 v. Chr. in Larissa)*

Gorgias, einer der ersten Sophisten, war ein Schüler des ebenfalls aus Sizilien stammenden Empedokles, gegen dessen Weltentwurf er sich aber später wandte.

Als Gesandter seiner Vaterstadt kam er 427 v. Chr. in diplomatischer Mission nach Athen, wo er durch seine Beredsamkeit imponierte. Noch Platon, der um diese Zeit geboren wurde, nannte seinen Dialog über die Funktion der Rhetorik nach ihm. Anschließend bereiste Gorgias griechische Städte, hielt Vorträge und gab Unterricht in Rhetorik, wodurch er so reich wurde, dass er dem Apollon in Delphi eine vergoldete Statue weihen konnte, die keinen Gott oder Heros, sondern Gorgias selbst darstellte! Für seine Lehrtätigkeit schuf er auch die beiden Musterreden *Verteidigung des Palamedes* und *Lob auf Helena*, die erhalten blieben und noch heute ein beredtes Zeugnis für rhetorisch perfekte Darstellungen sind. Seinen langen Lebensabend – er soll 109 Jahre alt geworden sein – verbrachte er im thessalischen Larissa. Dort stand Gorgias in engem Kontakt zu dem berühmten Arzt Hippokrates, seinem Neffen. Überliefert sind seine Trauerrede nach dem Nikaias-Frieden 421 v. Chr. in Athen und seine Festrede in Olympia (408 v. Chr.), bei der er die Griechen aufforderte, ihre Streitereien beizulegen und gemeinsam gegen die Perser anzutreten.

In seiner Schrift *Das Nichtseiende oder die Natur*, die nur aus zwei Zusammenfassungen bekannt ist und eine Abrechnung mit der spekulativen Seins-Philosophie darstellt, treibt er die Skepsis bis zum Äußersten. Bezeichnend hierfür sind folgende drei Behauptungen, die er darin aufstellt: 1. Es gibt nichts. 2. Wenn es etwas gäbe, wäre es für den Menschen unerkennbar. 3. Wenn es eine Erkenntnis von etwas gäbe, so könnte diese Erkenntnis nicht an andere weitergegeben werden.

Ob dies alles ernst gemeint ist und wie er seine Aussagen begründet, ist unklar, da ein Großteil seiner Schriften verloren gegangen ist. Die Frage nach der Wahrheit lässt sich nicht sinnvoll stellen, es existieren nur Meinungen, die sich durch Rhetorik beeinflussen lassen. Sie ist die Meisterin des Überredens, die einzige

Alternative zur Gewalt, das Wort als Beherrscherin der Menschen. Rhetorik ist für Gorgias Seelenführung durch Worte. Der Redner muss sich der gegebenen Situation aktiv anpassen und die Zuhörer in seinen Bann ziehen.

Klassische Periode

Wie man die griechische Philosophie vor allem mit der Stadt Athen verbindet, so auch mit den drei großen attischen Philosophen Sokrates, Platon und Aristoteles, die jeweils im Lehrer-Schüler-Verhältnis zueinander standen. Alle drei erlebten dort eine Zeit, in der die Stadtrepublik in ihrer höchsten politischen, wirtschaftlichen und kulturellen Blüte stand, in der die Demokratie eingeführt und der mächtigste Feind, das Persische Großreich, geschlagen war. Sokrates, schon in Athen geboren, der laut Cicero »die Philosophie vom Himmel auf die Erde heruntergeholt« hat, war, auch wenn er gegen sie schimpfte, selbst einer der Sophisten. Doch anders als diese verstand er sich nicht nur als Lehrender, für den der Ausdruck »Sophist« stand, sondern als Weiser, als Philosoph. Aus seiner Lehre, von der sich nichts Authentisches erhalten hat, deren Inhalte nur durch andere überliefert ist, leiteten sich die sokratischen Schulen ab, darunter die Kyniker, Kyrenaiker und die megarische Schule. Mit Platon, der nicht nur die seit Sokrates eigenständige Lehre vom sittlichen Handeln und Wollen der Menschen, die Ethik, aufgreift, sondern darüber hinaus eine Ideen- und Seelenlehre entwickelt, die das Wesen der Wirklichkeit zu erklären versucht, ist »Philosoph« ein feststehender Ausdruck. Der jüngste der großen Drei, Aristoteles, mit dem die klassische Periode nach 150 Jahren zu Ende geht, ist der Begründer der Philosophie als lehrbare Wissenschaft, die das gesamte Wissen seiner Zeit umfasst. Unterteilt in theoretische, praktische und poietische (das Schaffen betreffende) Philosophie, gekrönt von der Metaphysik, die von den allgemeinen Ursachen des Seins handelt und die er selbst »Erste Philosophie« nannte, hat er sie systematisch gegliedert und in seiner Schule, dem Lykeion, unterrichtet. Theophrast (ca. 371–287 v. Chr.), seinem Nachfolger als deren Leiter, verdankt die Welt in *Über die Meinungen der Naturphilosophen* die erste Philosophiegeschichte, die sich – ähnlich einer Mischung aus Puzzle und Stille Post – aus späteren Zitaten und wenigen Fragmenten rekonstruieren lässt. Schon bevor Athen ab 146 v. Chr. zum Weimar des Römischen Reichs wurde, sank es unter Alexander dem Großen in die politische Bedeutungslosigkeit herab. Damit verbunden endete auch die klassische oder auch »attische« Periode der antiken Philosophie.

Sokrates *(um 470 v. Chr. in Athen – 399 v. Chr. in Athen)*

Leben: Sokrates wurde als Sohn des Steinmetzen Sophronikos und der Hebamme Phaunarete in Athen geboren. Er verließ seine Heimatstadt nur zu den Feldzügen von Potidaia, Delion und Amphipolis in den Peloponnesischen Kriegen (431/30 und 424 v. Chr.), in denen Athen gegen Sparta um die Vorherrschaft in Griechenland kämpfte. Sollte seine bekannte Porträtbüste den wirklichen Sokrates zeigen, so handelte es sich um einen Mann von gedrungener Gestalt, mit breitem Kopf, rundem Gesicht und platter Nase. Gemäß seinem Ausspruch: »Wie zahlreich sind doch die Dinge, deren ich nicht bedarf«, lebte er sehr einfach, denn: »Wer am wenigsten bedarf, ist den Göttern am nächsten.« Verheiratet war er mit der sprichwörtlich gewordenen Xanthippe, mit der er drei Söhne hatte. Über sie meinte Nietzsche: »Sokrates fand eine Frau, wie er sie brauchte ... Tatsächlich trieb ihn Xanthippe in seinen eigentümlichen Beruf immer mehr hinein, indem sie ihm Haus und Heim unhäuslich und unheimlich machte.« Gelegentlich riss sie ihm auf dem Markt den Mantel vom Leib oder schüttete aus dem Fenster einen Eimer schmutzigen Wassers über seinen Kopf, was Sokrates so kommentierte: »Sagte ich nicht, dass Xanthippe, wenn sie donnert, auch Regen spendet?« Er meinte, wer mit ihr fertig werde, werde auch mit den anderen Menschen leicht zurecht kommen. Sein Verhältnis zur Ehe wird auch in folgender Anekdote deutlich: Auf die Frage eines Mannes, ob er heiraten solle, antwortete Sokrates: »Was du auch tust, du wirst es bereuen.« Er trieb Gymnastik und war auch im Tanz bewandert. Man erzählte sich von ihm Wunderdinge über das Ertragen von Strapazen, etwa dass er mit bloßen Füßen übers Eis ginge.

Er betrieb seine Lehrtätigkeit, indem er, einfach gekleidet, täglich durch Athen ging und Gespräche mit seinen Schülern und Passanten führte, die einem Frage-und-Antwort-Spiel ähnelten.

Alkibiades, Schüler des Aristoteles, in Platons *Gastmahl*

»Von uns wenigstens, wenn wir von einem anderen auch noch so hervorragenden Redner andere Reden hören, macht sich keiner ... sonderlich etwas daraus. Hört aber einer dich selbst oder einen anderen deine Reden vortragen ... wer sie hört, alle sind wir wie außer uns und ganz hingerissen. Ich wenigstens, ihr Männer, wollte ... es euch sogar mit Schwüren bekräftigen, was bei mir selbst dieses Mannes Reden bewirkt haben und noch jetzt bewirken. Denn weit heftiger als den vom Korybantentanz [Gottheiten, Diener der Göttin Kybele, die sie mit orgiastischen Tänzen verehren] Ergriffenen pocht mir, wenn ich ihn höre, das Herz, und Tränen werden aus mir herausgepresst von seinen Reden; ich sehe auch, dass es vielen anderen ebenso ergeht ...«

Im Jahre 399 v. Chr. wurde er wegen Missachtung der Staatsgötter und Verführung der Jugend zum Tode verurteilt. Denn er, der selber kein Wissen weitergab, sondern den kritischen Umgang mit scheinbar feststehenden Meinungen übte, sammelte, ohne eine Schule zu begründen, eine große Anhängerschaft um sich. Zum Todesurteil, das durch den Schierlingsbecher, einer Essenz aus der giftigen Schierlingspflanze, vollzogen wurde, mag beigetragen haben, dass einige seiner Schüler Mitglieder des 404/403 v. Chr. in Athen herrschenden Tyrannenregimes gewesen sind. Vor Gericht verteidigte er sich, indem er darauf verwies, dass alles, was er tue, im Auftrag des Gottes Apollon, des Gottes der Jugend und der Künste, geschehe. Statt einer Strafe solle man ihm eher die höchste Ehre der Athener, ein Ehrenmahl im Rathaus, zukommen lassen. Obwohl seine Freunde ihm die Flucht ermöglichen wollten und konnten, lehnte er ab mit der Begründung, man könne nicht ein Leben lang an den Wohltaten des Staates teilnehmen, um den Gesetzen dann den Gehorsam aufzukündigen, wenn es brenzlig werde. Man dürfe bei dem, was man tue, wie man lebe, nicht im Hinterkopf haben, was dies eventuell an Gefahren mit sich bringe, es gehe alleine darum, ob man gerecht oder ungerecht handle.

Tod des Sokrates

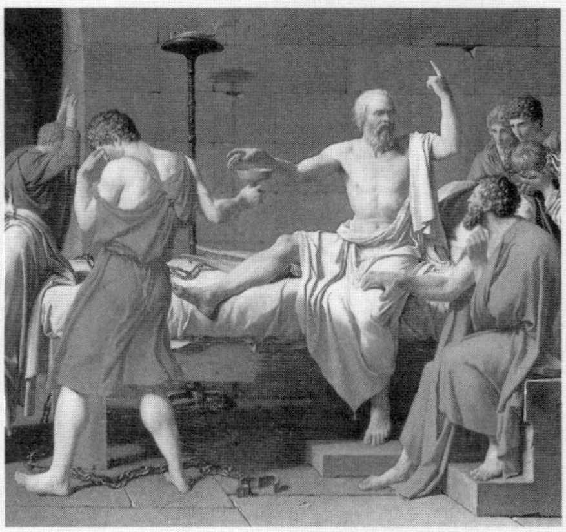

Der Tod des Sokrates in der Schilderung von Sokrates' Schüler Platon – er war kein Augenzeuge – in dessen Dialog *Phaidon:* »Darauf winkte denn Kriton dem Knaben, der ihm zunächst stand, und der Knabe ging hinaus, und nachdem er eine Weile weggeblieben war, kam er wieder und führte den Mann herein, der ihm den Trunk reichen sollte, welchen er schon zubereitet im Becher brachte. Als nun Sokrates den Mann sah, sprach er: Wohl, Bester, du verstehst es doch, wie muss man es machen? – Nichts weiter, sagte er, als, nachdem du getrunken hast, herumzugehen, bis dir die Beine schwer werden, dann dich niederlegen, und es wird wirken. Damit reichte er dem Sokrates den Becher, dieser nahm ihn, und ganz fest, ohne auch nur die Spur eines Zitterns oder seine Gesichtsfarbe oder -züge zu ändern, sondern, wie üblich, ganz gerade den Mann ansehend, fragte er ihn: Was meinst du bezüglich einer Spende? Darf man eine leisten oder nicht? – Wir bereiten nur so viel zu, Sokrates, antwortete er, wie wir glauben, dass ausreichend sein wird. Ich verstehe, sagte Sokrates. Beten aber darf man doch zu den Göttern und muss es, dass die Wanderung von hier dorthin glücklich sein möge, worum ich denn hiermit bete, so möge es geschehen.

Und sobald er dies gesagt hatte, setzte er an und trank ganz frisch und unverdrossen aus. Von uns waren die meisten bis dahin ziemlich gefasst, dass sie nicht weinten; als wir ihn aber trinken sahen, nicht mehr. Auch mir flossen die Tränen mit Gewalt, nicht tropfenweise, so dass ich mich verbergen musste, um mich auszuweinen, nicht über ihn, sondern über mein eigenes Schicksal, welch edlen Freund ich nun verlieren sollte. Kriton war noch eher als ich beiseite getreten, weil er die Tränen nicht zurückhalten konnte. Apollodoros aber, der schon vorher nicht aufgehört hatte zu weinen, schluchzte jetzt laut auf und brach mit seinem Schmerz uns allen das Herz außer Sokrates selbst. Der aber sagte: Was macht ihr nur, ihr wunderlichen Leute! Ich habe besonders deswegen die Weiber weggeschickt, dass sie nicht in diesen Fehler verfallen mögen; denn ich habe immer gehört, man müsse still sein, wenn jemand stirbt. Also bleibt ruhig und standhaft.
Als wir das hörten, schämten wir uns und hörten auf zu weinen. Er ging jedoch umher und als er merkte, dass ihm die Beine schwer wurden, legte er sich gerade auf den Rücken, denn so war es ihm gesagt worden. Darauf berührte ihn der, der ihm das Gift gegeben hatte, von Zeit zu Zeit und untersuchte seine Füße und Beine. Dann drückte er ihm den Fuß stark und fragte, ob er das spürte; er sagte nein. Und darauf die Knie. So ging er immer höher hinauf und zeigte uns, wie er erkaltete und erstarrte. Daraufhin berührte er ihn noch einmal und sagte, wenn ihm das bis ans Herz käme, denn werde es aus sein. Als ihm nun schon der Unterleib fast ganz kalt war, da enthüllte er sich, denn er lag verhüllt, und sagte, und das waren seine letzten Worte: O Kriton, wir sind dem Asklepios [dem Gott der Heilkunst] einen Hahn schuldig, entrichtet ihm den und versäumt es nicht. – Das soll geschehen, sagte Kriton, sieh aber zu, ob du noch sonst etwas zu sagen hast. – Als Kriton dies fragte, antwortete er aber nichts mehr, sondern bald darauf zuckte er, und der Mann deckte ihn auf: seine Augen waren gebrochen. Als Kriton das sah, schloss er ihm Mund und Augen. Dies war das Ende unseres Freundes, des Mannes, der nach unserem Urteil von allen seinen Zeitgenossen, die wir geprüft haben, der edelste, verständigste und gerechteste war.«

Werke: Von Sokrates sind keine Originaltexte erhalten, er hat wohl auch keine Schriften verfasst, kein philosophisches System konstruiert. Die Überlieferungen seiner Philosophie stammen darum nur aus zweiter Hand und sind teilweise gegensätzlich. Hauptüberlieferer ist Platon, in dessen sämtlichen Werken – mit einer Ausnahme – Sokrates eine Rolle spielt. Da es keinen objektiven Beweis zum Leben des Sokrates gibt, existiert die Meinung, Sokrates sei lediglich eine von Platon erfundene Figur, die nur Platons Gedanken wiedergibt.

Lehre: Auf seine Zeitgenossen muss Sokrates als Sophist gewirkt haben, als deren größter Vertreter er gelten könnte. Doch schon Platon versuchte ihn gegen sie abzugrenzen. Zu Recht! Denn Sokrates kam es im Gegensatz zu den Sophisten nicht darauf an, durch geschickte Rhetorik von seiner eigenen Meinung – auch er kannte keine endgültigen Antworten – zu überzeugen, sondern um die Erzeugung eines Bewusstseins für das eigene Reden und Handeln. Für ihn existieren objektive Werte, die durch den Verstand entdeckt werden können. Geleitet wird er dabei immer durch ein Ziel: der Suche nach der Wahrheit. Ihn selber leitet eine unerklärliche, innere Stimme, die er *daimonion*, Gewissen, nannte. Er war einerseits tief religiös, seine letzten Worte galten den Göttern, andererseits sieht er jedoch die Wahrheitsfindung als die höchste Tugend und als Weg zum Glück. »Bester Mann, der du ein Athener bist, aus der größten und an Weisheit und Macht angesehensten Stadt, du schämst dich nicht, dich um möglichst viel Geld, Ruhm und Ehre zu sorgen, aber um Einsicht, Wahrheit und darum, dass die Seele so gut wie möglich werde, sorgst und kümmerst du dich nicht?« Und an anderer Stelle: »Es ist das größte Gut für den Menschen, jeden Tag von der Tugend zu sprechen und von all dem andern, worüber ihr mich reden hört, wenn ich im Gespräch mich und die andern prüfe; ein Leben ohne Prüfung aber ist für den Menschen nicht lebenswert.« Bei der Suche nach der bleibenden Ursache geht Sokrates gemäß Platon im Dialog *Phaidon*, der vom Sterbetag des Sokrates handelt, methodisch vor, ein Vorgang, der darum auch »Sokratische Methode« oder »Hebammenkunst« genannt wird. Denn ähnlich einer Hebamme gebärt Sokrates nicht selbst Gedanken, sondern hilft anderen bei der »Entbindung« ihrer Gedanken. Nicht wie üblich der Schüler, sondern der Lehrer, Sokrates, fragt. Beispielsweise: »Was ist Gerechtigkeit? Was Wissen? Was Tugend?« Dargestellt am Begriff der Tugend geht Sokrates dann so vor: Er bittet den »Entbindenden«, der Staatsmann oder Handwerker, General oder Händler sein kann, ihm zu erklären, was er unter Tugend verstehe. Dieser versucht dies üblicherweise an Beispielen fest zu machen, der Tugend seiner Frau, der Tugend seines Sklaven usw. Daraufhin bittet ihn Sokrates, ihm das Gemeinsame aufzuzeigen, denn wenn der gleiche Begriff für verschiedene Beispiele benutzt wird, muss dieser auch etwas Gemeinsames beinhalten. Sobald sich sein Gesprächspartner darauf eingelassen hat, ist er auch schon verloren. Die Verallgemeinerung, die Sokrates' Gesprächspartner nun findet, wird von Sokrates in Frage gestellt, er wird mit Gegenbeispielen konfrontiert und es wird dabei immer klarer, dass die Auffassung des Dialogpartners von der Tugend in sich nicht schlüssig ist. Sokrates hat damit dem Anderen wieder bewiesen, was seine wohl bekannteste Erkenntnis ist: Ich weiß, dass ich nichts weiß. »Ich habe alle Meinungen durchschaut, die als Wissen gelten, es aber nicht sind. Darum weiß ich mehr, als die meisten.« Vor Gericht sagt er dazu: »Im Weggehen überlegte ich bei mir selbst, dass ich wissender sei als jener Mensch. Denn keiner von uns beiden scheint etwas Gutes und Rechtes zu wissen; jener aber meint zu wissen und weiß doch nicht; ich jedoch, der ich nicht weiß, glaube auch nicht zu wissen; ich scheine somit um ein

Geringes wissender zu sein als er, weil ich nicht meine zu wissen, was ich nicht weiß.« Durch sein Fragen bringt er seine Schüler oder auch ganz normale Mitbürger, denen er auf seinen Spaziergängen durch Athen begegnet, dazu, ihre Unwissenheit zu erkennen. »Wenn jemand den Reden des Sokrates zuhören will«, so berichtet sein Schüler Alkibiades, »dann dürfen sie ihm wohl zuerst ganz lächerlich erscheinen; in solche Substantive und Verben sind sie äußerlich eingehüllt wie in das Fell eines übermütigen Satyrs. Von Lasteseln spricht er und von Schmieden, Schustern und Gerbern, und er scheint immerzu dasselbe durch dasselbe auszudrücken, so dass jeder unerfahrene und unverständige Mensch seine Reden verlachen muss. Wenn aber einer sieht, wie diese Reden sich auftun, und wenn er in sie eindringt, dann wird er zunächst finden, dass sie allein von allen Reden Sinn in sich tragen, sodann, dass sie ganz göttlich sind und mehr als anderes Standbilder der Tugend in sich enthalten und dass sie sich auf das meiste oder vielmehr auf alles erstrecken, was zu betrachten dem ziemt, der schön und gut werden will.«

Das Staunen, mit dem alles Philosophieren beginnt, stellt sich ein über die Unreflektiertheit des eigenen Denkens und Redens. Mit Sicherheit wird sein obiger Gesprächspartner das nächste Mal, wenn er einen der diskutierten Begriffe, wie »Tugend«, verwendet, mit dessen Anwendung sorgfältiger sein. Ein Lernerfolg hat sich eingestellt.

Zusammenfassung

Sokrates lehrt seine Diskussionspartner, seine Schüler, die Jugend, das überkommene Wissen, auch das um die Götter, kritisch zu hinterfragen und selbstständig zu denken – was ihn verdächtig machte und ihn ungewollt schließlich sogar zum Märtyrer werden ließ. Dieses Denken soll zum rechten Handeln führen. Wissen führt zur Tugend – das ist das Neue an seiner Lehre, die im Wesentlichen von Platon, seinem berühmtesten Schüler, überliefert wurde.

Wirkung: Auch wenn Sokrates im eigentlichen Sinne keine Schule begründete, gab er, den das Delphische Orakel als den Weisesten der Griechen bezeichnet haben soll, seine Lehre, seine Auffassung vom Philosophieren, an zahlreiche Schüler weiter, deren wichtigste die Philosophen Eukeides von Megara, Antisthenes, Aristippos von Kyrene sowie der Schriftsteller Xenophon waren. In den philosophischen Systemen der drei ersteren, bei den sogenannten Megarikern, den Kynikern und den Kyrenaikern, lebten einzelne Teile der sokratischen Lehre weiter. Überragt werden sie alle jedoch von Sokrates' berühmtestem Schüler, Platon, neben Aristoteles der eigentliche Begründer der westlichen Philosophie. Doch

Sokrates lebte nicht nur in seinen Schülern weiter. Je nach Ideologie und Glaubensrichtung hat man in ihm einen prämarxistischen Denker (Bertolt Brecht) oder das Musterbeispiel eines kritischen Rationalisten (Karl Popper) gesehen. Für Nietzsche ist Sokrates das »Wappenschild ... über dem Eingangstor der Wissenschaft« und »... der Wendepunkt und Wirbel der sogenannten Weltgeschichte.« Selbst die christlichen Philosophen des Mittelalters konnten sich mit ihm anfreunden, sahen sie doch in Sokrates einen Jesus wesensverwandten Menschen, der wie dieser seine Weisheiten öffentlich vortrug und für seinen »Glauben« starb, obwohl er dem Tod hätte entgehen können.

Sokratische Schulen

Die bekannteste Schule, die sich auf Sokrates zurückführen lässt, ist eigentlich keine: die Kyniker. Es handelt sich bei ihnen eher um eine Reihe von Persönlichkeiten mit einer Gemeinsamkeit: Alle lehren die Bedürfnislosigkeit. Vor allem sind sie im kollektiven Gedächtnis geblieben, da sich einerseits von ihnen die Bezeichnung »Zyniker« ableitet. Andererseits war ein Philosoph, um den sich zahlreiche Anekdoten ranken, ein Vertreter dieser Richtung: Diogenes von Sinope.

Schon der Begründer der »Schule«, Antisthenes, ein Schüler des Sokrates, lehrte, dass es nicht darauf ankomme, was ein Mensch besitze, sondern auf das, was er sei, auf seine Geistesbildung. Tugend, das einzige Gut, sei Selbstzweck, lernbar und ihre Voraussetzung ein geistig unabhängiges Leben, was die Triebe verhindern würden. »Man solle entweder Verstand erwerben oder einen Strick«, veranschaulicht in Kürze das Credo seines Denkens. Antisthenes war es auch, der noch vor Platon, seinem berühmtesten Mitschüler, sokratische Dialoge verfasste. Er lehrte im Gymnasion Kynosarges, was, zusammen mit der Ansicht seiner Mitbürger, sein Verhalten sei hündisch (grch. *kyon* = Hund), seiner Schule den Namen gab. Antisthenes' Beharren darauf, dass die Wahrheit nur in der Realität zu sehen sei und nicht in einem anderen Reich, dem Reich der Ideen, machte ihn zum Gegner Platons, worauf sein Satz »das Pferd sehe ich wohl, die Pferdheit dagegen nicht« genauso anspielt wie *Sathon* (grch. = Pimmelchen), der Titel einer seiner Schriften, auf den Namen seines Rivalen.

Wie Antisthenes lehnte Diogenes die gesellschaftlichen Konventionen und die überkommene Moral ab. Warum sollte man nicht Beischlaf in einem Tempel haben? Warum nicht seine toten Eltern essen? Er soll in einer Tonne oder Hundehütte gelebt und nichts besessen haben, nach dem Motto: Was man nicht besitzt, kann man auch nicht verlieren! Es ist die Anekdote überliefert, dass Alexander der Große ihm die Erfüllung eines beliebigen Wunsches verspricht und auf die entsprechende Frage zur Antwort erhält: »Geh mir jetzt ein wenig aus der Sonne!« Er fühlte sich keinem Stand, keinem Staat zugehörig, bezeichnete sich als Weltbürger und war ein Gegner der Familie. Geborgenheit fand er nur in der Natur. Sein Auftreten als Kyniker war in seiner Derbheit und Schamlosigkeit oft reine Provokation, worauf der noch heute gebräuchliche Begriff »Zyniker« hinweist.

Der Hauptvertreter einer anderen Schule, die sich von Sokrates ableitet, die der Kyrenaiker, war Aristippos (ca. 435–366 v. Chr.). Sein Geburtsort Kyrene, eine griechische Kolonie im heutigen Libyen, gab ihr den Namen. Er vertrat eine Ethik, die als oberstes Prinzip das Streben nach Glück, wie es auch schon sein Lehrer Sokrates forderte, kannte. Es ist eine Philosophie der Lust, die die Kyniker so verachteten. »Herr der Lust ist nicht, wer sich ihrer enthält, sondern wer sich ihrer zu bedienen weiß, ohne sich von ihr fortreißen zu lassen«, sagte Aristippos – man gab sich ihr nicht bedingungs- und gedankenlos hin, sondern erstrebte eine vernünftige Auswahl. Wie für Protagoras war hier auch der individuelle Mensch das Maß aller Dinge. Höchstes Ziel ist die Befriedigung des Verstandes, die Lust nach Wissen bedeutet mehr als körperliche Lust. Epikurs für die Antike so bedeutsamer Hedonismus (grch. *hedone* = Lust), den er einige Jahrzehnte nach Aristippos entwickelte, hat in den Kyrenaikern seine Vorläufer.

Auch bei der dritten bedeutenden philosophischen Schule, die sich von einem Sokrates-Schüler ableitet, der megarischen, stand der Heimatort ihres Begründers, Eukleides von Megara, für den Namen Pate. Aus ihrem Umkreis stammt eines der berühmtesten Paradoxa: »Ich lüge eben jetzt.« Oder in der Form: »Alle Kreter lügen, sagte der Kreter.« Da der, der dies sagt, ein Kreter ist und daher immer lügt, ist auch diese Behauptung eine Lüge, das Gegenteil wahr, Kreter lügen also nicht. Darum lügt der Kreter auch nicht, wenn er behauptet, dass alle Kreter lügen, usw. Wie man sieht, war Logik eines der Hauptgebiete, mit denen sich die Megarer beschäftigten.

Platon *(428 oder 427 v. Chr. in Athen – 347 v. Chr. in Athen)*

Leben: Platon ist der erste Philosoph, über dessen Leben zuverlässige Berichte existieren. Zudem sind alle seine veröffentlichten Schriften überliefert, über seine Vorlesungen weiß man allerdings fast nichts. Er wurde als Sohn einer aristokratischen Familie – der zu den Sieben Weisen zählende Gesetzgeber Solon war ein Vorfahre – zu Beginn der Peloponnesischen Kriege geboren. Unter den 30 Tyrannen, die seit 403 v. Chr. als Folge des Krieges für kurze Zeit über Athen regierten, befanden sich Verwandte und Freunde Platons. Dies und seine Nähe zu dem zum Tode verurteilten Sokrates verbauten ihm die politische Laufbahn. »Ich war gesonnen, sobald ich zur Selbstständigkeit gelangt sein würde, sogleich zur Teilnahme an den öffentlichen Angelegenheiten mich anzuschicken. Da traten für mich ...

verschiedene unerwartete Umstände ein.« Sein Interesse an der Politik und seine Einschätzung, dass an der Spitze des Staates Philosophen stehen sollten, rühren wohl aus dieser Zeit. Neben dem Schreiben interessierte ihn schon früh das Philosophieren, und mit zwanzig Jahren wurde er Schüler des Sokrates. »Platon schloss sich seiner [des Sokrates] Lehre an und meinte, die Definition betreffe etwas anderes als die sinnlich wahrnehmbaren Dinge«, schreibt Aristoteles über die Anfänge von Platons eigener Lehre. Er studierte die Gedanken der Vorsokratiker, vor allem Heraklits, der Pythagoreer und der Eleaten – das alles lässt sich in Platons Ideenlehre nachweisen. Aufgrund der Hinrichtung des Sokrates, bei der er selbst nicht anwesend war, kurze Zeit in Megara im Exil, besuchte er danach wahrscheinlich Ägypten, sicher um 390 v. Chr. jedoch Unteritalien und Syrakus auf Sizilien. Dort wurde er dem herrschenden Tyrannen Dionysios lästig. Ob er daraufhin tatsächlich von diesem auf dem Sklavenmarkt von Ägina verkauft und durch einen Freund ausgelöst wurde, ist umstritten. Wie die Pythagoreer, die er auf seiner Reise kennen gelernt hatte, gründete er nach seiner Rückkehr eine Schule, die Akademie in Athen.

Doch Platon kehrte 367 v. Chr. wieder nach Syrakus zurück. Über sechzigjährig lud ihn der Sohn des Dionysios, Dionysios der Jüngere, ein, dem Stadtstaat eine neue Verfassung zu geben. Dieses Vorhaben scheiterte und auch eine letzte, wenige Jahre später unternommene, dritte Reise dorthin war erfolglos. Immer noch lehrend starb er 347 v. Chr. in Athen, im hohen Alter von achtzig Jahren.

Werk: Platon begann mit seinem Werk vermutlich zwischen 390 und 380 v. Chr. Mit Ausnahme der *Apologie,* der Verteidigungsrede des Sokrates, und seiner drei-

Akademie

Von Platon 387 v. Chr. in Athen gegründet als »Europas erste Universität«. Ihr Name entstammt dem Platz, neben dem sie lag, einem dem Helden Akademos geweihten Hain. Sie war, wie später die Universität Humboldtscher Prägung, nicht nur Lehr-, sondern auch Forschungsstätte. Die Ausbildung dort diente durchaus auch praktischen Zielen, wie der Vorbereitung auf den Staatsdienst. Besonders wichtig von den dort gelehrten Disziplinen war die Mathematik. »Kein geometrisch Ungebildeter trete hier ein« soll über dem Eingang gestanden haben. Von Anfang an lehrten in ihr mehrere Dozenten. Sie bestand fast ein Jahrtausend: Erst Kaiser Justinian ließ sie, ob auf religiösen Druck der Bischöfe oder um ihr Vermögen einziehen zu können, 529 n. Chr. aufheben.

zehn Briefe, von denen nur der Siebte als echt gilt, sind alle Schriften als Dialoge abgefasst. In allen, ausgenommen die *Nomoi* (Gesetze), spielt Sokrates eine Rolle. Über ihre zeitliche Zuordnung zu den Lebensabschnitten Platons besteht aufgrund der in ihnen entwickelten Gedanken weitestgehend Einigkeit, eine genaue Datierung ist in keinem Fall möglich. Schon seit dem 19. Jh. ist eine Dreiteilung, inzwischen eine Vierteilung üblich, in Frühwerke, mittlere Periode oder Werdezeit, Reifezeit und Alterswerk.

In seinem Siebten Brief gibt Platon selber darüber Auskunft, dass seine Werke nur einen Teil seiner Lehre enthalten: »Von mir gibt es keine Schrift über diese Thematik, noch wird es je eine geben, denn sie lässt sich nicht, wie andere Lehren, sprachlich mitteilen ...« Doch auch ohne seine Vorlesungen und seine nur mündlich weitergegebenen Gedanken ist Platons Werk umfangreich und bis heute grundlegend für viele Philosophen.

Werkauswahl

Frühwerke: *Apologie* (die Verteidigungsrede des Sokrates), *Kriton* (über die Gesetzestreue des Sokrates), *Euthyphron* (über die Frömmigkeit) und *Protagoras* (über Tugenden und die Sophistik).
Mittlere Periode: *Gorgias* (über Natur und Rhetorik), *Menon* (über Seele und Erkenntnis), *1. Buch der Politeia* (Staat) (über die Gerechtigkeit).
Reifezeit: *Symposion* (Gastmahl), (Verherrlichung des Eros, des Schönen), *Phaidon* (von der Unsterblichkeit), *Phaidros* (über die Ideenlehre und die Dreiteilung der Seele) sowie das *2.–10. Buch der Politeia* (über den idealen Staat).
Alterswerke: *Theätet* (mit seiner Erkenntnistheorie), *Timäus* (über den Kosmos), *Sophistes* (über die Sophisten) und wohl sein letztes Werk, *Nomoi* (Gesetze), über den zweitbesten Staat.

Lehre: Platons Lehre entwickelt sich aus der Kritik an den herrschenden Zuständen in Wissenschaft und Politik. Er kritisiert die Sophisten mit ihren Relativierungen von Wahrheit und Wissen und antwortet mit seiner Ideenlehre, in der nicht der Mensch das Maß aller Dinge ist, sondern die Idee des Wahren, Schönen, Guten. Ebenso kritisiert er die bestehenden Staatsordnungen und fordert darum einen idealen Staat, in dem die Herrschenden Philosophen sein sollen.

Ideenlehre: Beim pythagoreischen Lehrsatz wird ganz allgemein von einem rechtwinkligen Dreieck gesprochen. Es kann sich hier also um kein Ding der wahrnehmbaren Wirklichkeit handeln. Um was handelt es sich aber sonst in mathematischen Gesetzen? Es muss ein allgemeiner, zwar nicht sichtbarer, aber durch Denken erfahrbarer Gegenstand sein, eine »Idee«. Neben der wahrnehmbaren Welt muss es also eine Welt der Ideen geben, eine höhere Form der Wirklichkeit, etwas anderes, als das körperliche Sein. Ein anderes Beispiel verdeutlicht dies auch für abstrakte Begriffe. Wird ein Urteil als gerechter als ein anderes angesehen, muss es eine Idee von Gerechtigkeit geben, die nicht materiell, nicht sichtbar oder greifbar, aber durch die Vernunft erkennbar ist. Auch hinter alltäglichen Dingen, wie einem Bett, das breit oder schmal, aus Holz oder Metall sein kann oder einem Stuhl, der hoch oder niedrig sein, eine Lehne oder nicht haben kann, steht die Idee des Bettes bzw. die Idee des Stuhles. In Kombination mit anderen Ideen, der Idee der Lehne und der Idee der Höhe, lässt er sich als hoher Stuhl mit Lehne beschreiben. Am plastischsten wird Platons Vorstellung in seinem Höhlengleichnis, das er in der *Politeia* beschreibt.

Höhlengleichnis

In einer Höhle befinden sich von Geburt an Gefangene, die so gefesselt sind, dass sie mit dem Rücken zum Eingang nur an die dem Eingang gegenüberliegende Wand schauen können. Die Menschen, Tiere, Gegenstände, die am Eingang vorbeigehen bzw. vorbeigetragen werden und durch ein dahinter brennendes Feuer als Schatten an die Höhlenwand geworfen werden, können sie nicht sehen. Sie sehen nur ihre Abbilder, die Schatten, und halten diese darum für die einzige Wirklichkeit. Werden sie innerhalb der Höhle befreit, erkennen sie die Dinge in ihrem wahren Sein. Können sie die Höhle außerdem verlassen, wird ihnen klar, dass es die Sonne ist, ohne die es kein Leben gäbe.

Platon sieht den Menschen als Gefangenen seiner Sinne, er wird nur frei, wenn er seine Vernunft benutzt, um hinter die sichtbare Welt, die Schatten an der Wand und die Dinge vor der Höhle, die Ideen, zu sehen. Befreit er sich ganz, wird er die Sonne erblicken, ein über den Ideen stehendes höchstes Prinzip, das Gute oder das Göttliche. Im Gegensatz zu den Erscheinungen, einem aufgemalten Dreieck, dem gerechten Urteil oder dem Stuhl, sind die Ideen ewig, sie sind nicht Eines, sondern eine Vielfalt, es gibt zahlreiche Ideen, die in Beziehungen zueinander stehen. Das Durchdenken dieser Beziehungen nennt Platon »Dialektik«, sie ist für ihn die Wissenschaft von den Ideen, vom wahrhaft Seienden.

Erkenntnislehre: Die Ideen werden dem Menschen durch die Seele vermittelt. Sie existiert schon, bevor sie in den Leib eines Menschen eintritt, und zwar im Reich der Ideen. Das Wissen um die Ideen wird jedoch beim Eintreten in den Körper verschüttet, lässt sich aber unter bestimmten Bedingungen wieder zum Vorschein bringen. Darum besitzen nicht alle Menschen die gleiche Erkenntnis. Sie wird bevorzugt durch den Dialog hervorgelockt, den Dialog, wie ihn Sokrates pflegte. Notwendige Bedingung zur Wiedererinnerung *(anamnesis)* ist die Reinigung des Geistes von Sinneseinflüssen. Warum sollte die Seele sich wiedererinnern? Vor allem, um das Schöne an sich, die Idee des Schönen zu erkennen. »Und an der Stelle des Lebens, wo er das Schöne selbst schaut, ist das Leben dem Menschen erst lebenswert ...« Hier kommt auch die platonische Liebe ins Spiel. Sie bedeutet nämlich nicht die rein freundschaftliche, nicht auf den Leib zielende Liebe, sondern die Liebe zum Schönen an sich. Neben dem Schönen ist Ziel der Erkenntnis das Wissen. Die rein sinnliche Wahrnehmung kann nur Hilfe zur Wiedererinnerung sein, nicht jedoch, wie noch bei den Sophisten, wahres Wissen zur Folge haben.

Das Verhältnis von Sein und Erkenntnis, seine Zwei-Welten-Lehre, bringt Platon durch sein Liniengleichnis zum Ausdruck. Eine Linie, die aus vier gleich langen Abschnitten besteht, bildet den Kosmos ab. Die zwei ersten Abschnitte, Schatten und Spiegelbilder sowie die sinnlich erfahrbaren Gegenstände, bilden die Erscheinungswelt. Die folgenden Abschnitte, Gegenstände der Mathematik und die Ideen, bilden die Welt, die dem Denken zugänglich ist. Je höher der Grad des Seins, von den Schatten bis zu den Ideen, desto höher auch der Grad der Erkenntnis, von der Vermutung (Schatten), über den Glauben (Gegenstände) zum Nachdenken (Mathematik) und schließlich zur unmittelbaren Einsicht in die Ideen, zur philosophischen Erkenntnis. Nur die letzten beiden Erkenntnisstufen, die der Ideenwelt zugeordnet sind, vermitteln wahres Wissen. Die Erkenntnisse aus der Welt der Erscheinungen sind nur Meinungen.

Seelenlehre: Wie bereits beschrieben, sieht Platon die Seele als unsterblich und nur vorübergehende Bewohnerin eines bestimmten Körpers an. Ihre Aufgabe als Helferin zur Wiedererkennung der Ideen wurde bereits beschrieben. Sie besteht aus drei Teilen: einem vernünftigen, der nur den Menschen eigen ist und im Kopf sitzt, einem edlen, dem Mut, den auch die Tiere besitzen und der sich im Brustbereich befindet und einem niederen, der Begierde, die schließlich auch den Pflanzen zukommt und im Unterleib sitzt. Wie ein Kutscher, der zwei Pferde hat, von denen eines gut und edel, das andere böse ist, muss der vernünftige Teil der Seele die Triebe im Zaum halten. Er muss nach Weisheit streben, den Mut zur Tapferkeit, die Begierde zur Mäßigung führen. Wenn alle Seelenteile ihre Aufgabe erfüllen, herrscht auch noch die vierte der bis heute sogenannten Kardinaltugenden (lat. *cardinalis* = im Angelpunkt stehend), die Gerechtigkeit.

Nur der vernünftige Teil der Seele ist unsterblich und geht beim Tod des beherbergenden Körpers je nach Lebensführung in ein Lebewesen über, das in der Ordnung über oder unter dem vorherigen Wirt steht. Das Ziel dieser Seelenwanderung, deren Grundzüge Platon ebenfalls von den Pythagoreern übernommen hat, ist die Heimat aller Seelen, das Reich der Ideen. Wohin die Fahrt der Seele geht, wird in der Unterwelt entschieden, die große Ähnlichkeit mit der Hölle der Christen hat. Auch Analogien zu Fegefeuer und ewiger Seligkeit gibt es bereits bei Platon.

Kosmologie: Platon war wahrscheinlich in Physik und Astronomie durchaus bewandert. Er kannte die Schwere der Luft, den Schall als Schwingung, Erscheinungen des Magnetismus und der Elektrizität und auch die Achsendrehung der Erde, die er als Kugel dachte. Trotzdem sind seine Vorstellungen von der Welt als Ganzes sehr abstrakt und mythisch, wie er selbst einräumt. In Platons Gedanken zu ihrer Entstehung und ihrem Aufbau finden sich nicht zu übersehende Einflüsse der Pythagoreer, und folgerichtig lässt er sie darum auch durch einen von ihnen, Timaios, in seinem gleichnamigen Dialog vortragen. Danach hat ein Weltenbaumeister, der Demiurg, zuerst den Raum geschaffen und dann die vorhandene Materie nach dem Muster der Ideen geordnet. Wie bei den Naturphilosophen bestehen die Dinge aus Elementen, aus Feuer, Wasser, Erde, Luft und einem Element, aus dem der Himmel besteht. Die Elemente wiederum bestehen aus regelmäßigen Polyedern, aus von ebenen Vielecken begrenzten Körpern, die deswegen auch Platonische Körper genannt werden. Der Demiurg wollte, »dass alles ihm selbst möglichst ähnlich werde.« Daher ist die Welt vernünftig eingerichtet, schön und gut.

Ethik: Das Gute ist weder das Nützliche noch das Lustbringende, wie bei den Sophisten. Es ist das Geordnete, in das der Mensch Einsicht erhält, wenn er den Trieben widersteht, asketisch lebt, den Körper der Seele unterordnet. Das Gute ist die höchste aller Ideen, überragt die Wahrheit und ist das Ziel allen Strebens.

Staatslehre: Das Gute und damit das Geordnete, die Harmonie, erreicht man nur, wenn auch die äußere Ordnung hierzu angelegt ist, das Staatswesen. Platon entwickelt in seinem dem Umfang nach größten, ein Viertel seiner Schriften umfassenden Werk *Politeia,* seine Theorie vom idealen Staat, die er dann später, in den *Nomoi*, den Gesetzen, noch einmal, durch eigenes Erleben realistischer geworden, um eine zweitbeste Lösung ergänzt. Wie die Seele besteht auch der Staat aus drei Teilen, drei Ständen: Arbeitern, Wächtern und Herrschenden – die Sklaven spielen als Eigentum der anderen keine Rolle. Die Zugehörigkeit zum jeweiligen Stand steht nicht von Geburt an fest. Durch Erziehung, Begabung und ein Auswahlverfahren hat jeder, für seine Zeit ungewöhnlich auch die Frauen, die Chance, jeden Stand zu erreichen. Wie den Seelenteilen ist auch jedem Stand eine Kardinaltugend zugeordnet: Den Ackerbauern, Handwerkern und Kaufleuten, den Arbeitern also, die Mäßigung, den Wächtern der Mut und den Regierenden, den Philosophenkönigen, die Weisheit. Die noch fehlende Tugend, die Gerechtigkeit, wird durch die Harmonie der drei Stände erzeugt. Seinen eigenen Platz sieht er im obersten Stand: »Wenn nicht ... entweder die Philosophen Könige werden in den Staaten oder die jetzt so genannten Könige und Gewalthaber wahrhaft und gründlich philosophieren und also dieses beides zusammenfällt, die Staatsgewalt und die Philosophie ..., dann gibt es keine Erholung vom Übel für die Staaten.«

Eine Besonderheit bei Platon ist die Behandlung der Familie. Um jede Selbstsucht der Wächter und der Herrschenden auszuschalten, soll ihnen alles gemeinsam gehören. Dazu zählt aber nicht nur der Besitz an Dingen, sondern auch Frauen und Kinder, die in staatlichen Kindergärten aufwachsen sollen, ohne ihre leiblichen Eltern kennen zu lernen. Sogar der Geschlechtsverkehr wird reglementiert, »Paarungszeiten« vorgeschrieben, Paare nach zu vererbenden Eigenschaften zusammengestellt – eine frühe Forderung nach Eugenik, nach Erbhygiene. »Mangelhafte« Nachkommen der Arbeiter werden beseitigt.

Im Entwurf des zweitbesten Staates nimmt Platon dann allerdings wieder Abstand von seiner Idee der Frauengemeinschaft und der Abschaffung des Privatbesitzes. Er ergänzt jedoch seine Forderungen um eine scharfe Kontrolle des Privatlebens. Die Folgen sind Zensur und Überwachung durch ein höchstes Kontrollorgan.

Zusammenfassung

Platon begründet die idealistische Philosophie. Er formuliert die Zwei-Welten-Lehre: Es existiert eine Welt der wahrnehmbaren Gegenstände und ein Reich der Ideen, die nur durch die Vernunft zu erkennen sind. Diese sind unerschütterlich und unveränderlich. Idee ist dabei nicht wie im heutigen Wortgebrauch etwas Subjektives, sondern das Wirklichste und Objektivste überhaupt. Beide Welten werden durch die Seele verbunden. Sie stammt aus dem Reich der Ideen, verbindet sich mit dem Leib auf Zeit, um ihm Kenntnis vom Reich der Ideen, vom Wahren, Schönen, Guten zu geben und verlässt ihn nach dem Tode wieder, um in ihre Heimat zurückzukehren. Voraussetzung hierfür ist die Läuterung des Menschen durch die Philosophie, die geistige Liebe zur Wahrheit.

Wirkung: Platon wird oft als genialster Schriftsteller in der Geschichte der Menschheit bezeichnet. Sein Werk ist das erste vollständig erhaltene eines Philosophen, Grundlage der westlichen Philosophie, »die gesamte westliche Philosophie ist nur eine Fußnote zum Werk Platons« (Alfred North Whithead). Es bildet mit seiner Verarbeitung der Gedanken der Vorsokratiker, namentlich der Naturphilosophen, der Eleaten, der Sophistiker, der Pythagoreer und schließlich des Sokrates den Gipfelpunkt griechischer Philosophie.

Die Zwei-Welten-Lehre fand von der Antike bis heute bedeutende Vertreter. Die Lehre von einer diesseitigen und einer glanzvollen jenseitigen Welt wurde durch das Christentum zur allgemeinen Auffassung der christlichen Welt des Mittelalters und der Neuzeit. So sagt auch Nietzsche: »Das Christentum ist Platonismus für das Volk.«

Immer wieder kritisiert worden ist vor allem seine Staatslehre, die in vielem, Eugenik, Zensur und absolutem Machtanspruch an den Totalitarismus moderner Diktaturen erinnert.

Die Lehren Platons blieben schon in der Antike ständig präsent, zuerst vor allem durch Aristoteles, seinem Schüler, und später mit dem Neuplatonismus, dem beherrschenden philosophischen System der Spätantike. Sie begleitete das Christentum bei seinem Aufstieg bis ins Mittelalter und erlebte in der Neuzeit eine Renaissance. Von Goethe stammt das Wort »Plato verhält sich zur Welt wie ein seliger Geist, dem es beliebt, einige Zeit auf ihr zu herbergen ... Alles, was er äußert, bezieht sich auf ein ewig Ganzes, Gutes, Wahres, Schönes, dessen Förderung er in jedem Busen aufzuregen strebt.«

ARISTOTELES *(384/383 v. Chr. in Stageira – 322 v. Chr. in Chalkis)*

Leben: Im Gegensatz zu seinem Lehrer Platon und dessen Lehrer Sokrates, den beiden anderen großen griechischen Klassikern unter den Philosophen, stammt Aristoteles aus der Provinz, aus Stageira auf der nordgriechischen Halbinsel Chalkidike – man nennt ihn darum auch den Stagiriten. Dort wurde er in wohlhabenden Verhältnissen als Sohn des Nikomachos, Leibarztes des Königs Amyntas von Makedonien, geboren. Bereits früh Waise, ging er als Siebzehnjähriger, angeblich aufgrund eines Orakelspruchs, zur Vervollkommnung seiner Ausbildung nach Athen an die Akademie Platons, und blieb dort bis zu dessen Tod, zwanzig Jahre lang. Er lernte nicht nur dessen eigentliche Philosophie kennen, sondern im Grunde genommen alles Wissen und alle Wissenschaften

seiner Zeit. Dort zuerst Schüler, dann Lehrer, begann er sein Werk mit platonischen Dialogen. Tief enttäuscht darüber, dass nicht er, sondern Platons Neffe Speusippos 347 v. Chr. dessen Nachfolger in der Leitung der Akademie wurde, verließ Aristoteles gemeinsam mit seinem Kommilitonen Xenokrates Athen. Sein Ziel war Assos an der kleinasiatischen Küste, wo sich ein ehemaliger Mitschüler, Hermeias, zum Diktator aufgeschwungen und eine Tochterschule der Akademie gegründet hatte. Mit dessen Adoptivtochter Pythias gründete er eine Familie.

Auf Lesbos erreichte ihn 343 v. Chr. der Ruf des makedonischen Königs Philipp II. an den königlichen Hof in Pella. Dieser suchte einen Erzieher für seinen vierzehnjährigen Sohn und potenziellen Nachfolger Alexander, dem die Nachwelt den Beinamen »der Große« gegeben hat. Nach dessen Regierungsantritt 336 v. Chr. wurde Aristoteles als Erzieher entlassen, erfreute sich aber auch in Athen weiter seinem Wohlwollen und großzügiger Zuwendungen. So soll Alexander seine Truppen angewiesen haben, Pflanzen und Tiere, die sie auf ihren ausgedehnten Kriegszügen fanden, nach Athen ins *Lykeion* (Lyzeum), an die neugegründete Schule des Aristoteles zu senden. Hier, in dem Peripateios, dem Laubengang eines dem Apollon Lykeios geweihten Gymnasions, wandelten Aristoteles und seine Schüler, lehrend und forschend, umher, weshalb sie den Beinamen »Peripatetiker« erhielten: die Herumwandelnden. Schon Philipp war es gelungen, Griechenland unter makedonischer Führung zu einen, was den ehemals selbstständigen Stadtstaaten und so auch Athen missfiel. Die Folge war daher bei Alexanders Tod und dem Auseinanderbrechen des Reichs, dass sich die Machthaber Athens an Alexanders Parteigängern rächen wollten. Als dessen ehemaliger Erzieher wurde nun auch Aristoteles der Gotteslästerung bezichtigt. Er floh ins Exil und starb auf Euböa.

So könnte es gewesen sein: Aristoteles nimmt Geschenke von seinem Schüler, Alexander dem Großen, entgegen, die dieser von seinen ausgedehnten Kriegszügen mitbringt.

Werk: Aristoteles soll 400, andere sprechen von 1000, Bände hinterlassen haben. Von seinen Werken, die für einen größeren Leserkreis bestimmt waren, den exoterischen Schriften, ist fast alles verloren, vor allem die Dialoge. Erhalten sind die sogenannten »esoterischen« Werke, eine Art Vorlesungsmanuskripte und Aufzeichnungen zum Gebrauch für Schüler und Mitarbeiter, die, ständig aktualisiert, nicht zur Veröffentlichung vorgesehen waren. Dies macht ihre zeitliche Einordnung schwierig und ihr Verständnis kompliziert. Zudem ergeben sich durch die Aktualisierungen auch Widersprüche zwischen älteren und neueren Werken.

So wie Aristoteles selber Wissenschaftler, Kosmologe, Astronom, Meteorologe, Physiker, Geologe, Biologe, Psychologe und vor allem Logiker war, hat er zu all diesen Gebieten, zu Ökonomie und Rhetorik und als erster auch zur Kunst, zur Poetik, Schriften hinterlassen. Sie wurden von seinem zehnten Nachfolger in der Leitung des Lykeions, Andronikos, 30 v. Chr. systematisch geordnet und verzeichnet. In der ersten Abteilung findet sich wegen ihrer grundlegenden Bedeutung für alle anderen Wissenschaften die Logik. Es sind sechs Schriften, die auch *Organon*, Werkzeug, genannt werden: Die *Kategorienlehre*, die *Lehre vom Satz, Erste* und *Zweite Analytik*, die als erste Wissenschaftstheorie des Abendlandes gilt, die *Topica* und die *Sophistischen Widerlegungen*. Andronikos übernahm für die beiden nächsten Abteilungen weiterhin Aristoteles eigene Wissenschaftsgliederung in theoretische und praktische Wissenschaften. Die theoretischen, Physik, Mathematik und Erste Philosophie (die Metaphysik), suchen »das, was nicht anders sein kann«, fragen nach der Wahrheit. Die praktischen, Ethik und Politik, wollen Anleitungen zum Handeln geben, befassen sich mit dem, »was anders sein kann«. So finden sich in der umfangreichsten, zweiten Abteilung, unter Anderem die aus acht Büchern bestehende *Physik, Meteorologica, Über die Seele, Über Träume* und die *Tierkunde*. Zu den ethischen Werken der dritten Abteilung zählen die nach Aristoteles Sohn benannten zehn Bücher der *Nikomachischen Ethik*, sein Hauptwerk, die nach einem Aristoteles-Schüler getaufte *Eudemische Ethik* und die *Politik*. Es fehlen noch die ästhetischen Werke *Rhetorik* und *Poetik*, die lückenhaft erhalten sind. Sie sind in der vierten Abteilung enthalten.

Was nun noch an Wichtigem fehlt, sind die 14 Bücher der *Metaphysik*. Aristoteles nannte seine unter diesem Namen versammelten Schriften selber »Erste Philosophie«, da sie von den allgemeinen Ursachen der Dinge handeln. Mit ihrer Einordnung »hinter« die physikalischen Schriften durch einen antiken Herausgeber wurden sie im 6. Jh. n. Chr. zu den Schriften »hinter der Physik«, also, auf Griechisch, zur *Metaphysik*.

Lehre: »Platon ist mir teuer, noch teurer aber ist die Wahrheit«, soll Aristoteles gesagt haben. Um diese erkennen zu können, entwickelte er die Logik, deren Regeln unser Denken noch bis heute bestimmt.

Logik: Die Logik, die Aristoteles selber als Analytik bezeichnet hat, ist die Lehre vom richtigen Denken. Als formale Wissenschaft, die zeigt, wie man denken muss, ist sie grundlegend für die Realwissenschaften. Aristoteles beginnt mit der Erklärung verschiedener Elemente: Richtiges Denken benötigt richtige Begriffe. Diese werden durch Definitionen, die aus zwei Teilen bestehen, geklärt: Ein Teil muss die zu definierende Sache in eine übergeordnete Klasse einordnen, ein anderer angeben, worin sich die Sache von anderen dieser Klasse zugehörigen Sachen unterscheidet, gut zu erkennen an dem Satz: »Der Mensch ist ein sprechendes Lebewesen«. Über die Klassen kommt man zu den diesen noch übergeordneten Gattungen und schließlich zum Allgemeinsten, der Kategorie. Sie bezeichnet die verschiedenen möglichen Gesichtspunkte, unter der sich Dinge betrachten lassen. Bei Aristoteles, dem »Erfinder« der Kategorien, sind es mal acht, mal zehn: Substanz, das, wovon ausgesagt wird, sie sei die wichtigste Kategorie, und die neun Kategorien für das Ausgesagte, Quantität, Qualität, Relation, Ort, Zeitpunkt, Lage (»sitzend«), Haben (»hat ein Gewand an«), Wirken (»schlägt etwas«) und Leiden (»wird geschlagen«). Vom Allgemeinen der Kategorien ist es dann wieder möglich durch den Schluss auf das Einzelne zu kommen. Dies ist die Deduktion, die Ableitung vom Allgemeinen aufs Einzelne im Gegensatz zur Induktion, die umgekehrt von Einzelbeobachtungen auf das Allgemeine schließt.

Mindestens zwei Begriffe werden zu Urteilen verbunden: »Sokrates ist ein Mensch«. Mehrere Urteile wiederum können zu Schlüssen führen. Die Lehre von ihnen ist das Zentrum der aristotelischen Logik, da sich durch sie das Denken weiter entwickelt. Aus der allgemeinen Prämisse, dem Obersatz: »Alle Menschen sind sterblich« und der speziellen Prämisse, dem Untersatz: »Sokrates ist ein Mensch« ergibt sich die Schlussfolgerung oder Konklusion: »Also ist Sokrates sterblich«. Dies, »wenn A allen B und B allen C zukommt, kann daraus gefolgert werden, dass A allen C zukommt«, ist der Prototyp eines Syllogismus.

Aber auch Schlüsse lassen sich fortlaufend verbinden und werden damit zu Beweisen. Um zu diesen Beweisen zu kommen, muss es allgemeine Sätze geben, die immer gültig sind und die nicht weiter bewiesen werden müssen. Von den vier bis heute gefundenen Grundsätzen des Denkens stammen der erste, wichtigste und der zweite aus der *Metaphysik* des Aristoteles:

Satz vom Widerspruch

»Dasselbe kann demselben in derselben Hinsicht nicht zugleich zukommen und nicht zukommen«. Übersetzt heißt das: Etwas, das ist, kann nicht gleichzeitig und in derselben Hinsicht nicht sein.

Satz vom ausgeschlossenen Dritten
»Es ist nicht möglich, dass es ein Mittleres zwischen den beiden Gliedern des Widerspruchs gibt«.

Physik: In seiner Physik behandelt Aristoteles Fragen zur Natur und dem Werden, bzw. die Bewegung im Allgemeinen. Da die Seele als Naturwesen gesehen wurde, wird auch sie als Teil der Physik behandelt.

Kennzeichnend für das Lebendige ist, dass es sich bewegen, sich verändern kann. Wo etwas sich bewegt, muss aber auch ein Beweger sein. Dies ist die Seele, die den Leib bewegt und formt. Da die Seele das Ziel in sich hat, den Leib zu formen, nennt Aristoteles sie *entelechie,* ein von ihm geprägter, in der Philosophie immer wiederkehrender Ausdruck, der übersetzt »was den Zweck in sich hat« bedeutet und vereinfacht mit »Verwirklichung« bezeichnet werden kann. Jedes Lebewesen trägt seinen Zweck in sich selbst und verwirklicht sich gemäß seiner inneren Zielsetzung. Der Leib ist bloßes Werkzeug, *organon* der Seele. Hier haben die im Zusammenhang mit dem menschlichen Körper gebrauchten Wörter »Organ« und »Organismus« ihren Ursprung und auch der Gedanke, dass Zustände der Seele sich im Körper auswirken. Es existieren drei Seelenarten, die ernährende, vegetative oder Pflanzenseele, die empfindende und triebhafte, animale oder Tierseele und schließlich die denkende, vernünftige, die Menschenseele. Beim Menschen liegen alle drei in Schichten übereinander – eine Erkenntnis, die die moderne Psychologie aufgreift. Die Seele kommt, so Aristoteles' Vergleich, als unbeschriebene Wachstafel, als *tabula rasa,* auf die Welt. In der Frage einer Unsterblichkeit der Seele bleibt Aristoteles widersprüchlich. Noch über diesen Seelen stehen die unstofflichen Seelen der Gestirne, sie bewegen die Kugelschalen, die »Sphären«, auf denen sich die Planeten und Sterne befinden. Auf die äußerste Sphäre wirkt Gott, dessen Wirken durch die Gestirnseelen der restlichen Welt vermittelt wird. Hier, bei Aristoteles, findet damit die Astrologie ihren Begründer. Das Weltall stellt er sich als Kugel mit der Erde als Mittelpunkt vor. Es gibt keinen leeren Raum, alles wird ausgefüllt durch die vier klassischen Elemente Feuer, Wasser, Erde und Luft sowie ein fünftes, den Äther. Erde und Wasser bewegen sich abwärts, Feuer und Luft aufwärts, der Äther im Kreis. Da die Kreisbewegung ewig ist, ist auch die Welt ewig.

Zoologie: Eher ein Nebenaspekt und heute nicht mehr zur Philosophie gehörend soll jedoch der Hinweis auf eine zur Redensart gewordene zoologische Erkenntnis des Aristoteles nicht fehlen. In seiner Tiergeschichte beschreibt er das Herz eines

Kükens als sich bewegenden Blutfleck im Eiweiß. Durch Übersetzungen wurde daraus der springende Punkt, eine Sache, auf die es ankommt.

Metaphysik: Aristoteles Metaphysik, die er selber »Erste Philosophie« nannte, handelt vom selbstständig Existierenden, vom Seienden, das, im Gegensatz zu den Dingen der Physik, die einer Tendenz zur Veränderung unterworfen sind, unveränderlich ist.

Die Zwei-Welten-Lehre seines Lehrers Platon verwirft Aristoteles. Für ihn existieren die Ideen nicht in einem eigenen Reich, losgelöst vom Wahrnehmbaren. Im Allgemeinen, bei Platon in den »Ideen«, lässt sich etwas vom Wesen des Seienden vernünftig erfassen, nicht jedoch wahrnehmen. Erkennen kann man es durch die Vernunft, deren Vehikel die Wahrnehmung ist: »Nichts ist im Intellekt, was nicht vorher in den Sinnen gewesen ist«. Erkenntnis entsteht dann durch Identifikation der Seele mit dem Allgemeinen der wahrgenommenen Dinge. Aber was ist das Wesen einer Sache, z. B. eines Baumes, wenn diese sich doch ständig, hier durch Wachstum oder die Jahreszeiten, verändert oder sogar vergeht? Das Unveränderliche, das Wesen ist die Form. Man sieht sie der Sache nicht an, aber wenn man das Wesen, die Form, abzieht, ist die Sache nicht mehr das vorher gemeinte Einzelseiende. Dieses Wesen kann, anders als die Ideen Platons, nur durch das Einzelne in Erscheinung treten, es macht das Einzelne zu dem, was es ist. Nur sie, die Form, hat Wirklichkeit und holt als Beweger mit ihrer Kraft und dem Willen zur Zweckerfüllung aus der Materie, dem Bewegten, das Mögliche, das ihr, wie dem Samen eines Baumes, der Bronze oder einer Raupe, innewohnt, also den Baum, das Schwert oder den Schmetterling, heraus. Da die Materie Widerstand leistet, ist das Ergebnis immer unvollkommen. Aristoteles fragt nach den Gründen, wodurch eine Sache wird, wie sie ist, und erkennt vier: Es sind dies mit ihren seit dem Mittelalter eingebürgerten lateinischen Bezeichnungen: 1. *causa materialis* – die Stoffursache, 2. *causa formalis* – die Formursache, 3. *causa efficiens* – die Wirkursache und 4. – die wichtigste – *causa finalis* – die Zweckursache. Zur Erläuterung ein Beispiel: Bei einem Schwert ist 1. die Bronze, 2. die Form des Schwerts, 3. der Schmied und 4. die Bestimmung zum Benutzen als Waffe.

Was aber gibt dem Beweger den Anstoß? Was ist die höchste Ursache von allem? Letztlich muss man am Ende der Kette durch Nachdenken zu einem Beweger gelangen, der selber unbewegt ist und das Bewegte anstößt, wie ein Geliebter den Liebenden, der zu ihm strebt. Er benötigt dazu keine Materie, sondern nur die reine Form, nur Geist. Dieser Beweger ist Gott, der, da er sich nicht verändert, nur damit beschäftigt sein kann zu denken, denken über den höchsten Gegenstand, über sich selbst.

Ethik: Das höchste Gut des Menschen ist die Glückseligkeit, zu deren Erreichung auch, wie Aristoteles aus eigener Anschauung weiß, materielle Güter und ein annehmbares Aussehen gehören. Wie alles auf Zweckerfüllung durch die Form angelegt ist, erreicht der Mensch Vollkommenheit durch die vollkommene Ausbildung der ihm innewohnenden Möglichkeiten. Ziel seiner Handlungen ist ein Tätigsein seiner Seele im Sinne der ihr wesenhaften Tugenden. Er unterscheidet die lernbaren intellektuellen Tugenden, für die charakteristisch ist, dass es bei ihnen kein schädliches Extrem gibt, z. B. Weisheit, von den durch Erziehung erworbenen moralischen Tugenden, wie Tapferkeit oder Großzügigkeit. Richtig, tugendhaft handelt er bei letzteren, wenn er einen Mittelweg beschreitet zwischen Feigheit und Tollkühnheit, Geiz und Verschwendung. Dieser Weg ist von der jeweiligen Situation abhängig und wird dem Menschen von seiner Vernunft gewiesen. Diese auszubilden und damit die Welt zu erkennen ist der oberste Zweck seines Daseins. Denken ist wichtiger als Handeln, und das Denken, das sich mit Gott beschäftigt, ist das höchst stehende und macht seinen Denker am glücklichsten.

Politik: Zur Vervollkommnung braucht der Mensch die Gemeinschaft. Die Tugend des Einzelnen spiegelt sich in einer gerechten Verfassung für das Staatswesen, die Staatslehre ist der praktische Teil der Ethik. Aristoteles bevorzugt keine der für ihn in Frage kommenden Staatsformen, Monarchie, Aristokratie oder Politie, die Herrschaft Vieler durch eine Verfassung, sondern macht sie von den jeweiligen Gegebenheiten abhängig. Er sammelt mit über 150 Verfassungen, u. a. denen von Athen, Rom und Karthago, die Essenz des politischen Wollens seiner Zeit, indem auch er die Sklaverei verteidigt, im Gegensatz zu Plato aber die Wichtigkeit von Ehe und Familie anerkennt. Zukunftweisend ist der Gedanke, die Behörden in beratende, ausführende und richterliche zu trennen. Dies ist in der Form von Montesquieu, der Legislative, Exekutive und Judikative fordert, Grundlage der heute praktizierten Gewaltenteilung.

Zusammenfassung

Aristoteles ist der Begründer der Biologie, insbesondere der Zoologie und der Psychologie. In seinen Schriften zur Physik wendet er sich von der Zwei-Welten-Theorie seines Lehrers Platon ab. So zeigt er im Zentrum von Raffaels vatikanischem Fresko »Die Schule von Athen« nach vorne, auf die Welt, während der neben ihm stehende Platon himmelwärts auf die Ideen weist.
Für Aristoteles ist Werden immer etwas, was der Möglichkeit nach bereits besteht, bereits als Form angelegt ist. Diese Form ist das Wesen der Dinge, ist Gegenstand des Wissens. Er löst das Heraklitsche Problem, dass man von sich

Veränderndem kein Wissen haben kann, nicht wie sein Lehrer durch Ideen, an denen die konkreten Dinge nur teilhaben, sondern durch sein Postulat, alles bestehe aus Materie und Form, und das Wesen der Dinge, über das Erkenntnis möglich ist, ist eben diese Form, ein Teil der Sache selbst. Werden entsteht durch den der Form innewohnenden Zweck. Er ist die Ursache von Bewegung. Die erste unverursachte Ursache, der unbewegte Beweger, ist das Göttliche. Selbstverwirklichung und Selbstvervollkommnung sind Grundgedanken des Aristoteles, die Glückseligkeit das Ziel des Menschen, der hierzu den Staat braucht. Er glaubte an die Vernünftigkeit der Welt und erklärt sie nicht anhand von mathematischen Verhältnissen, sondern mit Hilfe der Logik, die er begründet. Hier ist seine besondere Leistung die Definition von Kategorien und die Beweisführung mittels des Schlusses aus zwei Prämissen, des Syllogismus.

Wirkung: Mit Aristoteles wird das Fundament der westlichen Philosophie vollendet, werden die einzelnen philosophischen Disziplinen voneinander getrennt. Darüber hinaus: Er gilt als der kenntnisreichste aller Philosophen und als Begründer der abendländischen Wissenschaft. In seinem Denken hat die Trennung der Einzelwissenschaften ihren Ursprung. Aristoteles Vorstellung vom Weltall als Kugel mit an Sphären aufgehängten Gestirnen wurde erst in der Renaissance endgültig ad acta gelegt. Seine Lehre der Logik war bis zum 19. Jh. maßgeblich. Kants Hauptwerk *Kritik der reinen Vernunft* bezieht sich auf die Kategorien des Aristoteles. Seine Poetik gilt nach wie vor als das Fundament der modernen Dramentheorie.

Mit seinem Gedanken der Selbstverwirklichung ist er der Ahnherr des Humanismus. Aus einem falsch verstandenen Aristoteles, dass nämlich das Einzelne das am meisten Wesentliche sei, entstand die Basis für Nominalismus und Empirismus, zwei der wichtigsten Denkrichtungen der Philosophiegeschichte. Man kann sagen, dass die ganze mittelalterliche Philosophie von ihm zehrt. Seine Annahme eines Göttlichen als unbewegten Beweger und dessen Beweis, spielte als kosmologischer Gottesbeweis in der Theologie eine große Rolle.

Selbst die Kritik an seinen Erkenntnissen hat bedeutende Auswirkungen. So war die Bekämpfung seiner Erklärung von Bewegung als Folge der Zweckgerichtetheit der Natur, der Bewegung der Materie durch die Form ein bedeutender Antrieb der Philosophie und Naturwissenschaft der frühen Neuzeit und führte zum Aufblühen der Mechanik im 17. Jh.

Im 14. Jh. schreibt Dante in seiner *Göttlichen Komödie* über Aristoteles: »Dann, höher blickend, sah in hellen Schein/Ich auch den Meister derer, welche wissen,/Der von den Seinen schien umringt zu sein,/Sie all ihn hochzuehren sehr beflissen,/Den Platon ihm zunächst, den Sokrates ...«

Hellenismus und Rom

Die Welt wurde von Alexander nicht nur durch den griechischen Geist, sondern auch durch das Schwert hellenisiert.

Alexander dem Großen und seinen Nachfolgern, den Diadochen, gelang es, das Griechentum über einen großen Teil der damals bekannten Welt zu verbreiten. Ein Ergebnis seiner Machtpolitik, das auch die Römer nicht änderten, als sie nach und nach die Diadochenreiche eroberten. Mit dem Fall des letzten, des Ptolemäerreichs in Ägypten, endete das Zeitalter des Hellenismus, des »Griechisch-Seins« – ein Begriff, der erst im 19. Jh. geprägt wurde. Die Römer wurden zu den Erben der Griechen, deren Kultur sie verehrten und übernahmen. Dazu zählte neben Kunst und Religion auch die Philosophie, die sich mehr und mehr auf das Praktische, die Ethik verlagerte. Schon zu Beginn des Hellenismus entstanden die beiden dauerhaftesten Lehren dieser Periode, die der Stoa und die Epikurs. Auch der Skeptizismus, der mit Descartes und Hume auch in späterer Zeit immer wieder Anhänger hatte, zog über viele Jahrhunderte Denker an, deren Gemeinsamkeit – kurz gesagt – im Zweifeln bestand. Neben diesen drei großen neuen Schulen, bestanden die alten weiter, insbesondere die platonische Akademie und das *Lykeion* des Aristoteles. Ein großes Angebot für alle Lebensbereiche, aus dem das jeweils Beste auszuwählen die Eklektiker unternahmen. Einen letzten Höhepunkt erreichte die antike Philosophie schließlich in der Verschmelzung platonischen Philosophierens mit religiös-orientalischen Einflüssen, wie sie für das 2. Jh. typisch waren, als auch das Christentum seinen Siegeszug begann. Der daraus entstandenen Lehre, dem Neuplatonismus, gelang es, viel von den Grundgedanken des letztlich siegreichen neuen Glaubens zu integrieren und dadurch für dessen Weiterentwicklung auf philosophischer Seite bestimmend zu werden. So gelang es ihm nicht nur den Untergang der alten Religion, sondern auch den Untergang des Weströmischen Reichs zu überdauern. Die Vereinigung von Neuplatonismus, Platon und nach seiner Wiederentdeckung im 12. Jh. vor allem Aristoteles auf der einen, mit biblischem Götterglauben auf der anderen Seite formte schließlich die christliche Philosophie der bereits herangebrochenen Zeit, des Mittelalters.

Stoa

323 v. Chr. starben Alexander der Große und – es heißt, sogar am selben Tag – auch Diogenes von Sinope. Aristoteles floh aus Athen und starb ein Jahr später im

Exil. Etwas war zu Ende gegangen, aber fast gleichzeitig begann etwas Neues, das die Philosophie für die nächsten 500 Jahre bestimmen sollte: die Stoa, ein neues philosophisches System.

Sie erhielt ihren Namen von einer athenischen Säulenhalle (griech. *stoa*), die als Versammlungsstätte der ersten Stoiker diente. Begründet wurde sie durch Zenon von Kition, dessen geistige Hinterlassenschaft durch seinen Schüler Chrysippos aufgezeichnet und geordnet wurde, so dass heute kaum noch möglich ist zu unterscheiden, welche Gedanken von welchem dieser beiden Hauptvertreter der älteren Stoa (300–150 v. Chr.) stammen. Mit ihrem Ende – sie hatte das systematische Fundament gelegt und sich gleichermaßen auf Logik, Physik und Ethik konzentriert – wechselte die Heimat der Stoiker nach Rom, das inzwischen zur beherrschenden Macht des Mittelmeerraumes geworden war. Die beiden Hauptvertreter der römischen mittleren Stoa (150–50 v. Chr.), die Vermittler zwischen Griechenland und Rom, waren Panaitios und Poseidonios. Durch beide gelangten auch Elemente von Schulen, die sich von Platon und Aristoteles ableiteten, in den Stoizismus. Die Endphase der Stoa, die jüngere Stoa (50 v. Chr.–200 n. Chr.) schließlich wird durch eine Individualisierung der Ursprungslehre gekennzeichnet, die ihre Ursache in der politischen Entwicklung hatte: Der Einfluss eines einzelnen Menschen auf den Staat war nun fast gleich Null. Das römische Imperium wurde zur absoluten Monarchie, die Überschaubarkeit der griechischen Kleinstaaten war schon seit langem verloren. Dabei standen die Chancen gar nicht schlecht, dass gemäß Platons Anspruch an den idealen Staat, die Herrschenden sollten philosophieren oder die Philosophen sollten herrschen, die Theorie auch in großen Zusammenhängen hätte umgesetzt werden können. Zwei der drei bedeutendsten Stoiker der jüngeren Stoa wäre dies im großen Stil möglich gewesen: Seneca, Lehrer und Berater Kaiser Neros, und schließlich Marc Aurel, der letzte der Adoptivkaiser, unter denen das Römische Reich seine größte Ausdehnung gewann. Doch trotz dieser herausragenden Persönlichkeiten blieb das Denken auf das Individuum, auf das Handeln des Einzelnen, Moral und Ethik, beschränkt.

Lehre: Das System der Stoiker, das auf den Lehren Heraklits, der Megariker und der Kyniker aufbaut, gliedert sich in die drei Bereiche Logik, Physik und Ethik. In der Logik werden Regeln aufgestellt, mit deren Hilfe der Wahrheitsgehalt von Aussagen beurteilt werden soll. Die Physik erklärt den Kosmos, die Welt; die Ethik schließlich demonstriert, wie der Mensch in Harmonie mit der Natur, mit dem Kosmos leben kann. Die höchste Wertschätzung kommt dabei der Ethik zu, die – so ein stoischer Vergleich – in einem Garten, der von der Logik umzäunt wird, als Frucht an den Bäumen – der Physik – hängt.

Logik: Schwerpunkt der stoischen Logik, die in Rhetorik, die Kunst alleine zu sprechen, und Dialektik, die Kunst mit anderen, dialogisch zu sprechen, zerfällt, ist die Aussagenlogik, eine Erweiterung der Begriffslogik des Aristoteles. Aussagen, die aus der Erkenntnis des Einzelnen hervorgehen, werden durch logische Konstanten wie »entweder-oder«, »und«, »wenn-dann« miteinander verbunden und der Wahrheitswert dieser Verbindung als eine Funktion der Wahrheitswerte der einzelnen Aussagen bestimmt. Aufgestellte Schlussfolgerungen lassen sich damit einfach bestätigen oder widerlegen. Beispiel: Wenn es Tag ist, dann ist es hell; es ist Tag, also ist es hell. Erkenntnis entsteht für die Stoiker also zuerst empirisch, durch Sinneseindrücke. Ihnen muss aber durch den Intellekt zugestimmt werden. In einem Bild vergleicht Zenon den Sinneseindruck mit der geöffneten Hand, die sich schließt und damit zustimmt und schließlich begreift, indem sie sich bewusst zur Faust ballt und das Wissen sozusagen festhält.

Physik: Die Erkenntnis der Natur ist für die Stoiker von besonderer Bedeutung, da sie Grundlage des Handelns ist: »Zu keinem anderen Zwecke ist es nötig, Naturerkenntnis zu betreiben, als zur Scheidung des Guten und des Schlechten«. Alles Wirkliche kommt, wie bei Anaximenes, aus einem Ursprung, ist körperlich, besteht aus den vier Elementen des Empedokles: Feuer, Erde, Wasser, Luft und ist beseelt vom Urfeuer, das auch Weltvernunft, Weltseele, Naturgesetz, Schicksal oder Gott heißt. Es hält die Dinge zusammen, Gott und Natur sind eins, und belebt, als feiner stofflicher Lebenshauch, Pflanzen, Tiere und Menschen. Da es göttlich und vernünftig ist, besteht die Welt aus einer vernünftigen, zielgerichteten Ordnung, dem *logos.* Gott ist voll Vernunft, er ist in allem Wirklichen anwesend, er ist »der Schöpfer der Welt und der Vater von allem«. Wie bei Heraklit, von dem auch die Ideen der Weltvernunft und des ewigen Feuers stammen, verändert sich die Welt ständig, aber nicht in eine Richtung, sondern im Kreis: Welten entstehen, vergehen – in einem Weltenbrand – und entstehen wieder. Da alles zusammenhängt und notwendig passiert, glauben die frühen Stoiker an Vorzeichen, Traumdeutungen und Prophezeiungen, denn alles ist vorherbestimmt durch das Göttliche.

Ethik: Philosophie ist für die Stoiker vor allem die Kunst der Lebensführung. Da alles vorherbestimmt ist, ist der Mensch seinem Schicksal ausgeliefert. Epiktet illustriert dies so: »Du hast eine Rolle in einem Stück zu spielen, das der Direktor bestimmt. Setzt er ein kurzes oder ein langes an, du musst es dir gefallen lassen. Gibt er dir die Rolle eines Bettlers, musst du sie dem Charakter der Rolle entsprechend spielen, und ebenso, wenn du einen Krüppel, einen Herrscher oder einen Privatmann darstellen sollst. Denn das ist deine Aufgabe, die erhaltene Rolle gut zu spielen; die Rolle auszuwählen kommt einem anderen zu.« Jedoch ist es möglich die Rolle, das Schicksal, zu gestalten.

Ziel des Menschen ist die Glückseligkeit, höchster Glückszustand die Gemütsruhe. Gut ist, was zur Übereinstimmung mit sich selbst und der Natur führt. Der Mensch sollte, um glücklich zu werden, in Übereinstimmung mit den Gesetzen der Natur handeln, die in ihm liegende Natur verwirklichen. Denn jeder Mensch hat eine eigene Persönlichkeit – ein Gedanke, der hier erstmals auftaucht. Auch Pflicht wird erstmals zum zentralen Begriff der Ethik. Die Pflicht erfüllen heißt: der Vernunft zu folgen, der inneren göttlichen Stimme zu folgen. Das von Epikur vertretene Lustprinzip lehnen die Stoiker ab: Die Lust sei die Verführerin so mancher jugendlichen Seele zur Weichlichkeit. Gerade die Triebe, Affekte und Leidenschaften, hindern den Menschen am vernunftgemäßen Handeln. Sie sind die »Krankheiten der Seele«. Leidenschaftslos (Leidenschaftslosigkeit = *apathia*), unerschütterlich (Unerschütterlichkeit = *ataraxia*) und selbstgenügsam (Selbstgenügsamkeit = *autarkia*) ist der ideale Stoiker und beherrscht damit die Lust. Weise ist der, der sich nicht von äußeren Umständen leiten, der sich nicht von der Jagd nach Reichtum, Macht und Ruhm vereinnahmen lässt, dessen Vernunft seine Triebe beherrscht. Er handelt sprichwörtlich mit »stoischer Ruhe« und vertraut der Vernünftigkeit der Weltordnung. Gehandelt werden sollte nach dem Gebot der Vernunft. Auf den Erfolg der Handlungen kommt es dabei nicht an, allein das Bemühen ein Ziel zu erreichen steht im Vordergrund. Wenn man sich der Vernunft unterwirft, handelt man tugendsam – Voraussetzung zur Glückseligkeit. Chrysippos formuliert den Zusammenhang von Tugend und Vernunft, den grundlegenden Gedanken der Naturrechtslehre, des überstaatlichen, allgemeingültigen Rechts, so: »Ein tugendhaftes Leben ist gleichbedeutend mit einem Leben auf Grund der Erfahrung von dem, was natürlicherweise geschieht. Denn unsere eigene Natur ist ein Teil der Gesamtnatur. Darum ist das höchste Gut ein naturgemäßes Leben, d. h. ein Leben gemäß unserer eigenen und der Gesamtnatur, so dass wir nichts tun, was das allgemeine Gesetz zu verbieten pflegt, nämlich die richtige, alles durchdringende Vernunft ...« Bis dahin stimmen die Stoiker mit den Kynikern weitgehend überein. Der entscheidende Unterschied, der den Stoizismus noch in der Neuzeit so einflussreich macht, ist jedoch der Wert, den die Stoiker Freundschaft, Familie und Staat beimessen. Auch ihr Sinn für Gemeinschaft entspringt der Natur, sie sehen ihn in den Insektenstaaten verwirklicht. Aus der Wertschätzung für Freundschaft und Gemeinschaft und der Annahme, dass es nur eine Vernunft gibt, die in jedem Menschen wohnt, folgt die Forderung nach Gerechtigkeit und Menschenliebe, aber auch nach Übernahme von sozialen Pflichten. Die Stoiker sehen sich zuerst als Weltbürger, Kosmopoliten, denen die gleichen Rechte zukommen wie den anderen Weltbürgern, was erstmals auch Sklaven und Barbaren, im damaligen Wortgebrauch alle Nicht-Griechisch-Sprechenden, umfasst. Neben diesem Hauptunterschied zu der kynischen Lehre ist auch die Betonung des Wissens den Stoikern eigen: Da glückselig wird, wer tugendsam handelt, und tugendsam handelt, wer vernünftig handelt, und Vernunft aus Erkenntnis entsteht, ist Tugend lernbar, Wissen wichtig.

Zusammenfassung

In dem Ineinandergreifen von Logik, Physik und Ethik entsteht mit der Stoa erstmals ein geschlossenes philosophisches System. Der zentrale Begriff der Stoa ist die Natur. Nur sie existiert, alles, was ist, ist daher körperlich. Darum lehrt sie einen teleologischen, einen zielgerichteten Pantheismus: Gott ist kein Wesen, sondern in der ganzen Natur gegenwärtig. Da Natur, Gott und Vernunft eins sind, muss der Mensch natur- und vernunftgemäß leben, um zur individuellen Glückseligkeit zu gelangen – dem höchsten Ziel für die Stoiker. Denken ist nicht Selbstzweck, sondern Mittel zum Glück. Äußerlichkeiten bedeuten nichts, das Innere zählt. Lust und Leidenschaften sind als die Vernunft beeinträchtigend abzulehnen und zu beherrschen. Erstmalig taucht in der Philosophie der Begriff »Pflicht« auf, wird erläutert und in einen Zusammenhang gestellt. Handlungen sind nicht nach ihrem Erfolg, sondern nach dem zugrunde liegenden Ziel zu bewerten. Weise ist, wer tugendsam handelt. Freundschaft und Gemeinschaft sind vor allem den späten Stoikern hohe Werte, die einhergehen mit sozialer Verantwortung und der Formulierung des Gleichheitsgrundsatzes in bezug auf alle Weltbürger. Es ist nur konsequent, dass unter den berühmten Stoikern ein ehemaliger Sklave, Epiktet, zu finden ist.

Wirkung: Die Stoa gehörte ein halbes Jahrtausend zu den prägenden Einflüssen der antiken Kultur, wirkte auf die platonische Akademie, verdrängte die aristotelische Philosophie und beeinflusste das Christentum mit ihren Auffassungen von Moral, Geringschätzung von Äußerlichkeiten, einem höchsten, mit »Vater« angeredeten Wesen, einem dem heiligen Geist ähnelnden Lebenshauch und der Gleichheit aller Menschen. Sie wurde in der Neuzeit wiederbelebt und spielt im Denken von Descartes, Spinoza, Locke und Kant eine Rolle. Schon die Aufteilung der Philosophie in Logik, Physik und Ethik wurde für lange Zeit bestimmend. In der Gleichstellung von Vernunft und Natur wurzelt die Naturrechtslehre, der Versuch, überstaatliche Rechtsnormen aus der natürlichen Vernunft abzuleiten. Von hier führt ein Weg bis zur Erklärung der Menschenrechte in der amerikanischen Verfassung von 1776. Durch die Stoiker entwickeln sich die sozialen Maximen, wie Rücksichtsnahme auf andere, Respekt vor jedem Menschen, Großmut und Wohltätigkeit.

ZENON VON KITION *(um 333 v. Chr. in Kition – um 262 v. Chr. in Athen)*
Zenon, dem neben einem asketischen Leben – »enthaltsamer als der Philosoph Zenon« war eine geläufige Redensart zu seiner Zeit – auch ein strenges Äußeres nachgesagt wird, kam aus dem phönizisch geprägten Zypern um 314 v. Chr. als Kaufmann nach Athen, wurde Schüler des Kynikers Krates, des Megarikers Stilponos und der Akademiker Xenokrates und Polemon. Um 300 v. Chr. eröffnete er in Athens *Stoa poikile* eine philosophische Schule, in der sogar der makedonische König verkehrte. Er starb, indem er seinem Leben selbst ein Ende setzte.

KLEANTHES *(331/30 v. Chr. in Assos – 230/29 v. Chr. in Athen)*

Zenons Nachfolger als Leiter der Stoa war Kleanthes, eigentlich ein Berufsboxer, der Zenon angeblich deswegen auffiel, da er seine Vorlesungsmitschriften auf Tonscherben oder Schulterblättern von Rindern schrieb. Er war als Denker wohl weniger selbstständig, erhielt sogar den Spitznamen »Esel«, was jedoch auch auf seinen Dienst als »Arbeitstier«, als Wasserträger oder Müller, hinweist, den er nachts verrichtete, um in seiner Zeit als Schüler seinen Lebensunterhalt zu verdienen. Geblieben ist lediglich sein *Hymnus auf Zeus*, der schon im Altertum berühmt war. In diesem verdeutlicht er den pantheistischen Gedanken der Stoa und die Gesetzlichkeit der Natur.

Kleanthes: *Hymne an Zeus*
»... Also lenkst du den Geist der Natur, der dem Großen und Kleinen/Eingepflanzet, sich mischt in alle Wesen und Körper./Höchster König, des Alls, ohn' den auf Erden, im Meere,/Nichts geschiehet, noch am ätherischen, himmlischen Pole;/ Außer was Sinnen-beraubt der Frevler Böses beginnet./Aber du weißt auch da das Wilde zu fügen in Ordnung,/Machst aus der Unform Form und gesellst Unfreundliches freundlich./Also stimmest du Alles zu Einem, das Böse zum Guten,/Dass in der weiten Natur ein ewig herrschend Gesetz sei, ...«

Nach dreißig Jahren als Schulleiter hungerte er sich angeblich, über hundertjährig, zu Tode.

CHRYSIPPOS *(281/77 v. Chr. in Tarsos (?) – 208/04 v. Chr. in Athen)*

Dritter Leiter der Stoa wurde 230 v. Chr. Chrysippos, der aus Kilikien im östlichen Kleinasien stammte und eigentlich im Rennsport engagiert war. Er systematisierte und erweiterte die Erkenntnisse seiner beiden Vorgänger, Zenon und Kleanthes, und gilt daher auch als zweiter Begründer der Stoa. Er soll 705 Bücher hinterlassen haben, von denen jedoch nur noch Fragmente erhalten sind. Durch seine redaktionelle Tätigkeit ist es heute nicht mehr möglich festzustellen, welche Gedanken welchem der ersten drei stoischen Philosophen zuzuordnen sind.

Panaitios von Rhodos *(um 185–110 v. Chr.)*

Er war ein Schüler des fünften Leiters der stoischen Schule, Diogenes aus Seleukia, der als athenischer Gesandter nach Rom gekommen war und hierdurch die stoische Lehre von Griechenland ins politische Zentrum der damaligen Welt, nach Rom, brachte.

Dort gehörte Panaitios einem Kreis berühmter Männer an, den Scipio der Jüngere, der Zerstörer Karthagos, um sich versammelte. Seine Schriften wurden intensiv von Cicero genutzt, der sie neben anderen zur Grundlage einer Latinisierung der philosophischen Grundbegriffe verwendete.

Panaitios lehrt insbesondere, dass man von jedem Menschen nur verlangen darf, das in ihm liegende Ideal zu verwirklichen und nicht irgendeinem anderen Ideal nachzujagen. Eine sittliche Lebensführung hieß für ihn vor allem die Verwirklichung der vier Tugenden Klugheit *(prudentia)*, notwendig zur Erkenntnis des Guten, Gerechtigkeit *(justitia)*, wichtig für das Leben in der Gemeinschaft, Tapferkeit *(fortitudo)*, um die materiellen Dinge hinter sich zu lassen, und Mäßigung *(modestia)*, die Beherrschung der Triebe. Astrologie und Seherkunst, die Mantik, lehnt er ab. Auch die Auffassung, dass es genüge, eine Ethik nur für den Weltstaat und dessen Bewohner, das Individuum als Kosmopolit, aufzustellen, so wie es noch Zenon gelehrt hatte, genügt ihm nicht: Familie und Staat erlangen bei ihm die Bedeutung, die für die spätere Stoa prägend bleibt. Im Unterschied zur allgemeinen Auffassung der Stoa lehnt er zudem die Theorie eines immer wiederkehrenden Weltenbrands ab. Für ihn ist die Welt ewig.

Poseidonos von Apameia *(um 135–51 v. Chr.)*

Poseidonios stammte aus Syrien und war ein Schüler des Panaitios. Er gründete 97 v. Chr. eine Schule auf Rhodos – Cicero gehörte zu seinen Hörern –, galt als der berühmteste Universalgelehrte des Hellenismus und beschäftigte sich neben der Philosophie mit Astronomie, Geographie und Geschichte. Er war sehr einflussreich, besuchte den bedeutenden Feldherrn und siebenmaligen Konsul Marius in Rom und wurde von dem Mit-Triumvirn Cäsars, Pompejus, zu Rate gezogen, als dieser auf Rhodos weilte. Sein Weltbild ist eine Kombination aus Forschungsergebnissen, gelehrtem Wissen und seinem Glauben an Astrologie und Mantik. Es enthält darum eine eigene Dämonenlehre. Außer Fragmenten ist nichts erhalten.

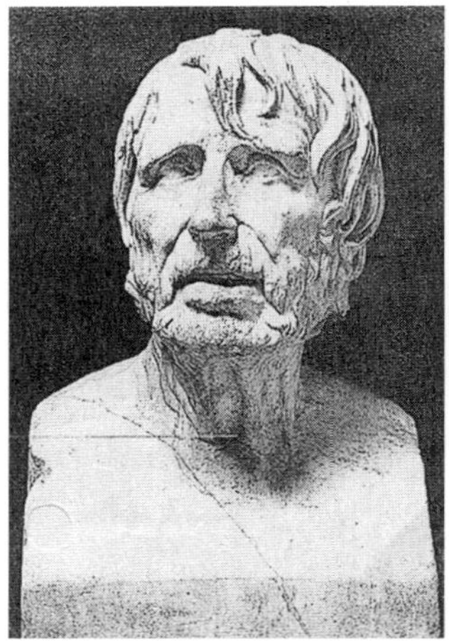

Seneca *(um 4 v. Chr. in Córdoba – 65 n. Chr. bei Rom)* Lucius Annaeus Seneca der Jüngere hatte unter den Kaisern Caligula und Claudius hohe Beamtenstellen inne, die er aufgrund von höfischen Intrigen jedoch im Jahre 41 v. Chr. verlor. Es folgte eine achtjährige Verbannung nach Korsika. Rehabilitiert stieg er bis zum Erzieher von Claudius' Adoptivsohn Nero auf, dem er, als dieser im Jahre 54 v. Chr. Kaiser wurde, in der Schrift *De clementia (Von der Milde)* in einer Art Fürstenspiegel die Tugend der Milde empfahl. Inzwischen dessen Hauptberater und gemeinsam mit dem Gardepräfekten Burrus politisch einflussreich, geriet er im Zusammenhang mit der Pisonischen Verschwörung in den Verdacht, zu den Verschwörern zu gehören und wurde von Nero zum Selbstmord gezwungen. Schon einige Jahre davor hatte er sich vom Hof zurückgezogen und die Zeit dazu genutzt, seine Hauptwerke *De beneficiis (Von den Wohltaten), De providentia (Von der Vorsehung)* sowie die sieben Bücher der *Naturales quaestiones (Naturuntersuchungen)* zu verfassen, ebenso wie die 124 *Epistulae morales (Moralische Briefe)* an Lucilius. Wie auch in seinen neun mythologischen Tragödien, die Leidenschaften wie Zorn, Raserei und Liebe in Extremsituationen zeigen, gilt hier sein Interesse hauptsächlich der Ethik und sozialen Anliegen. So schreibt er in den Briefen über Sklaven, das Gladiatorenunwesen und die Gleichberechtigung der Geschlechter. »Die rechte, gute, große Seele – wie kann man sie anders nennen als einen Gott, der in einem menschlichen Körper zu Gast weilt? Sie kann sich ansiedeln in einem römischen Ritter wie in einem Freigelassenen, ja auch in einem Sklaven. Was ist denn ein römischer Ritter oder Freigelassener oder Sklave? Namen nur, entstanden aus Ehrgeiz oder Unrecht. In den Himmel springen, das kann man auch aus einem düsteren Winkel.« Seine sozialen und moralischen Ansichten rückten ihn immer wieder in die Nähe des Christentums, ein Briefwechsel mit dem Apostel Paulus ist jedoch eine Fälschung. Sie führte aber dazu, dass das christliche Abendland Seneca hoch schätzte, und machte ihn vom 16. bis 18. Jh. zu einem der meistgelesenen Autoren.

In seiner Schrift *De vita beata (Vom glückseligen Leben)* bekräftigt er die stoische Vorstellung von sittlicher Vollkommenheit als Voraussetzung für ein glückliches Leben. »Welch herrlicher Preis erwartet uns, wenn wir die Fesseln unserer Berufstätigkeit und der hartnäckigsten Fehler sprengen! Keine Begierde, keine Furcht wird uns dann bedrängen ... Uns erwarten Seelenfreude und losgelöst von all dem Irrwahn die uneingeschränkte Freiheit. Worin sie besteht? Keine Furcht zu haben vor Menschen und Göttern, nichts Schimpfliches oder Maßloses zu begehren, vollkommene Gewalt über sich selbst zu besitzen. Unschätzbares Gut ist es, sein eigener Herr zu werden.« Er weist den Gedanken zurück, dass sich der Weise an der Politik beteiligen solle, denn das sei gefährlich und moralisch erniedrigend. Er betont die moralische Bedeutung der aktiven Linderung des Leidens anderer. Seneca glaubt an das Böse in der menschlichen Natur. Er spricht von einem goldenen Zeitalter, in dem alle harmonisch und zufrieden gelebt hätten, bis sie durch die Raffgier entzweit wurden. Um diesen Trieb des Menschen zu bändigen, bedarf es eines Staates und des Privateigentums.

EPIKTET *(um 55 n. Chr. in Hierapolis – 135 n. Chr. in Nikopolis)*

Epiktet kam als phrygischer Sklave, aus dem Königreich Phrygien in Kleinasien, nach Rom. Sein dortiger Herr, ein freigelassener Sklave Neros, schickte ihn zur Ausbildung zu einem stoischen Philosophen und schenkte ihm später die Freiheit. Epiktet gründete eine eigene Schule, musste jedoch, wie alle Philosophen, im Jahr 94 v. Chr. Italien aufgrund der Philosophenverbannung des Kaisers Domitian verlassen. Im westgriechischen Nikopolis leitete er danach eine Philosophenschule, die weithin berühmt war. Selbst der spätere Kaiser Marc Aurel soll zu seinen Schülern gehört haben. Ein anderer Schüler, Flavius Aulus Arrianus, veröffentlichte acht Bücher seiner *Unterhaltungen (Diatriben)*, von denen vier erhalten sind. Epiktet selbst hinterließ keine Werke. Nachhaltige Wirkung hatten die Grundweisheiten seiner Philosophie jedoch durch die im sogenannten *Handbüchlein der Moral* von Arrianus gesammelten Kernsätze der Lebensweisheit. Ethik und Moral bildeten – wie auch bei den anderen Stoikern – das Zentrum seines Denkens. »Der erste und notwendigste Teil der Philosophie ist die Anwendung der Grundsätze im Leben, z. B. 'Keine Lüge in Worten und Werken'. Das zweite sind die Beweise, d. h. woraus folgt, dass man nicht lügen soll. Das dritte ist die Begründung und scharfe Untersuchung der Beweise selbst, z. B. woraus folgt, dass dies der Beweis ist, was überhaupt ein Beweis sei, was eine Folge, was ein Widerspruch, was wahr und was falsch sei.«

Epiktets Ideal war das Ideal der Freiheit, der Freiheit durch einen Verzicht auf alles, was nicht in unserer Macht steht, durch Unabhängigkeit von Affekten und äußerlichen Bedürfnissen. Reichtum, Macht und Ruhm stören die Freiheit des Handelns, sie haben keinen sittlichen Wert. Er sah in allen Übeln nur Gedanken, nicht Realität, das Böse beruht nur auf Irrtum: »Gewöhne dich zu jedem unangenehmen Gedanken zu sagen: Du bist nur ein Gedanke, nicht das Ding selbst, als das du erscheinst! Sodann prüfe es an der Hand der Hauptregeln, die du hast: Zuerst und zumeist frage: Ist es im Bereich dessen, was in unserer Gewalt steht, oder bezieht es sich auf das, worüber wir nicht verfügen? Und bezieht es sich auf etwas, worüber wir nicht verfügen, so halte die Antwort bereit: Es geht mich also nichts an!« Gut ist, wie auch für die anderen Stoiker, was der wahren Natur des Geistes entspricht. Tugend besteht auch für ihn darin, dass man alles ruhig hinnimmt, was die Vorsehung bestimmt. »Verlange nicht, dass die Dinge so eintreten, wie du sie dir wünschst, sondern wünsche sie dir so, wie sie passieren, dann kommst du gut zurecht!« Als ehemaliger Sklave verdammt er konsequenterweise die Sklaverei und ist gegen die Todesstrafe. In Verbrechern sieht er Kranke, die behandelt und schließlich geheilt werden könnten. Er fordert eine tägliche Prüfung des Gewissens und formuliert als moralische Richtschnur: »Was du nicht selbst erleiden willst, das lass andere nicht erleiden.« Ein Gedanke, der im kategorischen Imperativ Kants am bekanntesten geworden ist.

Marc Aurel *(26.4.121 in Rom – 17.3.180 bei Wien)*

Marcus Aurelius Antoninus machte Platons Forderung, Herrscher müssten philosophieren oder Philosophen herrschen, wahr, obwohl er selber vom utopischen Staat platonischer Prägung nicht viel hielt: »Wie unbedeutend sind doch die Staatsgeschäfte ... Was willst du tun, Mensch? Vollbringe, was die Natur jetzt von dir fordert! Fasse deinen Entschluss, wenn die Möglichkeit dazu gegeben ist, und schau dich nicht um, ob es jemand erfährt! Hoffe nicht auf den Platonischen Staat, sondern sei zufrieden, wenn es auch nur ein klein wenig vorwärts geht, und schätze auch die Verwirklichung eines solchen kleinen Fortschritts nicht gering!«

Schon als Zwölfjähriger hatte er, Adoptivsohn seines Vorgängers Antoninus Pius, die stoische Lehre in sich aufgesogen, aber auch die Rhetorik hoch geschätzt. Als Kaiser blieb ihm kaum noch Zeit für die Beschäftigung mit der Philosophie, seine Kaiserzeit (161–180) war gekennzeichnet durch andauernde Kämpfe an den langen Grenzen des Reichs. Trotzdem gelang es ihm sogar im Feldlager, seine auf Griechisch abgefassten und in zwölf Büchern, den *Selbstbetrachtungen*, gesammelten Aphorismen abzufassen, durch die die Resignation zu hören ist, die die schwierigen Zeiten dem Kaiser auferlegten: »Alles Körperliche ist ein Fluss, alles Seelische ein Traum und Wahn, das Leben Krieg und Aufenthalt in der Fremde, der Nachruhm Vergessenheit.« Aber vor allem durchweht sie der Geist der Stoa: »Was vermag uns da zu geleiten? Einzig und allein die Philosophie.« Im ersten Buch, das eine Sonderstellung einnimmt, listet Marc Aurel Punkt für Punkt auf, was er 16 ihm nahestehenden Personen, darunter sein Großvater, seine Mutter und der Adoptivvater, und schließlich den Göttern schuldig ist: Standhaftigkeit, Nüchternheit, Frömmigkeit und Freigiebigkeit gehören dazu. Die Aphorismen der anderen elf Bücher setzen die stoische Lehre in Denk- und Handlungsanweisungen um. Sie sind ein praktischer Leitfaden zur Lebensgestaltung. Ein besonderer Gedanke von ihm ist die Forderung, die Wirklichkeit als an sich gut zu akzeptieren; denn das Gefühl, ungerecht behandelt worden zu sein, hätte seinen Ursprung nur in einer falschen Erwartungshaltung. Einzig schlecht für den Menschen seien nur seine eigenen unmoralischen Handlungen.

Mit dem Tod Marc Aurels während eines Feldzuges in der Nähe von Wien endet eine Epoche der römischen Geschichte, die Zeit der Adoptivkaiser. In ihr erreichte das Reich seine größte Ausdehnung, seine Kultur kam zu höchster Blüte, es ließ sich relativ ruhig leben, wenn man nicht gerade an den Grenzen zu Hause war. Mit der Ruhe und damit auch dem Stoizismus, ist es danach aber vorbei und andere philosophische Systeme, die zu den Zeitläufen kompatibel sind, treten auf den Plan.

EPIKUR *(342/41 v. Chr. auf Samos – 271/70 v. Chr. in Athen)*

Leben: Der Vater des Philosophen war als athenischer Siedler nach Samos, einer der Kykladeninseln, ausgewandert. Epikur besuchte dort die Schule, las die Theogonie des Epikers Hesiod und wendete sich, so die Überlieferung, der Philosophie zu, da er nicht verstehen konnte, wie alles aus »gähnender Lehre« – so wie es Hesiod beschrieb – entstanden sein sollte. Die ersten philosophischen Gehversuche machte er bei dem Platoniker Pamphilos, wechselte aber bald ins kleinasiatische Teos zu Nausiphanes, einem Vertreter der Atomlehre Demokrits. Da die athenische Republik Samos verlor, kehrte Epikur 322 v. Chr. aus Athen, wo er seinen Militärdienst abgeleistet hatte, nicht dorthin zurück, sondern folgte seinen Eltern ins kleinasiatische Kolophon, der Heimat des Vorsokratikers Xenokrates. Spätestens ab 310 v. Chr. war er selber als Dozent tätig. Zuerst in Mytilene auf Lesbos, danach in Lampsakos am Hellespont und seit 306 v. Chr. im Zentrum der Philosophie, in Athen, wo er ein Haus mit Garten kaufte, in dem er seine Schule eröffnete – seine Schüler nannte man daher auch »Gartenphilosophen«. Sie lebten in enger Gemeinschaft, hatten viele Regeln und lernten ihre Lehren, die in einer Art »Katechismen« zusammengefasst waren, auswendig. Epikur führte ein einfaches Leben, war also im heutigen Wortsinn kein Epikureer, einer, der sich den Sinnesfreuden hingibt und den Luxus genießt. Er war keinesfalls ein Wüstling, wie es Epiktet behauptete. Von Epikur stammt sogar der Ausspruch: »Der Liebesgenuss bringt keinen Nutzen; man kann sogar froh sein, wenn er nicht schadet.« Bis zu seinem Tode war Athen für ihn Lebensmittelpunkt und Wirkungsstätte.

Werk: Epikurs Hauptwerk ist das Buch *Über die Natur,* das jedoch nur in Fragmenten erhalten ist. Überliefert wurden lediglich drei Lehrbriefe, die *Hauptlehren,* eine Sammlung von Kernsätzen seiner Philosophie, und eine erst 1888 im Vatikan entdeckte Spruchsammlung *Also sprach Epikuros.* Überliefert wurden seine Ansichten vor allem durch das im letzten vorchristlichen Jahrhundert in sechs Büchern verfasste Lehrgedicht *De rerum natura (Von der Natur der Dinge)* des römischen Dichters und Philosophen Titus Lucretius Carus – Lukrez –, des bedeutendsten Vertreters der epikureischen Schule.

Lehre: Auch bei Epikur gliedert sich die Philosophie in drei Teile: Logik, die er Kanonik nennt, Physik und, mit besonderem Gewicht, die Ethik. Sie ist praktisch ausgerichtet – die erhaltenen Titel lauten *Über das höchste Gut, Was zu wählen und zu meiden ist, Über Lebensrichtungen* –, gibt Ratschläge und Leitlinien, die zum Ziel seiner Philosophie, der Glückseligkeit des Individuums, nicht der der Gemeinschaft, führen sollen.

Kanonik: Wie bei den Stoikern braucht Epikur die Logik, hier die Kanonik, als Voraussetzung für die Physik. Sie soll die Normen *(kanonens)* der Erkenntnis und Kriterien der Weisheit liefern, ohne die die Welt nicht zu erklären ist. Seine Logik ist also weder Rhetorik noch Dialektik, wie bei den Stoikern, sondern Erkenntnistheorie. Im Gegensatz zu Platon und Aristoteles, der nur eine Generation vor ihm lehrte, ist er reiner Empiriker: Nur was man sieht, ist wahr! Die Sinneseindrücke sind klar und verlässlich und werden, ergänzt mit allgemeinen Vorstellungen, die durch eine Wiederholung von gleichen Sinneseindrücken als verschwommenes Erinnerungsbild vorhanden sind, dadurch zur Erkenntnis. Doch was ist mit den Atomen, an deren Existenz Epikur glaubt, nachdem er mit den Theorien Demokrits in Berührung kam? Sind sie vorhanden, obwohl man sie nicht sieht? Epikur meint ja, denn auch das Nichtbeobachtete ist wahr, wenn es den eindeutigen Sinneseindrücken nicht widerspricht!

Physik: In der Physik ist Epikur ein Jünger Demokrits, dessen Atomlehre am ehesten in seine Vorstellungen einer Ethik ohne übernatürliche Kräfte, ohne Jenseitsglauben und strafende Götter passt. Diese existieren zwar für Epikur und er hält am Volksglauben fest, doch sieht er sie in einer Zwischenwelt angesiedelt, in der sie glücklich, aber ohne Einfluss leben und als Vorbild dienen können, für das Glück, das auch dem Weisen hold sein kann. Mit den Atomen ist alles natürlich erklärbar: »Von Ewigkeit her existieren die Atome und der leere Raum«, postuliert er. Ein Nichts ist für ihn unvorstellbar, denn aus nichts kann nichts entstehen, und nichts kann sich in nichts auflösen. Die Redensart »von nichts kommt nichts« findet hier ihren Ursprung. Atomare Ausströmungen aus den Dingen verursachen die Sinneseindrücke, wie beispielsweise das Hören, das durch atomare Luftströmungen, die ins Ohr gehen, entsteht. Geschehen lässt sich auf Druck und Stoß zurückführen. Werden und Vergehen haben ihre Ursache im Umgruppieren von Atomen. Dinge, Atom-Aggregate, ergeben sich – und hier unterscheidet sich Epikur von Demokrit – durch ein minimales Abweichen einiger Atome von ihrer durch die Schwere bedingten ursprünglichen Richtung – bei Demokrit waren sie noch richtungslos –, was zu zufälligen Zusammenstößen führt. Ein Erklärungsansatz, in den auch die These Epikurs von der Selbstbestimmung des Menschen gut einzufügen ist. So stellt er sich vor, dass der menschliche Wille auf die Geistatome in der Brust über die Abweichungen Einfluss nehmen kann. Folgerichtig besteht auch die menschliche Seele aus Atomen, einem luftähnlichen Stoff, der im ganzen Leib zu finden und zu dem ein feuerähnliches, unnennbares Element beigemischt ist. Sie entsteht und zerfällt gleichzeitig mit dem Leib, ist also sterblich. Der Tod verliert damit seinen Schrecken: »Wenn wir sind, ist der Tod nicht, und wenn der Tod ist, sind wir nicht.«

Ethik: Epikur interessiert sich für den Einzelnen, nicht für die Gemeinschaft. »Lebe im Verborgenen« lautet einer seiner Wahlsprüche – der vielen Bewohnern des römischen Imperiums zur Rechtfertigung für einen Rückzug ins Private dient. Sein Ziel ist es, dem Mensch zu zeigen, was gut und was schlecht für ihn ist, damit er das höchste Ziel, die Glückseligkeit, erreichen kann. Dazu muss er sich eigentlich nur gemäß seiner Natur verhalten, darauf hören, was ihm Lust (grch. *hedone*), was Schmerz bereitet, denn »die Lust ist Ursprung und Ziel des glücklichen Lebens«. Hier tritt er in die Fußstapfen des Kyrenaikers Aristippos. Furcht bereitet Schmerzen, führt zur Unlust; hilfreich, dass den Epikureern per Definition die Angst vor dem Tod, dem Jenseits und vor den Göttern genommen ist! Fehlen der Unlust bereitet Lust, »nicht hungern, nicht dürsten, nicht frieren« dem Körper, »nicht Angst haben« der Seele. Doch Schmerzen können auch ihr Gutes haben: Schmerz kann höhere Lust zur Folge haben, die Anstrengung beim Sport den Sieg, die Prüfung in der Schule das Lob. Die Folgen wollen immer bedacht sein! »Darum ist auch die Einsicht kostbarer als die Philosophie. Aus ihr entspringen alle übrigen Tugenden, und sie lehrt, dass es nicht möglich ist, lustvoll zu leben

> »Wenn du nicht die Gesetze verletzt, die angemessenen Konventionen störst, die Mitmenschen belästigst, den Körper schädigst oder das Lebensnotwendige vertust, folge deiner Neigung, wie du willst.«

ohne verständig, schön und gerecht zu leben, noch auch verständig, schön und gut, ohne lustvoll zu leben. Denn die Tugenden sind von Natur verbunden mit dem lustvollen Leben und das lustvolle Leben ist von ihnen untrennbar.« Das Leben, jeder Tag, sollte also sinnvoll genutzt werden. »Carpe diem!« fordert deshalb der Epikureer Horaz. Nicht jede Lust ist Epikur gleich wichtig. Geistige Lust, Lust am Wissen, am Gespräch, an der Kunst, ist bedeutsamer als die des »Fleisches«, ein biblischer Begriff, der hier erstmals für den Körper gebraucht wird. Wahre Lust ist die Lust der Ruhe, die Lust, die der Befriedigung des Augenblicks folgt, und die er »Lust der Bewegung« nennt. Wie den Stoikern geht es ihm also um die Gemütsruhe *(ataraxia)*: »Denn unser Leben bedarf nicht ... des leeren Meinens, sondern dass wir ohne Störung leben.« Eine Folge davon ist, dass er auch Störungen dieser Ruhe durch Ehe und Kinder ablehnt. Auch der Staat hat für Epikur nur den Zweck, alles von der Gesellschaft fernzuhalten, was deren Ruhe und Glückstreben beeinträchtigt. Er ist keine natürliche Notwendigkeit, darum gibt es auch keine naturgemäße Staatsverfassung, keinen idealen Staat. »Befreien muss man sich aus dem Gefängnis der Geschäfte und der Politik« lautet eine seiner Maximen. Trotzdem sind Epikureer keine Einzelgänger: Auch sie singen das hohe Lied der Freundschaft, »die Fähigkeit, Freundschaft zu erwerben, ist unter allem, was Weisheit zum Glück beitragen kann, bei weitem das Wichtigste«, Frauen und Sklaven sind bei ihren Treffen willkommen. Aber das sind, wie auch Ehre, Ruhm und Reichtum, alles Äußerlichkeiten, von denen man sich frei machen muss. Wahre Gemütsruhe und damit wahres Glück findet nur, wer sich von falschen Bedürfnissen, von der Angst vor dem Jenseits und der Furcht vor den Göttern befreit – und das bietet ihm das Studium der Philosophie Epikurs. Ein Angebot, das bis zum 2. Jh. n. Chr. eifrig genutzt wurde.

Zusammenfassung

Neben den Stoikern waren die Epikureer, zu denen als bedeutende Vertreter neben Epikur noch die römischen Dichter Lukrez (95–55 v. Chr.) und anfangs auch Horaz (65–8 v. Chr.) zählen, die zweite beherrschende Denkrichtung des Hellenismus und anfangs auch des römischen Imperiums. Beide hielten sich ca. 500 Jahre, von 300 vor bis 200 nach Christus. Beide legen ihr Hauptaugenmerk auf die Ethik, beiden liegt daran, das Individuum, den Menschen, zum Glück zu führen. Beide empfehlen eine Entsagung von allem Weltlichen, einen Rückzug ins Private und sehen im »Weisen« den idealen Menschen. Mehr noch als diese Gemeinsamkeiten sind es die Unterschiede, die ins Auge fallen. Was ist das Besondere an Epikur und seinen Jüngern? Epikurs Ethik gibt keine Anweisungen zum Glücklichsein, sie stellt keine moralischen Gesetze auf, sondern definiert als einzigen Wertmaßstab für sittliches Handeln die psychologischen Begriffe Lust und Unlust. Kontrollierte Lust, nicht purer Hedonismus, ist Grundlage der Gemütsruhe. Ganz folgerichtig fehlt den Epikureern das Pflichtgefühl und die Notwendigkeit der Gemeinschaft zu dienen, um zum Glück zu gelangen. In der Erkenntnislehre zeigt Epikur sich als erster reiner Empiriker und in der Physik als Verfechter einer erweiterten Atomlehre Demokrits. Folglich haben Jenseitsglaube, Göttereinfluss und Vorsehung in der epikureischen Lehre keinen Platz.

Wirkung: Die Lehre der Epikureer passte ganz und gar nicht zu den Moralvorstellungen des Christentums, die eindeutig stoische Züge tragen. So geriet der Hedonismus seit dem dritten nachchristlichen Jahrhundert langsam in Vergessenheit und kam erst im sinnenfrohen Barock, also im 17. Jh., wieder in Mode. Doch diese Wiedergeburt hatte auch noch einen anderen Grund: Die Naturwissenschaften, die zu jener Zeit im Aufblühen waren, schätzten Epikurs Empirismus und sahen in Demokrits Atomlehre, die Epikur übernommen hatte, ein Modell, mit dem sie arbeiten konnten.

Skeptizismus

Wie Zenon von Kition und Epikur ist auch der Begründer des Skeptizismus, Pyrrhon von Elis (ca. 365–275 v. Chr.), ein Kind des beginnenden Hellenismus, des nach-aristotelischen Zeitalters. Doch im Unterschied zu beiden begründete er kein philosophisches System, sondern entwickelte eher eine Lehre der kritischen Überprüfung von Urteilen – so bedeutet *skeptikos* ursprünglich auch »der beim Prüfen Verharrende«. Er bestreitet die Möglichkeit einer objektiven Erkenntnis und baut damit auf Gedanken auf, wie sie auch schon bei dem Vorsokratiker Xenophanes und auch den Sophisten zu finden sind. Pyrrhon kritisiert jeglichen Dogmatismus, das macht ihn für die Philosophie und die Wissenschaftsgeschichte so bedeutsam. Über ihn selbst ist wenig bekannt: Sein Lehrer war ein Anhänger Demokrits, er selber kam mit den Alexanderzügen bis nach Indien und dort in Berührung mit der indischen Philosophie. Schriften hinterließ er anscheinend keine – wozu auch, war es doch nur konsequent anzunehmen, dass natürlich auch er selber irren könnte, dass auch das Dogma von der Skepsis zu bezweifeln ist. Nur in der Überlieferung durch seinen Schüler Timon von Phlius (ca. 325–235 v. Chr.) blieben seine Gedanken erhalten. Jede Behauptung sei genauso wahr wie ihr Gegenteil und darum sei ein Urteil nicht möglich. Man müsse sich daher in Zurückhaltung in

Bezug auf ein Urteil üben, man könne sagen, etwas scheine so zu sein, nicht jedoch, es sei so – so Pyrrhon. So solle man die Dinge betrachten, nicht, um als ewiger Nörgler dazustehen, sondern um – und hier kommt er den Stoikern genauso wie Epikur nahe – Gemütsruhe *(ataraxia)* zu erreichen. Ein antiker Kommentator schreibt: »Das Ziel ist, wie die Skeptiker sagen, die Zurückhaltung, welcher der Seelenfriede wie ein Schatten folgt.« Und aus der Hand des letzten großen Skeptikers, Sextus Empiricus: »Das Motiv zur Skepsis ist ... die Hoffnung auf Seelenfrieden.« Wie lassen sich aber dann Entscheidungen herbeiführen, wenn kein Urteil möglich ist? Ein Problem, das dadurch gelöst werden kann, dass man sich im Zweifelsfall einfach an die Verhaltensweisen der Umwelt anpasst.

Im 3. und 2. vorchristlichen Jahrhundert hielt die Skepsis dann auch in die platonische Akademie Einzug, sei es, weil den Akademikern der Dogmatismus der Stoa nicht passte, sei es, wegen einer Rückbesinnung auf die Methoden des Sokrates, des Lehrers ihres Gründers Platon. Dem war bewusst, dass er »nichts wusste«, er verkündete keine Dogmen, sondern tastete sich über Dialoge an die Wahrheit heran, ohne sie jedoch zu erreichen. Verbunden ist der Skeptizismus in der Akademie mit derem fünften Leiter Arcesilaus (ca. 315–240 v. Chr.), dem Hauptvertreter der sogenannten Mittleren Akademie, und einem seiner späteren Nachfolger, dem Begründer der Jüngeren Akademie, Karneades (ca. 213–128 v. Chr.). Auch von ihnen beiden sind keine Schriften erhalten, bezeichnend ist jedoch Karneades' berühmter Auftritt in Rom im Jahre 155 v. Chr., bei dem er an einem Tag in der Tradition der Sophisten eine Rede gegen, am anderen eine Rede für die Gerechtigkeit hielt, getreu seiner skeptischen Ansicht, dass sich weder in der Vernunft noch in der Wahrnehmung, der Vorstellung oder sonst wo ein Kriterium der Wahrheit finden lasse. Er war ein erbitterter Gegner der Stoiker, bekämpfte deren Aberglauben, ihre angeblichen Gottesbeweise, ihre Behauptung, es gäbe eine absolut sichere Erkenntnis, Astrologie und Mantik. Doch dabei beließ er es nicht: Als erster Denker stellte Karneades eine Wahrscheinlichkeitstheorie auf und akzeptierte, dass eine Urteilsenthaltung nicht immer akzeptabel, nicht praktikabel sei, einfache Aussagen seien durchaus möglich. Hier weicht die Haltung der Akademie also bereits auf und wendet sich schließlich keine hundert Jahre später zugunsten eines Eklektizismus ganz von der Skepsis ab, mit der Begründung, sie widerspräche sich selbst.

Aber der Skeptizismus überlebte auch ohne die Akademie. Ihr nächster wichtiger Vertreter ist Ainesidemos von Knossos, dessen Lebenszeit im Dunkeln liegt, jedoch auf alle Fälle im 1. Jh. v. Chr. anzunehmen ist. Auch wenn wenig über ihn bekannt ist – sicher ist nur, dass er in Alexandria wirkte –, muss er als derjenige erwähnt werden, der erstmals die wichtigsten Argumente der Skeptiker gegen Dogmatismus und Spekulation in den sogenannten skeptischen »Tropen« systematisch zusammenfasste. In ihnen führt er die Relativität der Sinneswahrnehmungen und die Unmöglichkeit der Beweisführung in zehn Punkten auf.

Der letzte bedeutende Skeptiker der Antike war schließlich um 200 n. Chr. Sextus Empiricus, dessen Beiname sich mit seiner Zugehörigkeit zur Schule der empirischen Ärzte in Alexandria erklären lässt, Wissenschaftlern, die ihre Erkenntnisse ausschließlich auf Tatsachen stützen wollten. Seine Schriften sind eine bedeutende Quelle zur antiken Skepsis. In seinem *Grundriss der pyrrhonischen Skepsis* grenzt er gleich am Anfang seine Denkrichtung prägnant von den anderen seiner Zeit ab:

> »Wenn jemand sich der Untersuchung irgendeines Gegenstandes widmet, dann ist es natürlich, dass er am Ende das Gesuchte findet, oder dass er behauptet, das Gesuchte sei unauffindbar und seine Unerkennbarkeit eingesteht, oder aber, dass er seine Untersuchung fortsetzt. Daher sieht man leicht ein, dass es offenbar drei philosophische Hauptrichtungen gibt: die dogmatische (Aristoteliker, Epikureer und Stoiker), die akademische und die skeptische.«

In seinen fünf Büchern *Gegen die Dogmatiker* konzentriert sich Sextus Empiricus in seiner skeptischen Kritik dann auf die drei Disziplinen der Philosophie, Logik, Physik und Ethik, in einem anderen Buch *Gegen die Wissenschaftler* behandelt er die nicht-philosophischen Wissenschaften Grammatik, Rhetorik, Geometrie, Arithmetik, Astrologie und Musiktheorie. Festzuhalten bleibt letztlich, dass die Skeptiker nicht einfach alles ablehnten, was die Erfahrung lehrt, sondern sie forderten eine Relativierung der Erkenntnisse, eine kritische Prüfung. Damit stehen sie dem modernen Positivismus nahe, einer Philosophierichtung des 19. Jh., dessen Überzeugung darin besteht, dass nur die Erfahrungswissenschaften Erkenntnisse liefern. Aber schon vorher, im 16. Jh. wurden die Skeptiker wiederentdeckt, besonders von Montaigne, aber auch Descartes, Hume und Camus wurden als große Zweifler bekannt.

Eklektizismus

Um Christi Geburt bestanden im Römischen Riesenreich, das immer noch weiter wuchs, mehrere philosophische Systeme und Richtungen nebeneinander: die Schulen Platons und Aristoteles' – die akademische und peripateische –, Epikureertum, Stoizismus und Skeptizismus. Hatte man bisher Interesse an der Philosophie gezeigt, entschied man sich als gebildeter Mensch üblicherweise für eine ihrer Richtungen und lernte sie an einer der dazu eingerichteten Schulen. Aber man blickte auch über den Tellerrand, gerade wenn man sich beruflich mit Philosophie beschäftigte war man darauf angewiesen, auch die jeweils anderen Systeme zu kennen. Leicht konnte es passieren, dass man sich überzeugen ließ, einen Gedanken, eine These, ein Dogma der anderen Schule vernünftiger zu finden als das der eigenen, reinen Lehre. Wozu das Rad neu erfinden, wenn man es sich nur nehmen musste? War das ganze nicht wie ein gigantischer Selbstbedienungsladen? Machte man das als Römer nicht ebenso in Kunst und Religion? So übernahm man entweder die ganze Lehre oder aus allem nur das Beste, wählte, nicht systematisch, aus den verschiedenen vorhandenen Lehren das aus, was für das eigene Leben nützlich war. Man war ein Auswähler, in der Sprache der Gebildeten: ein Eklektiker. Der größte unter ihnen: Marcus Tullius Cicero.

Cicero *(3.1.106 v. Chr. in Arpino – 7.12.43 v. Chr. bei Gaeta)*

»O du Führerin durch das Leben, du Finderin der Vollkommenheit, du Vernichterin unserer Fehler – was wäre das Leben der Menschen ohne dich?« Wer die Philosophie so hymnisch pries, ist der römische Redner, Politiker, Schriftsteller und Philosoph Marcus Tullius Cicero. Er gilt als größter Rhetoriker der römischen Geschichte. Cicero stammt zwar aus ritterlicher Familie, doch als Provinzler war es ihm nicht in die Wiege gelegt, im Jahre 63 v. Chr. das höchste Staatsamt zu erreichen, das die Römische Republik zu vergeben hatte: das Konsulat. Doch seine Zielstrebigkeit wurde schon während seiner Ausbildung deutlich, denn er lernte Rhetorik, Recht und Philosophie nicht nur in Rom, sondern begab sich auf weite Bildungsreisen – bis nach Athen und Rhodos –, auf denen er den Akademiker Antiochos, den Epikureer Zenon und den Stoiker Poseidonios hörte. In Rom war er als Anwalt beschäftigt und in verschiedenen Staatsämtern tätig, unterbrochen durch ein Jahr der Verbannung, als Folge seiner Rolle bei der Aufdeckung der Verschwörung des Catilina. Als überzeugter Republikaner war er ein wortmächtiger Gegner Cäsars und nach dessen Ermordung auch des Marcus Antonius, der die Macht an sich reißen wollte. Dieser war es schließlich auch, der Cicero ächtete und im Jahre 43 v. Chr. auf der Flucht ermorden ließ.

Neben 58 vollständig überlieferten Reden, weiteren Briefen und Dichtungen und seinem der Rhetorik gewidmeten Hauptwerk *De oratore (Vom Redner)*, hinterließ Cicero auch viele philosophische Schriften. Wichtig sind seine fünf Bücher *De finibus bonorum et malorum (Über das höchste Gut und das größte Übel)* und *De officiis (Über die Pflichten)* zu ethischen Themen, *De natura deorum (Das Wesen der Götter)* zur Kosmologie und die sechs Bücher *De re publica (Vom Staat).* Sein Ziel ist es, möglichst alle Gebiete der griechischen Philosophie in lateinischer Sprache zugänglich zu machen. So gibt Cicero in seinen Werken einen fast enzyklopädischen Überblick über die griechische Philosophie, deren philosophische Begriffe seine ureigene Schöpfung sind. Bescheiden schreibt er: »Das sind eigentlich Abschriften, entstanden mit geringer Mühe; ich füge nur die Worte hinzu, und an denen habe ich Überfluss.«

Als typischer Eklektiker übernimmt Cicero sein Denken von Vorbildern. In der Logik schließt er sich der Wahrscheinlichkeitslehre der Mittleren und Neueren Akademie an, deren Skeptizismus ihn beeindruckt, Physik interessiert ihn nur, insofern es um die Gotteslehre geht, und in der Ethik, seiner Lieblingsdisziplin, übernimmt er die Lehre der Stoiker und versucht zu ergründen, in welchem Verhältnis Tugend und Glückseligkeit stehen. Der Lehre Epikurs steht er völlig fern. Den überindividuellen Sinn der Philosophie – neben dem, ihm selbst die Richtung zu weisen – meint er nicht mehr oder weniger als in der Förderung der Republik zu erkennen: »Ich habe mich immer wieder gefragt, mir oft überlegt, auf welche Weise ich möglichst vielen nützlich werden kann, um so nie eine Pause darin eintreten zu lassen, beizutragen zum Wohle der Republik. Da kam mir nichts Wichtigeres in den Sinn, als meinen Mitbürgern die Wege der höchsten Wissenschaften zu weisen, und das habe ich, wie ich meine, schon in mehreren Büchern erreicht.«

Philon von Alexandria *(um 20/15 v. Chr. in Alexandria (?) – nach 42 n. Chr. in Alexandria (?))*

Philon ist in anderem Sinne Eklektiker als Cicero. In seiner Philosophie werden nicht nur verschiedene philosophische Richtungen gleichen Ursprungs kombiniert, sondern in seinem Denken verbindet sich jüdische Theologie mit griechischer Philosophie. Er stammt aus der angesehensten jüdischen Familie Alexandrias, der bedeutendsten Stadtgründung Alexanders des Großen. Und hier, in diesem Schmelztiegel westlicher und orientalischer Kulturen, einem New York der Antike, existierte schon lange eine jüdische Gemeinde. Hier, in der Stadt der großen Bibliothek, in der es schon vor Christi Geburt eine Sternwarte, Zoo und Botanischen Garten gab, wurde bereits im 3. Jh. v. Chr. damit begonnen, die hebräische Bibel ins Griechische zu übersetzen. Diese so genannte *Septuaginta* ist der Mittelpunkt der Überlegungen Philons, auf sie beziehen sich in Form von Kommentaren die meisten seiner Schriften, von denen viele überdauert haben. Im Gegensatz zu seiner Biographie, von der – außer einer Reise nach Jerusalem und einer nach Rom – nichts bekannt ist. Er versucht die Bibel bildlich zu deuten, sieht in ihr einen verborgenen, philosophischen Inhalt, was für fromme Juden nicht verwunderlich ist, denn für sie ist die Bibel die Quelle der griechischen Philosophie, Pythagoras ein Schüler Moses'. Für Philon ist »der Text, wörtlich verstanden, Zeichen für eine verborgene Natur, die sich in der Allegorie offenbart.« Mittels der Allegorese, einem von der Stoa entwickelten Instrument, das diese schon dazu verwendet hatten Homer philosophisch zu lesen, entdeckt er hinter dem wörtlichen Text einen verborgenen, übertragenen Sinn. Abrahams Wanderung aus Chaldäa nach Ägypten wird so zum Weg des Menschen aus der Diesseitigkeit – Chaldäa galt als Hochburg von Astrologie und Magie. Mit Hilfe der Philosophie deutet er die Religion, er ist der erste Vertreter der philosophischen Theologie, noch vor Paulus. Besonders zugeneigt ist Philon den Stoikern – wie sie fordert er den Sieg des Geistes über die Leidenschaften – und vor allem dem Platonismus. Ganz in dessen Sinne sieht er Gott als »das Seiende«, als Ursache von allem, allmächtig und allgütig. Gott ist Schöpfer und Beherrscher der Welt, er kann als Dreiheit, als Vater, Schöpfer und Herrscher betrachtet werden. Da er als undenkbares allervollkommendstes Wesen immateriell, transzendent ist und nicht direkt mit der Materie in Kontakt kommen darf, führt Philon einen Mittler ein, den er der Stoa entlehnt: Den *logos*, den Gedanken, das Wort. »Denn aus ihr [der Materie] schuf ja Gott erst alles, nicht durch persönliche Berührung – denn es hätte sich für ihn, den Glücklichen und Seligen nicht geziemt, die unbegrenzte und wirre Materie zu berühren. Vielmehr bediente er sich seiner unkörperlichen Kräfte, die richtig als 'Ideen' bezeichnet werden ...« Der *logos* ist Abbild Gottes, Gottes Sohn, geht aus ihm hervor, ist jedoch nicht Mensch. Er ist sein schöpferisches Denken. Eine Vorstellung, wie sie mit frappierender Übereinstimmung im Beginn des Johannes-Evangeliums zu lesen ist. Hier liegt denn auch die Bedeutung von Philon begründet: in seiner Zusammenführung von Theologie und Philosophie zur Theosophie und in seiner Wirkung auf die christliche Dogmatik, namentlich auf die Kirchenväter und die Scholastiker.

Neuplatonismus

Am Ende des 2. Jh. n. Chr. zeigten sich im Römischen Reich erste Zerfallserscheinungen. Die langen Grenzen wurden von »Barbaren« bestürmt, wirtschaftliche Krisen jagten einander und der Thron gehörte bald dem, der am meisten dafür bieten konnte oder die stärkste Armee hinter sich zu vereinigen wusste. Es war eine unsichere Zeit, eine Zeit zudem, die durch das Erlöschen alter Riten gekennzeichnet ist, die mit den von den Ahnen übernommenen Mythen zu tun hatten. In dieses Vakuum drangen orientalische Kulte ein, Erlösungslehren wie der Mithraskult, eine persische Mysterien-Religion, oder das Christentum. Im Glauben an die Erlösung meinte man, der schrecklichen diesseitigen Welt entgehen zu können und in Welten zu gelangen, die durch Angleichung an Gott das Heil der Seele versprachen. Dies mögen ein paar der Gründe sein, denen der Neuplatonismus, selbst fast eine Religion, seinen Aufstieg verdankt. So neu, wie es der ihm erst in der Neuzeit verliehene Name sagt, war er nicht: Seine Vertreter sahen sich selber als Platoniker und ihre Schriften bestanden daher auch fast ausschließlich aus Kommentaren zu den Dialogen Platons. Trotzdem muss man sein System – und darum handelt es sich hier im Unterschied zu den Eklektizisten – als eigenständig betrachten; erschaffen von Griechen und Orientalen, wieder einmal nicht von den Römern selbst, als letztes der großen philosophischen Systeme der Antike.

Begründer des Neuplatonismus war Ammonios Sakkas (um 175–242), der auch als Sokrates des Neuplatonismus bezeichnet wird und dessen Leben und Werk wie bei diesem nicht zu fassen ist, da er keine Schriften hinterließ. Sein Schüler Plotin, auch hier eine Analogie zu Sokrates und Platon, war es dann, der das Gedankengebäude fixierte. Grundsätzlicher Unterschied zu Platon: Das unvollkommene Viele leitet sich in stufenweiser Abfolge aus dem wahren »Einen« her, in das es auch zurückstrebt. Plotin machte den Neuplatonismus zur bedeutendsten philosophischen Richtung der Spätantike. Von ihm und Rom, wo er 244 seine Schule gründete, führt die Entwicklung über dessen wichtigsten Schüler und Biographen Porphyrios (um 233–304) und dessen Schüler Jamblichos (um 275–330) weiter nach Syrien und vor allem durch Proklos (410–85) an die eigentliche platonische Akademie in Athen, dessen Leiter er wurde. Zu Jamblichos' Jüngern gehörte auch der wieder heidnisch gewordene Kaiser Julian (361–63), dem die Christen den Beinamen »Apostata« gaben und der selber philosophische Schriften verfasste. Fast gleichzeitig wurde der Neuplatonismus auch im Wissenschaftszentrum Alexandria gepflegt, von einer der ersten Philosophinnen, deren Namen die Geschichte kennt: Hypatia, die 415 von Christen ermordet wurde. Dennoch blieb der Neuplatonismus in Alexandria bis zur Eroberung der Stadt durch die Araber 624 heimisch. Er hatte sich seit seiner Formulierung durch Plotin insofern gewandelt, als er sich schon seit Porphyrios mehr dem Schicksal der Einzelseele zuwandte und dadurch den mystisch-magischen, religiösen Bedürfnissen der Bevölkerung immer mehr Rechnung trug. So versuchte Jamblichos neben den Göttern der Volksreligion auch Erzengel, Engel, Dämonen u. Ä. zu integrieren,

Philosophinnen lebten im 5. Jh. gefährlich, besonders wenn sie – wie Hypatia – ungetauft waren.

was ihm durch den Ausbau der von Plotin formulierten Seinsbereiche *(Hypostasen)* gelang. Trotz des weiteren Erstarkens des Christentums, das nun Staatsreligion war, wurde die »heidnische« griechische Philosophie noch immer gelehrt und gelernt. Doch mit dem Zerfall des Reichs und den beginnenden innerkirchlichen Kämpfen zwischen den Anhängern der Theorie, dass Christus Gott und zugleich Mensch war (Papst), das er vermenschlichter Gott sei (Oströmisches Reich) bzw. dass er nur gottähnlicher Mensch (Ostgoten) gewesen sei, blieb bald kein Platz mehr für Nicht-Christen. Der Untergang der nicht-christlichen Philosophie war nur noch eine Frage der Zeit und von Machtinteressen. In Italien, schon nach dem Untergang des Weströmischen Reichs und unter dem Ostgoten Theoderich, war der letzte wichtige Vertreter des Platonismus Anicius Manlius Severinus Boethius (480–524). Seine Bedeutung für die Nachwelt ist vor allem in seiner Sammlung und Übersetzung der Werke Platons und Aristoteles' begründet, der für das frühe Mittelalter wichtigsten Quelle für seine Lehren. Der in der scholastischen Philosophie virulente Universalienstreit, die Frage nach der Willensfreiheit des Menschen eingedenk der göttlichen Vorsehung und der Existenz des Bösen in einer Welt, in der das Eine, Gott, das vollkommen Gute herrscht, gehen auf Boethius zurück oder werden von ihm neu entfacht. Obwohl Christ, fand er seinen Trost in der platonischen und stoizistischen Philosophie und nicht bei Christus, als er als Kanzler des Theoderich des Paktierens mit dem Oströmischen Reich angeklagt und vor seiner Hinrichtung in den Kerker geworfen wurde. Sein Buch mit genau diesem Titel *Consolatio philosophiae (Vom Trost der Philosophie)* zieht eine Summe seines philosophischen Denkens, das vor allem Platon verpflichtet ist. Doch die neue Einheitsreligion blieb Sieger. Die christliche Staatsgewalt, verkörpert durch den byzantinischen Kaiser Justinian, gewann einen ungleichen Kampf: Er ließ die Akademie Platons im Jahre 529 schließen, das Vermögen konfiszieren, die letzten Lehrer vertreiben. Die Antike war zu Ende.

PLOTIN *(um 204 in Ägypten – 270 in Kampanien)*

Leben: »Plotin«, schreibt dessen Schüler und Biograph Porphyrios, »der Philosoph unserer Tage, glich einem Manne, der sich schämt, im Leibe zu sein.« Er habe sich geweigert, so Porphyrios, »etwas über seine Herkunft, seine Eltern oder Heimat zu erzählen.« Das war charakteristisch für diesen Anhänger Platons, der dem Leiblichen und Sinnlichen, ganz in platonischer Tradition, abgeneigt gegenüberstand, den Leib als Gefängnis der Seele ansah. Angeregt durch Ammonios begann Plotin, als »letzter großer Denker der griechischen Tradition« (Vorländer) tituliert, erst mit 28 Jahren zu philosophieren. Seine Interessen zielten dann aber bis nach Persien und Indien, denn es wird vermutet, dass er, nur um deren philosophische Traditionen kennenzulernen, an einem Feldzug Kaiser Gordianus III. gegen die Perser teilnahm. Im Jahr danach, 244, eröffnete er in Rom seine eigene Schule, die sogar vom Kaiser und seiner Gemahlin besucht wurde. Gallienus, der philhellenische römische Kaiser, ist es auch, der Plotins Idee, eine Stadt nach Platons Ideal, Platonopolis, zu gründen, unterstützte. Hier sollte der ideale Staat aus Platons *Politeia* verwirklicht werden, obwohl sich Plotin ansonsten nicht mit politischer Philosophie befasste. Doch letztendlich verhinderten des Kaisers (268) und sein eigener Tod (270) die Umsetzung.

Werk: Erst mit fast 50 Jahren begann Plotin, seine Gedanken in einer Art Lehrvorträge, ähnlich den Lehrschriften des Aristoteles, niederzuschreiben. Sie sind anscheinend vollständig erhalten. Nach seinem Tod wurden sie von Porphyrios geordnet und nach zahlenmystischen Gesichtspunkten in sechs Neuner-Gruppen, den *Enneaden* (griech. *ennea* = neun), herausgegeben.

Lehre: Bei Plotin sind alle Disziplinen der Philosophie der Metaphysik nachgeordnet. Im Zentrum der Lehre Plotins steht die Ontologie, die Lehre vom Seienden. Entscheidend für ihn ist die Frage, wie wir von der Wirklichkeit zu Gott kommen können und wie die Wirklichkeit aus dem Göttlichen hervorgeht. Er versucht, das religiöse Bedürfnis der Menschen mit rationalen Gedanken, die der griechischen Philosophie entstammen, zu verbinden. Für ihn gibt es demnach drei Stufen der göttlichen Wirklichkeit: das Eine, Geist und Seele. Wie Platon in seinem Höhlengleichnis meint er, dass die Welt, die wir durch die Sinne erfahren, nicht die wirkliche Welt sei. Die wahrgenommene Welt der Dinge bestehe nur deshalb, da sie an übergeordneten Prinzipien teilhabe. Waren das bei Platon noch die Ideen, die eine eigene Welt bildeten, sind es bei Plotin mehrere Seinsstufen, die in abnehmender Vollkommenheit hierarchisch geordnet sind. Die oberste, noch über dem Reich der Ideen liegende Seinsstufe (erste Hypostase, griech. *hypostasis* = Grundlage) ist das Gute, das Göttliche, das »Eine«. Von diesem Einen kann man jedoch nichts aussagen, man kann noch nicht einmal sagen, dass es *ist*, da es dann auch das Nicht-Sein geben müsste – aber dies ist unmöglich. So lässt sich das Eine nur darüber definieren, was es nicht ist: es ist unendlich, unbegrenzt, unteilbar, unräumlich, unzeitlich. Aber auch diese Bestimmungen sind nur ein Symbol, denn auch sie setzen das Eine immer in ein Verhältnis zu etwas anderem.

Da nun »alles Seiende seiend ist durch das Eine«, erklärt Plotin weiter, wie aus der ersten Hypostase, der obersten Daseinsstufe, die zweite und schließlich die dritte folgt, zu der dann auch die Erscheinungen, unsere Wirklichkeit, gehört. Wie eine Quelle, die überfließt oder die Sonne, die Wärme gibt, (scheinbar) ohne an Substanz zu verlieren, fließt das Eine aufgrund seiner Fülle über und ergibt in der ersten Emanation (lat. *emanare* = ausfließen) den Geist, der damit die zweite Hypostase bildet. Er ist schon eine Zweiheit, denn in ihm ist die Welt der Ideen enthalten. Beide sind Abbilder des Einen, jedoch mit geringerer Reinheit. In der dritten Stufe, der zweiten Emanation, ergibt sich die platonische Weltseele, die Vermittlerin zwischen geistiger und körperlicher Welt, deren Teile die einzelnen Seelen sind. Die Weltseele, die bei Plotin auch »Natur« heißt, ist nun von dem Einen schon weit entfernt, unreiner auch als die Stufe zuvor. Sie wendet sich der Materie zu, die sie nach dem Vorbild der Ideen formt. Dadurch entsteht die uns sichtbare Sinnenwelt, die vierte Stufe. Unter den Erscheinungen liegt dann nur noch die reine Materie, wie bei Aristoteles: das Formlose. Der gesamte Kosmos ist für Plotin ein einziges Abbild des Einen, in verschiedenen Vollkommenheitsgraden, vergleichbar einem Licht, das von dem Einen abstrahlt und sich immer mehr verliert, je weniger vollkommen die Daseinsstufe ist. Am Ende, in der Materie, herrscht absolute Dunkelheit, die reine Materie ist das Böse. Das Göttliche wirkt in allem, Plotins Weltbild ist pantheistisch, wie das der Stoiker, allerdings mit dem Unterschied, dass das Höchste nicht mehr als Schöpfer, sondern als unerkennbar gilt.

Die Seele ist unkörperlich und unteilbar. Erst als der Mensch kam, wurde sie zersplittert, da er nicht die ganze Seele aufnehmen konnte. Ziel und Sehnsucht jedes Einzelnen muss es daher sein, zur ursprünglichen Einheit des Einen zurückzukehren und die Welt der Erscheinungen hinter sich zu lassen. »Da die Seele aus Gott stammt, verlangt sie mit Notwendigkeit nach diesem.« Darauf kann der einzelne sich durch die bürgerlichen Tugenden, von Platon als Kardinaltugenden betitelt, Weisheit, Tapferkeit, Mäßigung und Gerechtigkeit vorbereiten. Er muss sich von der Außenwelt befreien und auf eine vergeistigte Ebene begeben. Er muss von der sinnlichen Wahrnehmung, die die materiebefallenen Erscheinungen schaut, über das argumentative Denken in Philosophie und Wissenschaft, das mit der Seelentätigkeit verbunden ist, und die intuitive Vernunft, einer rein geistigen Schau des Übersinnlichen, bis zur mystischen Einsicht, dem Zustand der Ekstase, gelangen. Hier in der Ekstase, dem – wörtlich – »Außer-sich-sein«, dem Verlust sei-

»Zu dem Höchsten gelangen wir erst dann, wenn wir bei vollkommener Vertiefung in uns selbst, auch über das Denken uns erhebend, im Zustande der Bewusstlosigkeit, der Ekstase, des Einfachwerdens von dem göttlichen Lichte plötzlich erfüllt und mit dem göttlichen Urwesen selbst so unmittelbar eins werden, dass jeder Unterschied zwischen ihm und uns verschwindet.«

ner Individualität, erreicht der Mensch die Vereinigung mit dem Einen. Neben der Metaphysik verdienen Plotins Ansichten zur Kunst noch einer besonderen Erwähnung. Er lässt dem Kunstwerk einen Rang zukommen, den es bisher – gerade auch bei Platon – nicht hatte. Kunst ist für ihn ein Mittel, die höhere, geistige Wirklichkeit in Materie abzubilden. Ein Gedanke, den namentlich der Deutsche Idealismus, mit Novalis, Schelling und Hegel, wieder aufgreift.

Zusammenfassung

Plotin schreibt über seine Lehre: »Diese Theorien sind nicht neu, und sie wurden auch nicht erst jetzt, sondern vor langer Zeit ausgesprochen, allerdings ohne dass sie entfaltet worden wären, und diese Theorien hier sind lediglich die Interpreten jener alten, wobei sie die Schriften Platons selbst zum Zeugnis nehmen, dass jene Lehren alt sind.« Gestützt auf Platon folgt seine Philosophie dem religiösen Bedürfnis seiner Zeit dadurch, dass sie die Metaphysik und die Lehre vom Seienden (Ontologie) in den Mittelpunkt der Überlegungen stellt. Plotin erklärt die Welt als ein aus verschiedenen Seinsstufen, den Hypostasen, bestehendes, hierarchisch angeordnetes Ganzes. Oberste Stufe ist das undefinierbare Eine, darunter entstehen durch Überfließen des Einen der Geist, die Weltseele und schließlich die wahrnehmbare Welt. Ziel des Menschen muss es sein, sich über die verschiedenen Stufen letztlich wieder mit dem Einen, dem Göttlichen, zu vereinigen. Dies ist in der Ekstase möglich.

Wirkung: Der erste große christliche Philosoph, Augustinus, ist von Plotins Neuplatonismus, insbesondere seiner Lehre vom geistigen Charakter der Welt, mitgeprägt. Neben Boethius ist Augustinus dann der große Vermittler der neuplatonischen Gedankenwelt an die nachfolgenden Philosophen, vor allem der Mystiker des Mittelalters. Eine besondere Renaissance erlebte Plotin an der Akademie in Florenz im 15. Jh. Später sind es Leibniz und Spinoza und dann der Deutsche Idealismus, namentlich Schelling, die von Plotin angeregt werden. Mit Hegel erreicht der Einfluss einen neuen Gipfel, verebbt dann aber in einer Zeit, in der die Metaphysik durch Materialismus, Positivismus und Objektivismus immer mehr verdrängt wird, fast völlig.

Die Disziplinen der Philosophie

Je nach Fragestellung und Gegenstandsgebiet unterscheidet man eigenständige Bereiche der Philosophie. Die fünf klassischen sind: Ästhetik, Erkenntnistheorie, Ethik, Logik und Metaphysik, hinzu traten später noch Anthropologie und Sprachphilosophie. Aus einigen Disziplinen, Natur-, Staats-, Religions-, Geschichts- und Rechtsphilosophie, entwickelten sich seit dem 18. Jh. eigene Wissenschaften, während sie gleichzeitig aber auch als Teilbereiche der Philosophie fortbestanden.

MITTELALTER

Mit der Schließung der Akademie Platons im Jahre 529 endete eine Epoche: die Antike. Das Mittelalter begann spätestens hier, für viele Historiker aber bereits mit dem Untergang des Weströmischen Reiches, der Absetzung seines letzten Kaisers, Romulus Augustulus, durch die Ostgoten im Jahre 476. Diese historischen Abgrenzungen sind für die Philosophiegeschichte nicht praktikabel. Viel entscheidender und einschneidender ist für sie ein schleichender Prozess: die Entstehung des Christentums. Wie viele Religionen fand auch diese nahöstliche Heilslehre in dem mit vielen Krisen kämpfenden römischen Staat einen hervorragenden Nährboden. Denn die alten Götter, die auch in ihren Fehlern den Menschen ähnelten, versagten. Aber was war eigentlich das Christentum? Wie war die Offenbarung zu verstehen, was hatte man sich unter Gott, Jesus, dem Heiligen Geist, unter der Seele, Himmel und Hölle und all den anderen in der Bibel formulierten Dingen vorzustellen? Hier waren die Philosophen gefragt, bevor sich ihre Wege von denen der Theologen im Laufe des Mittelalters trennten. In der Patristik gaben sie seit dem 2. Jh. die Antworten, die bis heute das Fundament der Glaubenslehre bilden. Sie beruhten zumeist auf antiken Vorstellungen, waren doch ihre Vordenker Römer, in denen die griechischen Traditionen weiterlebten. Mit dem Römerreich versank die Kultur in einen langen Schlaf. Europa wurde von fremden Völkern, Goten, Vandalen, Hunnen u. a., eher überrannt als durchwandert – keine gute Zeit für Denker. Man musste zufrieden sein, wenn das bisher Erreichte bewahrt werden konnte. Möglich war dies vor allem in Klöstern und anderen kirchlichen Einrichtungen, die sich neben den seelsorgerischen Aufgaben nun auch verstärkt der Lehre der Weisheit widmeten. Die Schullehre »Scholastik« nahm den Stab auf und bestimmte als philosophisch-theologische Wissenschaft das restliche Mittelalter etwa bis zur Wende des 15. zum 16. Jh. Es war eine kulturelle, keine politische Wende, denn die Staaten, alles durch christliche Feudalgesellschaften geprägte Monarchien, waren sich eigentlich nur in ihrem Kampf gegen die Ungläubigen einig, gegen Juden und Moslems, deren auf die Antike zurückgehende wissenschaftliche Tradition auf die Scholastiker ebenso wie ein Katalysator wirkte wie die Thesen Luthers auf die ganze Gesellschaft. Da schrieb man schon das Jahr 1517. Spätestens jetzt war mit der Neuzeit eine neue Epoche angebrochen.

Vater, Sohn und Heiliger Geist: Die heilige Dreifaltigkeit mit Johannes dem Täufer.

Patristik

Der Einfluss des Christentums auf die Philosophie, und später auch der anderen großen monotheistischen Religionen – Judentum und Islam – ist immens. Dies gilt insbesondere für die Philosophen, die, noch beginnend in der geschichtlichen Epoche der Antike, bis zu den Anfängen der Renaissance wirkten. Sie alle schöpften aus der heidnischen, antiken Philosophie oder aus deren Ablehnung und aus den Religionen. Den christlichen Philosophen des Mittelalters kam es darauf an, Gottes Offenbarung mit den Mitteln der Vernunft, deren Werkzeuge vor allem von Platon und später auch Aristoteles stammten, zu untersuchen. Dagegen wollten die Theologen, als Vertreter der neuen Wissenschaft von Gott, nichts von einer Befragung oder Untersuchung des Glaubens wissen, sondern nur nach dessen Voraussetzungen und dem Verhältnis zwischen Offenbarung und Vernunft fragen.

Viele der die christlichen Philosophen interessierenden Fragen spielten bereits bei ihren heidnischen Vorgängern eine Rolle: Die Frage nach der Weltentstehung und die nach dem Verhältnis zwischen Mensch und Gott hatten sie bereits – allerdings ganz anders als das Christentum – beantwortet. Ein personaler Gott, wie er bei den drei monotheistischen Weltreligionen geglaubt wird, der aus freiem Willen die Welt schafft, war ihnen jedoch unbekannt. Grundsätzlich neu ist auch, dass nun nicht mehr die Vernunft Ausgang des Denkens ist, sondern die Offenbarung Gottes.

Für die Christen der ersten Jahrhunderte nach der Zeitenwende gab es mehrere Möglichkeiten, sich zu der antiken Überlieferung in der Philosophie zu stellen. Man konnte sie ganz ablehnen, da ja das Christentum die einzige Wahrheit besitzt. Man konnte das Christentum als Philosophie betrachten und auch so die heidnische Philosophie ganz ablehnen. Ebenso war es möglich, christliche und heidnische Philosophie als Konkurrenz zu sehen. Schließlich – und das sind die beiden Ansichten, die den Philosophen der Patristik zu eigen sind – konnte es sinnvoll sein, die Philosophie zu kennen und mit ihrer Hilfe auch Nichtchristen von der geoffenbarten Wahrheit zu überzeugen, oder frei von ideologischen Beschränkungen klar zu sehen, dass das Christentum durchströmt ist von zentralen Lehren der griechischen Philosophie.

So ist denn auch die Patristik, deren Name sich von lat. *patres*, Väter, ableitet und die ungefähr das 2. bis 8. Jh. umfasst, nicht einheitlich in ihrem Bezug zur antiken Philosophie, sondern stellt eine Entwicklung von ihrer Ablehnung bis zur Indienstnahme dar. »Vater«, so werden in der Spätantike die Weisheitslehrer genannt, im Christentum denn auch die geistlichen und geistigen Autoritäten. Der Begriff »Kirchenvater« ist demgegenüber noch eine Steigerung und bezieht sich auf acht Kirchenlehrer. Vier davon sind dem griechischen Osten zugehörig, Athanasius, Basilius der Große, Gregor von Nazianz, Johannes Chrysostomus, und vier dem lateinischen Westen, Ambrosius, Augustinus, Hieronymus und Gregor der Große. Von ihnen ist vor allem Augustinus nicht nur für die Theologie, sondern vor allem für die Philosophie so bedeutend, dass ihm ein eigenes Kapitel gewidmet ist.

Kann man bereits in dem in der griechischen Philosophie bewanderten Apostel Paulus einen Philosophen erkennen, der von der »Weisheit dieser Welt« im 1. Korinther-Brief allerdings als einer »Narretei vor Gott« spricht, beginnt die eigentliche christliche Philosophie erst mit den sogenannten Apologeten.

Der Begriff der Apologie steht mit der Philosophie spätestens seit der *Apologie* Platons, der Verteidigungsrede des Sokrates, in Verbindung. Verteidigungsschriften sind es auch, zu denen sich vor allem im 2. Jh. zahlreiche christliche Denker aufgerufen fühlen, um ihren Glauben gegenüber einer nichtchristlichen Umwelt oder innerchristlichen Gegnern zu verteidigen und zu erklären. Diese Apologeten bedienen sich dabei des Platonismus und der Stoa und erklären, wie beispielsweise der Grieche Flavius Justinus (um 100–165), dass alles, was an philosophischer Wahrheit zu finden ist, eigentlich christlich sei. Gott hätte sich zum Teil bereits Sokrates offenbart und später dann in vollem Umfang dem neuen Sokrates, Christus. Die lateinischen Autoren ziehen nach, sie sind weniger theoretisch, mehr pragmatisch orientiert. Am bedeutendsten ist der aus Karthago stammende Tertullianus (um 150–220), der die Philosophen immerhin als »Patriarchen der Häretiker«, bezeichnet. Mit dem Durchbruch des Christentums unter Kaiser Konstantin und spätestens mit der Beförderung zur Staatsreligion 391 entfällt die Notwendigkeit zur Verteidigung. Die Apologeten wurden arbeitslos.

Denn auch der Feind von innen, die Gnosis, war zu diesem Zeitpunkt besiegt, bedeutungslos, ausgeschaltet. Gnosis bedeutet allgemein »Erkenntnis«, im religiösen Sinne aber die geistige Einsicht in die Heilswahrheit im Unterschied zum vertrauenden Glauben. Die Gnostik ist unabhängig von religiösen Institutionen und vereinigt in sich persische, ägyptische, hellenistische, jüdische und christliche Vorstellungen, vermischt mit Lehren Poseidonios', Platons, Pythagoras', der Stoa und den Neuplatonikern.

Teilweise als Gnostiker bezeichnet oder zumindest von gnostischem Gedankengut beeinflusst sind die beiden Alexandriner Clemens und dessen Schüler Origenes. Sie bemühten sich nun schon um eine konstruktive Verbindung zwischen klassischer Philosophie und Christentum, zu dem sich Clemens bekehrt hat und mit dem Origenes bereits aufgewachsen war, und können als Begründer der Theologie als Wissenschaft angesehen werden.

Besonders umstritten war im frühen Christentum die Frage des Verhältnisses zwischen Gott-Vater und Gott-Sohn, Jesus Christus. Durch die drei Auffassungen, erstens, Vater und Sohn seien wesensgleich *(homousios)*, wie es die Orthodoxie lehrte, zweitens, sie seien wesensähnlich *(homoiusios)* und drittens die Auffassung des Bischofs Arius, der arianischen Richtung, Christus sei von Gott geschaffen und daher nicht wesensgleich *(homoios)*, drohte sich die Kirche zu spalten. Um ihre Einheit zu wahren, berief Kaiser Konstantin 325 ein Konzil ins kleinasiatische Nizäa ein. Dieses verkündete dogmatisch, dass Gott aus drei Personen, Vater, Sohn und Heiligem Geist in Wesenseinheit bestehe.

Durch die Konzile von Nizäa und Konstantinopel (381) hatte das Christentum sich so weit gefestigt, dass es von nun an der abendländischen Philosophie seinen Stempel aufdrückte. Es blieb nun noch, sich die Errungenschaften der heidnischen, griechischen Denker für das Christentum zu Nutze zu machen. Ersten wichtigen Ansätzen der Alexandriner im 3. Jh. folgten im 4. Jh. darin die drei kappadozischen Väter. So genannt aufgrund ihrer Herkunft aus Kappadozien, einem zur römischen Provinz Pontus gehörenden Land im östlichen Kleinasien. Unter diesen Klerikern – Gregor von Nazianz (ca. 329–390), Basileios der Große (ca. 330–379) und dessen Bruder Gregor von Nyssa (ca. 334–395) – ist der Bedeutendste der zuletzt genannte. Alle drei waren Bischöfe, wurden später heilig gesprochen und standen den neuplatonisch-christlichen Lehren des Origenes sehr nahe. Wie dieser sahen sie als Ziel des Menschen die Gottverähnlichung und vertraten dessen Lehre von der Apokatastasis, der Wiederherstellung aller Geschöpfe am Ende der Zeiten.

Eine Generation nach diesen, vor allem für die Festigung der christlichen Lehre wichtigen griechischen Kirchenvätern, wird in einem anderen, lateinisch sprechenden Teil des immer noch ausgedehnten Römischen Reichs Aurelius Augustinus geboren, der alle anderen Philosophen der Patristik überragt. Er ist der bedeutendste Mittler zwischen Antike und Mittelalter. Mit seinem Denken durchdringt er die christliche Lehre mit dem ererbten Gedankenkanon der Antike. Waren es vor ihm eher Versuche, das Christentum philosophisch zu deuten oder die Philosophie zu verchristlichen, so bereitete er die Scholastik, die auf die Patristik folgende philosophische Epoche, vor, indem er theologische Fragen durch philosophisches Denken löste. Während seiner Lebenszeit kam es zum entscheidenden Sieg des nun gar nicht mehr so neuen Glaubens: Kaiser Theodosius I. verbot 391 alle heidnischen Kulte und machte das Christentum zur Staatsreligion. Gleichzeitig begann jedoch der Untergang des westlichen Reichsteils damit, dass Rom 410 erstmals von fremden Völkern erobert wurde. Als nährte der Staat die Kirche, zerfiel er immer mehr, während die Religion sich immer machtvoller in seinen Ruinen ausbreitete, Verwaltung und Organisation von diesem übernahm. Für die Philosophie folgenreich war das Auftreten des Pseudo-Dionysios Areopagita um das Jahr 500. Dabei handelt es sich um einen Autor, der in seinen Schriften als in der Apostelgeschichte genannter, dem Apostel Paulus folgender athenischer Staatsmann auftritt und damit seinen Ansichten mehr Würde und Unantastbarkeit verleihen wollte – ein Betrug, der erst im 19. Jh. endgültig entlarvt wurde. In seinen Werken versuchte er das christliche Denken wieder mehr in die neuplatonische Richtung zu rücken, indem er in seiner Schrift *Peri theion onomaton (Über die göttlichen Namen)* Gott als Namenlosen bezeichnet, zu dem auf mystischem Weg gelangt werden kann. Er verwendet in Rückgriff auf die Lehre Plotins auch dessen Lichtmetapher aufs Neue, in der von dem Einen das göttliche Licht ausstrahlt und diejenigen am meisten erleuchtet, die ihm in der Seinsordnung am nächsten stehen. Ein nicht zuletzt in der Kathedralen-Architektur der Gotik begeistert aufgenommenes Element frühchristlicher Philosophie.

Die sogenannte Patristik endete im 8. Jh., ohne dass dem Augustinus nachfolgende Philosophen noch einmal dessen Qualität oder Bedeutung erreicht hätten, weder im griechischen Osten noch im lateinischen Westen des ehemaligen Römischen Reiches. Es endete eine Zeit der Sammlung und Synthese zweier Systeme, der antiken Philosophie und der christlichen Theologie. Was nun folgte, war eine Institutionalisierung und Formalisierung des Denkens in Klosterschulen und ab dem 13. Jh. auch in Universitäten. Das Lateinische löste das Griechische als Wissenschaftssprache ab und behielt diesen Rang bis weit in die Neuzeit. Die Scholastik begann.

Clemens von Alexandria *(um 150 in Athen (?) – vor 215 in Kappadokien/Anatolien (?))*

Titus Flavius Clemens von Alexandria war Lehrer an der Katechetenschule von Alexandria, einer Schule zur Lehre der christlichen Religion, an der die Philosophie in der Vermittlung der christlichen Grundgedanken eine bedeutendere Rolle spielte als bei den Apologeten und Gnostikern. Er ist – ähnlich wie auch Philon von Alexandria – der Ansicht, dass die griechischen Philosophen christliche Gedanken vorgezeichnet haben. Um dies stärker erkennbar zu machen, bemüht er sich darum, die christlichen Vorstellungen zu hellenisieren, sie biblisch und philosophisch zu begründen. Sie sollten in eine philosophischere Form gebracht werden, denn auch die Philosophie stammt von Gott, ist Ausfluss der von Gott verliehenen Fähigkeit zur Vernunft. Die Philosophie ist positiv zu werten, denn sie erzieht die Griechen dazu, bereit für Gottes Offenbarung zu sein, die einzige Möglichkeit, den transzendenten Gott zu erkennen. Die Folge ist, dass die philosophisch Gebildeten durch Clemens einen einfacheren Zugang zum Christentum finden konnten. Er versucht in einer Zeit, in der die christlichen Dogmen noch nicht durch Konzile durchgesetzt und vereinheitlicht sind, eine Gesamtdarstellung des Christentums in philosophischer Sichtweise. Alte philosophische Vorstellungen formt er um in christliche Gedanken. So sind für Clemens die Gedanken Gottes analog zu den Ideen Platons. Ähnlich den Neuplatonikern, wird der Logos zum Vermittler zwischen Gott und der Welt. Zudem lehrt er, ebenfalls bei Platon entliehen, die Präexistenz der Seele. Gerade darin liegt Clemens Bedeutung: in der Erschließung Platons für das Christentum, der damit endgültig mehr Einfluss auf die christliche Theologie erhält, als ihn der Stoizismus bis zu dieser Zeit hatte. Er wurde zu einem der bevorzugten christlichen Philosophen für die Scholastiker und Humanisten.

Origenes *(um 185 in Alexandria (?) – um 254 in Tyrus)*

Origenes, dessen Einstellung zum Leben dadurch tief geprägt wurde, dass sein Vater während der Christenverfolgungen unter Kaiser Septimius Severus, um 203, hingerichtet wurde, ist der bedeutendste Schüler des Clemens von Alexandria. Auch er wurde Lehrer an der Katechetenschule in Alexandria und erkannte, dass die Vertrautheit mit der Philosophie zur Vermittlung der christlichen Lehre unbedingt notwendig ist, da der Glaube nicht spekulativ, sondern vernünftig sei. Ganz in diesem Sinne ist sein Satz zu verstehen: »Wenn die Söhne der Weltweisen von Geometrie, Musik, Grammatik, Rhetorik und Astronomie sagen, sie seien die Mägde der Philosophie, so können wir von der Philosophie in ihrem Verhältnis zur Theologie dasselbe sagen«. Demgemäß bildete er sich bei Ammonios Sakkas, dem Begründer des Neuplatonismus, weiter. Er emigrierte um 231 nach Palästina, da die alexandrinische Amtskirche seine Lehrmeinungen verurteilte. Dort, in Caesarea, entstanden die meisten seiner angeblich 2000 Bücher. Philologisch und theologisch bedeutsam ist seine *Hexapla,* eine Synopse des Alten Testaments, in der er neben den hebräischen Originaltext den Originaltext in griechischer Schrift und die vier damals gängigen griechischen Übersetzungen stellt. Das Ergebnis: eine korrigierte Fassung der *Septuaginta,* der ersten griechischen Übersetzung des Originals. Für die Philosophie wichtig sind *Peri archon (Von den Grundlehren)* mit einer Gesamtdarstellung der christlichen Lehre in einer Synthese von Platonismus und Offenbarung und *Kata Kelsou (Gegen Kelsos),* eine Auseinandersetzung frühchristlichen Denkens mit den Lehren des Mittelplatonikers Kelsos, der in einer um 180 entstandenen Schrift das Christentum scharf angegriffen hatte. Das Spannende daran: Hier argumentiert ein christlicher Neuplatoniker gegen einen heidnischen Platoniker! Seine neuplatonischen Ansichten, so beispielsweise über die

Trinität – Jesus Christus und Heiliger Geist gingen in zwei Hypostasen, den Seinsstufen Plotins, aus dem Einen, Gott-Vater, hervor, seien also nicht gleicher Natur – führten 540 schließlich dazu, dass seine Lehre ausdrücklich von der Kirche verurteilt wurde.

Augustinus *(13.11.354 in Souk-Ahras/Algerien – 28.8.430 in Annaba/Algerien)*

Leben: Da Augustinus in seinen *Bekenntnissen* nicht nur seinen inneren, sondern auch seinen äußeren Weg bis zu seiner Bekehrung geschildert hat und damit der erste Philosoph ist, von dem es eine Art Autobiographie gibt, ist sein Lebensweg in weiten Teilen bis hin zu einzelnen Details bekannt. Er wurde in einer Kleinstadt der römischen Provinz Numidien in Nordafrika als Sohn eines heidnischen Stadtrats und der Christin Monica geboren. Von Anfang an ließ sie nichts unversucht, um ihre Familie zum Christentum zu bekehren, was ihr letztlich gelang. So ist es zu verstehen, wenn Augustinus schreibt: »Den Namen meines Erlösers ... hat mein Herz zugleich mit der Muttermilch getrunken«, was später, leicht abgewandelt, zur Redewendung wurde.

Augustinus genoss eine klassische Ausbildung, zuletzt in Karthago, wo er Rhetorik studierte und stark von Ciceros verloren gegangener Schrift *Hortensius* beeinflusst wurde, die ihn zur Philosophie führte. Dies jedoch nicht aufgrund ihres Inhalts, sondern vor allem wegen ihrer literarischen Qualität. Genau das war auch der Grund, warum er zu jener Zeit noch keinen Zugang zur Bibel fand: Ihm genügte deren ästhetische Form nicht. Er verliebte sich 17-jährig noch in Karthago und blieb mit seiner Lebensgefährtin, die ihm zwei Jahre später einen Sohn, Adeodat, schenkte, 15 Jahre zusammen, bis es seiner Mutter gelang, sie zu trennen. Seine Liebe zur Weisheit stillte er hingegen als Anhänger des Manichäismus, einer östlichen, der Gnostik nahestehenden Religion, der er ein Jahrzehnt treu blieb.

Manichäismus

Vom persischen Propheten Mani (216–276) begründete synkretistische Religion, die buddhististische, jüdische und christliche Elemente vereinigt. Wie für die Gnostiker im Allgemeinen gilt auch für die Manichäer ein dualistisches Weltbild. Gut und Böse liegen demnach im Streit, nicht nur auf die Welt bezogen, sondern in jedem einzelnen Menschen. Das Böse ist in der Materie verankert, das Gute in den Seelen, die an die Materie gefesselt sind. In ihrem Befreiungskampf, dem Aufstieg zu höherer Erkenntnis, werden sie von zahlreichen Fürsprechern, zu denen Platon und Jesus gehören, unterstützt. Letzter Fürsprecher ist Mani selbst. Vom Christentum schließlich besiegt, wirkte der Manichäismus in mittelalterlichen Sekten, wie den Katharern und Albigensern, fort.

Der Künstler irrt: Kein Engel, sondern die Stimme eines Kindes führte den hl. Augustinus zur Philosophie.

Wegen Unruhen an der Hochschule von Karthago, an der Augustinus sieben Jahre lehrte, wechselte er 383/84 nach Rom. In dieser Zeit begann Augustinus nicht nur am Manichäismus zu zweifeln, sondern sich generell dem von Cicero vermittelten Skeptizismus der mittleren Akademie (»Ich weiß, dass ich nichts weiß«), vertreten von Karneades und Ainesidemos, zuzuwenden. Entscheidend für sein Denken und seinen weiteren Lebensweg wurde die nun folgende Berufung in das höchste Amt, das ein Rhetor im Reich erhalten konnte: Augustinus wurde kaiserlicher Redner am Hof von Mailand, der damaligen Residenz der weströmischen Kaiser. Bedeutend war für ihn nicht die Stellung, sondern der Ort, denn hier predigte mit dem Mailänder Bischof Ambrosius einer der wortmächtigsten Kirchenlehrer des Christentums. Dessen von dem Eklektiker Philon übernommene allegorische Bibelinterpretationen, sein stark vom Neuplatonismus geprägtes platonistisches Christentum, führten Augustinus zu seiner Beschäftigung mit den Schriften der Platoniker und – nun doch – der Bibel. Schon jetzt verbanden sich bei ihm Theologie und Philosophie gemäß seiner Aussage: »Glaube, um zu erkennen; erkenne, um zu glauben«. Er trennte sich von Frau und Kind, doch um den letzten Schritt weg von den Verlockungen der sinnlichen Welt zu gehen, brauchte er, so schilderte er es jedenfalls später, noch ein Bekehrungserlebnis, dessen Formulierung sich ganz nach literarischen Traditionen antiker Autoren richtet und das den Prozess seiner geistigen Entwicklung zu einem metaphysischen Ereignis macht. Im Garten eines Mailänder Hauses hörte er demnach die Stimme eines Kindes, die zu sagen schien: »Nimm und lies«. Er griff zur Bibel, schlug willkürlich eine Seite auf und las dort in den Römerbriefen des Apostels Paulus: »Lasst uns ehrenhaft leben wie am Tag, ohne maßloses Essen und Trinken, ohne Unzucht und Ausschweifung, ohne Streit und Eifersucht. Legt als neues Gewand den Herrn Jesus Christus an, und sorgt nicht so für euren Leib, dass die Begierden erwachen«. Die Entscheidung war gefallen. Er ließ sich schließlich in der Osternacht des Jahres 387 taufen und gab sein Amt als Rhetor auf. Über Rom und Ostia, wo seine Mutter starb, kehrte er nach Nordafrika zurück. Er gründete mit Freunden eine Art Laienkloster, dessen Mitgliedern er – für das spätere Mönchstum des Westens beispielhaft – vorschrieb, neben geistlichen Übungen auch der Gemeinschaft zu dienen. Er wollte so – über Gott und die Welt philosophierend, theologische Diskussionen führend und platonische Dialoge schreibend – sein Leben fortsetzen. Doch die Ruhe hatte ein Ende, als er, bei einem Besuch der nach Karthago größten Stadt der Provinz, Hippo Regius, durch Plebiszit eher zufällig zum Nachfolger des Bischofs bestimmt wurde. Mit seinem 395 angetretenen Kirchenamt übernahm er außer den seelsorgerischen vor allem kirchenpolitische Pflichten. Auf mehreren Synoden verteidigte er die Dogmen des Christentums gegen häretische Ansichten. So die der Donatisten, die sich eine vom Staat getrennte, reine Kirche wünschten, und die der Pelagianer. Diese nach dem irischen Mönch Pelagius benannte Bewegung betonte den freien Willen des Menschen, der, unbelastet von einer Erbschuld, selbst entscheiden könne, das Gute zu tun. Einen Gedanken, den Augustinus mit seinen Lehren von der Vorherbestimmung, der Prädestination, und der Gnade Gottes bekämpfte. Am Ende seines Lebens wurde Augustinus, dessen Philosophie das ganze Mittelalter bewegen sollte, Zeuge der Auflösung der antiken Welt. Die Wandalen, ein germanischer Stamm, war in Afrika eingefallen und belagerte seinen Bischofssitz. Noch vor dessen Fall starb er im August 430.

Werk: Augustinus' auf Lateinisch verfasste Schriften lassen sich chronologisch drei Lebensabschnitten zuordnen. 1. Die Zeit der Bekehrung (386–390). 2. Die Übergangszeit (390–95). 3. Die Zeit als Bischof (396–430). Was schon für die Überlieferung seines Lebens gilt, gilt auch für sein Werk: Durch seine eigene Schilderung, in den zum Ende seines Lebens verfassten *Retractationes (Revisionen)*, in denen er seine Schriften chronologisch einordnet, kommentiert und teilweise revidiert, sind wir über sein Werk und dessen Entstehungszeit sehr gut informiert. In der ersten Phase entstanden vier Dialoge: *Contra Academicos (Gegen die Akademiker)*, eine Schrift gegen den Skeptizismus, *De beata vita (Das glückselige Leben)*, *De ordine (Die Ordnung)*, eine Abrechnung mit dem Manichäismus, über die Stellung des Guten und Bösen in der göttlichen Weltordnung und *Soliloquia (Selbstgespräche)*. Die wichtigsten Werke der Übergangszeit sind: *De vera religione (Über die wahre Religion)* und *De libero arbitrio (Über den freien Willen)*. Seine Hauptwerke fallen alle in die Zeit seines Episkopats in Hippo Regius: So *De trinitate (Über die Dreieinigkeit)*, *De civitate Die (Der Gottesstaat)*, die *Confessiones (Bekenntnisse)* und zuletzt die schon erwähnten *Retractationes (Revisionen)*. Die 426, nach 13 Jahren vollendeten 22 Bücher *De civitate Dei (Der Gottesstaat)*, die letzte große Verteidigungsschrift der frühen Kirche, sind ein geschichtsphilosophisches Werk, das durch die Plünderung

Roms durch die Goten im Jahre 410 angeregt wurde und die Frage aufgreift, ob nicht das Leugnen der alten Götter daran Schuld trage. In ihr, dem christlichen Gegenstück zu Platons *Staat* und noch einflussreicher als dessen Schrift, erörtert Augustinus den Begriff des Staates, schildert die Geschichte der Völker, verurteilt das Heidentum und stellt verschiedene philosophische Lehren vor, die er als unzureichend bewertet. Dagegen sind die in Form eines Gebets sein Leben bis zur Bekehrung schildernden *Confessiones* eine schonungslose Selbstbeichte, in einer Offenheit, die den griechischen Philosophen fremd war.

Lehre: »Gott und die Seele will ich erkennen. Sonst nichts? Nein, gar nichts.« Damit sind die Gegenstände der philosophischen Betrachtungen des Augustinus genannt. Er hat kein philosophisches System erdacht, seine Gedanken kreisen nicht, wie bei den meisten seiner hellenistischen Vorgänger, um Physik, Metaphysik und Ethik, sondern um Gott und die Seele. Nur sofern sie die Menschen betrifft, ist Natur für ihn von Bedeutung.

Erkenntnis: Um Aussagen treffen zu können, ist es trotzdem zuerst auch für ihn notwendig, sich darüber klar zu werden, was Erkenntnis bedeutet, wie man zur Erkenntnis gelangen kann. Das, was die Sinne aufnehmen, reicht für Wissen nicht aus. Doch das, was wir empfinden, hinterlässt Spuren im Gedächtnis. Dort werden die Sinnesspuren verglichen und geordnet. Nur Er-Innerung, das Schauen nach Innen, führt zu wahrem Wissen. Hierzu müssen aber bereits sichere Ideen von den Dingen vorhanden sein, Vor-Bilder, die nicht durch äußere Wahrnehmung gewonnen werden können, denn der Geist umfasst tatsächlich mehr, als er selber von sich weiß. Augustinus entdeckt das, was viel später als »das Unbewusste« Furore machen wird. Ein Dreieck kann als solches nur erkannt werden, wenn die Vorstellung eines idealen Dreiecks bereits vorhanden und abrufbar ist. »Geh nicht aus dir hinaus; in dich selber kehre ein; denn im inneren Menschen wohnt die Wahrheit.« Eine Lösung der Frage, wie dieses wahre Wissen ins Innere gelangen kann, hatte Platon gegeben, indem er eine Präexistenz der Seele annahm. Die Seele hatte sich vor der Geburt im Reich der Ideen bewegt und die dortigen Eindrücke gespeichert. Doch dies war unvereinbar mit der christlichen Vorstellung von der Erschaffung der Seele gemeinsam mit dem Körper. Und so gelangt Augustinus zu der Vorstellung der Erleuchtung, beantwortet die Frage danach, wer die vorbildhaft-ideellen Dinge in uns hineinträgt, mit: »Der, welcher befragt wird und lehrt – der, von dem es heißt, dass er im inneren Menschen wohnt, Christus, die unwandelbare Kraft Gottes und ewige Weisheit.« Nur durch die göttliche Erleuchtung, die Illumination, kann der Mensch Einsicht in die Ideen, die für Augustinus

Gedanken Gottes sind, erhalten. Da diese Gedanken und damit die Ideen im Geist Gottes beheimatet sind, ist alle Wahrheit in Gott.

Bei seinen Betrachtungen über die Wahrheit wird klar, warum sich Augustinus nicht auf Dauer dem Skeptizismus verschreiben konnte. Denn wer glücklich werden will, sucht naturgemäß nach Wahrheit – und findet sie nicht, wenn er an allem zweifelt. Andererseits weiß der, der zweifelt, immerhin etwas ganz sicher: dass er zweifelt, dass er existiert, denkt, lebt! »Doch ohne das Gaukelspiel von Phantasien und Einbildungen fürchten zu müssen, bin ich dessen ganz gewiss, dass ich bin ... Mögen sie [die Skeptiker] sagen: Wie, wenn du dich täuschst? Wenn ich mich täusche, bin ich ja. Denn wer nicht ist, kann sich auch nicht täuschen; also bin ich, wenn ich mich täusche.« Diese Selbsterkenntnis übersteigt die Skepsis und findet ihren berühmten Nachhall in Descartes' Ausspruch: »Ich denke, also bin ich!«

Gott: Da es zeitlose Wahrheit gibt, gibt es etwas, das dem Verstand überlegen ist und das entweder Gott ist oder seinen Grund in Gott hat. Es sind die uns durch Erleuchtung eingegebenen Ideen, Wahrheiten, die ihren Grund in Gott haben. Gott muss existieren, dies ist für Augustinus der Beweis seiner Existenz, der Augustinische Gottesbeweis. In seiner Behauptung Gottes aufgrund einer verstandesmäßigen Argumentation unterscheidet er sich deutlich vom Neuplatonismus und dessen Annahme, Gott sei nur in der Ekstase zu schauen. Wie dieser geht er jedoch davon aus, dass Gott »unbegreiflich und unsichtbar«, »höchst verborgen« ist. Es gibt von ihm »kein Wissen in der Seele, außer dass sie weiß, wie sie ihn nicht weiß«. Ganz klar und unbegründet bleibt bei Augustinus, dass Gott der Schöpfer der Welt aus dem Nichts ist. Da der von ihm erschaffene Mensch sein Abbild ist, lassen sich mittels Analogieschluss noch weitere Aussagen treffen. Die Wichtigste: Wie der Mensch dreigeteilt ist, aus Gedächtnis, Willen und Einsicht, die Seele aus Sein, Wollen und Erkennen besteht, ja wie jedes Ding dreifach gedacht werden muss, da es ist, sich vom anderen unterscheidet und mit diesem in Beziehung steht, so muss auch Gott dreieinig sein. Die göttliche Substanz existiert in drei Personen: im Vater, im Sohn und im Heiligen Geist. Dieses schwer nachvollziehbare Dogma der Kirche von der Trinität, der Dreieinigkeit Gottes – dessen genauere Bestimmung, dass Gott in allen drei Personen ganz existiert, es nur noch schwieriger macht –, lehrt Augustinus in der durch die Konzile bestätigten Form. Origenes und die Arianer hat er damit in seinem Denken überwunden.

Prädestination: In seiner Zeit als Bischof war Augustinus tief in kirchenpolitische Auseinandersetzungen hineingezogen worden. Eine der wichtigsten war der Streit um die Ansichten des Pelagius, nach dessen Meinung der Mensch frei und ohne

Sünde geboren sei und durch die Nutzung seines freien Willens seine Seligkeit selbst in der Hand hätte. Damit hatte er ein Thema berührt, dass eines der schwierigsten Probleme der Religionen darstellt. Hat der Mensch einen freien Willen, den er auch dazu nutzen kann, Böses zu tun? Kann dies ein Gott zulassen? Oder werden die Menschen von diesem gegängelt, ist es demnach unwesentlich, wie sie sich entscheiden, da ja doch alles vorherbestimmt ist? Und wie kommt es, dass sie – sozusagen durch Gott zugelassen – Böses tun? Tut nicht dann Gott Böses durch sie? Augustinus tritt Pelagius entgegen mit seiner Lehre von der Prädestination, der göttlichen Vorherbestimmung. Für ihn ist nur Adam frei geboren, entschied sich für die Sünde und gab diese als Erbsünde – eine Erfindung des Augustinus – durch die Fortpflanzung an alle seine Nachkommen, also an alle Menschen, weiter. Sie sind darum nicht mehr frei, sondern der Sünde verfallen. Sie können trotzdem zur Seligkeit gelangen, aber nur durch die Barmherzigkeit, die willkürliche Gnade Gottes. Wie die Erleuchtung zur Wahrheit, so führt die Gnade zur Seligkeit. Wenn Gott das Gute verkörpert und alles vorherbestimmt, kann es das Böse nicht geben. Aber auch kein Bischof und Philosoph, schon gerade kein lebenserfahrener Mensch wie Augustinus, kann leugnen, dass es Kriege, Mord und Totschlag gibt. Wenn das nicht böse ist, was ist es dann? Hier, bei dieser Frage, der Theodizee, bleiben Augustinus Vorstellungen vage und schwankend: »Das Böse ist die Abwesenheit des Guten«, ist verkürzt seine Ansicht dazu, eine sicher auch für ihn selbst unbefriedigende Erklärung.

Das Böse war schon immer ein dankbareres Thema für Künstler als das Gute – das trifft auch auf Augustinus' Gottesstaat zu.

Zeit: »Was ist die Zeit? Wenn mich niemand danach fragt, weiß ich es. Will ich es jedoch auf Fragen hin erklären, weiß ich es nicht«, sagt Augustinus in seinen Bekenntnissen. Doch er versucht eine Antwort. Zuerst klärt er, seit wann es Zeit gibt. Gott ist ewig, die von ihm geschaffenen Dinge zeitlich: »Ohne Zweifel also ist die Welt nicht in der Zeit, sondern mit der Zeit erschaffen. Denn was in der Zeit geschieht, das geschieht vor und nach einer Zeit – nach einer, die vergangen ist, vor einer, die erst kommen wird. Vor der Welt aber konnte Zeit nicht sein, weil ja keine Kreatur war, mit deren bewegtem Zustandswandel sie hätte werden können. Vielmehr ist in einem mit der Zeit auch die Welt erschaffen, wofern mit ihr zugleich die Bewegung, nämlich Zustandswandel, begann.« Dann erläutert Augustinus, was Zeit ist. Sie ist nicht wie bei Aristoteles von äußeren Dingen wie den Gestirnen abhängig, sondern ein Prozess des rationalen Bewusstseins mit rein subjektivem Charakter. Im Bewusstsein des Menschen ist alles gegenwärtig: die Vergangenheit in seinem Erinnern, die Gegenwart in seinem Augenschein und die Zukunft in der Erwartung. Nur das Bewusstsein gibt der Zeit eine Ausdehnung, die letztlich messbar ist. Der Mensch ist in Bezug auf die Zeit ein zerstreutes Wesen, er weiß um seine Vergänglichkeit und die Aufspaltung seines Seins in gelebte und noch zu lebende Augenblicke. Augenblicke, die kurz gegenwärtig, »seiend« werden und dann wieder ins Nichtsein versinken. Diese Vergänglichkeit benötigt etwas Ewiges, um sich daran zu messen. Dieses Ewige und Allgegenwärtige ist Gott, für den alle Augenblicke gleich gegenwärtig sind, da er ewig seiend ist.

Geschichte: Auch die Geschichte der Menschheit lässt sich nur in Bezug auf das Ewige verstehen. Gott hat sie als einmaligen Vorgang geschaffen, der vom Sündenfall Adams über die Menschwerdung Gottes bis zum Jüngsten Gericht andauert. Wie im einzelnen Menschen sich Gut und Böse, Selbst- und Gottesliebe bekämpfen, so geschieht dies auch auf der Ebene zweier Prinzipien, dargestellt als *civitates,* als Bürgerschaften oder Reiche: Welt- und Gottesstaat. Beide tragen einen Kampf aus, der erst am Ende der Zeiten entschieden wird. Letzterer, Augustinus' Ideal, entstand mit der Erschaffung der Engel und zählt den zu seinem Bürger, der nach den Gesetzen Gottes lebt. Den Weltstaat, die irdische Bürgerschaft, führt er auf den Abfall Luzifers, den gefallenen Engel, zurück, dessen Selbstliebe sich bis zur Gottesverachtung steigerte. In ihm versammeln sich die, die die heidnischen Götter verehren. Sie finden die Finsternis, während die anderen das Licht sehen, da ihr Leben von der Liebe zu Gott bestimmt ist. Dies bedeutet jedoch nicht, dass Augustinus den realen Staat seiner Zeit ablehnt. Er ist für das Zusammenleben der Menschen notwendig und vereint etwas von beiden Prinzipien in sich, indem er von der reinen Selbstliebe abhält, aber durch seine Regeln und Gesetze nur das Böse verhindert, nicht das Gute schafft. Dies gilt auch für die Kirche: Ihre irdische Gestalt ist nicht gegen die Selbstliebe gefeit, trotzdem verkörpert sie eher das Ideal des Gottesstaats. Ist der Kleriker Augustinus theoretisch also dem Staat gegenüber eher kritisch eingestellt, sieht die Realität des Politikers Augustinus anders aus: Ganz pragmatisch nutzt er ihn, um die Häretiker, Donatisten und Pelagianer zu verfolgen. Seine Rechtfertigung dieses Vorgehens sollte sich für die Zukunft der Kirche als verhängnisvoll erweisen. Die Kirche sei wie eine Mutter, schreibt er, die ihre Kinder mit Strenge behandle und ihnen auch bittere Medizin verabreiche. Zwang sei weder richtig noch falsch, es käme nur darauf an, ob das, wozu man jemanden zwinge, gut oder schlecht sei.

Zusammenfassung

Der nordafrikanische Römer Aurelius Augustinus lässt sich auf dem Höhepunkt seiner Karriere als kaiserlicher Rhetor unter dem Einfluss des Mailänder Bischofs Ambrosius im Jahre 387 taufen und versucht in seiner Philosophie konsequenterweise christliches mit antikem, vor allem platonistischem Denken, dem er – nach gnostischen und skeptizistischen Perioden – in Form des Neuplatonismus Plotins anhängt, zu verbinden. In seinen *Bekenntnissen,* einer Art Autobiographie, die wie sein anderes Hauptwerk, *Der Gottesstaat,* während seiner Zeit als Bischof entstehen, berichtet er über seine Entwicklung bis zu seiner Bekehrung. Inhalt seiner philosophischen Betrachtungen sind Gott und die Seele. Er verabschiedet sich von den klassischen Zieldefinitionen wie Glückseligkeit oder Gemütsruhe, indem er einen Sinn jenseits des Ichs erkennt, Gott: »Zu Dir hin hast Du uns geschaffen, und ruhelos ist unser Herz, bis es ruht in Dir.« Die Philosophie ist nur insofern nützlich, als sie ein Mittel ist, den Glauben zu vertiefen. Wahre Erkenntnis ist möglich, nicht durch Leistungen des Verstandes, sondern nur – »wir glauben, damit wir erkennen; wir erkennen nicht, damit wir glauben« – durch göttliche Erleuchtung. Gott existiert jeweils ganz in drei Personen: dem Vater, dem Sohn und dem Heiligen Geist. Er lässt dem Menschen seinen freien Willen, wie ihn auch Adam hatte, als er sich für die Sünde entschied. Dies brachte das Böse in die Welt, das an sich nicht existiert, sondern nur ein Mangel am Guten ist. Der Mensch kann sich frei entscheiden, doch letztlich ist immer von Gott vorherbestimmt, ob er am Ende der Menschheitsgeschichte, dem Jüngsten Gericht, der Verdammnis anheim fällt oder in die ewige Seligkeit eingeht. Die Seligen werden dann in den Gottesstaat, das Reich Gottes, eingehen. Dieses und der Weltstaat, zwei Prinzipien ohne Entsprechungen in der Menschheitsgeschichte, sind in den realen Staaten noch vermischt. Staaten, die dem Gemeinschaftsstreben der Menschen entsprechen und durch ihre Rechtsordnung den Menschen wenigstens von der zersetzenden Selbstliebe abhalten, wenn sie ihn auch nicht zur Gottesliebe führen. Ein Nebenaspekt, aber eine von Augustinus' geistvollsten philosophischen Leistungen ist sein Räsonieren über die Zeit, die er aus der antiken Definition löst und als subjektives Zeitbewusstsein deutet.

Wirkung: Augustinus ist der bedeutendste Philosoph der Patristik, der größte Denker seit der klassischen Periode mit Platon und Aristoteles. Seine Bedeutung für die Kirche wird dadurch unterstrichen, dass er als einer der vier Kirchenväter des lateinischen Westens gilt. Der Augustinismus bestimmt bis ins 12. Jh. die geistige Entwicklung. Die römische Kirche übernimmt viele seiner Gedanken, sie werden teilweise zu kanonischem Recht. Sie mildert in der Folge die Prädestinationslehre ab, da Ausweglosigkeit und Ohnmacht der Menschen nicht in ihrem Interesse sein kann, und lehrt, dass Gott das Schicksal des einzelnen Menschen nicht von vornherein bestimmt, sondern es lediglich kennt. Der Reformator Calvin, Begründer des Calvinismus zur Zeit Luthers, hält allerdings an Augustinus' Meinung fest. Luther selbst beruft sich in seiner Rechtfertigungslehre auf ihn. Mit seiner Verteidigung des Zwangs im Interesse des Seelenheils wird Augustinus zum Wegbereiter der theologischen Rechtfertigung der Inquisition durch Thomas von Aquin. Die durch Augustinus fomulierte Festschreibung der Erbsünde wurde von der Kirche dankbar aufgenommen und hat ihr Verhältnis zur Sexualität über Jahrhunderte belastet. Im Mittelalter berufen sich zahlreiche Mönchsorden, wie Dominikaner und Franziskaner, zuerst auf Augustinus. Später finden sich bei Descartes augustinische Gedanken wieder, und im 20. Jh. knüpfen die Phänomenologen – wie Husserl – und die Existenzialisten an seine Gedanken zur Innerlichkeit des Menschen an.

Scholastik

Mit der Scholastik begann die eigentliche mittelalterliche Philosophie. Das Wort bedeutet eigentlich »Schullehre«, Scholasten waren schon in der Antike die Lehrer der Freien Künste und später auch der Theologie. Diese Bezeichnung kommt nicht von ungefähr: Sie gründet in der Institutionalisierung der Philosophie, die, als Reaktion auf die Wirren der Völkerwanderungszeit, sich ganz an Kloster-, Dom- und Hofschulen zurückzog, in denen Geistliche ausgebildet wurden. Zielsetzung der Philosophie war es nun, nachdem die christlichen Dogmen durch Konzile und patristische Schriften feststanden und der Glaube in den Vordergrund getreten war, dessen Verständlichmachung, Begründung und Auslegung durch die Vernunft. Die Philosophie wurde zur »Magd der Theologie«, ihre Bindung an den von der Theologie vorgegebenen weltanschaulichen Rahmen ist das wichtigste Kennzeichen der mittelalterlichen Philosophie. »Credo ut intelligam«, ich glaube, um zu erkennen – dieser auf Augustinus zurückgehende, vom bedeutendsten Scholastiker des 12. Jh., Anselm von Canterbury, formulierte Satz ist die Voraussetzung der scholastischen Methode. Wie Thomas von Aquin sagt, soll man »auf dem Vernunftwege verfolgen, was die menschliche Vernunft über Gott in Erfahrung zu bringen vermag.« Dabei dienten als Fundament neben der Heiligen Schrift die

Schriften der Kirchenväter, aber auch Erkenntnisse der wichtigsten antiken Philosophen, wie Platon und Aristoteles, die jedoch nicht einfach übernommen, sondern in Bezug auf die Glaubensinhalte harmonisiert wurden. Vor allem Platons Dialog *Timaios* und die kleineren logischen Schriften des Aristoteles in der lateinischen Übersetzung und Kommentierung des Boethius standen den frühen Scholastikern, neben Schriften von Cicero und Seneca, zur Verfügung. Erst relativ spät, auf dem Umweg über arabische und jüdische Gelehrte, wurden auch die großen logischen Schriften des Aristoteles zugänglich. Dies war für die Scholastik von nicht zu überschätzender Bedeutung, da zur vernunftmäßigen Begründung der Glaubensinhalte zuallererst die antike Logik, die man im Mittelalter *dialectica* nannte und die als solche zu den Sieben Freien Künsten gehörte, herangezogen wurde. Mit ihrer Hilfe wurden auch die vorhandenen Schriften und Lehrmeinungen einer Quellenkritik unterzogen. Dies geschah vor allem in den *Sentenzenbüchern*, in denen die Antworten mehrerer Autoritäten auf bestimmte Fragen gesammelt und kommentiert wurden. Und später, in der Hochscholastik, auch in den sogenannten *Summen*, Abhandlungen zu einzelnen Wissensgebieten, und – wie schon in der Antike – durch Kommentare zu Werken von Autoren, vor allem zu Aristoteles. In den *Sentenzen* kam dabei die eigentliche scholastische Methode, die Methode des *pro et contra* (Für und Wider), des *sic et non* (Ja und Nein) zur Anwendung, bei der die gegenübergestellten Meinungen diskutiert wurden, um möglichst eine alle vereinende Lösung zu finden.

Ging es den Scholastikern also um eine Synthese von Glauben und Wissen und nicht darum, eine unabhängige Erklärung der Welt zu finden – an der christlichen Vorstellung war nicht zu rütteln, wollte man sich nicht dem Vorwurf der Häresie aussetzen –, so blieb ihnen auch auf dem Feld der Ethik ein enger Rahmen gesetzt. Des Menschen Glück lag in Gottes Hand, ihm zu gehorchen, hieß Gutes zu tun, ihn zu schauen musste des Menschen höchstes Ziel sein, auf Erden und im Jenseits. Die Hände blieben den »die Weisheit Liebenden« auch mit Blick auf die Ethik der Gesellschaft gebunden, denn der irdische Staat war ja laut Augustinus eine Vorbereitung auf den Gottesstaat und sollte diesen so weit wie möglich abbilden. Selbstverständlich waren darum die ständische Gliederung und die feudale Abhängigkeit mit ihrer Lehenspyramide, an deren weltlicher Spitze der Kaiser oder König und an deren geistlicher der Papst stand. Bei all den Gemeinsamkeiten der Scholastik blieben aber auch wesentliche Unterschiede innerhalb dieser immerhin sieben Jahrhunderte umfassenden Epoche. Um diese klarer fassen zu können, hat sich weitestgehend eine Untergliederung in Früh-, Hoch- und Spätscholastik durchgesetzt, die in etwa dem 8. bis 11., 12. und 13. bzw. 14. und 15. Jh. entsprechen.

Frühscholastik

Erst im 8. Jahrhundert waren die Unruhen, die sich als Folge des Untergangs des Weströmischen Reiches und der großen Wanderungsbewegungen in Europa ergeben hatten, soweit vorüber, dass daran gedacht werden konnte, die verloren geglaubte Kultur der Antike zu erneuern. Eine erste Renaissance, die »karolingische«, benannt nach dem Herrschergeschlecht, dessen Hauptvertreter Karl der Große war, sorgte dafür, dass das noch Vorhandene gesichert und – im Falle der Philosophie – durch Ausgleichung der vorhandenen Gegensätze zum Fundament der Scholastik werden konnte. Karl, König der Franken und Kaiser der Römer, mächtigster Fürst des Abendlandes, zog Künstler und Wissenschaftler aus allen Teilen seines Reiches, aber auch aus Irland, England und den Mittelmeeranrainern, an seinen Hof. Darunter Philosophen, die damit den geographischen Schwerpunkt ihrer Wissenschaft vom Mittelmeer auf das Gebiet zwischen Loire und Weser verschoben. Die Mobilität war groß, Latein die gemeinsame Sprache der Gebildeten. Wie im gesamten Mittelalter trat der Mensch hinter die Sache zurück, das Werk galt mehr als sein Schöpfer. Trotzdem wird schon im 9. Jh., in der manchmal als Vorscholastik bezeichneten Periode, ein irischer Gelehrter, einer der wenigen Scholastiker, der kein Kleriker ist, greifbar: Johannes Scotus mit dem Beinamen Eriugena, dem es neben dem Bewahren der klassischen und patristischen Überlieferung gelang, ein eigenes Gedankengebäude zu errichten. Doch mit dem Zerfall der karolingischen Dynastie und dem Entstehen zweier neuer Reiche – Westfranken, dem späteren Frankreich, und Ostfranken, dem späteren Deutschland – lösten sich auch die gerade erst erneuerten Strukturen wieder, ein dunkles Jahrhundert legte seinen Schleier auch über die Kultur. Die Philosophie wurde als Teufelswerk verdammt.

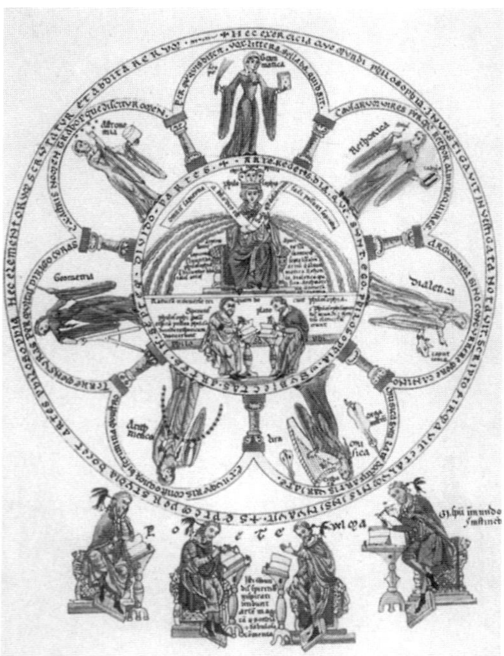

Die Zahl Sieben war für Christen von hohem Symbolgehalt. So passte es gut, dass das aus der Antike übernommene Grundstudium für Philosophen Sieben Freie Künste – hier allegorisch dargestellt – umfasste.

Am Ende des 11. Jh. dann, einer Zeit politischer und wirtschaftlicher

Festigung, hervorgerufen durch die sich immer stärker ausbreitende Urbanisierung sowie nicht zuletzt auch durch einen Klimawandel und daraus folgenden besseren Ernten, gelang es Anselm von Canterbury, einem Piemonteser, nicht nur Erzbischof von Canterbury zu werden, sondern mit seinen Werken, die sich stark an Augustinus und dessen Platonismus orientieren, die Existenz Gottes zu beweisen. Ein Beweis, der allerdings das Glauben voraussetzt – das Glauben und den Realismus der »Ideen« Platons. Um sie dreht sich der bedeutendste philosophische Streit des Mittelalters, der »Universalienstreit«, der auf einen Kommentar des Boethius zur Einleitungsschrift des Neuplatonikers Porphyrios zu Aristoteles Kategorienlehre zurückgeht. Kommt dem Allgemeinen (lat. *universalia*), Platons Ideen bzw. den Gattungen und Arten des Aristoteles, eine eigene Realität zu? Oder handelt es sich nur um Namen, um bloße Worte? Ersteres behaupten Denker wie Anselm oder Wilhelm von Champeaux (1070–1121), der unter den sogenannten Realisten am weitesten ging und behauptete, dass nur dem Allgemeinen eine reale Substanz entspricht. Wird über Sokrates gesagt »Sokrates ist ein Mensch«, so ist nur die Mensch-heit wirklich, die »Sokratität«, das Sokrates-Sein, etwas Zusätzliches – in der Sprache des Aristoteles etwas Akzidentielles. Gäbe es keinen Menschen, würde Mensch-heit trotzdem bestehen. Mit dieser Ansicht war die Erbsünde gut begründbar, denn hatte Adam mit dem Biss in den Apfel die Mensch-heit mit Sünde belastet, haben daran alle Teil, die an der Mensch-heit teilhaben, also ist die Sünde in jedem Menschen. Die extreme Gegenposition nahm der Nominalist Johannes Roscellinus von Compiègne (ca. 1050–1120/25) ein, für den alles Wirkliche nur aus individuellen Einzeldingen bestand und der die Ideen nur als vom Menschen gegebene Begriffe, phonetische Phänomene, Namen (lat. *nomen*) ansah. Er wurde deswegen 1092 von einer Synode verurteilt und musste widerrufen. Warum? Bestand alles nur aus Einzeldingen, so galt dies auch für die Dreieinigkeit, dem einen Gott in drei Personen, aus dem nur folgerichtig drei Götter werden mussten – für die Kirche undenkbar! Erst der Schüler Wilhelms und Roscellinus, Pierre Abélard bereitete einen Ausgleich zwischen Realisten und Nominalisten vor, der in der Hochscholastik seinen (vorläufigen) Abschluss finden konnte.

Johannes Scotus Eriugena *(um 810 in Irland – nach 877 in Frankreich oder England)*

Die Namen dieses ersten bedeutenden Philosophen der Scholastik leiten sich aus dem lateinischen, *Scotia maior,* und keltischen, *eriu,* Namen für Irland her. Um 850 wurde er an die Pariser Palastschule Kaiser Karls des Kahlen, des im Westfrankenreich herrschenden Enkels Karls des Großen, berufen, wo er die *artes liberales,* also die Freien Künste unterrichtete. Er übersetzte die Schriften der Patristiker Gregor von Nyssa und Pseudo-Dionysios Areopagita, dessen neuplatonisches Gedankengut ihn stark beeinflusste, ins Lateinische. Seine Rolle als Gutachter im Prädestinationsstreit zwischen dem Erzbischof von Reims und dem Mönch Gottschalk, in dem er – zu seiner Zeit noch als Gotteslästerung angesehen – mit den Mitteln der Logik Wahrheit und Irrtum erkennen wollte, führte letztlich dazu, dass nicht nur seine diesbezügliche Schrift, sondern auch sein in Dialogform verfasstes Hauptwerk, *De divisione naturae (Über die Einteilung der Natur)* von der Kirche verworfen wurde. In diesem führt er ganz neuplatonisch aus, dass das Weltgeschehen ein Kreislauf sei, von Gott ausgehend und zu ihm zurückkehrend. Das nichtgeschaffene, aber schaffende Seiende ist Gott. Aus ihm geht das Geschaffene und Selbstschaffende hervor, die göttlichen Gedanken, die Ideen Platons. Diese sind Ursache alles weltlich Seienden, der geschaffenen und nichtschaffenden Natur, der Einzeldinge. Deren Ziel ist die nicht geschaffene und nicht schaffende Natur, wiederum Gott. Gott ist, ganz in neuplatonischer Tradition, nicht direkt erkennbar, denn alles was man über ihn sagen könnte, hätte zur Voraussetzung, dass auch der entsprechende Gegensatz existiere: Ist Gott das Gute, so müsste es auch das Böse geben. Er ist nur durch seine Schöpfung zu erkennen, in der er sich selbst verwirklicht hat. Durch seine spätere Verdammung weitestgehend folgenlos in seiner Wirkung, erfährt Eriugena erst nach der Aufklärung die ihm zustehende Würdigung. Schopenhauer schreibt über ihn: »Dieser bewunderungswürdige Mann gewährt uns den interessanten Anblick des Kampfes zwischen selbsterkannter, selbstgeschauter Wahrheit und lokalen, durch frühe Einimpfung fixierten, allem Zweifel, wenigstens allem direkten Angriff, erwachsenen Dogmen«.

Anselm von Canterbury *(1034 in Aosta – 21.4.1109 in Canterbury)*

»Credo, ut intelligam« – dieses berühmte Zitat, »ich glaube, um zu erkennen« stammt von Anselm von Canterbury, der, gebürtig aus dem italienischen Aosta, seinem Lehrer Lanfranc als Prior eines Benediktiner-Klosters in der Normandie und 1093 auch als Erzbischof von Canterbury im Amt nachfolgte. Er lebte in einer Zeit, in der sich einerseits die Auseinandersetzungen zwischen kirchlicher und weltlicher Macht zuspitzten – 1077 musste Heinrich IV. in Canossa beim Papst Abbitte leisten, Anselm selber wurde aufgrund des englischen Investiturstreits zweimal vom König verbannt –, andererseits die rationalen Wissenschaften durch das Vordringen des Islams und das Erstarken des Judentums immer mehr in die christlichen Schulen drängten. Nicht von ungefähr kommt daher das schon in Anselms Motto »Fides quaerens intellectum« (Der Glaube, der nach Einsicht sucht) ausgedrückte Streben, Theologie und Philosophie zu versöhnen.

Sein Werk gründet sich vor allem auf Augustinus und Boethius sowie auf die Lehren Lanfrancs, der durch den Abendmahlstreit berühmt geworden war, bei dem es darum ging, ob die Wandlung von Brot und Wein realistisch oder symbolisch gemeint sei, allgemein: ob Grundfragen des Glaubens mit Hilfe der Logik entschieden werden könnten, ob Glauben und Wissen zu harmonisieren sind. Anselms Meinung zu diesem grundsätzlichen Problem ist durch sein Gottvertrauen gekennzeichnet, das ihn darin bestärkt, nach vernünftigen Gründen zu suchen, die die Existenz Gottes beweisen, da schließlich auch die Vernunft von Gott kommt. Im *Monologion (Selbstgespräch)*, seiner um 1076 entstandenen Erstlingsschrift, wandelt er auf platonistischen Pfaden, wenn er argumentiert, dass alles Seiende voraussetze, dass ein absolutes Sein existiere, an dem es teilhabe, genauso wie es ein absolut Wahres, Schönes und Gutes geben müsse, wenn relativ wahre, schöne und gute Dinge vorhanden seien. Dieses Absolute muss Gott sein.

Bei seinen Zeitgenossen sehr umstritten (und auch heute schwer zu akzeptieren) war auch Anselms Beweisführung in seinem zweiten Werk, dem *Proslogion (Anrede)*, das zur Zeit seiner Wahl zum Abt (1078) entstand. Er rang, nach Auskunft seines Biographen, schwer mit sich – und dem Teufel –, bis er seinen berühmten, den berühmtesten aller Gottesbeweise, niedergeschrieben hatte. Dort begründet er Gott ontologisch, aus dem Begriff heraus. Kurz gesagt: Hat man einen Begriff von einer Sache, muss diese Sache auch existieren – eine für einen Realisten (in Bezug auf den Universalienstreit) klare Denkweise. In längerer Form: Für jeden Menschen ist Gott dasjenige, über das hinaus nichts Größeres gedacht werden kann. Wäre Gott nun alleine im Intellekt vorhanden, so ließe sich doch noch etwas Größeres denken, nämlich derselbe Gott real existierend. Darum ist es zwingend, dass Gott als nicht-existierend nicht gedacht werden kann. Er kann nicht nur alleine im Intellekt vorhanden sein, sondern muss existieren und größer sein als alles, was gedacht werden kann.

Selbst einem ungläubigen Moslem oder Juden muss – denn an der Logik haben alle teil – nun klar sein, dass der Gott der Christen existiert und allen anderen überlegen ist. Doch schon ein zeitgenössischer Mönch gab zu bedenken, dass sich auf diese Art und Weise jeder ins Höchste gesteigerte Vorstellungsinhalt beweisen ließe, sei es das größte Fabelwesen oder die sagenhaft reiche Insel Atlantis. Anselm war sich dessen bewusst, dass er mit dieser Beweisführung etwas Neues geschaffen hatte, etwas, das in der Antike keine Vorbilder hatte und das seine Berufskollegen über Jahrhunderte sehr beschäftigte. Noch über die Hochscholastik, über Duns Scotus und Thomas von Aquin hinaus, von Descartes, Spinoza, Leibniz bis Hegel erzielte der ontologische Gottesbeweis, wie ihn Kant erstmals nannte, große, jedoch nicht immer positive Wirkung. So schreibt Kant: »Es ist also an dem so berühmten ontologischen Beweise, vom Dasein eines höchsten Wesens, aus Begriffen, alle Mühe und Arbeit verloren, und ein Mensch möchte wohl eben so wenig aus bloßen Ideen an Einsichten reicher werden, als ein Kaufmann an Vermögen, wenn er, um seinen Zustand zu verbessern, seinem Kassenbestand einige Nullen anhängen wollte.«

Wollte man einen Eindruck von der Philosophie des Mittelalters erhalten und sich nur mit einem Denker beschäftigen, so rät Kurt Flasch, sollte man Anselm studieren. Er erhielt den Ehrentitel »Vater der Scholastik« und wurde von der Kirche heilig gesprochen.

Pierre Abélard *(1079 in Le Pallet bei Nantes – 21.4.1142 im Kloster St.-Marcel bei Châlon-sur-Saône)*

Petrus Abaelardus, wie er in der lateinischen Form heißt, war der tragische Held unter den mittelalterlichen Philosophen, zumindest für das romantische 19. Jh. Nicht aufgrund seines Werkes, sondern wegen seiner Biographie, die nicht besser hätte erfunden sein können. Als Spross eines bretonischen Adelsgeschlechts schulte er sich theologisch und philosophisch bei den maßgeblichen Autoritäten seiner Zeit in Frankreich und hörte dabei so unterschiedliche Denker wie den Nominalisten Roscellinus und den Realisten Wilhelm von Champeaux. Schon 1113 hatte er als Lehrer der Logik, die für ihn »die Führerin der Philosophie und der Wissenschaft überhaupt« war, so viel Zulauf, dass er seine eigene Schule in Paris eröffnen konnte.

Abélard und Héloise

Eine der Schülerinnen Abélards war Héloise (1101–64), die er in deren Haus unterrichtete. Schon bald verband die 16-Jährige eine Liebesbeziehung mit ihrem 22 Jahre älteren Lehrer und sie wurde von ihm schwanger. Doch ihr Onkel, der Kanoniker Fulbert, verbot ihr den Umgang mit Abélard und ließ diesen nachts überfallen und kastrieren. Abélard berichtet selbst davon in seiner *Historia calamitatum mearum (Geschichte meiner Leiden)*. Seine Nichte steckte Fulbert nach der Niederkunft in ein Kloster, dessen Äbtissin sie später wurde. Von dort aus entspann sich ein Briefwechsel mit dem ebenfalls in ein Kloster gegangenen Abélard, an dessen Authentizität inzwischen Zweifel bestehen. In diesen Briefen wird nicht nur die Liebe beschworen, sondern auch von Seiten Héloises philosophische Fragen erörtert. Dieser historische Stoff wurde mehrfach literarisch bearbeitet, vor allem im 19. Jh., in dem man auch die Gebeine der beiden in einem gemeinsamen Grab auf dem Pariser Friedhof Père Lachaise neu bestattete, damit sie wenigstens im Tod vereint sein sollten.

Die große Zeit Abélards war die Romantik, die ihn sich 700 Jahre nach seinem Tod so vorstellte.

Keinem Streit aus dem Wege gehend, mehrfach scharf angegriffen und verurteilt, starb Abélard auf dem Weg nach Rom, wo er sein Werk verteidigen wollte.

Auch Abélards Werk ist von platonistischen Gedanken durchzogen und deutet die Weisheit Gottes als Weltseele, die grundsätzlich auf alle Menschen, also auch auf nicht-christliche Denker wirkt, was ihm die erbitterte Gegnerschaft Bernhards von Clairvaux (1090–1153) einbrachte, des Begründers der mittelalterlichen Mystik. Eine fast schon moderne Überzeugung, deren Wirkung bis zu Lessings *Nathan* reicht.

Aber die eigentliche Bedeutung Abélards besteht auf dem Gebiet der Erkenntnistheorie. Über deren Bedeutung schreibt er: »Ich befasste mich nun zuerst damit, das Fundament unseres Glaubens selbst durch menschliche Vernunftgründe fasslich zu machen. Zu diesem Zwecke schrieb ich eine Abhandlung *Über die göttliche Einheit und Dreiheit* für den Gebrauch meiner Schüler, die nach vernünftigen Gründen verlangten und nicht bloß Worte hören, sondern sich auch etwas dabei denken wollten. Sie meinten, es sei vergeblich, viele Worte zu machen, bei denen sich nichts denken lasse; man könnte doch nichts glauben, was man nicht vorher begriffen habe, es sei lächerlich, wenn einer etwas predigen wolle, was weder er selbst noch seine Zuhörer mit dem Verstand fassen könnten; das seien die 'blinden Blindenleiter', von denen der Herr spreche.«

Er legt in seinem einflussreichen Werk *Sic et non (Ja und Nein)* an 156 Problemen dar, dass Texte nicht blind übernommen werden sollten, selbst wenn sie von anerkannten Autoritäten stammten, sondern auf Echtheit und Authentizität geprüft werden müssten. Diese im engeren Sinne scholastische Methode endet jedoch nicht in der Prüfung. Texte müssen eventuell von späteren Zutaten befreit, ausgelegt, ihre Bedeutung kritisch hinterfragt werden. Diese Vorgehensweise auch bei theologischen Gegenständen führte zum Entstehen einer neuen Wissenschaft, der Theologie, benannt nach dem Hauptwerk Abélards *Theologia.*

Zudem fand Abélard eine Lösung des Universalienproblems, die als Konzeptualismus bezeichnet wird. Die Universalien, das Allgemeine, seien nicht außerhalb der Dinge existent und über diesen stehend, wie in Platons Ideenlehre, sie seien auch nicht in den Dingen, als substantieller Teil von diesen vorhanden, wie in Aristoteles Kategorienlehre, aber auch nicht bloße Namen, sondern entstünden nach den Dingen, aufgrund einer vergleichenden Abstraktion. Die Gleichheit in einer Gruppe von Dingen ergibt im Betrachter ein Begriffsbild (lat. *conceptus*), beim Schauen verschiedener Menschen z. B. Mensch-heit. Dies ist nicht real existierend, sondern kann als sinnerfülltes Wort über die Gleichheit im Wesen dieser Gruppe ausgesagt werden.

Erscheint dieses Denken sehr abstrakt, der Universalienstreit verstaubt, so gilt dies nicht für ein anderes Problem, dem er sich zuwandte. Wie bei der Auslegung von Texten steht für ihn auch in der Ethik, bei der Beurteilung guter und böser Taten, die individuelle Persönlichkeit im Vordergrund. Mit einem sehr modernen Gedanken bewertet er die Taten von Individuen aus deren Absicht heraus, fragt nach der Motivation und betont deren Wert. Nur wenn der Mensch gegen sein Gewissen handelt, handelt er ethisch und religiös verwerflich. Bei aller Modernität sind dabei aber natürlich keine Zweifel an den grundsätzlichen Moralgeboten der Kirche erlaubt.

Hochscholastik

Der Beginn der Hochscholastik, wie auch alle anderen Epochen der Philosophie, ist an kein festes Datum gebunden, sondern vielmehr an zwei Entwicklungen: die Erschließung des philosophischen Systems des Aristoteles, dessen metaphysische und physikalische Schriften vorher unbekannt waren, und die Entwicklung von der Kirche weitgehend unabhängiger Hochschulen, den Universitäten. Das Wissen der Scholastiker über die antiken Philosophen war bis zum Ende des 12. Jh. sehr beschränkt, da nur weniges in lateinischer Sprache zugänglich war. Erst die Berührung mit der arabischen und jüdischen Kultur in Spanien und im Nahen Osten durch die Kreuzzüge (1095–1270) brachten Bewegung in die Rezeption antiker Kultur. Vor allem in Konstantinopel und Toledo wurden die Schriften von Aristoteles aus dem Arabischen, aber auch direkt aus dem Griechischen übersetzt. Auch arabische Philosophen und mehrere Werke Platons, von dem bis dahin nur vier Dialoge bekannt waren, wurden in dieser Zeit erstmals auf Lateinisch zugänglich. Das neue alte Wissen, dem die Kirche zunächst kritisch gegenüber stand, wollte man nicht mehr nur in kirchlich kontrollierten Schulen, durch Theologen, als »Anhängsel« der Theologie gelehrt bekommen, sondern in einem organisatorisch getrennten Rahmen. So spaltete sich die Artistenfakultät ab, die sich im Rahmen der Sieben Freien Künste mit Philosophie beschäftigte. Die neuen Lehrinstitute, die Universitäten, befreiten sich in unterschiedlichen Graden von weltlicher und kirchlicher Gängelung.

Etwa zur selben Zeit, Anfang des 13. Jh., entstanden die beiden großen Bettelorden, Dominikaner und Franziskaner, die großen Wert auf die Ausbildung ihrer

Mönche legten, denn diese sollten die Häresie bekämpfen – den Dominikanern wurde die Inquisition übertragen – und das christliche Ideal wiederbeleben. Dazu war es zwingend notwendig, sich auch mit außer- und gegenkirchlichen Argumenten zu befassen.

Die Beschäftigung mit dem wiederentdeckten Aristoteles, der meistens nur »der Philosoph« genannt wurde, führte zu unterschiedlichen Ergebnissen. Eine erste Gruppe lehnte ihn völlig ab, lehrte er doch, dass die Seele die Form des sterblichen Körpers sei und Gott der unbewegte Beweger. Sie setzte sich anfangs durch und erreichte ein Lehrverbot, das bald aufgehoben und im folgenden Jahrhundert in sein Gegenteil umschlug: Das Studium des Aristoteles, des »Vorgängers Christi in weltlichen Dingen«, so die Kirche jetzt, wurde zur Zulassungsvoraussetzung zum Magister. Eine zweite Gruppe um Siger von Brabant (1240–82) nahm seine Gedanken so vorbehaltlos auf, dass sie in Konflikt mit den christlichen Dogmen gerieten. Diese nach dem islamischen Philosophen Averroes Averroisten genannten Denker nahmen, sich auf diesen stützend, eine doppelte Wahrheit an, eine theologische und eine davon getrennte philosophische. Ihre Lehre wurde verurteilt. Die dritte und vierte Gruppe versuchte einen Ausgleich zwischen dem Peripatetiker und der kirchlichen Lehrmeinung, zwischen Aristoteles und Augustinus. Dabei waren die Franziskaner mit ihrem Hauptvertreter Bonaventura mehr Augustinus, die Dominikaner mit Albertus Magnus und dessen Schüler Thomas von Aquin mehr Aristoteles zugeneigt, glaubten an eine von der Offenbarung unabhängige philosophische Erkenntnis, die jedoch den Dogmen nicht widersprechen kann, und formulierten damit das bis heute gültige offizielle philosophische System der katholischen Kirche.

Universität

Universitäten entstanden seit dem 12. Jh. als Genossenschaften von Lehrenden *(magistri)* und Lernenden *(scholares)*, die als *universitas* bezeichnet wurden. Die Institution selber hieß lange Zeit *studium*. Sie spalteten sich zumeist aus vorhandenen Domschulen ab und gaben sich eine eigene Verwaltung. Den Anfang machte Bologna (1088), es folgten Paris (um 1150) und Oxford (1167). Gelehrt wurden die verschiedenen Wissensgebiete an verschiedenen Fakultäten, der theologischen, juristischen und medizinischen sowie – zur Vorbereitung auf jene – an der Artistenfakultät. Letztere hat ihren Namen von den Sieben Freien Künsten, den *artes liberales*, die wiederum aus dem Trivium, dem Dreiweg – Grammatik, Rhetorik und Dialektik, der mittelalterlichen Bezeichnung für die Logik – und dem Quadrivium, dem Vierweg, Arithmetik, Geometrie, Astronomie und Musik – bestand. Im 18. Jh. wurde daraus eine gleichberechtigte philosophische Fakultät.

Bonaventura *(1217/21 in Bagnoreggio/Toskana – 15.7.1274 in Lyon)*

Giovanni di Fidanza, genannt Bonaventura, trat nach Studien in Paris 1243 in den Franziskanerorden ein. Von 1257–73, nach Jahren als Magister an seiner Ausbildungsstätte, dann deren Ordensgeneral, wurde er anschließend Kardinalbischof von Albano und starb während des 2. Lyoner Konzils. 200 Jahre später wurde er heilig gesprochen und 1588 zum Kirchenvater ernannt.

Als Vertreter der Hochscholastik verarbeitet Bonaventura in seinen Werken Gedanken des Aristoteles, allerdings nur so weit sie nützlich erscheinen. Von Nutzen sind sie – wie alle Wissenschaft – für ihn jedoch nur, wenn sie die Vereinigung mit Gott zum Ziel haben, der Theologie dienlich sind. Wie sein Lehrer Alexander von Hales (um 1185–1245), den zweiten bedeutenden Franziskaner-Philosophen der Hochscholastik, folgt er vor allem Augustinus und damit dem Neuplatonismus in seiner Annahme, dass die Vorbilder alles Einzelnen als Ideen in Gott sind. Von diesem ist etwas vernunftmäßig nur dadurch zu erfassen, dass der menschliche Geist von Geburt an von Gott erleuchtet wird. Dieses Licht entspricht dem tätigen, zur Abstraktion fähigen Intellekt des Menschen. Mit ihm ordnet er das, was er sinnlich wahrnimmt. Erkenntnis geht immer von der Wahrnehmung des Besonderen aus. Der sinnlich wahrnehmbaren Welt wird damit eine Bedeutung gegeben, die sie weder bei Platon noch bei Augustinus, jedoch bei Aristoteles hatte.

Diese Synthese aus den beiden größten griechischen Denkern und Augustinus, das Erreichen einer mystischen Einheit mit Gott über die Stationen Sinneswahrnehmung, Einbildungskraft, Verstand, Vernunft und Erleuchtung ist Inhalt seines wohl berühmtesten Werkes, des *Itinerarium mentis in Deum (Pilgerweg der Seele zu Gott)* und kennzeichnend für die franziskanische Hochscholastik.

Albertus Magnus *(1193 oder 1207 in Lauingen an der Donau – 15.11.1280 in Köln)*

Albert von Lauingen, der schon im 14. Jh. als einziger mittelalterlicher Gelehrter den Beinamen »Magnus« (der Große) erhielt und 1931 heilig gesprochen wurde, trat noch während seines Studiums der Freien Künste in Padua in den 1216 gegründeten Dominikanerorden ein. Als Lehrender an verschiedenen Ausbildungsstätten des Ordens und an der renommierten Pariser Universität erlangte er Kenntnisse, die ihn ab 1248 dazu befähigten, die erste Hochschule der Dominikaner in Köln zu errichten. Durch seine mehrjährige Funktion als Leiter der Ordensprovinz »Teutonia«, als Verteidiger der Bettelorden vor dem Papst, als Bischof von Regensburg (1260–62) und päpstlicher Legat von wissenschaftlicher Tätigkeit lange Zeit abgehalten, gelang es ihm erst ab 1264, zuerst in Würzburg, dann in Straßburg und Köln, seinen Interessen nachzugehen und sein umfangreiches Werk weiter auszuarbeiten, ohne es jedoch vollenden zu können. Wegen dessen inhaltlicher Spannweite – es umfasst erstmals seit der Antike auch wieder Naturwissenschaften, vor allem Zoologie, Botanik und Chemie – erhielt er den Beinamen »doctor universalis« und nährte den Volksglauben, er sei ein Zauberer, im Besitz des Steins der Weisen.

Albertus war ein Sammler, ein Sammler der Gelehrsamkeit. Er war der erste, der den gesamten Aristoteles inklusive jüdischer und arabischer Kommentare für den christlichen Kulturkreis erschloss. Doch seine Tätigkeit bestand nicht alleine im Sammeln, sondern im Ordnen des Gesammelten und dessen Ergänzung durch eigene Beobachtungen. Nicht die Theorie, sondern die Wertschätzung von Erfahrung aus wiederholter Beobachtung führte ihn dazu »zu erforschen, was im Bereich der Natur durch natureigene Kräfte auf natürliche Weise alles möglich ist«. Außerdem vermischte er in seinen Schriften die Originaltexte mit eigenen Erläuterungen, denn »... darin stellen wir uns den möglicherweise auftauchenden Zweifeln, um sie zu klären, und suchen die Lücken in der Darstellung des Aristoteles, die manchen Leuten das Verständnis seiner Lehre erschwert haben, etwas aufzufüllen.« Für Albertus sind dessen Lehren mit denen der Kirche grundsätzlich vereinbar, wenn die letzte Wahrheit auch nur durch die Offenbarung und den Glauben erfahrbar ist. Dreifaltigkeit und Menschwerdung Gottes entziehen sich der Vernunft. Doch da diese christlichen Dogmen ebenso von Gott kommen wie die Vernunft, ergibt sich kein Konflikt. Philosophie und Theologie können neben- und miteinander bestehen.

Nach »Albert dem Großen« kam kein Scholastiker mehr um die Beschäftigung mit Aristoteles herum, den er zusammen mit anderen griechischen und arabischen Philosophen dem Abendland zugänglich und verständlich gemacht hat. Dies, die Entdeckung der Natur als Forschungsgegenstand und seine Rolle als Lehrer Thomas von Aquins, der die Scholastik zu ihrem Höhepunkt führte, machen die Bedeutung dieses heiligen Philosophen aus.

THOMAS VON AQUIN *(1224 oder 1225 in Roccasecca bei Aquino – 7.3.1274 in der Abtei Fossanuova)*

Leben: Thomas wurde auf einer Burg in der Nähe von Neapel, zu dieser Zeit noch zum Herrschaftsgebiet der staufischen Kaiser gehörig, in eine mit diesen verwandte Familie geboren. Erzogen bei den Benediktinern im nahe gelegenen Monte Cassino, studierte er in Neapel die Freien Künste. Bereits Dominikaner, schickte ihn der Orden an die Pariser Universität, wo er Schüler des Albertus Magnus wurde. Ihm folgte er nach Köln und lehrte anschließend selbst in Paris, ab 1256 – für drei Jahre – als Magister der Theologie, ebenso wie Bonaventura, mit

Realismus? Unwichtig! Die Bedeutung wurde durch die Größenverhältnisse gezeigt: Thomas von Aquin als (Geistes-)Riese, Averroes als Zwerg.

dem er befreundet war. Für seinen Orden zehn Jahre in Rom und am päpstlichen Hof in Orvieto tätig, lernte er dort Wilhelm von Moerbecke, ebenfalls Dominikaner, kennen und schätzen, denn er war es, der viele Werke griechischer Philosophen, vor allem die des Aristoteles, direkt aus dem Original ins Lateinische übersetzt hatte. Ungewöhnlich und nur seinem Ruf zu verdanken war es, dass er noch einmal für drei Jahre in Paris lehren konnte, denn dieser Posten war heiß begehrt und seine Besetzung Gegenstand ständiger Streitigkeiten zwischen Welt- und Ordensgeistlichen.

Seine letzten Lebensjahre diente er seinem Orden durch den Aufbau einer Ordenshochschule in Neapel. Auf dem Weg zum 2. Lyoner Konzil ereilte ihn der Tod in der Abtei Fossanuova zwischen Neapel und Rom. Die Anstrengungen der weiten Reisen, die alle zu Fuß gemacht werden mussten, und sein Übergewicht – sein immenser Leibesumfang ist Gegenstand mehrerer Anekdoten – waren an dieser relativ frühen Rückkehr zu Gott sicherlich nicht ganz unschuldig.

Werk: Thomas' bedeutende Werke entstanden zwischen 1252 und dem 6. Dezember 1273. Seit diesem Tag konnte er, wie er selber sagte, nicht mehr weiterarbeiten, da ihm alles, was er geschrieben habe, wie Spreu erscheine. In diesen zwei Jahrzehnten entstanden zahlreiche Schriften verschiedener Gattungen, für die es kein zwingendes Klassifizierungssystem gibt. Dennoch kann man sie ordnen in:

1. Theologische Synthesen. Sie verfolgen die Absicht, ein bestimmtes Wissensgebiet zu vermitteln: Hierzu gehören seine drei Hauptwerke, der Sentenzenkommentar *Scriptum super libros sententiarum*, die *Summa contra gentiles (Summe gegen die Heiden)* und die *Summa theologiae (Summe der Theologie)*. Der Sentenzenkommentar ist das Ergebnis seiner Vorlesungen an der Pariser Universität als Baccalaureus, der Vorstufe zum Magister. Es handelt sich um eine Abhandlung zu Themen, die sich

aus den Sentenzen des Petrus Lombardus, die die Hauptlehren des Christentums erfassen, ergeben. Die vier Bücher der *Summe gegen die Heiden* richten sich vor allem gegen die Araber und entstanden für die dominikanische Missionsarbeit. Sie beinhalten voneinander getrennt die christlichen Wahrheiten, die der Vernunft zugänglich sind und die, die sich aus der Offenbarung ergeben, wie die Dreieinigkeit Gottes, seine Menschwerdung, die Erlösung und die Schöpfung der Welt. Das genialste Werk unter den drei Hauptwerken ist jedoch die unvollendete *Summe der Theologie*, die ursprünglich als Einführung für Studienanfänger der Theologie gedacht war und von Gott, dem Wollen und Handeln des Menschen, der Erlösung und den Sakramenten handelt.

2. Disputationen. Die wichtigsten der insgesamt 63 überlieferten Niederschriften von akademischen Streitgesprächen, die sich jeweils mit einer aktuellen Einzelfrage befassen und von Magistern als Teil ihres Unterrichts veranstaltet wurden, sind in den Reihen: *De veritate (Über die Wahrheit)*, *De potentia (Über die Macht)*, *De malo (Über das Übel)* und *De anima (Über die Seele)* vereint. Zu diesem Bereich gehören auch zwölf Zusammenfassungen von Disputationen, die beliebige Fragen eines aus Mitgliedern der Universität bestehenden Auditoriums betreffen. Solche halböffentlichen Fragestunden, »De quodlibet« genannt, hielt jeder Magister zweimal jährlich ab.

3. Kommentare. Wichtig für den Philosophen Thomas von Aquin sind seine zwölf Kommentare zu Werken des Aristoteles, u. a. zu dessen Logik, Metaphysik, Physik und Ethik. Daneben Kommentare zu Boethius, Pseudo-Dionysios Areopagita, Proklos und der Heiligen Schrift.

4. Opuscula. Diverse Abhandlungen, Gutachten, Briefe, Predigten und Schriften zum Orden. Am wichtigsten die polemische Abhandlung *De unitate intellectus contra Averroistas (Über die Einheit des Intellektes gegen die Averroisten)*, in der er die Auffassung der lateinischen Averroisten verurteilt, nach der es zwei Wahrheiten, eine philosophische und eine theologische gäbe, dass die Welt ewig sei und die Einzelseele nicht unsterblich. Außerdem der Traktat *De ente et essentia (Über das Sein und das Wesen)*, in dem er die Grundlagen seiner Philosophie darlegt.

Theologie

Als »Lehre von Gott« erschien der Begriff, den schon Platon und Aristoteles im Zusammenhang mit der mythischen Tradition der Griechen gebrauchten, im Christentum am Ende der Antike. Erst mit dem Beginn der Hochscholastik (um 1200) erhielt Theologie die bis heute gebräuchliche Bedeutung als Wissenschaft von den Gegenständen der christlichen Tradition.

Lehre: Thomas von Aquin sah in Aristoteles die überragende Autorität in philosophischen Fragen. Er schätze dessen Lehre nicht, weil sie von ihm kam oder weil sie im 13. Jh. modern wurde, sondern weil er sie für richtig hielt. Da er vor allem anderen zuerst Theologe ist und an die Weltlichkeit der – auch für ihn noch – geozentrischen Welt, an deren Geschaffensein glaubt, entscheidet er sich bewusst für Aristoteles und gegen den Neuplatonismus, auch wenn einzelne Elemente dieser Denktradition erhalten bleiben. Glauben und Wissen können sich nicht widersprechen, denn beide sind von Gott. Die Glaubenswahrheit ist vollkommener als die vernünftige Wahrheit. »Der Glaube setzt die natürliche Erkenntnis voraus, wie die Gnade die Natur und wie die Vollendung das zu Vollendende«, darum muss ein Theologe auch Philosoph sein. Beides darf nicht vermischt werden, eine direkte Einflussnahme der Theologie auf die Philosophie ist zu vermeiden, sie gibt ihr lediglich die zu behandelnden Probleme vor. Wichtigster Teil der Philosophie ist die Metaphysik, denn durch sie ist es möglich, Erkenntnis zu erklären, Gott und die Seele zu erkennen.

Erkenntnistheorie: Mit Aristoteles ist Thomas der Meinung, dass wahre Erkenntnis möglich ist, da es die Wirklichkeit gibt und sie nicht nur ein Erzeugnis im Menschen ist. Darüber hinaus existiert jedoch eine übernatürliche Wirklichkeit, die nur durch den Glauben erfahrbar ist, aber dennoch nicht gegen die Vernunft verstößt. Vielmehr kann es der menschlichen Vernunft möglich sein, auch hierüber, über das Dasein Gottes, einiges zu erfahren, wenn nur intensiv nachgedacht wird. Nicht jedem gelingt dies jedoch, sei es aus Trägheit, aus Unvermögen oder aus Mangel an Energie, die für andere Tätigkeiten verbraucht werden muss. Im Einzelnen verläuft Erkenntnis folgendermaßen: Durch die sinnlich erfasste Wirklichkeit, durch Erfahrung, werden Wahrnehmungsbilder im Menschen wachgerufen, die dann vom Verstand, einer Verwirklichung der menschlichen Seele, abstrahiert, zu allgemeinen Begriffsbildern verarbeitet werden. Aufgrund dessen ist überhaupt erst ein Erkennen des allgemeinen Wesens der Dinge möglich. Erkennen heißt also, das Wesen eines Dinges mit der Vorstellungskraft, der Phantasie, in einen Begriff fassen, im Intellekt nachbilden. Wenn dieses Bild mit der Wirklichkeit übereinstimmt, ist es wahr. Dies gilt für die stofflichen Dinge, die unstofflichen, geistigen Dinge können nur über Analogien erkannt werden. Aus dieser Definition ergibt sich auch Thomas Lösung in Bezug auf den Universalienstreit, die der Ansicht Abélards folgt und eine Synthese aus Realismus und Nominalismus versucht: Die Universalien, die allgemeinen Begriffe, sind *vor* den individuellen Dingen als ihre Urbilder, von Platon als Ideen bezeichnet, in Gott, werden von Gott gedacht. *In* den Dingen sind sie als ihr Wesen, als – nach Aristoteles –

ihre Form im Gegensatz zu ihrer Materie. *Nach* den Dingen, also als Wirkung der Dinge, sind sie als Begriffsbilder im Geist der Menschen. Im Gegensatz zu Platons Vorstellung sind die Universalien doch niemals dinglich, nie real seiend.

Gott: Den ontologischen Gottesbeweis Anselm von Canterburys, also den Beweis der Existenz Gottes aufgrund des Begriffs von ihm, lehnt Thomas ab. In seiner *Summe der Theologie* führt er hingegen fünf Wege an, die dem Verstand das Dasein Gottes beweisen. Sie sind vor allem auf Aristoteles, aber auch Augustinus zurückzuführen und gehen alle von Erfahrungen aus – es sind daher induktive Beweise.

Erster Gottesbeweis Thomas von Aquins

»Die Existenz Gottes kann auf fünf Beweiswegen dargetan werden. Der erste und klarere Weg ist derjenige, welcher aus der Bewegung hergenommen ist. Es ist sicher und durch die Sinneserfahrung verbürgt, dass etwas in dieser Welt bewegt wird ... Unmöglich ist es ..., dass etwas nach derselben Beziehung und auf dieselbe Weise bewegend und bewegt sei oder sich selbst bewege. Es muss also alles, was bewegt wird, von einem anderen bewegt werden. Wenn also dasjenige, von welchem es bewegt wird, gleichfalls bewegt wird, dann muss dieses von einem anderen bewegt werden und dieses wieder durch ein anderes. Man kann aber hier nicht ins Unendliche fortschreiten. Denn dann gäbe es kein erstes Bewegendes und infolgedessen auch kein anderes Bewegendes, weil die zweiten Bewegenden nur dadurch bewegen, dass sie von dem ersten Bewegenden bewegt sind, wie der Stock nur dadurch bewegt, dass er von der Hand bewegt ist. Folglich ist es notwendig, dass man an ein erstes Bewegendes kommt, dass von keinem bewegt wird, und darunter verstehen alle Gott.«

So wie sein erstes Argument, von der Bewegung, die hier nicht im physikalischen Sinn, sondern als »Übergang von der Potenzialität zur Aktualität«, von der Möglichkeit zur Wirklichkeit, vom Kalten zum Warmen, vom Keim zur Pflanze, gemeint ist, auf einen »ersten Beweger« zu schließen, sind auch die anderen vier: Von der Ordnung der Wirkursachen ist auf einen ersten Verursacher zu schließen, von seinszufälligen Dingen auf ein notwendiges Wesen, vom Mehr-und-weniger-Sein der endlichen Dinge auf ein absolut Höchstes und von der Zweckmäßigkeit der Natur auf ein erstes Prinzip der Zweckmäßigkeit. Für Thomas nicht anders denkbar ist, dass der erste Beweger, der erste Verursacher, das notwendige Wesen, das absolut Höchste, das erste Prinzip Gott heißen muss. Obwohl zwischen Gott und dem Menschen ein unendlicher Abstand besteht, kann man Teile seines Wesens mit Hilfe von Analogieschlüssen über die Vernunft erkennen, denn Gott hat den Menschen nach seinem Abbild geschaffen. Durch den Glauben kann man noch mehr von ihm erkennen, doch erst im Jenseits sieht man ihn, wie er ist.

Seele: Jede Seele ist reine Form ohne Materie, durch sie wird die Materie aktiv geformt; hier ist Thomas ganz bei Aristoteles. Dadurch, dass sich jede Seele, jede Form, mit einer anderen Materie umgibt, entstehen die unterschiedlichen Exemplare derselben Gattung, darum sind nicht alle Ausformungen der Gattung Mensch-heit identisch. Doch nicht nur im Menschen gibt es eine Seele. Mit Ausnahme der Körper, die keine formende Kraft benötigen, da sie nur ihre Qualität weitergeben – wie das Feuer, das entzündet oder das Kalte, das abkühlt – wohnt jeder Stufe der treppenförmig geordneten Welt eine Seele inne. Sie ist das allen Lebenserscheinungen zugrunde liegende formende Prinzip. Über den unbeseelten Körpern stehen die Pflanzen mit ihrer vegetativen Seele, die in ihnen als organische Kraft wirkt, die die Pflanze wachsen und Samen ausbilden lässt. Darüber stehen die Seelen der Tiere, die zusätzlich in der Lage sind, wahrzunehmen, zu begehren und sich willkürlich zu bewegen. Dies kommt auch der menschlichen Seele zu, die zudem auf sich selbst reflektieren kann und damit einen Verstand ausbildet. Ihre wichtigste Aufgabe ist das Erkennen, wozu sie die sinnlichen Organe des Körpers benötigt. Sie trennt sich nach dem Tod wieder vom Körper und ist unsterblich, da die Mensch-heit nach dem Abbild des ewigen Gottes geformt wurde. Nach der Auferstehung des Fleisches wird sie wieder zur Form eines Leibes. Aber damit ist die Treppe noch nicht an ihrem Ende: Eine noch höhere Stufe erreichen nämlich die Engel (bei Aristoteles: die Gestirngeister), deren Seele keine äußere Anregung benötigt, um verstehend zu erkennen. Über diesen steht dann nur noch Gott, der keine Potenzialität sondern reine Wirklichkeit und damit unveränderlich ist, nur aus Form, aus Seele besteht.

Ethik: Letztes Ziel des Menschen ist die ewige, also jenseitige Glückseligkeit. Sie kann der Mensch nicht aktiv herbeiführen, denn er ist von der Gnade Gottes abhängig. Grundsätzlich verfügt er aufgrund seiner Gottähnlichkeit auch über dessen Willensfreiheit. Dennoch liegt es in der Natur des Menschen, nach dem Guten zu streben und darum, da die Natur von Gott abhängig ist, nach Gottes Gebot zu leben. Hierzu sollte er über die klassischen griechischen Tugenden Weisheit, Gerechtigkeit, Mäßigkeit und Tapferkeit verfügen, ergänzt von Thomas um die drei »übernatürlichen« Tugenden Glaube, Liebe und Hoffnung. Zu diesem tugendhaften Leben kann der Staat die Rahmenbedingungen – Frieden und Wohlstand – liefern, denn da der Mensch naturgemäß ein *zoon politikon*, ein soziales Wesen ist, lebt er, gottgewollt, in einer organisierten Gemeinschaft. Dort hat er

Pflichten: »Es ist unmöglich, dass ein Mensch gut sei, außer er stehe im rechten Bezug zum gemeinen Wohl«. Damit nicht jeder seinen Privatinteressen nachgeht, bedarf es einer Autorität, die den Staat lenkt und der der Einzelne zu gehorchen hat. Idealerweise ist dies ein König, die Monarchie die von Thomas bevorzugte Staatsform, denn sie entspricht der Herrschaft der Seele über den Menschen, der Herrschaft Gottes über die Menschheit. Wie der Staat den Tugenden zu ihrem Durchbruch verhilft, tut dies die Kirche in Bezug auf die Seligkeit. Da diese Aufgabe höher einzuschätzen ist als die des Staates, hat der Staat – zur Zeit des Thomas ausschließlich die Monarchie – der Kirche zu folgen. Die Autorität des Papstes steht über der des Kaisers und der der Könige. Tatsächlich erreichte die Kirche im 13. Jh. ihre größte Machtfülle.

Zusammenfassung

Thomas von Aquin, ein Dominikaner, war zwar in erster Linie ein Mensch der Kirche, ein Theologe, sprach aber der Philosophie die Notwendigkeit zu, den Glauben zu unterstützen. Bis auf wenige Dogmen waren für ihn alle Glaubenssätze auch vernunftmäßig begründbar. Für sein Denken wusste er die Renaissance der aristotelischen Lehre nutzbar zu machen und übernahm dessen Grunderkenntnisse. Wichtig war für ihn dabei vor allem, dass der Welt, wie der Mensch sie erkennt, Wirklichkeit zukommt und nicht, gemäß der platonistisch-augustinischen Lehre, die das Diesseits nur als Abbild, als Symbol, einer darüber befindlichen Welt der Ideen sah. Die Erkenntnis ist ohne göttliche Erleuchtung möglich, Glaube und Wissen kommen beide von Gott. Selbst dessen Dasein ist dem Verstand zugänglich. In seinem umfangreichen Werk, das Spiegel seiner kritischen Auseinandersetzung mit dem Wissen der Vergangenheit und dessen Weitergabe durch seine Lehrtätigkeit in Paris und Neapel ist, deutete er den Menschen als Produkt aus Form und Materie, aus Wesen und Sein. Das Wesen, die Seele, durch die der Mensch erkennen kann, verwirklicht sich durch den Körper, von dem getrennt sie weiterlebt, wenn dieser vergeht. Oberstes Ziel des Menschen ist die ewige Glückseligkeit, die durch eine Verähnlichung mit Gott erreichbar ist, wenn auch letztlich die Gnade Gottes entscheidet. Gott ähnlich werden heißt, nach der Natur zu handeln, denn sie ist die Schöpfung Gottes. Das erste Gebot der Natur lautet: Erstrebe Gutes, meide Böses.

Wirkung: Der »engelgleiche Gelehrte« – »doctor angelicus« ist Thomas Beiname – wurde 1323 heilig gesprochen und 1567 zum Kirchenlehrer ernannt. Bereits 1309 wurde die thomistische zur offiziellen Lehre der Dominikaner erklärt, 1879 zur offiziellen Philosophie der katholischen Kirche. Er ist ein Klassiker der Philosophie, aber auch der Theologie, der bedeutendste Scholastiker und neben Augustinus die Autorität unter den philosophierenden Theologen. Durch Thomas von

Aquin erreicht die Synthese von theologischer und philosophischer Erkenntnis ihren Höhepunkt. Er beendete die Jenseitsorientierung der Philosophie durch seine Aufwertung der Empirie und betonte die Diesseitigkeit der Welt, die dadurch wie auch der Mensch selbst einen neuen Wert erhielt. Trotzdem nahm die Bedeutung seines Werks und der Scholastik allgemein immer weiter ab, »Scholastiker« wurde zum Schimpfwort. Erst das 19. Jh. entdeckte diese Epoche und deren bedeutendsten Vertreter wieder und begründete die Neuscholastik. Durch die Bedeutung, die die katholische Kirche Thomas von Aquin gab, wurde dessen Denken für diese Philosophierichtung prägend.

Spätscholastik

Bei der durch Thomas von Aquin, dem »Aquinaten«, erreichten Synthese von Philosophie und Theologie konnte es nicht bleiben, denn gerade die Franziskaner standen Aristoteles weiter kritisch gegenüber und betonten den Primat der Theologie. Das Ende der Hoch- bzw. der Übergang zur Spätscholastik an der Wende des 13. Jh. wurde daher auch von zwei englischen Franziskanern geprägt, deren Schüler sich in der Folge mit den Anhängern des Aquinaten um die richtigen Erkenntnisse stritten: Johannes Duns Scotus und Wilhelm von Ockham. Beide werten durch ihre Lehre das Individuelle auf. Wilhelm geht dabei sogar so weit, eine unabhängige Existenz des Allgemeinen, der Universalien, gänzlich abzustreiten. Er gilt als Hauptvertreter des Nominalismus, postuliert daraus folgend eine Beweismöglichkeit nur über – äußere und innere – Erfahrung und wird nicht nur dafür vom Papst exkommuniziert. Eine für die Kirche gefährliche Idee, denn wie sollte das Dasein Gottes oder die Unsterblichkeit der Seele empirisch bewiesen werden können?

Die fortschreitende Trennung von weltlicher Philosophie und Gottesglauben hatte welthistorische Folgen: Erst jetzt war es möglich, die Natur ohne Rückgriff auf den theoretischen Überbau der Theologie zu studieren, ohne die ständige Gefahr, als Häretiker verfolgt zu werden, ohne sich verrenken zu müssen in der Harmonisierung von kirchlichen Dogmen mit beobachteter Realität. Der englische Franziskaner Roger Bacon (um 1210–1294), der eine umfassende Enzyklopädie des Wissens plante, war einer der ersten, der gemäß seinem Wort »ohne Erfahrung kann nichts ausreichend gewusst werden« der Empirie auch praktisch zur Geltung verhalf. Er forderte eine Aufwertung des Sprachstudiums, sah die Kenntnis des Griechischen, Hebräischen aber auch Arabischen als unabdingbar an und wies der Mathematik eine Stellung zu, die sie zuvor nicht hatte. Wie ein mittelalterlicher Jules Verne sah er, wenn auch sehr abstrakt, Motorfahrzeuge und U-Boote voraus, verlangte eine Kalenderreform und entdeckte mehrere optische Gesetze.

Das Lösen der engen Bindung zwischen Philosophie und Theologie, Aristoteles und Kirche brachte noch ein anderes Phänomen hervor: das Erstarken der Mystik. Sie, die Lehre einer Vereinigung mit Gott durch persönliche Hingabe und Versenkung, hatte es zwar schon immer gegeben – schon der Neuplatoniker Plotin hatte im 3. Jh. die mystische Vereinigung mit dem Einen als höchstes Ziel gesehen –, doch die neue Betonung der Religiosität wie auch das ethische Versagen der Kirche in einer Zeit der Auseinandersetzung zwischen geistiger und weltlicher Macht, schien eine gute Voraussetzung für mystisches Denken zu sein. Dabei ging es nicht um eine antirationale Innerlichkeit, sondern um eine philosophisch begründete Form, die die reale Welt nicht leugnet, sondern nur deren Absolutheitsanspruch ablehnt. Ihr Hauptvertreter war der sogenannte Meister Eckhart, der als erster Philosoph kleinere Werke und Predigten in deutscher Sprache abfasste.

Die scholastische Periode endete nicht abrupt, sondern klang langsam aus, indem sich die Philosophie mehr und mehr von der Theologie befreite, spitzfindige Logik ablehnte, sich aus den Universitäten verabschiedete und inhaltlich der Natur zuwandte, deren Bezug zu Gott immer weiter ausgeblendet wurde. Der letzte bedeutende Denker, der aufgrund seiner neuplatonisch-mystischen Züge von einigen Philosophiehistorikern noch dem Mittelalter, der Scholastik, von anderen, die seine Abkehr vom Autoritätsglauben der scholastischen Methode betonen und denen diese Darstellung folgt, aber schon der Neuzeit zugerechnet wird, ist Nikolaus von Kues (1401–1464).

Johannes Duns Scotus *(um 1265 in Schottland – 8.11.1308 in Köln)*

Wie von vielen mittelalterlichen Gelehrten ist auch von dem wahrscheinlich im schottischen Ort Duns geborenen Franziskanermönch Johannes das Geburtsdatum unbekannt. Dem Mittelalter galt der Einzelne, sofern er nicht Herrscher war, nichts; die Entdeckung des Individuellen wird erst eine Folge der Lehren einer Gruppe von Philosophen sein, denen auch Johannes Duns angehört, der nach seinem Heimatland noch den Beinamen »Scotus« erhielt. Er starb relativ jung. Dennoch erreichte und bewirkte er viel, denn er lehrte nicht nur in Köln, Oxford, Paris, wo er, wie üblich, mit einem Kommentar zum Sentenzenbuch des Petrus Lombardus zum Magister promoviert wurde, sondern bildete eine philosophische Richtung aus, den Scotismus, deren Einfluss bis zum großen Konzil der Gegenreformation, dem Konzil von Trient im 16. Jh., reichte.

Duns wichtigste Schriften sind unvollendet, so auch sein Hauptwerk, der *Ordinatio* genannte Sentenzenkommentar. Da er bemüht ist, alle seine Aussagen indirekt zu beweisen, sind seine Texte schwer überschaubar. Erst spät wiederentdeckt, ist die kritische Gesamtausgabe seiner Werke noch nicht abgeschlossen.

Warum lohnt sich eine Gesamtausgabe? Zwei Stichworte müssen hier fallen: wegen der Betonung des Individualismus und Voluntarismus in seiner Lehre. Duns stärkt mit seiner scharfsinnigen Analytik den Individualismus. Er ist der Ansicht, dass das Allgemeine nicht von dem, der erkennt, beim Erkennen geschaffen wird und schon gar nicht durch göttliche Erleuchtung, sondern dass es die realen Dinge abbildet, an denen das Allgemeine Anteil hat. Er ist also ein gemäßigter Realist. Jedes Ding hat für ihn aber neben der »Washeit« noch eine andere Seite: die »Diesheit« – eine ungewöhnliche Wortschöpfung, die aber den von ihm kreierten lateinischen Begriff gut übersetzt. Die Rose, die man sehen kann, ist gemäß ihrer innewohnenden Washeit eine Rose, aber sie ist genau die Rose, die wir hier und jetzt sehen, ihre Diesheit macht ihre Individualität aus, nicht die Materie, mit der sich die allgemeine Form »Rose« umgibt. Gerade die Diesheit ist für Duns das Vollkommenere und das wahre Ziel der Natur. Das Individuelle hat Vorrang vor dem Allgemeinen; er ist Individualist.

Wie für die Franziskaner im Allgemeinen gilt auch für Duns eine kritische Haltung gegenüber Aristoteles, den er zwar studiert und auch kommentiert, jedoch zu Gunsten neuplatonisch-augustinischer Auffassungen kaum in sein Denken integriert. Sein Versuch, Theologie und Philosophie in Einklang zu bringen, weißt ihn noch als Hochscholastiker aus, während der theologische Voluntarismus (lat. *voluntas* = Wille), dessen Hauptvertreter er ist, in die Spätscholastik führt. Warum? Duns erklärt, dass Gott die Welt nicht notwendigerweise so geschaffen hat, wie sie geschaffen ist, sondern dass sie ein zufälliges Produkt seines Willens sei, sie könnte auch ganz anders sein. Ja selbst, warum sie geschaffen ist oder warum Christus Mensch wurde kann nicht vernünftig abgeleitet werden, beides ist einzig ein Produkt seines Willens. Dies ist von großer Bedeutung, da Duns damit die Heilsgewissheit des Mittelalters aufgibt und die Theologie zur praktischen Wissenschaft macht, die nur noch erklären kann, wie Gottes Wille wirkt, aber nicht warum. Damit sind nicht alle Erkenntnismöglichkeiten aufgehoben, denn Gott handelt zwar völlig frei nach seinem Willen, aber trotzdem geordnet. Das Gute ist gut, weil Gott es so will, nicht weil es Bestandteil irgendeiner Wertordnung ist.

Diese Sichtweise wirkt sich direkt auf den Menschen aus, denn auch ihm, als Abbild Gottes, kommen der freie Wille und die Selbstbestimmung zu. Die Vernunft wird hintan gestellt, das produktive Vermögen, der Wille, aufgewertet. In ihm liegt die Glückseligkeit – allerdings nur dann, wenn er dazu genutzt wird, dem Willen Gottes zu folgen, ein braver Sohn der Kirche zu sein.

Dies alles ist von großer Wirkung auf die Zeitgenossen. Die neue Lehre wird begierig aufgenommen und vom Scotismus weiter geführt, der sich auch im Voluntarismus von den Thomisten, den Vertretern der Lehre Thomas von Aquins, unterscheidet, denn der hatte den Willen der Vernunft klar untergeordnet. Die Humanisten sahen in Duns vor allem den spitzfindig argumentierenden Scholastiker, den sie verspotteten. Nicht umsonst wurde er »doctor subtilis«, der scharfsinnige Lehrer, genannt. In der Neuzeit schließlich, die er in Bezug auf die Trennung von Theologie und Philosophie vorbereiten half, wird immer wieder Bezug auf den Voluntarismus genommen, durch den die Praxis der Theorie übergeordnet werden kann. Dies war von nachhaltigem Einfluss auf Charles S. Peirce, den Begründer des Pragmatismus, und Martin Heidegger.

Wilhelm von Ockham *(um 1285 in Ockham/Surrey – 1346/49 in München)*

Leben: Ockhams Leben teilt sich in zwei große Abschnitte, die durch ein lebensbestimmendes Ereignis geschieden sind: seine Flucht aus Avignon vom päpstlichen Hof. Dies vorausgesetzt versteht man, warum sich auch sein Werk in zwei Teile dividieren lässt: einen philosophisch-theologischen und einen politischen. Wie kam es dazu? Der Franziskaner Wilhelm aus dem Ort Ockham südlich von London erhielt eine hervorragende Ausbildung an der Universität von Oxford, an der er anschließend, 1317, erste Vorlesungen hielt. Doch in London, wo er im Anschluss lehrte und – wie es üblich war – die Sentenzen des Petrus Lombardus kommentierte, gelang es ihm nicht, Magister zu werden. Dies verhinderte der Kanzler der Oxforder Universität, indem er dem Papst »belastendes Material« gegen Wilhelm und andere übergab, das beweisen sollte, dass dessen Lehrmeinungen den Dogmen der Kirche widersprachen. Er reiste an den päpstlichen Hof, um sich zu verteidigen – nicht umsonst haftete ihm der Ehrenname »doctor invicibilis«, der »Unbesiegbare«, an. Dort traf er auf Marsilius von Padua (um 1280–1343), der im selben Jahr mit seiner Schrift *Verteidiger des Friedens* den Gegnern des Papsttums ein literarisches Denkmal gesetzt hatte, und den Ordensgeneral der Franziskaner, Michael von Cesena (gest. 1342), der im Sinne des von den Bettelorden vertretenen Armutsideals gegen die weltliche Herrschaft der Päpste rebelliert hatte. Alle drei flohen am 26. Mai 1328, vermutlich aus Angst um ihr Leben. Der vom Papst schon zuvor exkommunizierte Kaiser Ludwig der Bayer nahm sie in Pisa nur zu gerne auf. Ihm folgte Wilhelm schließlich zwei Jahre später nach München, wo er sich nun fast ausschließlich nur noch politischen Fragen widmete und – wohl als Opfer der Pest, die Mitte des 14. Jh. ganz Europa entvölkerte – starb.

Werk: Aus seinen Oxforder Vorlesungen entstand Wilhelms wichtigstes Werk, der Sentenzenkommentar. Darin kommentierte er vorschriftsmäßig – dies war eine der Voraussetzungen zur Zulassung als Magister an den bedeutenden Universitäten – die Sentenzen des Petrus Lombardus, eine Zusammenstellung der Hauptlehren des Christentums in Aussprüchen der Kirchenlehrer. Es folgten Kommentare zu verschiedenen Schriften des Aristoteles – auch damit folgt er den üblichen Wegen. Doch dann entstand 1323 die *Summa logicae (Summe der Logik),* ein Logikhandbuch für seine Studenten, bezeichnend für die besondere Aufmerksamkeit, die Wilhelm dieser Grunddisziplin der Philosophie entgegenbrachte. In ihm teilt er die Logik in die Lehre vom Begriff (lat. *terminus*), vom Satz und von den Schlüssen ein. Von den nach der Wende in seinem Leben erschienenen politischen Schriften sind das erste, das *Opus XC dierum (Neunzigtagewerk)* mit seiner Forderung nach Unabhängigkeit des Staates von der Kirche und sein letztes Werk *De imperatorum et pontificium potestate (Von der Macht der Kaiser und Päpste),* in der er die Macht- und Besitzsucht der Päpste anprangert, die wichtigsten.

Lehre: Wilhelm von Ockham ist Nominalist und Individualist, d. h. für ihn besteht die Wirklichkeit aus individuellen Einzelwesen, Allgemeines existiert nur insofern, als der Mensch sich ähnelnden Einzeldingen Bezeichnungen mit allgemeiner Bedeutung gibt: »Daran halte ich fest, dass es kein wie auch immer außerhalb der Seele existierendes Allgemeines gibt; sondern alles, was allgemein ist und von mehreren ausgesagt werden kann, existiert im Geiste.« Dabei handelt es sich um Begriffe, *termini*, als Worte nur ein »Lufthauch«, die keine realen Abbilder der Dinge sind, denen also keine Realität zukommt, selbst nicht in Gott »vor den Dingen«, denn Gott schöpfte aus dem Nichts. Nur Individuelles ist wirklich: Es gibt viele Dinge, aber keine »Vielheit«, keine Woheit, Wannheit, Quantität oder Qualität als selbstständig Seiendes, nur ein »Wann«, »Wo«, »Wie« und »Wieviel«. Darum ist Intuition, äußere und innere Anschauung, die Grundlage aller Erkenntnis. Aussagen über das Wesen der Wirklichkeit sind nicht möglich.

Mit seinem Nominalismus in Zusammenhang steht auch das als »Ockhams Rasiermesser« bezeichnete Ökonomieprinzip: »Die Zahl der Gegenstandsarten darf nicht überflüssig vermehrt werden«, fordert Wilhelm und meint damit, dass Grundsatz aller Logik sein muss, nur so viel anzunehmen, wie unbedingt notwendig ist, um etwas zu erklären. Warum eine komplizierte Erklärung suchen, wenn es eine einfache auch tut? Alles in allem kommt er zu einem Schluss, der auch für

Duns eindeutig war und zum Ende der Scholastik führt: Eine rationale Theologie, ja Theologie als Wissenschaft überhaupt, kann es nicht geben, wenn die Grundlage alles Wissens die vom Einzelnen ausgehende Erfahrung ist. Zentrale Glaubenssätze sind nicht durch die Vernunft beweisbar, Wissen und Glauben, Philosophie und Theologie müssen eigenständig betrieben werden. Ockhams Ansicht reicht nahe heran an die Averroisten, die Anhänger des arabischen Philosophen Averroes, die von einer »doppelten Wahrheit« sprachen und dafür im 13. Jh. verurteilt wurden.

Übereinstimmung mit Duns bestand auch in Fragen der Ethik: Da alles, selbst die zehn Gebote, auf den freien Willen Gottes zurückzuführen ist, gibt es kein rational begründbares Sittengesetz.

Zusammenfassung

Auch Wilhelm von Ockhams Werk ist, wie das seines Landsmanns Duns, mit den Stichworten Individualismus und Voluntarismus zu kennzeichnen. Hinzu tritt jedoch noch der Nominalismus, den er nach der Verurteilung des Roscellinus erneuerte und entscheidend prägte. Die Konsequenz seiner Annahme, dass nur das Einzelne real existierend ist, das Allgemeine nur gedacht wird, ist die Forderung einer Erkenntnis aus der Erfahrung heraus. Da es die für Glaubensgegenstände wie die Trinität oder das Dasein Gottes nicht geben kann, musste eine Trennung von Glaubens- und Wissenswahrheit mit den entsprechenden Konsequenzen für Theologie und Philosophie folgen. Dem in Avignon exilierten Papsttum konnte dies nicht Recht sein. Es verdammte die Lehren dieses englischen Franziskaners, der sich daraufhin in den Schutz des Kaisers begab und fortan seine Wortmächtigkeit dazu benutzte, auf eine Veränderung der offiziellen Kirche hinzuwirken. Die Grundlage seiner Philosophie bildet die Logik, für die seine Lehre von den Termini substantiell ist. Man bezeichnet ihn und die Vertreter dieser Richtung darum auch als Terministen.

Wirkung: Wilhelm von Ockham befreite die Kirche von der engen Umklammerung der Philosophie. »Credo, quia absurdum« (ich glaube, obwohl ich es nicht einsehe), der alte Glaubensspruch, kam wieder zu neuem Ansehen. Die Betonung des Glaubens führte über die mittelalterlichen Mystiker bis zu Luther, dem Wilhelms Ideen bekannt waren. Auch wenn seine Lehre verboten wurde, trat sie ihren Siegeszug an, der Nominalismus wurde zur beherrschenden Richtung, zur *via moderna* (lat. *modo* = eben jetzt) im Gegensatz zum Universalienrealismus Alberts, der Thomisten und Scotisten, der *via antiqua*. Die Befreiung von traditionellen Lehren führte in die Neuzeit. Die Betonung des Individuellen und der Selbsterfahrung führte zu den Empirikern des 17. Jh. Wilhelms Gedanke, dass es möglicherweise gar keine Wirklichkeit außer uns Menschen gibt, alles nur von Gott in unserer Vorstellung erzeugt sei, wurde von Hobbes, Berkeley und Descartes, bei dem auch der Voluntarismus erneut auflebte, wieder aufgenommen.

MEISTER ECKHART *(um 1260 in Hochheim bei Gotha – 1328 in Avignon (?))*

Leben: Johannes Eckhart, seit 1277 Dominikaner in Erfurt, studierte in Köln, wo er möglicherweise noch Albertus Magnus hörte, und Paris. Anschließend wurde er Vorsteher seines Klosters und Vikar der Ordensprovinz Thüringen. Ganz zu Beginn des 14. Jh. und erneut 1311 Theologieprofessor in Paris – die zweimalige Berufung war eine Ehre, die vor ihm nur Thomas von Aquin zuteil wurde – leitete er zwischenzeitlich die neue Ordensprovinz Saxonia, die sich von den Niederlanden bis zum Baltikum erstreckte, und war gleichzeitig als Generalvikar für die böhmischen Konvente zuständig. Anschließend schickte ihn sein Orden als Nonnen- und Laienseelsorger nach Straßburg und als Prior nach Frankfurt am Main. Der Kölner Erzbischof – in Köln lehrte er seit 1323 – eröffnete gegen ihn das Inquisitionsverfahren, nach dessen Ende, im Jahre 1329, einige Aussagen aus seinem Werk verurteilt wurden. Doch da lebte er schon nicht mehr. Das letzte, was man von ihm weiß, ist, dass er sich zwei Jahre zuvor – zeitgleich mit Wilhelm von Ockham – am päpstlichen Hof in Avignon verteidigte. Philosophen lebten gefährlich!

Werk: Sein – bei der Fülle seiner Aufgaben kaum verwunderlich – unvollendetes Hauptwerk ist das *Opus tripartitum (Das dreitilige Werk),* dessen erster Teil »tausend und mehr Thesen« enthalten sollte, die im zweiten Teil problematisiert und im dritten erörtert werden sollten. Eine einzigartige Besonderheit sind die von ihm auf Deutsch verfassten Traktate und Predigten wie *Daz buoch der goetlichen troestunge (Buch der göttlichen Tröstung),* die erstmals ein philosophisches Vokabular in der Volkssprache ausbilden.

Lehre: Das Wort »Mystik« kommt aus dem Griechischen und bedeutet »die Augen schließen«. Man versteht darunter ein direktes religiöses Fühlen, oft in Ekstase oder durch Visionen, etwas Irrationales, das sich kaum mitteilen lässt. Ein Mystiker in diesem Sinne ist Meister Eckhart nicht, denn er versucht seine religiöse Erkenntnis, die er nicht an der Wirklichkeit, sondern an inneren Quellen festmacht, anderen mit Hilfe scholastischer Methoden näher zu bringen. Doch macht ihn dieser Blick nach innen, seine Konzentration auf Gott und die Seele sowie die Abkehr vom Absolutheitsanspruch des Verstandes zum Mystiker. So ist es verständlich, wenn er sich mehr an den Neuplatonikern und Augustinus orientiert, die das ekstatische Schauen des Einen lehren, als an Aristoteles und dessen Logik. Gott ist für Eckhart ganz jenseitig, über ihn ist keine positive Aussage möglich, er ist ungenaturte Natur, göttliche Wesenheit oder kurz »Gottheit«. »Die Gottheit wirket nicht, in ihr ist kein Werk«; um dennoch die Offenbarung erklären zu können, lässt er die Gottheit »das Wort sprechen«. Dadurch wird aus ihr der dreieinige, christliche Gott, bestehend aus Gott und dem göttlichen Denk-Inhalt – Sohn – und der Liebe, die beide verbindet – Heiliger Geist. Plotins Hypostasen und Emanationen sind hier nicht weit!

Auch die nach dem Ebenbild geschaffene Seele ist dreieinig, besteht aus geistigem, emotionalem und sinnlichem Vermögen, gemäß den drei christlichen Tugenden Glaube, Liebe und Hoffnung. Übergeordnet ist den drei Seelenkräften analog zur Gottheit die Seele der Seele, das göttliche »Fünklein« – die »göttliche Erleuchtung« des Augustinus mag hier Pate gestanden haben.

Ziel ist ein Einswerden mit Gott, eine andere Art von Erkenntnis, eine schon im Diesseits erreichbare mystische Erkenntnis, ein Schauen Gottes, das sich in Eckharts Sprache, die seine Deutung so schwierig macht, so liest: »Du sollst allzumal entsinken deiner Deinesheit und sollst zerfließen in seine Seinesheit und soll dein Dein in seinem Mein ein Mein werden also gänzlich, dass du mit ihm verstehest ewiglich seine ungewordene Istigkeit und seine ungenannte Nichtheit.« Erreichbar ist dieses Ziel durch Lossagen von der Sünde, Gelassenheit und Abgeschiedenheit von allen irdischen Dingen. »Stirb und werde!« so lautet Eckharts Imperativ. Die Folge ist, »... dass sein Wesen und seine Substanz und seine Natur mein ist. Und wenn denn seine Substanz, sein Wesen und seine Natur mein ist, so bin ich der Sohn Gottes.«

Gott

(grch. *theos*, lat. *deus*) Der oder das »Angerufene« – so wohl die ursprüngliche Bedeutung des Wortes – gilt als höchstes Seiendes, als übersinnliche, unendliche Macht in personaler Gestalt, die Ursache allen Geschehens ist, das Schicksal der Menschen lenkt und den Maßstab für deren sittliches Verhalten darstellt. Bei Platon und Aristoteles ist noch die Idee, das Nous, der Demiurg bzw. der »unbewegte Beweger« das Göttliche, im Judentum als Jahwe eine Art unerreichbarer Stammesvater. Im Christentum, das griechische und jüdische Elemente verschmilzt, wird Gott vom rächenden zum liebenden Wesen. Gott, Schöpfer der Welt aus dem Nichts, vergibt Schuld und Sünde und führt den Menschen durch einen Akt der Gnade in die Erlösung. In ihm ist alle Möglichkeit wirklich. Für die Denker des Mittelalters noch Hauptgegenstand ihres Philosophierens, verlor der Gottesbegriff mit der Betonung der Eigenständigkeit des Menschen in der Neuzeit und der Verselbständigung der Theologie als eigene Wissenschaft seine zentrale Bedeutung.

In einer Zeit, die der Naturerkenntnis immer höheren Rang beimaß und der Empirie Vorschub leistete, ging Eckharts Lehre fast völlig verloren, blieb zunächst bis auf einige Schüler wirkungslos. Erst die Romantik und der Deutsche Idealismus, Fichte, Schelling und Hegel entdeckten ihn bzw. seine Art des Philosophierens wieder. Die Deutschtümelei der Nazi-Literatur verherrlichte ihn als »Haupt deutscher Mystik« – eine Rolle, in der sich Meister »magister« Eckhart, der tiefgläubige Christ und übernationale Gelehrte, sicherlich nicht wohl gefühlt hätte.

Nichtchristliche Philosophie

So wie die Scholastik eine typisch christliche Philosophierichtung ist, da sie in engster Abhängigkeit zu christlichen Glaubensvorstellungen entstand und ausschließlich von Christen betrieben wurde, existierten im Mittelalter auch Philosophen, die islamischen oder jüdischen Glaubens waren und für die sich ähnliche Fragen stellten wie für ihre christlichen Kollegen. Zudem wurden auch sie maßgeblich von Traditionen beeinflusst, die auf die gleichen Quellen zurück gehen wie die der christlichen Philosophie: auf die griechische Antike. Mit Hilfe dieser Grundlagen, vor allem der von Aristoteles erdachten Logik, die durch bereits im 8. Jh. am Hofe des Kalifen in Bagdad einsetzende Übersetzungen erschlossen wurde, sollten einerseits der Koran und andererseits der Talmud unter Respektierung der religiösen Vorgaben gedeutet werden. Wie bei aufstrebenden jungen Staaten oft festzustellen – man denke an die Römer in Bezug auf die griechische oder an die USA in Bezug auf die europäische Kultur – waren gerade die erst seit dem 7. Jh. entstehenden islamischen Staaten besonders begierig auf das überlieferte Erbe.

Mit der Trennung von Theologie und Philosophie am Ende des Mittelalters werden die Kategorien »christliche« bzw. »nichtchristliche« Philosophie hinfällig,

Islam

Der von Mohammed im 7. Jh. gestiftete Islam (arab.= Hingabe) ist die jüngste der drei monotheistischen Religionen. Er gründet auf das Vorbild des Propheten Mohammed, dem heiligen Buch *Koran* (arab.= Lesung) und der Überlieferung. Die Mohammedaner glauben, dass Allah, einziger Gott des Islam, durch seine Propheten – deren letzter Mohammed ist – seinen Willen kundtat. Die Welt ist eine Schöpfung Allahs, erster Mensch war Adam, eine Erbsünde existiert nicht. Des Menschen Schicksal ist zwar vorbestimmt, er hat jedoch ein gewisses Maß an Eigenverantwortung. Nach dem Tod erwartet die unsterbliche Seele das Paradies oder die Hölle.

wenn auch bei fast allen Philosophen der religiöse Einfluss oder dessen Ablehnung von großer Bedeutung für ihr Denken bleibt.

Islamische Philosophie

Es ist nur folgerichtig von islamischer und nicht arabischer Philosophie zu sprechen, denn ihre Voraussetzung ist nicht so sehr die Sprache als vielmehr der Glaube. Seit Mohammeds Tod (632) hatten die Anhänger seines Glaubens in einer die Römer übertreffenden Geschwindigkeit ein Reich erobert, das von Persien bis Spanien reichte und dessen Expansionsdrang nur durch die Franken in Südfrankreich und durch die Byzantiner in Kleinasien gebremst wurde. In den eroberten Städten, so z. B. in Alexandria, stießen sie auf eine reiche griechische Überlieferung, die sie sich durch Übersetzungen zu Nutze machten. Um den alten Kulturen der Perser und Römer in nichts nachzustehen – das Oströmische oder Byzantinische Reich bestand noch bis ins 15. Jh. –, wurde von den islamischen Herrschern Kultur und Wissenschaft gefördert. Früher als im christlichen Europa war man dadurch nicht nur mit allen Werken des Aristoteles vertraut, sondern auch mit bedeutenden Schriften Platons, wie dem *Timaios* und der *Politeia,* und den Neuplatonikern, wenn auch ohne Plotin. Über diesen arabischen Umweg, nicht über Konstantinopel, gelangten deren Werke meist erst ins christliche Europa und beeinflussten dort das Denken fast aller Scholastiker erheblich (die den islamischen Gelehrten von diesen gegebenen latinisierten Namen werden auch hier verwendet, bei ihrer Erstnennung steht der arabische Name in Klammern). Wie die scholastische wurde auch die islamische Philosophie zuerst durch Platon und den Neuplatonismus, später dann hauptsächlich durch Aristoteles beeinflusst.

Einer der ersten islamischen Philosophen, der griechische Philosophie mit islamischer Theologie verbinden wollte, war der 870 in Turkistan geborene und in Bagdad, Aleppo und Damaskus lebende Alfarabi (Abu Nasr Mohammed). Von Aristoteles übernahm er die Logik, die er – gemäß seiner Einteilung der Wissenschaften von der Wirklichkeit in Logik, theoretische (Physik, Metaphysik) und praktische Philosophie – als die Wissenschaft vom Instrument des Denkens begreift. Seine metaphysischen Vorstellungen verweisen jedoch ganz auf Platon, wenn er annimmt, dass die Dinge und das menschliche Denken letztlich aus demselben Ursprung hervorgehen, so dass ihre Formen übereinstimmen und dadurch Erkenntnis möglich ist. Der Ursprung ist Gott, der als einzig Seiender notwendig ist, da in ihm Wesenheit und Existenz zusammenfallen, während die Dinge ihre Existenz erst durch ihn erhalten. Dies geschieht auf dem neuplatonischen Weg der Emanation, also durch das Hervorgehen aus Gott in verschiedenen Stufen, nicht durch die willentliche Schöpfung, die auch der Islam lehrt. Alfarabi bedient sich bei Aristoteles' Begriffswelt, wenn er vom tätigen Verstand als Vermögen zur Abstraktion spricht, der das, was der Mensch erkennt, verarbeitet. Den Verstand stellt er sich jedoch überindividuell vor, gleichermaßen für jeden, der vernünftig denkt, vorhanden und unsterblich. Unsterblich aber eben nur als allen zukommendes Prinzip, etwas abstrahieren zu können. Der erkennende Verstand des Einzelnen ist dagegen an den Körper gebunden und sterblich – ein Angriffspunkt für die Geistlichkeit, denn auch im Islam gilt die individuelle, erkennende Seele als unsterblich. Alfarabi starb 950 in Damaskus.

Auch der 980 in der Nähe von Buchara in Usbekistan geborene Avicenna (Ibn Sina), Lehrer der Philosophie und Medizin in Isfahan, lehnt Weltschöpfung und individuelle Unsterblichkeit ab. In seinem *Kitab as-Sifa (Buch der Genesung der Seele),* einer Art Enzyklopädie der Wissenschaften seiner Zeit, das aus den vier Teilen Logik, Physik, Mathematik und Metaphysik besteht, erklärt er, dass man von Gott weder Sein noch Vollkommenheit aussagen könne, er ist übernatürlich, übersinnlich, der unbewegte Beweger – wie bei Aristoteles. Indem die Dinge aus ihm durch Emanation hervorgehen, erhalten sie ihr Sein. Nur dadurch erhalten sie ihre Existenz, zuvor sind sie nur möglich, nicht wirklich. Diese Möglichkeit liegt in ihrer Form, ihrer Wesenheit begründet, der, da zuerst vorhanden, ein höherer Stellenwert zukommt als dem dann wirklich existierenden Ding. Individualität erreichen die Dinge durch die Materie, die nicht durch Emanation entstanden, sondern ewig ist. Über das Allgemeine denkt er ähnlich wie Abélard, allerdings 200 Jahre früher: Es ist vor den Dingen, indem es im göttlichen Geist enthalten ist, in den Dingen als Merkmalsgemeinsamkeiten und nach den Dingen als Begriff, der durch den tätigen Verstand als Abstraktion gebildet wird. Dass dieser tätige Verstand nicht dem einzelnen Menschen zu eigen ist, der Einzelne nur an ihm teil hat, wollte Thomas von Aquin ebenso wenig akzeptieren wie die Emanationslehre. Doch baut sein »System« nichtsdestotrotz auf Gedanken Avicennas, des »arabischen Aristoteles« auf. Er, wie viele andere Scholasten, setzte sich mit ihm auseinander und profitierte von ihm. Berühmt geworden ist Avicenna, der 1037 im persischen Hamadan starb, aber auch als Verfasser des *Medizinischen Kanons*, des medizinischen Standardwerks des Mittelalters.

Bevor die islamische Philosophie an Bedeutung verlor, erreichte sie jedoch ihren Höhepunkt in der Gestalt von Averroes (Mohammed Ibn Ruschd). Seine Heimat war das spanische Córdoba, die nach Konstantinopel damals größte Stadt Europas, wo er 1126 geboren wurde. Anders als die Scholasten war Averroes nicht als Lehrer, sondern als Richter und Arzt – als Hofarzt des Kalifen Al Mansur – tätig. So wie Aristoteles im Mittelalter als »der Philosoph« galt, war Averroes »der Kom-

Bücherverbrennungen gab es schon immer: Auch den Schriften des Averroes widerfuhr dieser Akt der Barbarei – durch die Islamisten seiner Zeit.

mentator«. Fast alle Schriften des großen Griechen hat er kommentiert und mit Ergänzungen versehen. Wie die Scholasten muss er erkennen, dass das, was er verstandesmäßig erfasst, nicht immer das ist, was die Offenbarung - in seinem Fall der Koran - behauptet. Auch wenn der Philosophie die höhere Wahrheit zukommt, hat die Religion dennoch ihre Berechtigung: Die Menge erfährt durch sie wenigstens einen Teil der Wahrheit in einer ihr verständlichen, bildhaften Sprache. Ganz rational hält er an der Lehre von der Ewigkeit der Welt und der Leugnung individueller Unsterblichkeit fest. Nur der allen Menschen innewohnende Geist, der tätige Intellekt, ist unsterblich und unterscheidet sich vom nur erkennenden Teil der Seele, dem er eine eigenständige Substanz zubilligt. Eine Theorie, die Thomas von Aquin in *De unitate intellectus contra Averroistas (Über die Einheit des Intellekts gegen die Averroisten)* kritisiert. Averroes starb 1198 in Marrakesch, wohin er, wegen Koranfeindlichkeit verdammt, ins Exil ging.

Jüdische Philosophie

Die jüdische Philosophie entwickelte sich ähnlich wie die der anderen beiden monotheistischen Religionen. Vielleicht war für das Judentum mit seinem transzendenten Gott und einem auf göttlicher Offenbarung gründenden Glauben jedoch eine philosophische Unterlegung durch rationale Lehren noch wesentlicher, da es seit dem Jahre 135, seit der Niederschlagung des Jerusalemer Aufstands durch die Römer, keine geographische Heimat mehr besaß und sich darum, ähnlich wie das frühe Christentum, in Umgebungen beweisen musste, die allem Unbekannten erst einmal kritisch, ja feindlich gegenüber standen. Stark waren die jüdischen Gemeinden vor allem im Vorderen Orient und in Spanien, beides Orte, an denen damals in der Mehrheit Mohammedaner lebten, die wiederum vom Platonismus und Aristotelismus beeinflusst waren. Auch wenn die klassische griechische Philosophie schon in der Antike direkt auf jüdische Vorstellungen gewirkt hatte – so im 2. Jh. auf Philon von Alexandria –, geschieht dies nun aufs Neue über islamische Gelehrte.

Der Andalusier Avicebron (Salomon Ibn Gabirol, ca. 1020–1058) ist der erste jüdische Denker des Westens. Sein auf Arabisch geschriebenes Hauptwerk *Quelle des Lebens* ist nur in lateinischer Übersetzung überliefert. Avicebrons Lehre über den Zusammenhang von Materie und Form wirkt auf die Hochscholastik. In ihr

Judentum
Die älteste monotheistische Religion hat in der *Thora* (hebr.= Lehre), die den fünf Büchern Mose entspricht und Teil der nur aus dem Alten Testament bestehenden jüdischen Bibel ist, ihr heiliges Buch. Die dort beschriebenen Gesetze, die im Talmud ausgelegt wurden, sind zu befolgen. Gott, bei den Juden Jahwe genannt, hat die Welt erschaffen, ist allgegenwärtig und belohnt bzw. bestraft gute und schlechte Taten nach dem Tod. Sein auserwähltes Volk sind die Nachkommen Abrahams, mit dem er einen Bund schloss.

zeigt er, dass die allgemeine Materie nur durch die Vereinigung mit der Form seiend wird, vorher ist sie reine Möglichkeit, Potenzialität. Sie ist für die Individualität der Dinge verantwortlich. Dass die Formen durch den Willen Gottes, nicht durch seine Vernunft, zur Materie gelenkt werden, nimmt den Voluntarismus bei Duns Scotus vorweg und bezieht deutliche Anleihen beim Neuplatonismus. Dort, in dessen Emanationslehre, war die Brücke zwischen Gott und den Dingen nicht der Wille, sondern der Logos als erster Ausfluss, als erste Emanation des jenseitigen Gottes.

Auch Moses ben Maimon, bekannt als Maimonides, kam aus Andalusien, aus Córdoba, wo er Landsmann und Zeitgenosse Averroes' war. Doch der 1135 geborene musste schon als Jugendlicher mit seiner Familie fliehen und landete schließlich 1172 in Kairo, wo er Vorsteher der jüdischen Gemeinde und Hofarzt Sultan Saladins wurde. Auch sein Hauptwerk *Der Führer der Ratlosen*, das alle bedeutenden Scholastiker studiert haben, erschien ursprünglich in arabischer Sprache. Die Ratlosen sind für ihn dabei die philosophisch Gebildeten, die nicht wissen, wie sie sich zwischen Glauben und Wissen entscheiden sollen. Wie Averroes ist auch er der Auffassung, dass sich die Sichtweise des Glaubens und der Philosophie nicht unterscheiden, erkennbare Unterschiede ließen sich durch eine bildhaftere, allegorische Deutung der Offenbarungsschriften, ausgleichen. So im Falle der Schöpfungsgeschichte, die man auch als Bilderbuch der philosophischen Teildisziplin Physik lesen könne. Im Zweifelsfall komme der Philosophie die höhere Wahrheit zu, wenn aber die Philosophie nichts Gegenteiliges beweisen könne, hält Maimonides »aus Mangel an Gegenbeweisen« durchaus am Glauben fest. Bestehen Zweifel, wie für ihn in der Frage des Schöpfungsdogmas, neigt er der Glaubensmeinung zu. In seinem Gottesbild ein Vertreter der negativen Theologie, »ich weiß nur, was Gott nicht ist«, glaubt er diesen nur aus seinen Werken zu erkennen. Ihm nahe zu kommen, ist das Ziel des Menschen, dessen Willensfreiheit er betont. Maimonides, der Hauptvertreter der jüdischen Philosophie des Mittelalters, dessen Verdienst die Synthese von jüdischem Glauben und aristotelischer Philosophie zu Gunsten einer reinen Vernunftreligion ist, starb 1204 in Kairo.

NEUZEIT

Die sich an das Mittelalter anschließende große geschichtliche Epoche wird Neuzeit genannt; Erneuerungen in allen Gebieten der Wissenschaft und Kunst bestimmen sie. Sofern man eine Jahreszahl benennen wollte, mit der diese neue Zeit der Umwälzungen begann – vergleichbar dem Ende des Weströmischen Reiches oder der Schließung der Akademie Platons als Ende des Altertums –, so bieten sich verschiedene Daten an: Das Jahr 1453, Datum der Erstürmung Konstantinopels durch die Türken und zugleich Ende des Oströmischen, des Byzantinischen Reiches, die Entdeckung Amerikas durch Kolumbus 1492 – gleichzeitig das Jahr, in dem die Mauren Spanien endgültig verlassen mussten – oder 1517, den durch Luthers Thesenanschlag markierten Beginn der Reformation. Alles drei Ereignisse mit weltpolitischen Folgen, auch wenn ihre Wirkung sich zuerst auf Europa konzentrierte. So bleibt an dieser Stelle als wichtig festzuhalten, dass es sich bei der Epocheneinteilung, wie auch schon in der Betrachtung des Mittelalters und letztlich in diesem ganzen Werk, um eine euro-zentrische Sichtweise handelt.

Obwohl also die Historiker die Neuzeit erst im 15., manchmal sogar im 16. Jh. ihren Anfang nehmen lassen, so ist der Übergang natürlich fließend, sind die Quellen dieser »Flüsse« oft schon im 14., ja sogar im 13. Jh. zu finden. Aus Quellen werden Bäche, dann Flüsse, Ströme, schließlich Ströme mit Strudeln, die alles mit sich reißen können. So ist es auch mit dieser auf Altertum und Mittelalter folgenden Epoche, die allgemein 1789 im Strudel der Französischen Revolution, mit dem Anbruch der Neuesten Zeit, zu Ende geht. Der Zeit, deren Vorbedingungen durch eine geistige Epoche innerhalb der Neuzeit geschaffen werden, durch die Aufklärung. Doch bevor dieser Teil der Neuzeit ausführlich behandelt wird, soll zuerst von deren Beginn, von Renaissance und Humanismus die Rede sein.

Renaissance

Das Zeitalter innerhalb der Neuzeit, das direkt an das Mittelalter anschloss, war die Renaissance. Sie ist geprägt durch vier Faktoren: 1. die neuerliche Beschäftigung mit dem Menschen und der Natur, 2. als deren Folge große Erfindungen und Entdeckungen, 3. die Erneuerung, also die Reformation der Kirche und 4. nicht zuletzt die Umwälzungen in Politik und Wirtschaft, die entstehenden Nationalstaaten und der Aufstieg des Bürgertums. Alles das spiegelte sich auch in Art und Inhalt des Denkens, in der Philosophie, wider. Renaissance bedeutet »Wiedergeburt« und das ist es auch, was sie vor allem auszeichnet: eine Wiedergeburt oder Rückbesinnung auf die Antike, auf deren Ideale und Sichtweisen. Die Funda-

Giorgiones Gemälde *Die drei Philosophen* zeigt, worauf es der Renaissance ankommt: den die Natur erforschenden Menschen.

mente waren schon seit dem 12. Jh. gelegt worden: Seit dem Hochmittelalter waren über die arabischen Philosophen viele antike Texte nach Europa zurückgelangt, auf die man sich nun berufen konnte und deren Kenntnis durch neue, von theologischen Aspekten unbeeinflusste Übersetzungen noch vergrößert wurde. Die Wiedergeburt antiker Ideen begann aber im eigentlichen Sinne im 14. Jh. mit dem italienischen Dichter Francesco Petrarca, der durch seine bewusste Abkehr von der scholastischen Denkweise und Hinwendung zur Natur den Humanismus begründete. Sein Beispiel machte Schule, erfuhr durch reich gewordene, selbstbewusste Kaufleute vor allem in Florenz einen enormen Schub und führte dort schließlich in der Mitte des 15. Jh. zur Gründung der Platonischen Akademie.

Die Hinwendung zur Natur und dem Menschen als Naturwesen, die Trennung der Wissenschaften von der Theologie – ohne Lossagung von der Religion –, zusammen mit dem Streben nach wirtschaftlichem Erfolg ließen nun Dinge wagen, die vorher nicht denkbar waren: große Entdeckungsreisen um die ganze Welt und eine Neubetrachtung von Himmel und Erde. Es schlug die große Stunde der Naturphilosophen wie Kopernikus, Kepler und, wenn auch schon an der Wende zu einer anderen Zeit, von Galilei, dessen Indienstnahme der Mathematik schon zu Descartes und Leibniz führt. Die Zeit der Hoch- und Spätscholastik hatte aber nicht nur die Philosophie aus ihrem Abhängigkeitsverhältnis zur Theologie befreit, sondern den Weg für Denker wie Wilhelm von Ockham bereitet, die ebenso wie auch die Bettelorden, die Verweltlichung der Kirche offen kritisierten und zur Umkehr aufforderten. Der ursprüngliche Glaube war gestärkt aus dem Flirt mit Aristoteles hervorgegangen, gefestigt in seinem Bekenntnis zur göttlichen, irrationalen, nur geglaubten Offenbarung. Die Kritik an der Kirche und der starke urtümliche Glaube, wie er auch bei den Mystikern in ihrer verinnerlichten, direkten Hinwendung zu Gott ohne Theologie und institutionalisierter Kirche sichtbar wurde, half den Reformatoren ihr Werk in die Tat umzusetzen. Waren diese auch auf den Glauben fixiert, bildete sich doch in der Folge der Reformation eine eigene protestantische Ethik, ein eigenes Weltbild, ja sogar eine eigene Scholastik und Mystik. Aber noch etwas hatte den Reformatoren in die Hände gespielt: Die Schwächung der weltlichen Macht der Päpste und das Erstarken der europäischen Staaten. Nachdem die alte Idee von den zwei Mächten, Papst- und Kaisertum, ins Wanken geraten war, waren sie stärker als je zuvor. Nach der Vertreibung der Mauren von der Iberischen Halbinsel und durch ihre Entdeckungen wurden Spanien und Portugal genauso zu Machtfaktoren wie Frankreich und England, wo es gelungen war, aus innenpolitischen Auseinandersetzungen – die Rosenkriege in England, der Hundertjährige Krieg in Frankreich – gestärkt hervorzugehen. Im Heiligen Römischen Reich wurde inzwischen Wert auf den Zusatz »Deutscher Nation« gelegt, denn auch hier war man sich der gemeinsamen Tradition und Volkssprache bewusst geworden, wenn dies auch nicht zu einem einheitlichen Staatsgebilde führte, sondern zu einer politischen und als Folge auch konfessionellen Zersplitterung. Für Italien hatte das sein Gutes, denn dessen nördlicher Teil, der lange zum Reich gehörte, konnte sich nun befreien. Die mit dem Orient Handel treibenden, an die alten griechischen Stadtstaaten erinnernden italienischen Stadtrepubliken mit ihrer reich gewordenen Bürgerschaft, deren Stand sich noch nicht lange neben Bauern, Adel und Klerus behauptete, emanzipierte sich von übergeordneten Herrschern.

Schon dieser kleine Überblick reicht aus, um zu erkennen, dass sich auch auf dem politischen Sektor vieles veränderte, Neues entstand, dessen man nicht alleine mit dem Rückgriff auf antike oder frühchristliche Vorbilder – wie Platon oder Augustinus – Herr werden konnte. Man benötigte auch hierfür einen neuen theoretischen Überbau, für den verschiedene Staatsphilosophen Modelle entwarfen, auf deren modifizierten Umsetzungen noch unsere heutige Staatenwelt basiert.

Humanismus

Die wissenschaftlich-geistige Haltung in der Renaissance erhielt – in Abgrenzung zur künstlerischen – im 19. Jh. die Bezeichnung »Humanismus«, abgeleitet aus dem lateinischen Wort für menschliche Natur, *humanitas*. Gab es bereits in der Renaissance den »Humanisten« in Abgrenzung zum Juristen oder »Artisten«, also den Vertreter einer oder mehrerer der Freien Künste, so bezieht man seit 200 Jahren den Begriff »humanistisch« vor allem auf Schriftsteller und Dichter, aber auch auf Wissenschaftler, die sich mit dem Menschen, seiner Kultur und Geschichte befassen und dem griechisch-römischen Bildungsideal verpflichtet sind.

Nikolaus von Kues behielt Recht: Die Sphäre der Fixsterne war nicht das Ende der Welt! Aristoteles hatte geirrt.

Mit dem Beginn des Humanismus verlor die Orientierung am Jenseitigen, an theologischen Inhalten, ihren Wert. Im Sinne der *humanitas* sollte der Mensch betrachtet und gebildet werden. Ein Wert, wie ihn die Antike kannte und wie er durch die antiken Autoren, die man, beginnend mit Aristoteles, mit Eifer übersetzte, vermittelt wurde. Ein überaus interessierter Leser von Seneca, Cicero und Vergil, aber auch von Augustinus war Francesco Petrarca (1304–1374), ein italienischer Geistlicher am päpstlichen Hof von Avignon, der in Arezzo geboren worden war. Berühmt schon zu Lebzeiten durch seine Gedichte in italienischer Sprache – er wurde 1341 auf dem Kapitol in Rom zum Dichter gekrönt –, leitete er durch seine Briefe und Traktate eine neue philosophische Epoche ein. Schon weil Platon die Entstehung der Welt durch einen Weltenbaumeister, den Demiurgen, lehrte, zog Petrarca ihn den anderen antiken Philosophen vor. Da er die Eleganz Ciceros jedoch noch höher schätzte und den christlichen Glauben über die Philosophie stellte, war Augustinus, ebenfalls ein Verehrer dieses römischen Eklektizisten und gleichzeitig Verarbeiter neuplatonischer Einflüsse, das geeignetste Vorbild Petrarcas. Er war überzeugt davon, an der Schwelle eines neuen Zeitalters zu stehen und sah sein historisches Vorbild in der Zeit der römischen Republik. Schon zu seinen Lebzeiten wurde die Türkengefahr für den letzten Hort griechischer Kultur, Konstantinopel, so groß, dass sogar an einer Wiedervereinigung der dort ansässigen Ostkirche mit der Kirche in Rom gearbeitet wurde. Die zu diesem Zwecke 1438 nach Ferrara einberufene Konferenz führte viele griechische Gelehrte nach Italien, so auch den Platoniker Giorgos Gemistos Plethon (der sich in Anlehnung an Platon seinen Beinamen gab). Dessen Einfluss führte zur 1459 erfolgten Neugründung der Platonischen Akademie in Florenz, eine Stätte weniger für die Lehre als für Diskussion und Austausch. Ihr bedeutendstes Mitglied wurde der Platon-Übersetzer Marsilio Ficino, der seine Zeit »als ein goldenes Zeitalter« sah, das »die fast schon erloschenen Freien Künste, Weisheit und Wissenschaft, zum Licht zurückgeführt« habe.

Die veränderte Einstellung zur antiken Überlieferung, die, im Gegensatz zu der auch mit Platon und Aristoteles vertrauten Scholastik, nun nicht mehr zur Begründung von überkommenen Dogmen genutzt, sondern kritisch geprüft und zur Schöpfung von Neuem herangezogen wurde, fand in Ficinos Schüler Pico della Mirandola einen universal gebildeten Vertreter. Nur wenige Gelehrte dieser Zeit waren wie er der Meinung, dass selbst aus der Scholastik noch Gewinn zu ziehen sei. Viel eher war man dazu geneigt, den thomistischen Aristoteles zu verwerfen und ihn entweder wie Averroes, als zweite Wahrheit neben dem Glauben, oder völlig neu zu deuten.

Auch wenn das Deutsche Reich auf keine eigene antike Überlieferung zurückgreifen konnte, fasste auch hier der Humanismus Fuß. Petrarca war Gesandter in Prag, der Kanzler des deutschen Kaisers übersetzte Augustinus ins Deutsche und die Universitäten des Reiches hatten im 15. Jh. ihre erste Blüte. In den prosperierenden Niederlanden war man schon damals etwas freier als im Rest des Reiches und konnte die neuen, aus Italien herüberschwappenden Gedanken zusammen mit den Thesen der Nominalisten als Ausgangspunkt eigener Betrachtungen übernehmen. Dies gelang einem an der Mosel geborenen und in den Niederlanden erzogenen Gelehrten so erfolgreich, dass er als bedeutendster Philosoph der Frührenaissance gilt: Nikolaus von Kues. 1401 in Deutschland geboren, in Italien gestorben, Bürgersohn und Kirchenfürst, diesseitiger Politiker und jenseitiger Mystiker, Mathematiker und Naturwissenschaftler, war er Scholastiker und Humanist, vor allem aber Christ. Als christlicher Humanist hat er sich mit seiner Wissbegierde, mit seiner Betonung des Individuellen und der Hinwendung zu den Naturwissenschaften und der Mathematik von mittelalterlichem Denken befreit.

Aus den Niederlanden, aus Groningen, stammte der erste deutsche Humanist, Rudolf Agricola (1443–1485), der an der Heidelberger Universität, wo Nikolaus studiert hatte, den Ersatz überkommener Autoritäten durch die eigene Vernunft predigte.

Sein jüngerer Studienkollege, Johannes Reuchlin (1455–1522), begründete das Griechisch- und Hebräisch-Studium auf deutschem Gebiet. Übertroffen wurden beide von dem in Rotterdam geborenen unehelichen Sohn eines Geistlichen, der zu seiner Zeit als Inbegriff klassischer Gelehrsamkeit galt, ein Humanist par excellence: Erasmus von Rotterdam (um 1469–1536). Der in Löwen und später in Basel und Freiburg lebende eleganteste Stilist seiner Zeit und Herausgeber des kritisch revidierten Neuen Testaments in griechischer Sprache stand mit vielen bedeutenden Humanisten seiner Zeit in Kontakt, traf sie persönlich auf ausgedehnten Auslandsreisen nach England und Italien. Philosophische Weitschweifigkeit und spätscholastische Gelehrsamkeit waren ihm verhasst. Sein Konzept eines christlichen

Humanismus, Erasmus selbst war Priester, suchte mit seiner philologischen Arbeit die Voraussetzungen zu schaffen, die »philosophia Christi« zu erkennen. Als strikter Verfechter der Toleranz sorgt Erasmus selbst dafür, dass er von keiner Gruppierung, keiner Denk- oder Glaubensrichtung, auch von Luther nicht, dessen Lehre er anfangs nahe stand, vereinnahmt wird.

Am Ende des Humanismus ragt ein französischer Schriftsteller und Philosoph heraus, der in seinen *Essais (Versuche),* eine neue Literaturgattung begründet, Michel de Montaigne. In seinen formlosen Prosastücken, die in guter Humanistentradition immer den Menschen im Blick haben, lieferte er jedoch auch erkenntnistheoretische und ethische Analysen, die die Philosophie der Aufklärung vorbereiteten. Führte die Befreiung von Traditionen in Philosophie und Theologie bei Montaigne zu Zweifeln – die sicherlich auch ihre Gründe in den radikalen Umwälzungen jener Epoche hatten, die in Form der Religionskriege bis vor Montaignes Haustüre gelangten –, so führte sie auch zur neuen Philosophie, deren Begründer Descartes, nur vier Jahre nach Montaignes Tod in der Touraine, nicht weit der Heimat seines Landsmanns, geboren wurde.

Nikolaus von Kues *(1401 in Kues an der Mosel – 11.8.1464 in Todi/Umbrien)*

Leben: Nikolaus Krebs, nach seinem Heimatort »von Kues« genannt, machte eine für die damalige Zeit fast beispiellose Karriere. Geboren als Sohn eines – wenn auch vermögenden – Moselschiffers, beendete er sein Leben als Kirchenfürst Nicolaus Cusanus, als Kardinal der römisch-katholischen Kirche. Seine Ausbildung in den Elementarfächern, den Freien Künsten, in Kirchenrecht und Theologie erhielt er in Deventer, Heidelberg, Padua und Köln. Doktor des kanonischen Rechts und Priester, nahm er als Berater eines Klerikers 1432 am Baseler Konzil teil, bei dem er durch sein Verhandlungsgeschick und erste Schriften bald geschätzt wurde. Auf ihn aufmerksam geworden, schickte ihn der Papst nach Konstantinopel, um den byzantinischen Kaiser nach Ferrara zu geleiten, wo die Union der Ost- mit der Westkirche beschlossen werden sollte. Auf dieser Reise hatte er seine philosophische Erleuchtung in der Erkenntnis, dass die im Unendlichen, in Gott, liegende Einheit den Vorrang vor aller Zersplitterung hätte. Maßgeblich am Zustandekommen des Wiener Konkordates von 1448 beteiligt, machte ihn Papst Nikolaus V. zum Kardinal und verlieh ihm das Fürstbistum Brixen, in dem er von 1450–64 gleichzeitig Landesherr war. Regiert hat er in dieser Zeit jedoch nur fünf Jahre, da der Graf von Tirol ihn in Streitigkeiten verwickelte, die dazu führten, dass er sein Land 1460 für immer verlassen musste. Die letzten Jahre lebte er als Verweser des Kirchenstaats in Rom, wo er sich seinem Hauptanliegen, der Reform der Kurie, widmen wollte. Hierin erfolglos, starb er auf einer seiner vielen Reisen.

Werk: Erste Bekanntheit erreichte Nikolaus schon während des Baseler Konzils durch sein kirchen- und staatspolitisches Werk *De concordantia catholica (Von der allumfassenden Übereinstimmung)*, in dem er noch die Rechte der Konzile gegenüber den Päpsten betont. Nach seinem Erweckungserlebnis entstand sein Hauptwerk *De docta ignorantia (Vom gelehrten Nichtwissen)*. Hier errichtet er sein philosophisches Gedankengebäude und baut es in *De coniecturis (Von den Mutmaßungen)* weiter aus. Im übrigen ist seine Produktivität immens. Trotz seiner hohen Arbeitsbelastung als Politiker, Landesherr und Seelsorger findet er die Zeit, Hunderte von Schriften, Abhandlungen, Predigten und Briefen zu verfassen – bis auf eine Ausnahme alles in lateinischer Sprache. Kommentare oder Summen, die in der Scholastik üblichen Literaturgattungen, sind nicht mehr dabei.

Der vielleicht am meisten unterschätzte Philosoph: Nikolaus von Kues.

Lehre: Nikolaus interessiert das Verhältnis zwischen Gott, Welt und Mensch, aber auch die Beantwortung der Frage nach dem Entstehen von Erkenntnis über dieses Verhältnis. Grundsätzlich setzt er immer die Wahrheit des christlichen Glaubens voraus, eine Scheidung von Philosophie und Theologie, wie bei Thomas von Aquin, ist für ihn unnötig. Ganz eindeutig seiner Zeit zugehörig ist er in seinem Interesse an alten Schriften. Er studiert vor allem die Neuplatoniker, die er auch wegen der Vereinbarkeit mit christlichen Vorstellungen schätzt. Seine Gedanken gründen darum vor allem auf Proklos, Pseudo-Dionysios Areopagita und den Frühscholastiker Johannes Scotus Eriugena.

Gott: Da alle Vielheit des Erkennbaren von dem Einen abhängt, ist dessen Kenntnis die Grundlage allen Wissens. Gott ist die Einheit, von der aus man die Andersheit, die Vielheit verstehen kann. Das Problem ist aber, dass das Endliche, die irdische Welt, in keinem Verhältnis zum Unendlichen, zu Gott, steht. Dessen Unendlichkeit kann man sich aber mit Hilfe von Symbolen aus der Geometrie nähern. Dazu stellt er mathematische Grenzbetrachtungen an, dynamische Betrachtungen, die weder Antike noch Mittelalter kannten. Er fragt sich, was passiert, wenn man bei einem regelmäßigen Vieleck die Seitenzahlen bis ins Unendliche steigert. Es gäbe dann immer noch keinen Kreis. Genauso verhält es sich mit dem Unendlichen, mit Gott: Auch wenn man das Endliche so weit wie möglich annähert, ist das Unendliche immer noch verschieden. Verlängert man die längste Seite eines Dreiecks ins Unendliche, fallen dort alle drei Seiten zusammen. Umgekehrt gedacht: Aus einer Geraden lassen sich ein Dreieck, ja auch ein Kreis, eine Kugel »entfalten«. Grenzbetrachtungen heben die Gegensätze zwischen den Körpern auf. Im Unendlichen, in Gott, den er immer als Dreieinigkeit sieht, fallen alle Gegensätze zusammen – was zu beweisen war und an Heraklit erinnert! Mit Hilfe unseres Verstandes kommen wir dem Unendlichen nahe, erreichen es jedoch nie. »Ich weiß, dass ich nichts weiß«, dieser sokratische Ausspruch liegt auch dem gelehrten Nichtwissen des Kusaners zugrunde, wenn er sagt: »Ich weiß, dass all das, was ich weiß, nicht Gott ist, und dass all das, was ich begreife, ihm nicht ähnlich ist.«

Erkenntnis: Mit »Entfaltungen« arbeitet Nikolaus auch bei seinen Ansichten über die Erkenntnis. Er spricht davon, dass sich die Einheit, Gott, in vier Regionen – neuplatonisch gesprochen Seinsstufen – entfaltet: die Intelligenzen (Engel), die Seelen und die Körper. Sie berühren sich an ihren Grenzen. Die Seele des Menschen berührt in ihrem höchsten Vermögen, der Vernunft, bereits die Einfachheit der Intelligenz. In jeder Seinsstufe, außer bei Gott, bei dem Sein und Erkennen identisch sind, gibt es ein unterschiedliches Erkenntnisvermögen: Die Intelligenz verfügt über die Vernunft, die Seele über den Verstand und der Körper über die Sinne. Hier, in der untersten Ebene, gibt es keine Verneinung. Etwas ist rot oder nicht rot – dies kann erst der Verstand in der nächsten Ebene feststellen, in der es Bejahung oder Verneinung gibt und in der das von Aristoteles aufgestellte logische Prinzip des Widerspruchs gilt. Darüber liegt die Ebene der Intelligenz, die Ebene des Verstandes, auf der es Bejahung und Verneinung gibt: Etwas ist rot und darum nicht gelb. Da alle Gegensätze in Gott zusammenfallen, gibt es auf seiner Ebene keine Bejahung mehr. Die Aussage »Gott ist das Kleinste und das Größte« lässt sich nicht bejahen. Über ihn lässt sich daher nichts Eindeutiges sagen. Im Sinne der Neuplatoniker handelt es sich um eine negative Theologie, der Verstand ist nicht in der Lage, etwas Positives über Gott auszusagen. Nur mit Hilfe der durch den Glauben erleuchteten Vernunft gelangt man in die Nähe der Region des Unendlichen. Und noch etwas: Letztlich ist alles Erkennen nur ein Messen, letztlich ist also Erkennen von den Zahlen als Maßstab abhängig. Wo kein Maß, da kein Erkennen! Die Zahlen wiederum werden vom menschlichen Geist erzeugt – eine im Ergebnis moderne Auffassung: Erkenntnis ist nicht absolut, sondern vom Subjekt, vom Erkennenden abhängig!

Welt: Da Gott alles ist, was sein kann – Nikolaus schöpft das Wort »Können-Ist« –, so muss alles, was in der Welt ist, in Gott sein – in absoluter Identität. Er musste sich, um die Welt zu schaffen, »entfalten«. Die Welt ist daher sichtbar gewordener Gott. Seine »Ausfaltung«, das Universum, ist ohne angebbare Grenzen, es ist potenziell unendlich. Es umfasst eine unendliche Vielheit, die solange »eingefaltet« bleibt, wie es der Schöpferwille Gottes verlangt. Aus der Unendlichkeitsvorstellung ergibt sich, dass die Erde, die nicht still steht, nicht mehr dessen Mittelpunkt bildet.

Mensch: »Denn da der Mensch mutmaßt, dass er alles entweder durch die Sinne oder den Verstand oder die Vernunft berührt, und da er sieht, dass diese Kräfte in seiner Einheit eingefaltet sind, setzt er voraus, dass er nach Menschenweise zu allem fortschreiten kann. Denn der Mensch ist ein Gott, nicht im absoluten Sinn, da er ja Mensch ist. Er ist also ein menschlicher Gott. Der Mensch ist auch eine Welt, aber nicht auf eingeschränkte Weise alles, da er ja Mensch ist. Der Mensch ist also ein Mikrokosmos oder eine menschliche Welt. Der Bereich der menschlichen Natur umfasst also Gott und Welt in seinem Vermögen.« Ein typisch humanistischer Gedanke, den auch Pico della Mirandola selbstbewusst in der Schrift *Über die Würde des Menschen* äußerte. Als Sinn des Lebens sieht er die Verwirklichung der menschlichen Trinität: Einigung mit Gott, Gerechtigkeit und Liebe. Nur das Aufsteigen zu Gott gewährt festen Halt im Leben. Es sind diese Gedanken, die er für sich selbst verwirklichte, indem er sein ganzes Leben für Friede und Eintracht kämpfte und selbst dazu bereit war, die religiösen Bräuche seines Glaubens zu opfern, wenn sie einer friedlichen Einigung aller Religionen im Wege stünden.

Zusammenfassung

Nikolaus von Kues, Kardinal der katholischen Kirche, markiert den Übergang von der Scholastik, vom Mittelalter, zum Humanismus, zur Neuzeit. Er baut sein neuartiges Gedankengebäude auf antiken Vorstellungen des Neuplatonismus auf und stützt es mit mathematisch-naturwissenschaftlichen Überlegungen. Sich alleine auf die Autoritäten zu verlassen, wie die Scholastiker, kommt für ihn nicht in Frage. Gott ist für ihn das Unendliche, den der endliche Mensch, wenn überhaupt, nur durch die Vernunft erkennen kann. Denn der Mensch bzw. seine Seele befindet sich in einer Region, die noch unterhalb der unter Gott stehenden Intelligenzen, aber über den Körpern angesiedelt ist. Der Mensch ist ein Gott, so postuliert er, ihm ist alles möglich. Das antike Ideal »werde, der du bist« gilt ihm genauso viel wie das christliche Ideal der Hingabe an Gott, beidem sollte man nachkommen. Die unendlich gedachte Welt ist für Nikolaus eine Entfaltung Gottes, daher selbst göttlich, wie auch der Mensch, der eine Welt im Kleinen, einen Mikrokosmos, darstellt. Gott ist in allem – ein pantheistischer Ansatz.

Wirkung: Nikolaus von Kues wird von manchen als eigentlicher Begründer der neueren Philosophie angesehen. Trotzdem fiel sein Werk schon bald der Vergessenheit anheim, bis es in der Romantik wiederentdeckt wurde. Doch schon zuvor profitierten nicht nur Philosophen von seinen Überlegungen. So Johannes Kepler, der mit Interesse den Weltbegriff des Kusaners studierte, dann Giordano Bruno, der den Gedanken der Unendlichkeit wieder aufgriff – einen der wichtigsten der Renaissance – und fälschlich als deren Entdecker gefeiert wurde. Newton und Leibniz knüpften an die mathematische Grenzbetrachtung an und entwickelten die Infinitesimalrechnung. Nikolaus von Kues regte die erste Karte von Mitteleuropa an und machte sich um die Pädagogik verdient, da er den ersten Wandkatechismus zur Belehrung des »einfachen Volkes« entwickelte. Man könnte ihn auch als Begründer der Rechtsgeschichte ansehen, denn er erkannte als erster, dass es sich bei der Konstantinischen Schenkung, die den weltlichen Machtanspruch des Papsttums begründete, um eine Fälschung handelte.

Marsilio Ficino *(19.10.1433 in Figline/Valdarno – 1.10.1499 in Careggi)*

Ficino, einer der Mitbegründer der Platonischen Akademie in Careggi nahe Florenz, studierte die klassischen Sprachen, Grammatik, Rhetorik und Medizin in Florenz, Pisa und Bologna. Während er als Arzt tätig war, eignete er sich die Schriften des »göttlichen Platon« an, der für ihn der Vollender einer Tradition war, die von Moses über Zarathustra und Orpheus bis zu Pythagoras reichte. Seinen Beruf gab er 1462 auf, um sich ganz der Philosophie zu widmen, 1473 wurde er Priester und starb ein Jahr nach der Verbrennung des Bußpredigers Savonarola, den er bekämpfte. »Fromme Philosophie« ist für ihn identisch mit »wissender Religion«, Platon und Plotin sieht er als die Verkünder einer göttlichen Wahrheit, die Christus offenbarte. Darum übersetzte er erstmals das ganze platonische Werk ins Lateinische, ebenso Schriften Plotins und anderer. Seine philologische Arbeit ergänzte er durch Kommentare. In seinem Hauptwerk, der *Theologia Platonica (Platonische Theologie)* betont er die Einheit von Christentum und Platonismus und formuliert bereits die Idee religiöser Toleranz. Die Welt sieht er neuplatonisch hierarchisch aufgebaut: Gott, Engelsgeist als Bereich der Ideen, menschliche Seelen, die direkt von Gott geschaffen werden, raum-zeitliche Dinge und die formlose Materie sind ihre Stufen. Wie Platon glaubt er an eine Weltseele, die individuelle Seele ist unsterblich. Sie kann durch Tugend, Gerechtigkeit und Kontemplation (das Sichbesinnen), durch Weisheit und Lösung von Körperlichem zu Gott aufsteigen. Die Natur ist in allen Teilen beseelt, was dazu führt, dass der Mensch als ebenfalls beseeltes Wesen sie durch Alchemie und Magie beeinflussen kann. Auch die Astrologie hat ihren Platz, da auch die Gestirne Seelen haben. Die »rationale« Renaissance war eben auch die Zeit eines Doktor Faustus und Nostradamus.

Giovanni Pico della Mirandola *(24.2.1463 in Mirandola bei Modena – 17.11.1494 in Florenz)*

Der Sohn eines Grafen von Mirandola und Concordia versuchte eben dies, *concordia*, Harmonie, in Bezug auf die ihm bekannten philosophischen Systeme zu erreichen – und das waren nicht wenige. Pico wurde schon mit 14 Jahren Notar der päpstlichen Kanzlei, studierte anschließend in Bologna, Ferrara und Padua, Paris und Perugia. Er war für sein enzyklopädisches Wissen, das nicht nur die antiken Philosophen, sondern auch die Kabbala, eine mystische jüdische Lehre, die Scholastiker sowie die Sprachen Hebräisch und Arabisch umfasste, berühmt. Wie die Eklektizisten bediente er sich aller Lehren, um daraus eine synkretistische, Elemente aller Richtungen umfassende, Philosophie zur Erlangung der höchsten Wahrheit zu erschaffen. Auf diesem Grundgedanken, dass in allen Religionen und Philosophien Anteile an der universalen Wahrheit stecken – die religiöse Toleranz übernahm er von seinem Lehrer Ficino –, bauen seine 900 Thesen *(Conclusiones sophicae, cabalisticae et theologicae)* auf, die er in Rom mit den bedeutendsten Gelehrten der Zeit diskutieren wollte. Doch es kam nicht dazu. Papst Innozenz VIII. verurteilte erst einen Teil, dann alle Thesen. Erst nach seinem frühen Tod in Florenz, wo er Mitglied der Platonischen Akademie war, erschien seine wirkungsvollste Schrift, *De dignitate hominis (Über die Würde des Menschen),* mit der er eigentlich die Disputation in Rom einleiten wollte. In ihr entwirft Pico das Menschenbild der Renaissance als ein von Gott autonomes Lebewesen, das seine Stellung im Kosmos nicht vom Sein zugewiesen bekommt, sondern durch sein Handeln selbst bestimmen kann. Die formulierte Einzigartigkeit des Menschen – die über den in der Spätscholastik gelehrten Individualismus weit hinausgeht – und die religiöse Toleranz sind Picos Vermächtnis an die Aufklärung. Seine vehemente Ablehnung der Astrologie, deren Lehren im Gegensatz zum selbstbestimmten Menschen standen, öffnete der Naturwissenschaft Tür und Tor.

Michel de Montaigne *(28.2.1533 auf Schloss Montaigne/Dordogne – 13.9.1592 auf Schloss Montaigne)*

Michel Eyquem stammte aus einer reichen bürgerlichen Familie und nannte sich später nach dem von ihm geerbten Schloss »de Montaigne«. Als studierter Jurist war er Parlamentsrat in Bordeaux, später – eher widerwillig – auch Bürgermeister dieser Stadt, aus deren Nähe er stammte. Nach Antritt seines Erbes 1571 konnte er es sich leisten, sich nur noch der Muße hinzugeben – unterbrochen durch seine Jahre im Amt des Bürgermeisters. Die Zeit der Ruhe und Einkehr nutzte er für Studien antiker Literatur und zur Niederschrift seiner Gedanken, die er ab 1580 in den *Essais (Versuche)* veröffentlichte. In ihnen, die er als »Unterhaltungen mit einem toten Freund« bezeichnete, zeigt sich der größte Vertreter der humanistischen Skepsis, orientiert an Epiktet und Pyrrhon, dem Begründer des Skeptizismus. Es geht ihm, dessen Wahlspruch »Was weiß ich?« lautet, nicht um den Zweifel an sich, sondern darum zu zeigen, wie weit die Erkenntnismöglichkeiten des Menschen reichen. Er ist der Ansicht, dass einiges einfach als gegeben vorausgesetzt werden muss, so die Lehre der Kirche und die gewachsene staatliche Ordnung. Die philosophischen Traditionen hingegen stellt er durchaus in Frage: »Der Gott der scholastischen Wissenschaft ist Aristoteles ... Warum sollte ich nicht geradeso gut die Ideen des Platon annehmen oder die Atome Epikurs ... oder die Sympathie und Antipathie des Empedokles oder das Feuer Heraklits?« Das Tier hat den Vorteil, nicht vernünftig urteilen zu können, denn ihm bleiben Lüge, Aberglauben und Unentschlossenheit erspart, »die Meinung, etwas zu wissen, ist die Pest des Menschen«. Denn Sinne und Vernunft täuschen sich gegenseitig, Vorurteile verfälschen das Beobachtete. Der unverbildete Mensch hat es darum leichter, das höchste Gut zu erlangen: die Ruhe des Gemüts.

Naturphilosophen

Hatte man sich im Mittelalter damit zufrieden gegeben, die bekannte Welt zu systematisieren, abzugrenzen und zu definieren, will der Mensch der Renaissance die Natur und sich als Teil von ihr erforschen, ohne jedoch dabei von vornherein am durch den Glauben vorgegebenen Weltbild zu rütteln. Ermöglicht wurde ihm dies im Bereich der großen geographischen Entdeckungen vor allem durch die Erfindung des Kompasses und den Glauben an das ptolemäische Weltbild, das zwar die Erde als Mittelpunkt der Welt ansieht, jedoch ganz klar davon ausgeht, dass sie eine Kugel ist. Eine schon alte, antike Erkenntnis, die sich aber lange nicht durchsetzte und endgültig erst dadurch bestätigte, dass es Magellan 1521 gelang, auf dem Westweg von Portugal bis zu den Philippinen zu segeln. Die neben dem Kompass folgenreichste Erfindung war die des Buchdrucks durch Johannes Gutenberg im 15. Jh., ohne die die rasche Verbreitung der neuen philosophischen und naturwissenschaftlichen Theorien nicht denkbar gewesen wäre.

Die umkämpftesten Veränderungen im naturphilosophischen Denken waren die auf dem Gebiet der Astronomie, denn sie schienen sogar im Widerspruch zum Buch der Bücher zu stehen. Schon Aristarchos hatte zwar im 3. Jh. v. Chr. erklärt, dass sich die Planeten nicht, wie die Pythagoreer annahmen, um ein mystisches Zentralfeuer bewegten, sondern um die Sonne, doch war dies in Vergessenheit geraten. Das Weltbild des Aristoteles und der Kirche, nach dem sich die Erde im Mittelpunkt befindet und von den Gestirnen auf feststehenden Sphären umkreist wird, hatte zu mächtige Fürsprecher.

Erst Nikolaus Kopernikus, einem Astronom im polnischen Deutschordensgebiet, gelang Anfang des 16. Jh. die Wende.

Auf einer anderen Ebene machte sich auch ein Zeitgenosse dieses Astronomen am überkommenen Bild vom Menschen zu schaffen, und zwar aus medizinischer Sicht: der Arzt Theophrastus Bombastus von Hohenheim, besser bekannt als Paracelsus.

Schon die eleatischen Philosophen im alten Griechenland hatten sich die Welt als eine Kugel vorgestellt. Auch Kopernikus hatte daran nichts geändert; auch er stellte sich das Universum endlich vor, begrenzt durch eine Kristall-Hohlkugel, an der die Fixsterne befestigt seien. Die Gedanken des Nikolaus von Kues von der Unendlichkeit waren in sein Weltbild nicht eingeflossen. Es blieb einem italienischen Theologen, Giordano Bruno, vorbehalten, sie – auch gegen den erbitterten Widerstand der Kirche, der ihn schließlich sein Leben kostete – populär zu machen.

Musste Kopernikus noch mit wenigen astronomischen Daten auskommen, um seine Ansichten zu untermauern und war in ihm noch etwas von den alten Vorstellungen haften geblieben, so verhalfen zwei weitere Naturphilosophen, die schon als Naturwissenschaftler bezeichnet werden können, der Mathematik und damit dem neuen Weltbild zu seinem Recht. Der eine, Johannes Kepler, konnte sich dabei auf langjährige Aufzeichnungen des dänischen Astronomen Tycho Brahe stützen. Er konnte es nicht nur, sondern für ihn war es der einzig gangbare Weg: Nach seiner Ansicht gehorchten die Vorgänge in der Natur allgemeinen Gesetzmäßigkeiten und waren mit quantitativen Methoden, also durch Wiegen und Messen, erklärbar. Sie beruhten nicht – wie bis zur Neuzeit angenommen – auf qualitativen Unterschieden. Der Italiener Galileo Galilei, Zeitgenosse Keplers, geht noch weiter: Er fragt nicht mehr nach dem Warum eines Vorgangs, sondern nur noch nach dem Wie. Mit dem Ergebnis, dass er zwar nicht das »Wesen« eines Vorgangs erklären, ihn jedoch genau beschreiben und daraus Gesetzmäßigkeiten ableiten kann. Nicht umsonst gilt Galilei mit dem ihm zugeschriebenen berühmten Ausspruch vor dem Gericht der Inquisition »und sie bewegt sich doch« als Begründer der europäischen Naturwissenschaft.

Waren Kopernikus, Paracelsus, Kepler und Galilei eher Praktiker, bewandert in ihren Spezialgebieten, hat der englische Staatsmann und Philosoph Francis Bacon diese Entwicklung der Wissenschaften auf theoretische Weise begleitet, ihre Rolle in der Gesellschaft definiert und eine Klassifikation des Wissens versucht. An die Möglichkeit, die Natur umso besser beeinflussen zu können, je mehr man weiß, knüpft sein berühmter Ausspruch »Wissen ist Macht« an. Als Gegner scholastischen Wissens bevorzugte er das Wissen, das aus Erfahrung gewonnen wird, und begründete damit den neuzeitlichen Empirismus. Er steht am Ende der Renaissance und leitet zur nächsten Epoche über.

Nikolaus Kopernikus *(19.2.1473 in Thorn/Weichsel – 24.5.1543 in Frauenburg/Ostpreußen)*

Der im polnischen Thorn geborene Geistliche, Doktor des Kirchenrechts, Domherr in Frauenburg, der in Krakau, Padua, Bologna und Ferrara studierte, führte die Wende ein, die als radikalster Umbruch in der Geschichte des Denkens angesehen werden kann. Er behauptete: »Der Erdmittelpunkt ist nicht der Mittelpunkt der Welt, sondern nur der der Schwere und des Mondbahnkreises«. Und außerdem: »Alle Bahnkreise umgeben die Sonne, als stünde sie in aller Mitte, und daher liegt der Mittelpunkt der Welt in Sonnennähe.« Dieses, sein heliozentrisches (grch. *helios* = Sonne) System, legte er in seiner, neben einer Übersetzungsarbeit, einzigen Schrift vor, die zum Druck kam: *De revolutionibus orbium coelestium (Über die Umschwünge der himmlischen Kugelschalen).* Sie wurde um seinen Sterbetag erstmals gedruckt, angeblich erreichte ihn das erste Exemplar auf dem Sterbebett, die Erstauflage von 1000 Exemplaren wurde nie ausverkauft. Wie kam er zu seiner

Auffassung? Aristarchos' Lehre hat er nicht gekannt, und das Fernrohr wurde erst um 1600 erfunden. Dennoch gab es Beobachtungen, die mit dem ptolemäischen und aristotelischen Weltbild nur schwer zu erklären waren. Mit der Annahme, die Erde sei beweglich, gelang dies wesentlich leichter. »Unter allen Entdeckungen und Überzeugungen möchte nichts eine größere Wirkung auf den menschlichen Geist hervorgebracht haben als die Lehre von Kopernikus«, schrieb Goethe und hatte damit Recht, denn, wenn die Erde nicht Mittelpunkt ist, war dann der Mensch noch die Krone der

Schöpfung? Hatte die Kirche die ganze Zeit Dogmen verkündet, die falsch waren? Obwohl sein Buch dem Papst gewidmet, der Kirche also bekannt war, reagierte sie nicht. Noch nicht. Erst 1611 wurde es verboten.

Theophrastus Bombastus von Hohenheim, gen. Paracelsus *(17.12. oder 10.11.1493 oder 1494 in Einsiedeln – 24.9.1541 in Salzburg)*

Von seinem Vater nach dem Aristoteles-Schüler Theophrast benannt, wurde der 1494 in Einsiedeln Geborene in Ferrara zum Doktor der Medizin promoviert. Gezwungenermaßen – er stritt gerne für seine revolutionären Ansichten – kam er viel in der Welt herum, war auch einige Zeit in Basel als Professor, wo er – als erster – Vorlesungen auf Deutsch hielt.

Sein Erkenntnisdrang, den er über die Naturphilosophie zu stillen hofft, richtet sich am Menschen aus, ihn will er aus der Welt begreifen, die Welt um seinetwillen. Krankheit, durch Evas Sündenfall in die Welt gekommen, ist für ihn als eine Störung der Weltordnung neben dem individuellen auch ein soziales Problem. Der Träger des Lebens ist für ihn nicht die Seele, sondern ein immaterielles Prinzip, das alles im Körper auf chemischem Wege regelt. Salz, Quecksilber und Schwefel sind die Grundbestandteile des Körpers, und dessen Reaktionen lassen sich darum auch im Reagenzglas, experimentell, bestimmen. Die überkommenen Autoritäten, ein reines Bücherstudium wie in der Scholastik, sind für ihn zweitrangig. Durchschaut man die Natur, gelingt es auch, falsche Abläufe im Körper zu korrigieren. Dies hat Folgen auf die Pharmakologie, es sind ganz andere Arzneien nötig, als es die bisher vorherrschende Theorie der vier Säfte, die im Menschen wirken, nötig machte. Säfte, die zu den vier Temperamenten des Melancholikers, Cholerikers, Sanguinikers und Phlegmatikers führten – für Paracelsus eine Angelegenheit der Seele. Vor seinem frühen Tod 1541 äußerte er sich auch zu staatsphilosophischen und theologischen Problemen, proklamierte die Gleichheit der Menschen, die Abschaffung der Todesstrafe und die Sinnlosigkeit des Krieges. Ein wahrer Humanist!

Giordano Bruno *(1548 in Nola bei Neapel – 17.2.1600 in Rom)*

Filippo, mit Klosternamen Giordano, Bruno wurde schon bald nach seinem Theologiestudium in Neapel vom Prokurator seines Ordens der Ketzerei angeklagt und reagierte darauf, indem er aus dem Dominikanerorden austrat und floh. Über die Schweiz und Frankreich, wo er jeweils für kurze Zeit Lehrstellen inne hatte, erreichte er schließlich 1583 England. Hier, in Oxford und London, entstanden seine in italienischer Sprache geschriebenen Hauptwerke, die in Dialogform abgefasste metaphysische Schrift *Della causa, principio et uno (Von der Ursache, dem Prin-*

zip und dem Einen), De l'infinito, universo et mondi (Zwiegespräche vom unendlichen All und den Welten) und das erkenntnistheoretische Werk *Degli eroici furori (Heroische Leidenschaften).* Nach sechs unsteten Jahren und längeren Aufenthalten in Paris, Marburg, Wittenberg, Prag, Helmstedt und Frankfurt am Main, wo seine lateinischen Werke gedruckt wurden, folgte er – unvorsichtigerweise – einer Einladung nach Venedig. Von dort aus bewarb er sich um einen Lehrstuhl für Mathematik in Padua. Den Vorzug erhielt jedoch sein Mitbewerber Galileo Galilei. Von seinem Gastgeber verraten, sperrten ihn die Inquisitoren ein und lieferten ihn – obwohl er seine »anstößigen« Gedanken, die Ablehnung der Trinität und eines personalen Gottes, widerrief – nach Rom aus. »Mit größerer Furcht verkündigt ihr vielleicht das Urteil gegen mich, als ich es entgegennehme« waren seine letzte Worte, bevor er an einem sonnigen Februartag mitten in der Ewigen Stadt verbrannt wurde.

Das Verdienst Brunos ist es, Nikolaus von Kues und Kopernikus – daneben auch Paracelsus und Luther – nicht nur aufmerksam gelesen, sondern deren Ideen übernommen und miteinander kombiniert zu haben. Bruno ist sich aufgrund der Unendlichkeit Gottes sicher, dass dessen Abbild, das Universum, ebenfalls unendlich ist – wenn auch auf andere Art – und unzählige Sonnensysteme umfasst. Es ist einheitlich, dabei dynamisch, wie ein lebender Organismus. Rein spekulativ – ganz Philosoph und Theologe, kein Naturwissenschaftler – formuliert er: »So ist denn also das Universum ein Einziges, Unendliches, Unbewegliches ... Es wird nicht erzeugt, denn es ist kein anderes Sein, wonach es sich sehnen oder es erwarten könnte; hat es doch selber alles Sein. Es vergeht nicht, denn es gibt nichts anderes, in das es sich verwandeln könnte – ist es doch selber alles.« Die Seele dieses Organismus ist Gott, der sie nicht wie ein Wagenlenker von außen lenkt, sondern als ihr innewohnendes Prinzip in jedem ihrer Teile wirkt; ein fast pantheistischer Gedanke: Gott ist keine Person, sondern als Weltseele in der ganzen Natur gegenwärtig. Er durchstrahlt die ganze Welt, so wie es schon Plotin im Neuplatonismus formulierte. In ihm fallen, wie es Nikolaus von Kues gelehrt hatte, alle Gegensätze zusammen. Dagegen ist er kein erster Beweger, der einen Anstoß von außen gibt. Bruno widerspricht Aristoteles, dessen Trennung der Welt in zwei Bereiche – über und unter der Mondsphäre – in seiner Vorstellung ebenso keinen Platz mehr hat wie die Annahme, es gäbe formlose Materie. Wie sich ein menschlicher Organismus aus Atomen, so setzt sich die Welt aus »Monaden« zusammen, die ein innerer Selbst- und Formerhaltungstrieb gestaltet und erhält.

Da das Erkennen der Natur zum Erkennen Gottes führt, der in ihr überall gegenwärtig ist, erhalten die Naturerforschung und damit die Naturwissenschaften durch Bruno ein stärkeres Gewicht als zuvor. Seine Gedanken zur Natur werden später von Spinoza aufgenommen. Sein »Märtyrertod« für die Wissenschaft im

Kampf gegen die Kirche bescherte ihm zu Recht große Aufmerksamkeit, nicht zuletzt im 19. Jh., dem Zeitalter des Liberalismus.

JOHANNES KEPLER *(27.12.1571 in Weil der Stadt – 15.11.1630 in Regensburg)*

Noch bevor Johannes Kepler, Student der Theologie im württembergischen Tübingen – die dort nach dem reformierten Glauben gelehrt wurde –, sein Studium beenden konnte, wechselte er, man schrieb das Jahr 1594, schon als Mathematiklehrer an eine Stiftsschule ins österreichische Graz. Zu seinen dortigen Aufgaben gehörte auch die Erstellung der jährlichen Kalender, in denen vor allem die Sterne gedeutet wurden, damit Ärzte, Landwirte und auch Staatsmänner wussten, wann ihnen die Sterne für ihre Geschäfte günstig sind. Dieser irrationale Zug in Keplers Leben zieht sich weiter durch seine Tätigkeit, auch als er schon als Nachfolger Brahes 1601 Hofmathematicus bei Kaiser Rudolf II. in Prag geworden war. Und er findet sich ebenfalls noch in seiner ersten astronomischen Schrift, in der er meinte, das *Weltgeheimnis,* so der Titel der Schrift, entdeckt zu haben. Alles beruhe auf einem harmonischen göttlichen Bauplan, Kopernikus habe grundsätzlich Recht, die fünf bekannten Planeten bewegten sich um die Sonne. Aber, und das war die, wenn auch an Pythagoras erinnernde, Neuheit, nicht in Kreisen, sondern jeder innerhalb eines der fünf regelmäßigen platonischen Körper, die mit der Sonne als Mittelpunkt und begrenzt durch die Kugel mit den Fixsternen, ineinander geschachtelt sind. In Prag verfasste er die *Dioptrik,* ein Werk, das ihn zum Begründer der modernen Optik macht und – noch wichtiger – nun beruhend auf Brahes genauen langfristigen Beobachtungen des Himmels, die *Astronomia Nova (Neue Sternenkunde),* in der er Kopernikus empirisch bestätigt und die ersten beiden der Keplerschen Gesetze entwickelt: 1. Die Planeten bewegen sich in Ellipsen um die Sonne. 2. Da die Sonne einem großen Magneten ähnlich ist,

Die Beobachtungen Tycho Brahes (1546–1601), die er mit Hilfe eines eigenen Observatoriums, aber noch ohne Fernrohre, machte, waren eine Voraussetzung für Keplers Theorien.

bewegen sie sich nicht mit gleichbleibender Geschwindigkeit, sondern so, dass eine gedachte Gerade vom Planeten zur Sonne in gleicher Zeit gleiche Flächen bestreicht. Das dritte Gesetz erschien – etwas verborgen – in seiner *Harmonices Mundi (Weltharmonie),* in dem er erneut auf die göttliche Harmonie in der Welt verweist. Es ist das letzte Werk, in dem empirische Erkenntnisse mit philosophischen Betrachtungen zu Gott, Mensch und Welt vermischt wurden. Kepler starb in Regensburg, wo er, inzwischen Astronom im Dienste Wallensteins, beim Reichstag das ihm noch vom Kaiser zustehende Gehalt einklagen wollte. Er selbst kam nicht mehr zu seinem Recht, durch ihn aber Kopernikus, dessen durch Kepler verbessertes Weltbild nun endgültig seinen Siegeszug antrat.

Galileo Galilei *(15.2.1564 in Pisa – 8.1.1642 in Arceteri bei Florenz)*

»Und sie bewegt sich doch«. Kaum ein anderes Zitat ist so bekannt wie dieses und doch ist es leider nur gut erfunden. Aber Galilei hätte es gesagt haben können, hielt er doch, trotz gefährlichster Anschuldigungen, an seiner Überzeugung fest, dass Kopernikus und Kepler damit Recht hatten, wenn sie behaupteten, die Erde stehe nicht fest, sondern bewege sich um die Sonne. Während seines Studiums der Medizin in seiner Heimatstadt kam Galilei erstmals mit der Physik in Berührung, die er allerdings noch in ihrer von der Scholastik vertretenen aristotelischen Form kennen lernte. Hier begann auch seine Liebe zur Mathematik, denn das Buch der Natur »ist in mathematischer Sprache geschrieben«. Deren Lehre ruhte ebenfalls auf griechischen Säulen, vor allem auf Euklid und Archimedes. Sein Interesse wurde so stark, dass er die Medizin aufgab und 1589 eine Mathematikprofessur in Pisa übernahm. Da die Venezianer anscheinend fortschrittlicher waren als ihre toskanischen Kollegen konnte Galilei, als er in Pisa wegen revolutionärer Gedanken entlassen wurde, mit seiner Lehre in Padua fortfahren. In den 18 Jahren, die nun in der toleranten Republik Venedig folgten, bevor er 1610 die Ämter eines Mathematicus und Philosophus in Florenz übernahm, konnte er seine Forschungen weiter führen. Sie beruhten auf seiner Ansicht, dass Wahrheit nur über die naturwissenschaftliche Methode zu finden sei. Im Gegensatz zur scholastischen Methode, die sich mit dem zufrieden gab, was sie aus dem Vergleich anerkannter Texte entnehmen konnte, galt für Galilei – darin ist er Aristoteles näher als Platon – die eigene Anschauung als Quelle der Erkenntnis. Es ging ihm nicht so sehr um Metaphysik und Theologie, also das Warum, sondern um das Wie. Dieses Wie hatten auch schon andere vor ihm durch Beobachtung zu ergründen versucht. Sein Verdienst war es, die reine Beobachtung durch das Experiment zu ergänzen, durch einen objektiven, da wiederhol- und kontrollierbaren Vorgang, der gemessen und mathematisch ausgedrückt werden konnte. Damit hatte er einen entscheidenden

Schritt für die Wissenschaft getan und sie gleichzeitig von Philosophie und Theologie entfernt. Die Möglichkeiten, die sich ihm eröffneten, nutzte er selber vor allem im Bereich der Astronomie und bewies mit dem von ihm verbesserten, kurz zuvor in Holland erfundenen Fernrohr das kopernikanische Weltbild. Diesen Beweis hatte er zuvor schon durch seine Untersuchungen zur Mechanik erbringen wollen, deren »Abfallprodukt« Fall- und Wurfgesetze sowie das Gesetz der Pendelschwingung waren, die er als erster aufstellte. Das Trägheitsprinzip, von ihm noch nicht vollständig formuliert, räumte mit den traditionellen, auf Aristoteles zurückgehenden Vorstellungen von Bewegung auf. Aber letztlich waren es seine astronomischen Entdeckungen, 1632 in seinem Hauptwerk *Dialogo sopra i due massimi sistemi del mondo tolemaico e copernicano (Dialog über die beiden hauptsächlichen Weltsysteme, das ptolemäische und das kopernikanische)* zusammengestellt, die ihn endgültig berühmt machten – und berüchtigt, jedenfalls für die Kirche, die, anders als noch bei Kopernikus, gleich tätig wurde: Sie verurteilte Galilei in einem berühmten Prozess. Er widerrief und musste den Rest seines Lebens unter Aufsicht der Inquisition verbringen. Es half nicht, dass sich Galilei zur Bibel bekannte, deren Aussagen er als nicht widersprüchlich zu den Naturgesetzen ansah und beteuerte, durch seine Forschungen nur die Größe Gottes erkennen zu wollen. Er hatte am Allmachtsanspruch Gottes gezweifelt und war damit ein Ketzer. Mehr noch als der Feuertod Giordano Brunos hat Galileis Schicksal die Nachwelt beschäftigt und dazu geführt, dass sich schließlich auch die Kirche dazu durchringen musste, ihr Urteil aufzuheben – sie brauchte dafür allerdings 350 Jahre!

Galilei ist der Begründer der modernen Naturwissenschaften. Er bereitete mit seinen Entdeckungen in Astronomie und Mechanik Newtons Gesetze vor und ersetzte das aristotelische Weltbild mit seinen Formen und Wesenheiten durch ein mechanistisches, bei dem es auf die quantitativen Beziehungen eines Körpers in Raum und Zeit und nicht mehr auf seine Qualitäten ankommt.

FRANCIS BACON *(22.1.1561 in London – 9.4.1626 in Highgate bei London)*

Wie neueste Forschungen hoffentlich endgültig bewiesen haben, ist Francis Bacon nicht der Urheber von Shakespeares Werken. Doch alleine die Tatsache, dass man diesem Staatsmann und Philosophen diese Autorschaft zutraute, sagt etwas über das Genie dieses Adeligen aus, dem schon in die Wiege gelegt war, es im Staatsdienst zu etwas zu bringen. Er bestätigte die kühnsten Hoffnungen und wurde 1618 zum Lordkanzler ernannt – das höchste Staatsamt, das die englischen Könige zu vergeben hatten. Neben der adeligen Abkunft half ihm dazu auch sein Studium der *artes liberales* in Cambridge, prominente Fürsprecher und ein Quentchen Glück. Aber es währte nicht lange – Gottseidank, wie man heute versucht ist zu sagen, denn durch seine Verurteilung wegen Bestechlichkeit im Jahre 1621 war es Bacon möglich, sich noch fünf Jahre seinen philosophischen Arbeiten zu widmen. Wie Galilei legte er dabei größten Wert auf Beobachtung und Experiment, was ihm aber letztlich zum Verhängnis wurde: Er starb 1626 an einer Erkältung, die er sich bei dem Versuch zugezogen hatte, Fleisch durch Schnee haltbar zu machen.

»Wissen ist Macht«, so lautet wohl das bekannteste Zitat aus dem Werk dieses mächtigen Wissenden. Es entstammt seinen nach dem Vorbild Montaignes verfassten Essays, mit denen er, wenn schon kein Dramatiker im Range Shakespeares, hohen literarischen Rang beweist. Der Macht des Wissens setzte er auch in seiner *Nova Atlantis (Neues Atlantis)* ein Denkmal. In diesem unvollendeten – fast alle seine Schriften ereilte dieses Schicksal – Entwurf eines utopischen Staates, dem er den Namen der bei Platon erwähnten, sagenhaften Insel gibt, beschreibt Bacon, wie er sich den idealen Staat vorstellt. Die Macht dieses Staates, die aus der Macht über die Natur entsteht, gründet sich dabei auf das Wissen, das in dessen Mitte in einem »Haus Salomons« gesammelt wird. Dabei muss die Sammlung des Wissens gezielt und methodisch vor sich gehen. Der uns von Gott geschenkte Wissenstrieb sei nur dann von Nutzen, wenn er, neben der Erkenntnis Gottes, praktisch verwertbare Ergebnisse brächte und die Lebensbedingungen der Menschen verbessere. Es reicht nicht, Gott zu schauen, Ziel muss sein, sein Werk für den Menschen nutzbar zu machen. Reine Wissenschaft um ihrer selbst willen, so Bacon, sei wie eine Dirne, der es nur um die Befriedigung, nicht aber um den Nachwuchs gehe.

Erkenntnis ist für Bacon eine Widerspiegelung der Wirklichkeit im Denken. Dieser Spiegel muss rein von Unebenheiten, frei von Vorurteilen, von »Idolen« (gr.-lat. = Trugbild), sein. In einem seiner Hauptwerke, dem *Novum Organum (Neues Organon* in Anlehnung an das Organon von Aristoteles), nennt er vier Klassen: 1. Trugbilder der Höhle, in Anspielung auf das Höhlengleichnis Platons, unter denen er Vorurteile versteht, die den geistigen und körperlichen Besonderheiten des Einzelnen entspringen. 2. Trugbilder der Gattung, die dem ganzen Menschengeschlecht gemeinsam sind. 3. Trugbilder des Marktes, die durch Wörter ausgelöst werden, die sich vor die Dinge stellen oder denen kein reales Ding entspricht, wie »Glück«, »Schicksal« oder »erster Beweger«. 4. Trugbilder des Theaters, die auf philosophischen Traditionen beruhen. Neben dem Abbau der Idole muss auch eine geeignete Methode gewählt werden, um zur Erkenntnis zu gelangen. Da die von Aristoteles entwickelte Deduktion, die Syllogistik, die Ableitung von Schlüssen aus zwei Prämissen, kein neues Wissen vermittle, sondern nur altes Wissen ausbreite, und auch die reine Empirie, die er mit der sammelnden Tätigkeit von Ameisen verglich, zu nichts führe, fordert er eine Methode, die der der Bienen ähnelt, die zwar auch sammeln, aber das Gesammelte zu Neuem verarbeiten. Dies ist die Induktion, die Aufstellung allgemeiner Sätze durch die schrittweise Verarbeitung einzelner Beobachtungen, nach Bacons Ansicht auch ohne Zuhilfenahme von Mathematik oder Logik. Nicht anwendbar ist sie lediglich in der Theologie, da deren Wahrheiten undiskutierbar feststehen und sich außerhalb jeder Vernunft befinden. Es hat darum keinen Sinn, sich ihr auf philosophischem Wege zu nähern.

Bacons Forderung nach dem praktischen Nutzen von Forschung macht ihn zum Propheten der neuen Naturwissenschaft, man sagt, er habe das gelobte Land der exakten Wissenschaft gesehen, ohne es betreten zu können.

Reformation

Die Kirche befand sich im 14. und 15. Jh. in einer Krise. Zuerst hatte der Papst unter dem Druck des französischen Königs seine Residenz nach Avignon verlegen müssen. Dort blieben die Stellvertreter Christi auf Erden als Marionetten Frankreichs fast 70 Jahre. Danach führten innerkirchliche Auseinandersetzungen sowie politische Einflussnahmen dazu, dass sich zwei, einmal sogar drei Päpste um den Stuhl Petri stritten. Auch die beiden großen Konzile, die zu einer Reinigung der Kirche führen sollten – das von Konstanz (1414–18) und das von Basel (1431–49) –, erreichten nicht viel, wenn es auch nach Außen scheinen konnte, dass die Macht des Papstes wieder konsolidiert sei. Doch innerkirchliche Kritik, die den Verfall von Glauben und Moral anprangerte nahm zu: zuvorderst die neu gegründeten Bettelorden und aus diesen hervorgegangene Scholastiker, aber auch Einzelpersonen wie der englische Pfarrer von Lutterworth, John Wiclif (um 1330–1384) und der tschechische Prediger Jan Hus (1370–1415), der Wiclifs Reformgedanken übernahm. Beide forderten eine Reinigung des Glaubens von allen Äußerlichkeiten und beriefen sich ausschließlich auf die Bibel als Autorität. Wurde Hus auf dem Konstanzer Konzil noch für seine Ideen verbrannt, war dies bei Martin Luther aufgrund der politischen Lage im Heiligen Römischen Reich Deutscher Nation, wie Deutschland damals genannt wurde, nicht mehr möglich. Diesem einfachen Augustiner-Mönch gelang es zwar nicht, die katholische Kirche zu reformieren, doch, ohne dass er dies beabsichtigt hätte, wurde er zum Begründer einer neuen Glaubensrichtung, des Protestantismus. War Luther selbst der Philosophie gegenüber eher kritisch, ja sogar ablehnend eingestellt, so erkannte Philipp Melanchthon (1497–1560), Professor für Griechisch in Wittenberg und Großneffe des Humanisten Reuchlin, die Notwendigkeit, den neuen Glauben auch philosophisch zu untermauern und damit auch gelehrte Zweifler von seiner Richtigkeit zu überzeugen. Vernunft und Offenbarung widersprachen sich für ihn nicht, da sie ja aus der selben Quelle flössen. Die Vernunft würde durch ein göttliches Licht

Auch das Porträt wurde in der Neuzeit »wiedergeboren«. Den Rekord unter den Abgebildeten hält Martin Luther, der alleine von Cranachs Maler-Manufaktur über 500 Mal in Öl verewigt wurde. Hier ist er mit Melanchthon (ganz links) und Erasmus (4. von links) zu sehen.

erleuchtet und könne daher das Gute und Wahre erkennen. Durch die Verbreitung seiner Synthese eines humanistischen Aristotelismus mit dem Luthertum in von ihm verfassten Lehrbüchern wurde Melanchthon, eine Gräzisierung seines Familiennamens »Schwarzerd«, zum *Praeceptor Germaniae,* zum Lehrer Deutschlands.

Ähnliches versuchte auch der Schweizer Ulrich Zwingli (1484–1531), der neben Luther vor allem von Erasmus beeinflusst wurde, aber auch die Florentiner Akademie und insbesondere Pico della Mirandola kannte. Seine Versuche, die reformatorischen Gedanken mit traditionellen philosophischen Vorstellungen in Einklang zu bringen, führten 1528 im Marburger Religionsgespräch zum Bruch mit Luther.

Ganz anders der Franzose Jean Cauvin, der sich Johannes Calvin (1509–1564) nannte. Seine Ansichten gingen in ihrer Strenge noch über die von Luther hinaus. Er installierte ab 1541, nach humanistischen Studien in Paris und einem Bekehrungserlebnis, eine reformierte Kirchenordnung in Genf, der Stadt, die ihn drei Jahre zuvor verbannt hatte. Seine Lehre unterschied sich von der Luthers nur in wenigen, aber so wichtigen Punkten, dass ein Ausgleich mit den Lutheranern nicht zustande kam. So sah er die Gnade Gottes – zentraler Punkt in Luthers Rechtfertigungslehre – nicht als Auswirkung seiner Liebe, sondern als Ausdruck der Allmacht. Diese Allmacht wirkt selbst in die Handlungen der Menschen. Beruflicher Erfolg ist daher ein Ausdruck göttlicher Vorbestimmung. Wie schon bei Augustinus leugnet Calvin damit vollkommen die Willensfreiheit des Menschen, betont die Prädestination. Gott schuldet er unbedingten Gehorsam, auf die Einhaltung der Gebote ist unbedingt zu achten, wie auch im deutschen Protestantismus kommt der Pflichterfüllung, insbesondere in Bezug auf den von Gott gegebenen Beruf, ein besonderer Stellenwert zu. Die Folge ist eine besondere Betonung der Ethik, aber auch ein Gemeinwesen, das einem Überwachungsstaat ähnelt. Der Calvinismus bzw. die Reformierte Kirche, vor allem in der Schweiz, den Niederlanden, England (Puritaner) und Frankreich (Hugenotten) vertreten, wurde als dritte Konfession neben Katholizismus und Protestantismus ein wichtiger Faktor in den Religionskriegen des 16. und 17. Jh.

Schon vor dem Konzil von Trient (1545–63), in dem sich die Gegenreformation formiert, wurde klar, dass die Trennung der Konfessionen von Dauer sein wird.

Wie Melanchthon der wichtigste Vertreter einer lutherischen Scholastik genannt werden kann, so kommt dies dem schlesischen Schuster Jakob Böhme, eine der außergewöhnlichsten Gestalten dieser Zeit, für den Bereich der Mystik zu. Die Mystik, deren letzter bedeutender Vertreter von internationalem Rang, Meister Eckhart, bereits 1328 gestorben war, gab auch eine mögliche Antwort auf die Krisen in der Kirche, auf leer gewordene Riten, sittlichen Verfall, nämlich durch die Flucht in die Innerlichkeit – die ja schon Luther betonte –, Gotteserfahrung jenseits der Rationalität. Schon vor Böhme waren Sebastian Franck (1499–1542) und Valentin Weigel (1533–1588) diesen Weg gegangen, um in den Kernbereich der Religiosität vorzustoßen, doch nur Böhmes Werk ist von bleibender Wirkung, insbesondere auf die Romantik.

MARTIN LUTHER *(10.11.1483 in Eisleben – 18.2.1546 in Eisleben)*

Gegen den Willen seines Vaters hatte Luther in Erfurt und Wittenberg Theologie studiert. Dabei erhielt er selbstverständlich durch das Grundstudium der Sieben Freien Künste auch eine fundierte philosophische Ausbildung, so dass er in einem Brief behaupten konnte: »Aristoteles ist mir so wol bekannt als dir und deynis gleychen, ich hab yhn auch geleszen unnd gehoret mit mehrem verstand, dan sanct Thomas odder Scotus ...« Vor allem Augustinus und Wilhelm von Ockham beeinflussten den jungen Mönch – während seines Studiums war er in den Augustiner-Orden eingetreten – in seiner Haltung zur scholastischen Theologie mit ihrer Annäherung an die aristotelische Philosophie und der Betonung der Vernunft, die er schon einmal als »des Teufels Hure« brandmarkte. Bereits hier wurde ihm klar, dass der wahre Glaube alleine auf die Bibel gründen dürfe. Er war inzwischen Professor für Theologie in Wittenberg – eine Stellung, die er bis an sein Lebensende behielt –, als er aus Protest gegen den Ablasshandel seine 95 Thesen an die Wittenberger Schlosskirche schlug. Sie machten ihn bekannt und bildeten den Anfang eines Strudels, aus dem er sich nicht mehr befreien konnte und wollte. Schrift folgte auf Schrift, die bekannteste *Von der Freiheit eines Christenmenschen* erschien 1520, ein Jahr bevor er exkommuniziert und die Reichsacht über ihn verhängt wurde. Das entscheidende an Luthers Lehre ist, neben der Betonung der Schrift als einzige Quelle des Glaubens, seine Sicht des Menschen. Dessen Erlösung, er nennt sie Rechtfertigung, durch Gott beruht einzig und allein auf seinem

Glauben, durch eigenes Tun kann er die Gnade Gottes nicht beeinflussen. Jegliche Werke, wie Prozessionen, Wallfahrten oder Bußübungen haben keinen Wert an sich, sondern nur als Bekundungen des Glaubens. Sie machen den Menschen nicht fromm, aber ein frommer Mensch tut gute Werke. Der Mensch ist der Allmacht Gottes unterworfen. Dieser ist unerkennbar und lenkt alles nach seinem Willen – der scholastische Voluntarismus klingt hier an. Dem Menschen hingegen kommt kein eigener Wille zu. Hierüber geriet Luther in einen Disput mit dem der Reformation nahe stehenden Erasmus, der dessen Rechtfertigungslehre abmildern wollte – ohne Erfolg, denn Luther bestand in seiner Schrift *De servo abitrio (Über den unfreien Willen)* auf dessen Absolutheit. Auch wenn der Mensch gegenüber Gott ohnmächtig ist, so bleibt ihm doch eine gewisse Freiheit, die Freiheit im Glauben, die Unabhängigkeit von allen anderen äußerlichen Verhältnissen. Die philosophischen Grundlagen sind im Neuplatonismus zu suchen. Der Mensch ist für ihn wesentlich Geist und steht mittels dem Wort, dem *logos*, mit Gott in Verbindung. Ziel ist das Streben der Seele danach, mit Gott Eins zu werden.

Luther hatte aus einem unterschwelligen Verlangen vieler Menschen, ohne dies angestrebt zu haben, eine Bewegung gemacht, die, und das ist hier nicht zu hoch gegriffen, die Welt veränderte. Er hatte der in Äußerlichkeiten erstarrten Kirche mit einer neuen Innerlichkeit geantwortet. Und ist damit erfolgreich gewesen, weil er in einem ihm in die Hände spielenden politischen Umfeld tätig wurde, das von dem starken Gegensatz zwischen zur Autonomie strebenden Reichsfürsten und schwachem Kaisertum geprägt war. In seiner Betonung der Glaubensfreiheit und eines allgemeinen Priestertums, welches einen geistlichen Stand, wie ihn die katholische Kirche ausgebildet hatte, nicht mehr benötigte, kann man ihn als Propheten des Freiheits- und Gleichheitsgedankens deuten, wie er dem modernen Menschen zu eigen ist.

Jakob Böhme *(1575 in Seidenberg bei Görlitz – 17.11.1624 in Görlitz)*

In die Wiege gelegt war es Jakob Böhme nicht, zur »Zentralfigur der christlichen Mystik« zu werden, denn er war, wenn auch sehr belesen, von Beruf Schuster, Sohn eines reichen schlesischen Bauern. Ein Erweckungserlebnis, der »Durchbruch seines Geistes bis ins innerste der Gottheit«, das den 25-Jährigen bei der Betrachtung eines Zinngefäßes, einer sogenannten »Schusterkugel«, überkam, führte ihn dazu, sich mit der Philosophie zu beschäftigen. Die Früchte aus zwölf Jahren Denkarbeit schrieb er 1612 in seinem Hauptwerk *Morgenröte im Aufgang, das ist die Wurzel oder Mutter der Philosophie, Astrologie und Theologie aus rechtem Grunde – oder Beschreibung der Natur*, das von fremder Hand den geläufigen Titel *Aurora* erhielt, nieder. Die dort in einer schwierig lesbaren, phantasiereichen Sprache geäußerten Gedanken, die dem Bibelglauben des orthodoxen Luthertums widersprachen, führten zum Schweigegebot durch den Görlitzer Hauptpastor. Doch Böhme musste mitteilen, was ihn bewegte. Er sah sich als Sprachrohr des Heiligen Geistes, und so entstanden ab 1618 – dem Beginn des Dreißigjährigen Krieges – in schneller Folge noch eine Reihe weiterer Schriften bis zum *Mysterium magnum*, das die endgültige Form von Böhmes Spekulationen darstellt. Gott war ein unterschiedsloses Nichts und wurde ein Seiendes, um sich selbst empfinden zu können. Er offenbart sich im Menschen, wird Mensch und Welt – den Schöpfungsgedanken aus dem Nichts lehnte er ab –, um sich selbst zu finden. Alles besteht dadurch auch aus den selben Elementen – Böhme kannte wahrscheinlich Paracelsus Schriften zu diesem Thema. Der Mensch bildet, so seine mystische Vorstellung, eine Einheit mit Gott, denn Gott wirkt in jeder Seele. Da alles von Gott kommt, muss auch das Böse seinen Grund in Gott haben. Und so ist es auch, denn alles benötigt seine »Widerwärtigkeit«, seinen Gegensatz, um sich zu offenbaren, so wie das Licht die Dunkelheit benötigt, um zu leuchten. Ohne das Böse, kann sich das Gute Gottes nicht offenbaren. Den Abfall Luzifers sieht Böhme als Allegorie der Verselbstständigung dieses Bösen. Gott zürnte daraufhin und entfachte ein Feuer, so Böhme, aus dem dann die materielle Welt entstand, mit Licht und Dunkel, Liebe und Hass, einem guten und bösen Prinzip in allen Dingen. Die Menschen sind dazu aufgerufen, Gottes Wiedergeburt in ihrer Seele zu ermöglichen, in der er wirkt. Das führt sie eines Tages, dessen Morgenröte er zu sehen glaubte, zur Ruhe, zur Aufgabe des Eigenwillens, zurück zur Einheit mit Gott.

Böhmes Gedanken zur absoluten Einheit Gottes, in der alle Gegensätze vermittelt sind und aus dem aber schließlich auch das Böse entstanden ist, erschienen noch im 17. Jh. in mehreren Gesamtausgaben und beeinflussten den Pietismus sowie Mystiker im In- und Ausland. Bedeutenden Niederschlag fanden seine Gedanken jedoch erst wieder in den Werken einiger Romantiker, wie Schelling, von Baader und Hegel, die in ihm den »Philosophus teutonicus« sahen.

Staatsphilosophen

Beeinflusst durch die neuen politischen Gegebenheiten und als Folge der Loslösung von Ordnungen, die als gottgegeben galten, genügten die mittelalterlichen Theorien vom Staat, wie sie beispielsweise Augustinus und Thomas von Aquin entwickelt hatten, in der Renaissance nicht mehr. Alles war viel komplizierter geworden, neben Kaiser- und Papsttum gab es nicht nur die Königreiche, sondern die italienischen Stadtrepubliken, groß geworden durch ein zu Reichtum gelangtes Bürgertum, und – erst als Folge des Dreißigjährigen Krieges auch rechtlich selbstständig – den Helvetischen Bund und die späteren Niederlande. Diese neuen

Fakten führten zu neuen Fragen: Was ist die ideale Staatsform? Woher kommt das Recht, wenn nicht von Gott? An welche Moral ist ein Herrscher außerhalb der religiösen Grundprinzipien gebunden? Wie weit gehen die Freiheiten eines Bürgers? Ist er in der Religionswahl frei? Aber auch alte Fragen mussten neu diskutiert werden: Wie sieht der ideale Staat nach den sozialen und wirtschaftlichen Veränderungen der beginnenden Neuzeit aus? Welches Recht besteht zwischen den Völkern? Gibt es ein Recht auf Krieg?

Wie sehr gerade die Staatsphilosophen von ihrer Zeit beeinflusst wurden, zeigt schon der erste bedeutende Denker dieser Disziplin, der italienische Diplomat und Historiker Niccolò Machiavelli (1469–1527). Seine als Machiavellismus bekannte, allgemein als verwerflich angesehene Auffassung von Politik rührt aus der Zerrissenheit seines Landes, das dadurch leicht zum Spielball außeritalienischer Interessen wurde. In seiner nächsten Umgebung erlebte er mehrere politische Umwälzungen. Er war selber davon betroffen, als die florentinischen Machthaber, die Kaufmannsfamilie der Medici, die 1494 aus Florenz vertrieben worden waren, ihn 1512 – wieder zur Macht gelangt – aus einem hohen Staatsamt entfernten. Schon vorher hatte er erlebt, wie dort ein religiöser Eiferer, der Mönch Savonarola, ein theokratisches Regime errichtete und dafür 1498 verbrannt wurde. Er hatte in seiner Verbannung viel Muße, sich mit dem Erlebten auf einer philosophischen Ebene auseinander zu setzen. *Il principe (Der Fürst),* sein bedeutendstes Werk, war die Folge. Ganz Realist führt er dort aus, dass die Politik, anders als in den traditionellen Staatsphilosophien, nicht mehr moralischen Normen unterworfen sei, sondern das Handeln des Staats nur nach seiner Zweckgerichtetheit und seinem Nutzen für das Gemeinwohl bewertet werden dürfe: »Die Handlungen aller Menschen und besonders die eines Herrschers, der keinen Richter über sich hat, beurteilt man nach dem Endergebnis.« Nur die Staatsräson zählt, das Recht macht an der Staatsgrenze Halt. Die Ausrufung einer Moral habe nur noch den Wert, die Untertanen besser regieren zu können. Die politische Wirklichkeit eines Staates ist nicht naturgegeben, auch nicht gottgewollt, sondern entsteht aufgrund kausaler Zusammenhänge. Neben diesen Kausalitäten spielen die in vorchristlichem Sinn verstandenen Tugenden, nicht Demut und Askese, sondern Stärke, Entschlossenheit, Ruhmbegier und vor allem Glück eine Rolle im

Sieht so ein Machtpolitiker aus? »Der Zweck heiligt die Mittel« ist das Credo Machiavellis, der hier dem Betrachter ganz sanft entgegen blickt.

politischen Leben. Wenn auch *Der Fürst* keine direkten Auswirkungen auf die Politik hatte, so werden Machiavellis Thesen auch heute noch oft zitiert und diskutiert, Friedrich den Großen forderten sie zu einer Verurteilung, zu seinem *Anti-Machiavell* heraus.

Der englische Lordkanzler Thomas More (1478–1535) gelangt zu einem ganz anderen Ideal und entwirft in seinem Werk *Utopia (Nirgendsort)* die erste Utopie. Darin schildert er, der wegen seines Festhaltens am Katholizismus von Heinrich VIII. hingerichtet und dafür später heilig gesprochen wird, in einem fiktiven Dialog das Leben auf einer fernen Insel, auf Utopia. Morus, so sein latinisierter Name, beschreibt eine sozialistische Gesellschaft, in der es kein Privateigentum gibt, die Güter durch gewählte Autoritäten verteilt oder mit anderen Staaten getauscht werden. Jeder arbeitet sechs Stunden täglich und nutzt den Rest zur Verwirklichung seiner geistigen Anlagen. Es gibt zwar Sklaven, verurteilte Verbrecher, und Kriege, doch nur unter besonderen Voraussetzungen. Die Renaissance-Version von Platons idealem Staat gewährt Religionsfreiheit und Bildungsmöglichkeiten für Frauen, Ziele sind Gesundheit und Erkenntnis der Wahrheit. Mit *Utopia* hat More, der eng mit Erasmus befreundet war, den modernen Staatsroman begründet.

Auch Jean Bodin (1529/30–1596), französischer Humanist und Jurist, lässt sich in seinen Werken als Kind einer unruhigen Zeit erkennen. Er erlebte die französischen Religionskriege, die 1572 in der Bartholomäusnacht – in der Tausende von Hugenotten hingemetzelt wurden und der Bodin knapp entkam – keinen Abschluss, sondern nur einen grausamen Höhepunkt hatten. Selber zuerst Karmelitermönch, dann Calvinist, schließlich wieder Katholik und am Ende wahrscheinlich Jude, verfasste er mit dem erst im 19. Jh. veröffentlichten *Colloquium heptaplomeres (Siebenteiliges Gespräch über die verborgenen Geheimnisse der erhabenen Dinge)* eine religionstheoretische Schrift, in der er sieben Religionen kritisch vergleicht. So aufklärerisch er dort zu Werke geht, so mittelalterlich wirkt ein von ihm verfasster Leitfaden zum Führen von Hexenprozessen, der sein Ansehen in der Nachwelt lange beherrschte, Voltaire nannte ihn »Generalstaatsanwalt Beelzebubs«. Seine Bedeutung liegt zu allererst auf staatstheoretischem Gebiet: Die Keimzelle des Staates ist für ihn die Familie, und wie dort der Vater regiert, so im Staat der Monarch, dem er die »höchste Gewalt gegenüber Bürgern und Untertanen« zugesteht und der »nicht an die Gesetze gebunden ist«. In den auf Breitenwirkung angelegten und darum in Französisch geschriebenen *Six livres de la République (Sechs Bücher über die Republik)* entwirft Bodin eine Philosophie des Absolutismus, der Staatsform, die – von Frankreich ausgehend – weite Teile der europäischen Staatenwelt des 17. und 18. Jh. prägte. In ihnen formuliert er die Souveränität anders als Machiavelli, da er die Bindung des Herrschers an göttliches und Naturrecht fordert. Zweck des Staates muss die Schaffung von Bedingungen sein, die es seinen Bürgern erlauben, ihre geistigen Möglichkeiten zu entfalten. Ist vieles von dem, was Bodin schrieb, heute überholt, so sind seine Begriffsdefinitionen, zum Beispiel die Unterscheidung zwischen Staats- und Regierungsform, grundlegend für die Staatslehre.

Ein nicht weniger aufregendes Leben hatte der Delfter Huig de Groot, genannt Hugo Grotius (1583–1645), der in seinem Hauptwerk *De iure belli ac pacis libri tres (Drei Bücher vom Recht des Krieges und des Friedens)* den schon bei Bodin – dort noch gemeinsam mit dem göttlichen Recht – vorhandenen Primat des Naturrechts zum Völkerrecht ausbaute, als dessen Begründer er gilt. Bereits mit 16 Jahren in Orléans zum Doktor beider Rechte (des weltlichen und des Kirchenrechts) promoviert, wurde der in verschiedenen Staatsfunktionen tätige Jurist Grotius 1619 in den Sturz des niederländischen Staatsmanns Oldenbarnevelt verwickelt, jedoch nicht wie dieser hingerichtet. Aus seiner lebenslangen Gefangenschaft floh er nach Paris und starb als schwedischer Gesandter auf einer Reise in Rostock. Indem er die politische Natur des Menschen und dessen Weltbürgertum voraussetzt, lässt sich seine Lehre auf Aristoteles und die Stoa zurückführen. Grotius erklärt das Volk zum Souverän, das sich in einem Staat zusammenschließt, da der Einzelne die durch die Vernunft definierten Ziele so am besten erreichen kann. Dabei steht an erster Stelle der Schutz des Eigentums, als das auch der eigene Körper verstanden wird, der als Folge dieser Definition handelbar ist. Folgerichtig findet auch die Sklaverei unter gewissen Umständen für Grotius ihre Berechtigung, so in Bezug auf die Unterlegenen eines Krieges, die ihre Freiheit gegen ihr Leben eintauschen können. Krieg widerspricht der Vernunft und ist nur dann gerecht, wenn natürliches Recht, »das so unveränderlich ist, dass es selbst von Gott nicht abgewandelt werden kann«, verletzt wird. Auch im Krieg, der immer zu begründen ist, muss das Recht geachtet werden. Wie bei seinem Gegenpol Machiavelli, spielen bei Grotius Religion und Glaube kaum mehr eine Rolle. Grotius lässt nur die »höhere Heiligkeit« der Bergpredigt als dem Naturrecht überlegen gelten. Seine auf logisch-rationale und empirische Kriterien gestützte Rechtsdefinition wurde zum Grundrecht der westlichen Welt.

Noch mehr als Bodin gilt der englische Philosoph Thomas Hobbes (1588–1679) als Theoretiker des Absolutismus. Der in Oxford in den Freien Künsten ausgebildete Hobbes erlebte unruhige Zeiten, von denen er durch ein zehnjähriges Exil in Frankreich selbst betroffen war: die Absetzung der Stuarts, die Regierung Oliver Cromwells und die anschließende Restauration. Seine Ausbildung, die Übersetzung von Thukydides' Werk über den Peloponnesischen Krieg, seine Tätigkeit als Sekretär von Francis Bacon und seine Bekanntschaft mit Galilei führten zu dem philosophischen System, dessen Kern seine staatsphilosophischen Arbeiten bilden: *De cive (Vom Bürger),* der dritte und letzte Teil seiner *Elemente über die Philosophie* und sein bekanntestes Werk *Leviathan,* die erste bürgerliche Staatsphilosophie. Wie Bacon lässt er als einzigen Erkenntnisgrund die Erfahrung gelten und übernimmt die mathematisch-mechanistischen Ansätze Galileis. Denken ist für ihn ein Rechnen mit Begriffen, mit Namen, die der Mensch aufgrund der Erfindung der Sprache den Dingen gegeben hat: »Wo keine (begriffliche) Erzeugung, da keine Philosophie«.

Der Atheist Hobbes hat für Gott keinen Platz in seiner Welterklärung, die rein materialistisch davon ausgeht, dass sich alle Vorgänge, selbst die seelischen, auf natürliche Gesetze zurückführen lassen. Menschliches Handeln ist streng analytisch gesehen die Bewegung von Körpern in Raum und Zeit. Da sich für den Materialisten und Naturalisten Hobbes alles auf Ursache und Wirkung reduzieren lässt, kann von einer Willensfreiheit keine Rede sein. »Homo homini lupus«, der Mensch ist dem Menschen ein Wolf, ist seine pessimistische Aussage über seine Artgenossen. Um diesen »Krieg aller gegen alle«, den natürlich gegebenen Egoismus, wie er sich in Bürgerkriegen und Revolutionen niederschlägt, zu überwinden und ein optimales Dasein zu ermöglichen, bedarf es eines gemeinsamen Vertrags. In ihm werden die Machtmittel der Einzelnen auf eine übergeordnete Gewalt übertragen, die für Sicherheit und Recht sorgt. Auch wenn der Staat dadurch zu einem Ungeheuer wie dem »Leviathan« im biblischen Buch Hiob wird, muss er allmächtig, sein Wille Gesetz sein. Es gibt kein überstaatliches, kein göttliches Recht, der Staat ist absolut. Hobbes Ideen erreichten nicht die Wirkung, die er beabsichtigt hatte: Die englische Politik blieb von ihnen unbeeinflusst. Sie förderten jedoch die Mathematisierung der Logik, die empiristischen Bestrebungen und die Sichtweise des Staates als ein Sozialkontrakt zwischen freien Bürgern, wie sie Locke und Rousseau übernahmen. Es schmälert seine Bedeutung nicht, dass er bis zuletzt an die mathematische Möglichkeit einer Quadratur des Kreises glaubte. Das Unmögliche möglich machen – ein optimistischer Gegenzug zu seiner pessimistischen Sicht auf den Menschen.

Staatsphilosophie

Wie die Ethik und die Rechtsphilosophie ein Teilbereich der praktischen Philosophie. Sie befasst sich mit Ursprung, Wesen, Sinn, Zweck und Funktion des sozialen Gebildes »Staat«. Wenn auch Machiavelli der bekannteste Staatsphilosoph ist, so kommt jedoch Platon, Hobbes und Locke wegen des Modellcharakters ihrer Staatskonzeptionen wesentlich größere Bedeutung zu.

17. und 18. Jahrhundert

Innerhalb der Neuzeit folgen auf das Zeitalter der Renaissance im Bereich der Kunst Barock und Rokoko, auf den Humanismus Absolutismus und Aufklärung, bis auch diese Entwicklungen fast überall im Zuge der Französischen Revolution anderen Strömungen Platz machen. Hat im Bereich der Kunst die Architektur die Führung, wenn es um Stilfragen geht, so ist es in der europäischen Politik die französische Monarchie, die den Ton angibt. Schon in der Mitte des 16. Jh., in den letzten Lebensjahren Michelangelos, wird in Rom barock gebaut und am Ende des Jahrhunderts von Caravaggio ebenso gemalt. Der neue Stil ist die Antwort der Kunst auf das Konzil von Trient, in dem die Gegenreformation ihre Kampfansage an den Protestantismus formulierte. Glanz und Gloria sollen die Besucher von Kirchen und Schlössern überwältigen, vorbei ist es mit antikem Ebenmaß. Auch das Schloss von Versailles wird so gebaut und ausgestattet, die Residenz des größten absolutistischen Fürsten, Ludwigs XIV., des Sonnenkönigs. Er lebte die Philosophien von Bodin und Hobbes. Er ist der unumschränkte Souverän in Frankreich und in seinem Gottesgnadentum nur dem Höchsten gegenüber verantwortlich. Ihm kommt zu Gute, dass der verheerende Dreißigjährige Krieg 1648 auf Kosten Deutschlands beendet wurde, dessen Kaisertum nun noch mehr geschwächt ist. Gewinner sind auch die deutschen Teilstaaten, und Preußens Stern beginnt aufzugehen.

Ein Teilnehmer des längsten europäischen Krieges bringt auch das 17. Jh. für die Philosophie zum Glänzen: René Descartes begründet die neue Philosophie, sein System, das cartesische, steht am Beginn des Rationalismus. Die spezielle geographische Lage Englands und die lange Geschichte seiner Verfassung, der »Magna Charta«, führen dort zu einer etwas anderen Entwicklung als auf dem Kontinent. War im Abschnitt über Hobbes bereits von Revolutionen und einer Zeit des Bürgerkriegs die Rede, so gelang es der Herrscherfamilie der Stuarts auch nach der Restauration der Monarchie nicht, den Absolutismus in ihrem Land einzuführen. Sie werden erneut und 1688 für immer des Landes verwiesen.

Wie in der Politik und ebenso in der Kunst, so verläuft im Inselreich, das sich über die Weltmeere auszudehnen beginnt, auch die Entwicklung der Philosophie in vom Kontinent getrennten Bahnen. Sie baut hier auf alten Traditionen auf, die schon im 13. Jh. die Erfahrung betonten. Sehr viel stärker noch als ihre Ahnherren, Francis Bacon im 13., Wilhelm von Ockham im 14. und Roger Bacon im 16. Jh., betonten die englischen Philosophen des 17. und 18. Jh. die Erfahrung als Grundlage des Wissens und der Philosophie. Ihnen war eine nüchterne Herangehensweise zu eigen, wie sie der in England verbreitete Zweig der Calvinisten, die

Puritaner (lat. *puritas* = Reinheit) propagierte. Der Empirismus, wie diese Denkrichtung nach dem griechischen Wort für Erfahrung, *empeiria,* genannt wird, blieb zwar hauptsächlich auf Großbritannien beschränkt, ging dort jedoch in eine Epoche über, die dann auch in Deutschland, vor allem aber in Frankreich ihre bedeutendsten Vertreter fand: die Aufklärung. Schon der erste große Empirist, John Locke, gilt als ihr geistiger Vater. Genauso wenig, wie sich diese Denkrichtung zeitlich exakt abgrenzen lässt, stimmen ihre Vertreter in wesentlichen Punkten überein. Gemeinsam ist ihnen zum einen die kritische Tendenz, das Infragestellen von allem, was der rationalen Prüfung nicht standhält, und zum anderen eine emanzipatorische Einstellung, die die Freiheit des Denkens und die Autonomie des Individuums fordert. Die Folge dieser Ideen ist die Lösung des Menschen aus überkommenen Bindungen, seien sie religiöser oder politischer Natur. Sie sind es letztlich, die Absolutismus und Aberglauben, Folter und Sklaverei ein Ende bereiten und einerseits einer neuen Innerlichkeit, der Romantik, den Weg ebnen, andererseits der Vernunft, die in der Französischen Revolution von 1789 schließlich als Göttin angebetet wird. Auch in der bildenden Kunst schlagen sich die neuen Ideen nieder und beenden das fast regellose, verschnörkelte, höfische Rokoko, eine verfeinerte Form des Barock. Der Klassizismus, die neue Nüchternheit jenseits der Höfe, die ebenso wie die Kirche ihre Bedeutung als Auftraggeber für Künstler an das Bürgertum abtreten, orientiert sich wieder am strengen antiken Ideal. Die »Neuere« oder auch »Neueste Zeit«, die auf die Neuzeit folgende Epoche, begann.

Rationalismus

Wie bereits das Mittelalter mit seiner weitgehenden Geschlossenheit des philosophischen Denkens im Gegensatz zur Antike stand, in der vielerlei Denkrichtungen parallel existierten, hebt sich das 17. vom 16. Jh. ab. Durch die Bedeutung, die die erste selbstständige Wissenschaft der Neuzeit, die Mathematik, für die Philosophie und für so gut wie jeden ihrer Vertreter – Descartes, Pascal und Leibniz waren geniale Mathematiker – gewinnt, ähneln sich deren Bestrebungen, die naturwissenschaftlich-mathematische Methode, wie sie Galilei in der Physik anwandte, auch auf Bereiche außerhalb der körperlichen Welt zu übertragen: auf die Seele und Gott. Sie orientieren sich dabei insbesondere an der Geometrie, die den Vorteil eines systematischen Aufbaus hat und deren Lehrsätze alle aus übergeordneten Axiomen, unbezweifelbaren Grundsätzen und unauflöslichen Begriffen abgeleitet sind. In ihrem Glauben an die Vernünftigkeit der Realität, der durch die Renaissancephilosophen begründet wurde, versuchten die größten unter ihnen Gesamtsysteme zu schaffen, die auf wenigen Grundbegriffen ruhen sollten, aus denen sich – wie in der Geometrie – alles andere ergeben sollte. Dieser Systemwille erinnert an die Scholastiker und ist dem fast gleichzeitig in England entstehenden Empirismus fremd, der ja mit seiner auf Sinneserfahrungen aufbauenden Erkenntnistheorie den Gegenpol zum Rationalismus eines Descartes, Spinoza oder Leibniz bildet.

Der Begründer des Rationalismus ist der Franzose René Descartes, der als Vater der modernen Philosophie überhaupt gilt. Ganz Kind seiner Zeit fordert er eine Philosophie, die auf einer klar und deutlich sichtbaren Wahrheit beruht, um nicht wie die Scholastik, über deren Wahrscheinlichkeiten man endlos streiten kann, zum Ausgangspunkt von Meinungsstreitigkeiten zu werden, die in Glaubenskriegen enden können. Starke Befürworter der cartesianischen Lehre mit ihrem Primat der Erkenntnis der Seele vor der des Körpers waren die Jansenisten, Anhänger einer durch den Bischof von Ypern, Cornelius Jansen, begründeten Lehre, die sich, indem sie gegen eine Verweltlichung der katholischen Religion kämpfte, auf Augustinus berief. Einer ihrer Anhänger, Blaise Pascal (1623–1662), der Begründer der Wahrscheinlichkeitsrechnung und wie Descartes Verfechter von »Klarheit und Deutlichkeit« in der Erkenntnis, wandte sich nach einem religiösen Erweckungserlebnis vom Rationalismus ab und einer mystischen Auffassung zu. Er ordnete die Philosophie wieder der Religion unter und forderte dies auch für die Logik des Verstandes gegenüber der »Logik des Herzens«.

Auch der Okkasionalismus baut auf dem Cartesianismus, der Lehre Descartes', auf – und ordnet ihn gleichzeitig der Theologie unter. Seine beiden bedeutendsten Vertreter, der Belgier Arnold Geulincx (1625–1669) und der nach Descartes bedeutendste französische Philosoph dieser Epoche, Nicole Malebranche (1638–1715) »lösen« mit ihrer Denkrichtung das von Descartes aufgeworfene psychophysische Problem, die Frage, wie ein sich im Geist abspielender Akt zu einem Vorgang des Körpers werden kann, wo doch beide, Geist und Körper, substanziell voneinander getrennt sind. Die Lösung: ein Wunder! Gott nimmt den Anlass (lat. *occasio*) des Denkens wahr und macht daraus einen körperlichen Vorgang. Malebranche zeigt sich ganz als Platoniker, indem er von Ideen spricht, mit denen unser Denken arbeitet und als Ursache von allen körperlichen und seelischen Vorgängen letztlich Gott sieht. »Die Welt ist in Gott« lautet die Formel Malebranches, »Gott ist in der Welt« die der Pantheisten, deren klassischer Vertreter der Niederländer Benedictus Spinoza, der zweite im Dreigestirn der großen Rationalisten des 17. Jh. ist.

In Deutschland, dem Schauplatz des Dreißigjährigen Krieges (1618–1648), war Kultur jenseits der konfessionellen Spannungen und außerhalb der Theologie lange Zeit kaum möglich, eine Flucht in die Innerlichkeit eine häufige Folge. An die großen naturwissenschaftlichen Leistungen eines Kopernikus und Kepler konnte erst nach Kriegsende ein Mann anschließen, der als letztes Universalgenie und Begründer der neueren deutschen Philosophie bezeichnet wird: Gottfried Wilhelm Leibniz. Er baute auf Descartes und Spinoza, den er persönlich kannte, auf und gilt als der letzte der drei großen Systematiker des 17. Jh.

René Descartes *(31.3.1596 in La Haye/Touraine – 11.2.1650 in Stockholm)*

Leben: Descartes, latinisiert Renatus Cartesius, hat weder promoviert noch gelehrt, sein ganzer Lebenslauf ist ungewöhnlich für einen Philosophen seiner Zeit. Zuerst trat der aus einer angesehenen katholischen Familie stammende Achtjährige in ein im ganzen Land angesehenes Jesuitenkolleg ein, in dem er auch philosophische Kenntnisse vermittelt bekam. Dies und auch sein anschließendes kurzes juristisches Studium weckten seine Abenteuerlust, denn er wollte die Welt nicht nur aus Büchern, sondern aus eigener Anschauung kennen lernen, »im großen Buch der Welt« lesen. Er trat in die holländische Armee ein und nahm zuerst auf protestantischer, dann auf katholischer Seite als Offizier am Dreißigjährigen Krieg teil, der ihn schließlich auch nach Neuburg an der Donau führte. Dort hatte er in einer Novembernacht des Jahres 1619 drei Träume, die ihn der Wissenschaft zuführten und – so seine Deutung – in ihm das Verlangen weckten, eine Methode zu entwickeln, mit der alle Wissenschaft, die er mit einem Baum verglich, begründbar sei. »Die ganze Philosophie ist also einem Baume vergleichbar«, schreibt er später, »dessen Wurzeln die Metaphysik, dessen Stamm die Physik und dessen Zweige alle übrigen Wissenschaften sind, die sich auf drei hauptsächliche zurückführen lassen, nämlich auf die Medizin, die Mechanik und die Ethik.« Spätestens 1620 quittierte er den Dienst, reiste viel und beschäftigte sich intensiv mit Mathematik und Physik. Auf vier Jahre in Frankreich folgte 1628 seine Übersiedelung ins reiche und liberale Holland, wo er sich von der Welt zurückzog, um sich seinen Forschungen widmen zu können, denn »wenn man zu leben versucht, ohne zu philosophieren, ist das, als halte man die Augen geschlossen, ohne daran zu denken, sie zu öffnen«. Während dieser Zeit war er der Welt nur verbunden durch eine umfangreiche gelehrte Korrespondenz, die über einen Mittelsmann in Paris abgewickelt wurde. In den mehr als 20 niederländischen Jahren entstanden alle seine Hauptwerke. Vermutlich wäre er dort auch gestorben, wenn ihn nicht die den Wissenschaften sehr zugeneigte schwedische Königin Kristina, deren Bekehrung zum Katholizismus auch mit Descartes in Zusammenhang gebracht wird, 1649 an ihren

Hof geholt hätte. Die Hofkamarilla machte ihm das Leben nicht leicht, doch wahrscheinlich war es tatsächlich das Klima »im Land der Bären, mitten unter Felsen und Eis« und kein Gift, das ihn schon im Jahr darauf aus dem Leben scheiden ließ.

Werke: Auf eine erste, unvollendete Schrift Ende der Zwanziger Jahre des 17. Jh., den *Regulae (Regeln zur Leitung des Geistes)* folgte ein bedeutendes Werk, das seine Naturphilosophie darstellen sollte. Da es die kopernikanische Lehre aufnahm, wagte er es jedoch nicht sie zu veröffentlichen, nachdem er davon hörte, was Galilei widerfahren war. Trotzdem sind Teile davon überliefert, so *Le monde (Die Welt)* mit der analytischen Geometrie, die er begründete, der *Dioptrik (Lehre von der Brechung des Lichts)* mit der Ableitung des Brechungsgesetzes, und den *Meteoren,* unter denen man zu seiner Zeit Luft- und Himmelserscheinungen verstand und in denen er die Entstehung des Regenbogens erklärte. Die erste von ihm selbst veröffentlichte Schrift ist die programmatische *Discours de la méthode (Abhandlung über die Methode).* In ihr nennt Descartes die wichtigsten Regeln seiner neuen wissenschaftlichen Methode und beschreibt die Grundzüge seiner Moralphilosophie, der Metaphysik und der Kosmologie. Vier Jahre danach, 1641, erfolgte die ausführliche Darstellung der Metaphysik in seinem bedeutendsten Werk, den *Meditationes de prima philosophia (Betrachtungen über die Grundlagen der Philosophie),* aus deren Untertitel hervorgeht, von was es handelt: der Existenz Gottes und der Unstofflichkeit der Seele. Ungewöhnlich ist die literarische Form, eine Art autobiographischer Bericht über eine Woche des Nachdenkens. Er ergänzt ihn um die von ihm erbetenen Einwendungen sechs bedeutender Gelehrter – darunter Hobbes –, denen er noch im selben Buch antwortet. Die sich aus den Meditationen ergebenden Konsequenzen für die Naturwissenschaft finden sich drei Jahre danach in seinem systematischen Hauptwerk, den *Principia philosophiae (Prinzipien der Philosophie).* Dort erläutert Descartes in vier Teilen sein Weltbild: die Grundlagen der menschlichen Erkenntnis, der Physik und Astronomie sowie seine Lehre von der Erde, denn zur Philosophie gehörten – noch bis nach Kant – auch die Naturwissenschaften, Pädagogik, Ökonomie, Soziologie und Politologie. 1649 erscheint schließlich mit *Les passions de l'âme (Leidenschaften der Seele)* sein letztes, ein psychologisches Werk, das die Abtrennung der Psychologie von der Philosophie im 19. Jh. einleitete.

Lehre: Wie für Augustinus liegt auch Descartes' Hauptinteresse bei Gott und der Seele. Im Unterschied zur mittelalterlichen Vorgehensweise will er sie aber mit einer Philosophie ergründen, die einerseits das Fundament für die gesamte Wissenschaft bieten soll, damit diese den Menschen nützt, andererseits aus einfachsten und sicheren Grundbegriffen aufgebaut sein muss, die über jeden Zweifel erhaben sind. Aus diesen, so die mathematische Methode, werden dann alle Aussagen abgeleitet. Diese Deduktion ist aber nur möglich, wenn erst einmal alles in Zweifel gestellt wird, denn wie bei einem Eimer voller Äpfel werden alle Äpfel faulig, wenn ein schlechter dabei ist. »Ich werde alles anzweifeln, um zu sehen, was einem solchen Zweifel standhält«, schreibt er, seien es Bücher: sie könnten irren, die Welt um uns: man könnte träumen, Sinneserfahrungen: man könnte sich täuschen, ja sogar die Grundsätze der Mathematik, denn unser logisches Gedächtnis könnte uns in die Irre führen. Das einzig sichere Ergebnis ist die Selbstgewissheit: da ich zweifle, da ich denke, muss ich, mein Bewusstsein, existieren. »Cogito ergo sum« – ich denke, also bin ich – ist der daraus abgeleitete, so jedoch nicht niedergeschriebene, berühmte Gedanke.

Und noch etwas ist absolut gewiss: die Existenz Gottes. Hier beruft er sich auf den umstrittenen ontologischen Gottesbeweis des Anselm von Canterbury, der Ableitung seiner Existenz aus der im Menschen vorhandenen Idee eines höchst vollkommenen Wesens sowie auf den nicht weniger kontrovers diskutierten kosmologischen Gottesbeweis. Da Gott vollkommen ist, muss er wahrhaftig sein, da er Ursprung aller Wirklichkeit ist, muss das, was ich klar und deutlich wahrnehme auch wirklich sein. Irrtümer ergeben sich nur durch den freien Willen, indem wir einer Vorstellung zustimmen, eine andere ablehnen. Genauso wie es die Idee, den eingeborenen Begriff von Gott gibt, existieren auch andere Ideen in uns: die logischen Grundprinzipien, die Begriffe der Substanz, der Ausdehnung, der Ursache und der Zahl. Auf diesen klaren und deutlichen Grundbegriffen lässt sich jede Erkenntnis aufbauen. Die Welt besteht aus zwei Substanzen: Es sind dies das Bewusstsein, das Denken, das auch das Wahrnehmen, Fühlen und Wollen umfasst, und die Welt der materiellen Dinge. Ist das erstere unausgedehnt, also weder räumlich noch körperlich, so kann man Körpern mit Sicherheit das Ausgedehntsein zugestehen. Da es nach Descartes im Gegensatz zur Lehre der griechischen Atomisten, die gerade von Pierre Gassendi (1592–1655) erneuert wurde, keinen leeren Raum gibt – der Raum besteht aus an sich trägen Körpern –, kann Bewegung nur dadurch erklärt werden, dass ein Körper einen anderen anstößt. Die Energie, die ursprünglich durch einen ersten Anstoß von Gott kam, bleibt immer erhalten. Ausdehnung, Bewegung und ihr Gegenteil, die Ruhe, genügen, um die ganze Physik, auch organische Vorgänge, zu erklären. Damit lassen sich selbst die Qualitäten von Körpern, Farbe, Ton oder Wärme einwandfrei bestimmen! Fatal wird dieser mechanistische Ansatz dann, wenn Descartes Lebewesen damit zu reinen Automaten degradiert – nicht den Menschen, denn in ihm existiert der Dualismus von Körper und Seele, von Ausdehnung und Denken, aber das Tier. Wie dieser Dualismus überwunden wird, wie die beiden Substanzen in Verbindung stehen, kann Descartes mit seinem Ansatz, die Zirbeldrüse im Gehirn als vermittelndes Organ anzunehmen, nicht befriedigend lösen – hier fehlt es an der von ihm stets geforderten Klarheit und Deutlichkeit.

Zusammenfassung

Eine Philosophie, die systematisch aufgebaut ist und aus nicht bezweifelbaren Wahrheiten besteht, kann einerseits Meinungskämpfe verhindern helfen, andererseits trägt sie als Fundament der Naturwissenschaften dazu bei, die Natur zu beherrschen, was sie wiederum nützlich werden lässt für den Menschen. Diese Grunderkenntnis führt Descartes zur Ableitung eines mechanistischen Systems, das gemäß der von ihm angewandten mathematischen Methode auf unbezweifelbaren Grundbegriffen beruht, deren Klarheit und Deutlichkeit er immer wieder betont und von denen sich alles andere rational-deduktiv ableiten lässt. Ausgangspunkt sind für ihn die Selbstgewissheit, das Bewusstsein, und Gott. Daraus leitet er für den Menschen einen Dualismus aus Denken und ausgedehnter Substanz, dem Körper, ab, deren Zusammenwirken er jedoch nicht befriedigend erklärt.

Wirkung: Descartes ist der Begründer des Rationalismus, des nach ihm benannten Cartesianismus und der neueren Philosophie überhaupt, die sich von der alten dadurch unterscheidet, dass sie die Methoden der Naturwissenschaften, insbesondere der Mathematik, auf die Philosophie überträgt. Seine Behandlung der Seele als bewusstes, denkendes und wollendes Ich im Gegensatz zur ausgedehnten Substanz, dem Körper, der Dualismus aus Körper und Geist, prägt die Betrachtung des Menschen bis zur Gegenwart. Schon zu seinen Lebzeiten wurde seine Lehre kontrovers diskutiert und fand in den Jesuiten mächtige Gegner, die schließlich ein Verbot seiner Schriften durchsetzten. Nicht anders erging es ihm von protestantischer und staatlicher Seite. Abgesehen von seiner Bedeutung für Mathematik, Naturwissenschaften und Psychologie kommt ihm das Verdienst zu, mit seinem Denken die weitere Entwicklung der neuzeitlichen Philosophie eingeleitet zu haben.

BENEDICTUS DE SPINOZA *(24.11.1632 in Amsterdam – 21.2.1677 in Den Haag)*

Leben: Schon die Zeitgenossen fragten sich, ob Spinoza Heiliger oder Atheist sei. Mit seinen Ansichten hat er die Menschen so polarisiert, dass er als derjenige Denker gilt, der die meisten Beschimpfungen auf sich vereinte. Geboren wurde er als Sohn einer aus Portugal stammenden jüdischen Familie. Seine Ausbildung um-

fasste daher auch das jüdische Schrifttum und die großen jüdischen Philosophen des Mittelalters, aber auch die neuere Philosophie mit Bruno, Hobbes und Descartes sowie, ebenfalls außerhalb des vorgesehen Schulbetriebs, Kopernikus, Kepler und Galilei. »Nach dem Urteil der Engel und der Aussage der Heiligen verbannen, verfluchen, verwünschen und verdammen wir Baruch d'Espinosa ...« – so begann der Bannfluch der Synagoge, mit der der 24-Jährige, der sich vom orthodoxen Judentum abgewandt hatte, aus der Gemeinschaft verstoßen wurde. Dies war der letzte äußere Höhepunkt in einem einsamen Leben, das nun begann. Benedictus – die lateinische Entsprechung von Baruch, seinem Geburtsnamen – Spinoza verließ seine Vaterstadt, zog mehrfach um, zuletzt nach Den Haag, und lebte vom Schleifen optischer Linsen. Der dabei entstehende Staub sollte schließlich sein Leben verkürzen. Trotz seiner extremen Bescheidenheit und Zurückgezogenheit – manchmal verließ er seine Wohnung für mehrere Monate nicht – wurde er berühmt. 1673 wurde ihm der Lehrstuhl für Philosophie der Universität Heidelberg angeboten, doch er lehnte ab, weil er seine Freiheit in Gefahr sah. Schon mit 44 Jahren starb er an Tuberkulose.

Werk: Von seinen wesentlichen Schriften wurde zu Lebzeiten nur der *Tractatus theologico-politicus (Theologisch-Politischer Traktat)* veröffentlicht. Gemäß seinem Wahlspruch »Caute« – sei vorsichtig! – erschien dieses für religiöse und politische Toleranz werbende Werk anonym. Es umfasst eine Bibelkritik und Spinozas Staatslehre. Innerhalb der im Jahr seines Todes herausgegebenen *Opera posthuma (Nachgelassene Werke)* erschien sein Hauptwerk *Ethica more geometrico demonstrata (Ethik, nach geometrischer Methode dargestellt).* Der formale Aufbau dieser Schrift folgt der Mathematik, genauer: der euklidischen Methode, arbeitet mit Axiomen – die keineswegs eindeutig sind –, Definitionen – an die er sich nicht durchgängig hält – und Beweisen – die nicht immer korrekt abgeleitet sind –, was das Verständnis ebenso erschwert wie die an der Bedeutung des Inhalts gemessene erstaunliche Kürze. In fünf Büchern bietet er eine Essenz seines philosophischen Denkens über Gott, die Natur und – dem Titel gemäß – die Ethik.

Lehre: Schwerpunkte der Philosophie Spinozas sind Gott und Mensch. Dabei ist die Erkenntnis Gottes nicht Aufgabe der Theologie, sondern der Philosophie. Spinoza gelangt zu der Auffassung, dass Gott, Natur und Substanz eins sind. Warum? Substanz bedeutete im 17. Jh. nicht Materie, sondern wörtlich das »Darunterstehende«. Das ewige, unendliche, unbedingt und vollkommen Seiende ist das, was unter bzw. hinter allen Dingen steht, es ist die eine, die einzige Substanz, es ist Gott. Da diese Substanz unendlich ist, gibt es kein Außerhalb; Gott, die ungeschaffene Natur, muss also in der geschaffenen Natur allgegenwärtig sein: »Gott, die erste Ursache aller Dinge und auch die Ursache seiner selbst, gibt sich selbst durch sich selbst zu erkennen«. Ein pantheistischer, Giordano Bruno naher Gedanke, der ihm die Ablehnung aller Religionen einbringt, die an einen personalen Gott glauben. Gott besteht aus unendlich vielen Eigenschaften, von denen der Mensch, der auch ein Teil der Natur und damit Gottes ist, jedoch nur zwei erkennen kann, da sie seiner eigenen aus Körper und Seele bestehenden Existenz entsprechen: Ausdehnung, aus der das Universum hervorgeht, und Denkung, aus der die Ideen hervorgehen. Spinoza nennt den Körper einen Zustand oder Modus der Ausdehnung der einen Substanz. Die Seele, die auch Mineralien, Pflanzen und Tieren zugeordnet ist, nennt er einen Zustand der Denkung der einen Substanz. Körper und Seele sind, wie alle endlichen Dinge der Welt, durch andere bedingt. Anders als bei Descartes besteht der Mensch also nicht aus zwei Substanzen, sondern nur aus einer mit den zwei Wesenseigenschaften Ausdehnung und Denkung. Zwischen diesen beiden Modi besteht kein kausaler Zusammenhang, sondern ein Parallelismus wie bei einer Uhr mit einem Getriebe, aber zwei Zifferblättern: Jeder seelischen Veränderung muss eine körperliche entsprechen, das Wollen einer Handbewegung und die Bewegung selbst sind nur zwei Seiten desselben Vorgangs. Auch Spinozas Erkenntnistheorie betont die Notwendigkeit Gottes, indem er empirisches Wissen, das sich immer auf andere Körper bezieht, also auf Erfahrungen, Erinnerungen oder Meinungen, als inadäquat, unangemessen, verworren bezeichnet und davon den Verstand unterscheidet, der alles in seinem ewigen Zusammenhang betrachtet und die Wesenheit der Dinge direkt vermittelt. Noch darüber steht das »intuitive Wissen«, mit dem die »Gemeinbegriffe« erfasst werden, von denen der Verstand ausgehen kann.

»Dass jeder sich liebe, seinen Nutzen, soweit er wahrhafter Natur ist, suche und alles, was ihn zu einer größeren Vollkommenheit führt, erstrebt; überhaupt jeder sein Sein, soviel er vermag, zu erhalten sucht: dies ist sicherlich so wahr wie der Satz, dass das Ganze größer ist als der Teil«, schreibt Spinoza und sieht die Fähigkeit oder Macht zur Verwirklichung dieses Strebens als Tugend, denn Selbsterhaltung liegt in der Natur des Menschen. Da er ebenso ein Vernunftwesen ist, muss er versuchen, seinen Nutzen mit Hilfe der Vernunft zu erzielen. Da die Vernunft aber auf Erkenntnis beruht, folgt, dass Einsicht zur Tugend und damit zur Glückseligkeit führt, denn einsehen, etwas in seiner Notwendigkeit begreifen, heißt bejahen und bejahen nichts anderes als wollen. Von Willensfreiheit kann keine Rede sein, da alles, was notwendig ist, der Wille des allmächtigen Gottes ist. So wächst mit der Einsicht die Vernunft und in seinem Erkennen auch die Liebe zu Gott. Gut ist, was wir mit Sicherheit für uns als nützlich erkennen, böse, was schädlich ist.

Von seiner Macht zur Selbstverwirklichung, seinem von der Natur vorgegebenen Recht, tritt der Mensch vernünftigerweise etwas an den Staat ab, er verzichtet auf private Gewalt, damit dieser ihm Schutz und Hilfe bietet. Dessen Recht und Macht begrenzt sich, wie bei Hobbes, ebenfalls nur durch die Natur. Die Rechte, die das Individuum behält, weil der Staat nicht die Macht hat, sie ihm zu nehmen, sind die der Rede- und Gedankenfreiheit: »Der Zweck des Staates ist in Wahrheit die Freiheit.«

Zusammenfassung

Benedictus (Baruch) de Spinoza, ein in jüdischem Geist erzogener Holländer, wegen seiner »Irrlehren« aus Amsterdam verbannt, baute sein philosophisches System wie Descartes, den er studiert hatte, nach der geometrisch-mathematischen Methode auf. In seinem Hauptwerk, der *Ethik*, verwirft er den von Descartes vertretenen Dualismus aus Körper und Denken und definiert Gott, den er mit der schaffenden Natur gleichsetzt, als einzige Substanz, deren einzig bekannte Attribute Denkung und Ausdehnung sind. Ihnen entsprechen beim Menschen Seele und Körper, die in keiner Wechselwirkung stehen, sondern sich parallel entwickeln. Jedem Individuum ist der natürliche Selbsterhaltungstrieb zu eigen. Triebfeder menschlichen Handelns sind die Leidenschaften, die Affekte, von denen er drei unterscheidet: Begierde, Freude und Trauer. Sie werden von der Vernunft beherrscht, die nach wahrer Erkenntnis strebt und dadurch zur Tugend und zum Glück führt.

Wirkung: Zuerst schlug Spinozas Lehre vor allem Ablehnung entgegen. Seine Werke wurden verboten, und Philosophen der »zweiten Reihe« wie der französische Skeptizist Pierre Bayle oder die deutschen Aufklärungsphilosophen Christian Thomasius und Christian Wolff kritisierten ihn, oft mit drastischen Formulierungen. Thomasius nannte ihn ein »scheußliches Ungeheuer«, Leibniz »berüchtigter Jude« und Hamann, der Freund Kants, einen »Straßenräuber und Mörder der gesunden Vernunft und Wissenschaft«. Geschätzt wurde er erst seit dem Ende des 18. Jh. z. B. von Lessing, Herder oder auch Goethe, der notierte: »Ich fühle mich ihm sehr nahe, obgleich sein Geist viel tiefer und reiner ist als der meinige.« Aber auch Schopenhauer, Nietzsche und Bergson werden von ihm beeinflusst, und Hegel schrieb: »Entweder Spinoza oder keine Philosophie«. Von seiner Ethik bleibt vor allem die Tendenz zur Aufhebung des Dualismus aus Natur und Gott, Diesseits und Jenseits sowie die Verbindung von Erkenntnis und Glückseligkeit in Erinnerung, aber auch Thesen, die den Liberalismus vorbereiten. Der *Theologisch-politische Traktat,* in dem Spinoza die Ansicht vertritt, dass die Bibel aus der historischen Situation heraus, in der sie entstanden ist, interpretiert werden muss, war bahnbrechend für die moderne Bibelkritik.

Gottfried Wilhelm Leibniz *(1.7.1646 in Leipzig – 14.11.1716 in Hannover)*

Leben: Auf dem Weg von London nach Hannover, wo er 1676 ein neues Amt antrat, traf Leibniz in Holland, neben Leeuwenhoeks, dem Erfinder des Mikroskops, auch Spinoza, dessen Lehre er schon als Jugendlicher kennen gelernt hatte. Er war ein Wunderkind, hatte sich schon mit acht Jahren selber Latein beigebracht und verschlang seitdem die Bibliothek seines Vaters, eines Professors für Moralphilosophie. Bereits mit zwölf Jahren begann er eine Art »Alphabet der menschlichen Gedanken« zu entwickeln, das aus den Grundbegriffen des Denkens bestehen sollte. Ein Projekt, das wie fast alles, was er als Mathematiker, Jurist, Historiker, Naturwissenschaftler, Techniker und Geologe anpackte, ebenso unvollendet blieb wie das philosophische System, das er entwickelte. Er war ein Opfer seiner vielen Interessen und seiner Begabung, mit der er es schon 1667 zum Doktor beider Rechte (des kirchlichen und des weltlichen) brachte. Die ihm angebotene Professur lehnte er ab, trat als Diplomat und Jurist in den Dienst des Mainzer Kurfürsten. Die vier Jahre, die er für seinen Herrn in Paris verbrachte, um Ludwig XIV. von seinem Plan zu überzeugen, einen Krieg gegen Ägypten zu führen, nutzte er zur Weiterbildung, zur Erfindung einer Rechenmaschine und der Differential- und Integralrechnung – gleichzeitig mit Newton. In Paris lernte er den Welfen-Herzog von Braunschweig-Lüneburg kennen, der ihn als Hofrat und Bibliothekar nach Hannover bestellte, wo er, unterbrochen durch zahlreiche Reisen, bis zu seinem Tod an der *Geschichte des Welfenhauses* arbeitete.

Werk: Es ist kaum verwunderlich, dass Leibniz, trotz unermüdlichen Fleißes, es nicht schaffen konnte, sein System ganz zu Papier zu bringen, denn er war nicht nur durch die Aufträge seiner Dienstherrn, sondern auch durch einen sehr umfangreichen und inhaltlich für das Verständnis seines Werkes bedeutenden Briefwechsel – es sind noch 15 000 Briefe an 1000 Adressaten erhalten – eingespannt. Sein einziges größeres vollendetes Werk sind seine *Essais de théodicée (Versuche über*

So sah er aus, der von Leibniz erdachte Vorläufer unseres Taschenrechners. Er beherrschte bereits vor 300 Jahren die vier Grundrechenarten.

die Theodizee, über die göttliche Gerechtigkeit, die Freiheit des Menschen und den Ursprung des Übels), in dem er – angeregt durch Gespräche mit der ihm nahe stehenden preußischen Königin Sophie Charlotte – eine Lösung des alten Problems, warum ein gütiger Gott eine Welt voller Übel zulässt, versucht. Nach kleineren philosophischen, juristischen und theologischen Schriften veröffentlichte er 1695 sein Hauptwerk, eine Gesamtdarstellung seiner Metaphysik *Système nouveau de la nature et de la communication des substances, aussi bien que de l'union, qu'il y a entre l'âme et le corps (Neues System der Natur und der Gemeinschaft der Substanzen, wie der Vereinigung zwischen Körper und Seele).*

Lehre: Leibniz versuchte in seiner Philosophie, die um die Begriffe Sein, Individuum und Einheit kreist, eine Harmonisierung des Rationalismus mit dem traditionellen Gedankengut. Besonders deutlich wird dies an seiner Wertschätzung der noch von Descartes und Spinoza abgelehnten aristotelischen Logik, die er mit der geometrischen Methode zu verbinden suchte. Das Ergebnis seiner Suche nach Harmonie, ein in seinem Leben immer wiederkehrendes Motiv, ist die Monadenlehre. Deren Ausgangspunkt ist Leibniz' Kritik an der ausgedehnten, bewegten Substanz Descartes'. Anders als dieser sieht er Bewegung als etwas vom Standpunkt des Betrachters Abhängendes, Relatives – ein Anstoß für Einsteins Relativitätstheorie. Er ersetzt sie in ihrer Bedeutung für die Substanz durch die Kraft, die auch in ruhenden Dingen immer gleich bleibt, denn warum sonst leisten Dinge Widerstand, wenn man sie anstößt? Und auch die Ausdehnung kritisiert er, da sie eine rein mathematische Größe ist. Seine Folgerung: Es gibt keine Körperwelt, nur Kraftzentren und – damit identisch – Seelen. Nur in deren denkendem Bewusstsein, in deren Vorstellungswelt, existieren die Körper. Aus der Verbindung der gerade von Gassendi erneuerten und von Leibniz modern, mechanistisch gedeuteten Atomlehre mit der Vorstellung des Aristoteles von einer beseelenden und formenden Kraft entwickelt er seine Idee von den Monaden – ein Ausdruck, der »Einheit« bedeutet und wohl von Giordano Bruno entlehnt ist. Jede Monade entspricht einer organischen Einheit. Es handelt sich bei ihnen um punktförmige

Substanzen ohne Ausdehnung. Sie sind Kraftzentren und alle – es sind unendlich viele – beseelt, wenn auch in verschieden starkem Grad. Dies bedeutet, dass die ihnen eigenen Ideen, Vorstellungen, unterschiedlich stark ausgeprägt sind, am stärksten bei der höchsten Monade, Gott, stark aber auch – als Selbstbewusstsein – beim Menschen, schwach nur bei den »schlummernden« Monaden, die nur verworren-unbewusst wahrnehmen. Keine Monade gleicht der anderen, alle sind individuell, ewig und spiegeln die Welt auf unterschiedliche Weise wider. Sie haben kein »Fenster« nach außen, reagieren also nicht auf ihre Umwelt, sondern verhalten sich so, wie es ihnen in einem göttlichen Schöpfungsakt vorgegeben ist. Dies erklärt auch, warum zwei beliebige Monaden, obwohl jede ihre eigene Welt in ihrer Vorstellung hat, übereinstimmen, wie zwei Uhren, die unabhängig voneinander doch genau gleich gehen. Leibniz meint, »dass nämlich Gott von Anbeginn an jede der beiden Substanzen so geschaffen hat, dass eine jede, indem sie nur ihre eigenen Gesetze befolgt, die sie zugleich mit ihrem Dasein empfangen hat, mit der anderen genau ebenso in Übereinstimmung bleibt, als wenn ein gegenseitiger Einfluss stattfände oder als wenn Gott immer mit seiner Hand eingriffe ...« Dies ist Leibniz' Lehre von der prästabilierten (von Gott im voraus angelegten) Harmonie.

Gott muss mit seiner Schöpfung die beste unter allen möglichen Welten geschaffen haben – für diese Ansicht wurde das Wort »Optimismus« geprägt –, da er allwissend und allmächtig ist. Warum gibt es dann aber Sünde und Leid? Die einfache Antwort: Da geschaffene Wesen nur unvollkommen sein können, denn wären sie vollkommen, wären sie wie Gott. Gott sieht die menschlichen Unzulänglichkeiten zwar voraus, baut sie aber in sein harmonisches System ein.

Zusammenfassung

Der hannoveranische Rat und Bibliothekar Gottfried Wilhelm Leibniz schuf ein rationalistisches philosophisches System, in das er traditionelle, vor allem aristotelische Ideen einarbeitete. Darin ersetzte er die beiden Substanzen Descartes' bzw. die eine Substanz Spinozas durch unendlich viele Substanzen, den beseelten Monaden. Diese wirken trotz ihrer Individualität übereinstimmend aufgrund der von Gott prästabilierten Harmonie. In der *Theodizee*, einem seiner beiden Hauptwerke, begründet er mit seiner Idee von unserer Welt als der besten aller möglichen den Optimismus.

Wirkung: Leibniz ist der erste deutsche Philosoph der Neuzeit, der Weltgeltung erlangte. Von seinen philosophischen Werken wurde die *Theodizee* zu einem der einflussreichsten Bücher in Deutschland. Die durch Christian Wolff erfolgte schulmäßige Umarbeitung der Metaphysik Leibniz' wurde Grundlage aufklärerischen Denkens bis zu Kant. Im 19. und 20. Jh. wurden Russell, Wittgenstein, Husserl und Heidegger durch Leibniz zu eigenen Denkleistungen angeregt. Ähnlich verhält es sich mit Einsteins Relativitätstheorie und Freuds Theorie des Unterbewussten. Schließlich wurde auf Leibniz' Anregung 1700 die Preußische Akademie der Wissenschaften gegründet, deren erster Präsident er war. Seine politischen Schriften und historischen Forschungen führten zur Erlangung der Kurwürde für seinen Dienstherrn. Der von ihm jahrelang betriebene Ausgleich der Religionen, von Protestanten und Katholiken, von Lutheranern und Reformierten, kam nicht zu Stande.

Empirismus

Wie der Rationalismus ist der im England des 17. Jh. aufgekommene Empirismus eine Philosophierichtung, die die Vernunft betont. Doch anders als dieser, verzichtet der Empirismus auf jegliche Metaphysik und Transzendenz und bricht damit vollkommen mit der aristotelisch-platonischen Tradition. Nur die Sinneserfahrung zählt. Nicht durch sie gelangt man über rationale Vorgänge zur Wahrheit – sie ist die Wahrheit! Keine ewige Wahrheit zwar, denn täglich kommen neue Sinneserfahrungen hinzu, aber eine immerhin relative, vorläufige. Es gibt keine angeborenen Ideen, alle Begriffe werden von der Sinneserfahrung abgeleitet, Allgemeinbegriffe sind – wie schon für die Nominalisten des Mittelalters, in denen der Empirismus seine Ahnherren hat – nur Worte.

Mit seiner Forderung nach der Induktion, der Verallgemeinerung von beobachteten Tatsachen als der richtigen Methode für die Wissenschaft, ist der Engländer Francis Bacon (1561–1626) der Anknüpfungspunkt für die Empiristen. Das politische und religiöse Umfeld auf den britischen Inseln brachte diese Denkrichtung dort zur größten Blüte. Ihre drei bedeutendsten Vertreter, der Engländer John Locke, der Ire George Berkeley und der Schotte David Hume, der im Jahr der Unabhängigkeitserklärung der Vereinigten Staaten von Amerika starb, könnten jedoch mit gleichem Recht auch zu den Aufklärern gerechnet werden. Wie die meisten von ihnen sind sie zwar gläubige Christen, bemühen sich jedoch darum, die Religion – wie alles andere – aus der Vernunft heraus zu begründen. Ist das so neu? Gab es das nicht auch bereits im Mittelalter? Waren nicht auch die bedeutendsten Scholastiker bestrebt, die großen Denktraditionen in Einklang mit der Glaubensgewissheit zu bringen? »In Einklang bringen«, Harmonisierung – das war die Philosophie der Hoch- und Spätscholastik, das was jetzt gedacht wird, geht weit darüber hinaus. Die alten Gottesbeweise werden als unvernünftig verworfen (Hume), der Ausschließlichkeitsanspruch des Christentums zu Gunsten einer Forderung nach Toleranz (Locke) abgelehnt, eine Vernunftreligion gefordert, wie sie bereits im englischen Deismus des Herbert von Cherbury (1581–1648) vertreten wurde, für den die Vernunft, nicht die Offenbarung, Ursprung religiöser Wahrheit war. In dieser Atmosphäre blühten die Naturwissenschaften, die ihre Erkenntnisse aus Beobachtung und Experiment schöpften und noch immer zur Philosophie zählten. Nicht zufällig ist der Physiker und Mathematiker Isaac Newton (1643–1727), der »die Wissenschaft von der Natur durch exakte Beweise fördern« will, ein Landsmann der großen drei. Der Begründer der theoretischen Mechanik und Rivale Leibniz' gilt mit seinem Hauptwerk *Die mathematischen Grundlagen der Naturphilosophie* als bedeutendster Naturphilosoph der ganzen Epoche, sein Gravitationsgesetz als das Grundgesetz der Natur.

John Locke *(29.8.1632 in Wrington/Somerset – 28.10.1704 in Oates/Essex)*

Wie Leibniz war Locke Universalist, der Menschenfreund – »Philantrophus« war sein Pseudonym – galt seinen Zeitgenossen als »moderner Aristoteles«: Er schrieb über Erkenntnistheorie, Rechts- und Staatsphilosophie, Theologie, Ökonomie, Mathematik, Medizin und Pädagogik, wobei sich seine Publikationen meist an die von ihm jeweils ausgeübte praktische Tätigkeit anlehnten, so nicht zuletzt auch seine Reiseberichte. Studiert hatte er in Oxford, neben Sprachen, Logik und Metaphysik vor allem die neu entstehende Chemie und Medizin. Dort wurde er auch für kurze Zeit Dozent; prägend für sein ganzes Leben waren jedoch seine Dienste für den Earl of Shaftesbury, dem er, nach dessen Entlassung als Lordkanzler, 1683 ins holländische Exil folgte. Trotz seiner Tätigkeiten als dessen Hausarzt, Erzieher seiner Kinder und Enkel und tätig in mehreren politischen Ämtern hinterließ Locke ein Gesamtwerk von immensen Dimensionen, bei dem er immer sein Credo im Blick behielt, dass alles dem praktischen Nutzen dienen müsse. Vor diesem Hintergrund verfasste er nicht nur das erste Standardwerk der gerade entstehenden modernen Ökonomie *(Überlegungen über die Folgen des Zinsfußes),* sondern auch ein Werk zur Pädagogik *(Einige Gedanken über die Erziehung),* das ein ganzheitliches Erziehungsideal vertritt, welches Rousseau später maßgeblich beeinflusste. Ein Bestseller wurde jedoch vor allem seine erkenntnistheoretische Schrift *Essay Concerning Human Understanding (Versuch über den menschlichen Verstand),* in dem er über Ursprung und Umfang menschlicher Erkenntnis schreibt, sein anonym erschienenes Hauptwerk der praktischen Philosophie *Two treatises of Government (Zwei Abhandlungen über die Regierung).* Hier bestätigt er seine in dem ebenfalls anonym erschienenen, jedoch auf die Religion abzielenden E*pistola de tolerantia (Brief zur Toleranz)* geäußerten liberalen Ansichten hinsichtlich der Staatstheorie. Zur Anonymität veranlasst hat ihn die darin vertretene Meinung, dass das Volk wegen der von Gott gegebenen Pflicht zu Selbsterhaltung und Freiheit das Recht habe, ungerechte Regierungen zu stürzen, was 1647 und 1688 in England auch geschah. Gegründet ist ein Staat auf das Naturrecht, das die Bürger im Tausch gegen den Schutz von Leben, Freiheit und Eigentum an ihn abtreten. Der Fürst ist an das Gesetz gebunden, eine Gewaltenteilung in gesetzgebende und ausübende, also in legislative und exekutive Gewalt, notwendig.

Lockes umfangreichstes (1000 Seiten) und in seiner Begründung der modernen Erkenntnistheorie wichtigstes Werk ist sein großer Essay über den menschlichen Verstand, in dem er seine empiristische Überzeugung darlegt, dass »nichts im Verstand ist, was nicht zuvor in der Sinneswahrnehmung war«. Ausgangspunkt für seine Untersuchung ist die Frage danach, wie Vorstellungen und Begriffe in unser Bewusstsein kommen. Zu ihrer Beantwortung unterzieht er die Möglichkeiten des Denkens einer kritischen Betrachtung. Er verneint die auch von Descartes vertretene Ansicht, es gäbe angeborene Ideen, und verweist hierbei auf Kinder und wilde Völker. Vielmehr kommen alle unsere Vorstellungen von außen, sie müssen zuerst wahrgenommen werden. Was wir wahrnehmen sind immer nur Eigenschaften, nur die Qualitäten der Dinge, die er in primäre, »objektive«, von den Objekten untrennbare wie Gestalt und Festigkeit, und sekundäre, »subjektive«, wie Farbe und Geruch, einteilt. Diese einfachsten Bausteine, das Material unseres Denkens wird dann im Inneren durch die Kombination unseres Verstands zu komplexen Ideen wie »Schönheit« oder »Harmonie«, denen – ganz in der Tradition der nominalistischen Ansicht, dass Worte lediglich Zeichen sind – nichts Wirkliches entspricht.

So wie er der modernen Erkenntniskritik Kants damit Bahn bricht, wird er mit seinen liberalistischen Ansichten zum Vater der Aufklärung; seine Forderung nach Toleranz fixiert erstmals in der Philosophie das Prinzip einer Privatsphäre, in die weder Staat noch Kirche eindringen sollten.

George Berkeley *(12.3.1685 in Dysert Castle/Irland – 14.1.1753 in Oxford)*

Sehr viel schmaler als das Werk Lockes sind die Schriften, die George Berkeley, der als Bischof von Cloyne starb, verfasst hat. Er war bereits »Magister of Arts« und Priester, als er sich 1728–31 dem schließlich gescheiterten Vorhaben widmete, auf den Bermudas ein College aufzubauen, in dem Siedler, Indianer und Schwarze zu Missionaren ausgebildet werden sollten. Berkeley philosophiert, um »die Existenz und Eigenschaften Gottes, die Unsterblichkeit der Seele und die Verträglichkeit von Gottes Vorsehung mit der Freiheit des Menschen zu beweisen, um die Menschen zum Studium der Religion und nützlicher Dinge zurückzuführen«. Dies und seine von der Theologie geprägte Biographie spiegelt sich auch in seinem

Hauptwerk *A Teatise concerning the Principles of Human Knowledge (Eine Abhandlung über die Prinzipien der menschlichen Erkenntnis)* wider, deren Thesen er allgemeinverständlicher in den *Drei Dialogen zwischen Hylas und Philonous* wiederholte. Die Namen der beiden Diskutanten, Hylas (von griech. *hyle* = Materie) und Philonous (»Freund des Geistes«), sind mit Bedacht gewählt, denn Berkeley will beweisen, dass es keine materiellen Dinge gibt, dass alles nur im Geiste existiert. Er baut auf Lockes Empirismus auf, mit dem er darin übereinstimmt, dass Vorstellungen, Ideen auf innerer oder äußerer Erfahrung beruhen. Doch wie ist es möglich, dass materielle Dinge Ideen erzeugen? Muss nicht das Abbild in uns dem Vorbild entsprechen? Muss also das Vorbild einer Idee nicht auch eine Idee sein? Berkeley kommt zu dem Schluss, dass Locke in seinem Materialismus geirrt haben muss. Dinge können kein vom Wahrnehmenden unabhängiges Sein haben. Ihr Sein besteht einzig darin, dass sie wahrgenommen werden, dass sie in unser Bewusstsein gelangen: »esse est percipi« – Sein heißt Wahrgenommensein. Ihre demnach rein geistige Existenz, ihr Wahrgenommenwerdenkönnen müssen sie von einem geistigen Wesen haben. Ihr Ursprung ist Gott, er ist der Urheber unserer Vorstellungen. Außer ihm existieren nur ein denkender Geist, die Seele, und, auch ohne dass wir sie wahrnehmen, Ideen. Dass eine Vorstellung, wie die Idee des Donners, der auf den Blitz folgt, im Bewusstsein aller existiert und mit einer bestimmten Gesetzmäßigkeit abläuft, ist ein Verdienst Gottes. So hatte die von Locke ausgesperrte Metaphysik bei dem Idealisten Berkeley wieder Einlass gefunden!

DAVID HUME *(7.5.1711 in Edinburgh – 25.8.1776 in Edinburgh)*

Am Ende der großen Epoche der englischen Philosophie und als dritter Hauptvertreter des Empirismus steht mit David Hume ein aus dem Landadel stammender Schotte. Sein Ziel war es, der Newton der Wissenschaften vom Menschen zu werden, indem er durch Erfahrung und Beobachtung die menschliche Natur und ihre fundamentalen Prinzipien aufdecken wollte. Doch sein 1740 erschienenes philosophisches Debut, sein Hauptwerk *A Treatise of Human Nature (Ein Traktat über die menschliche Natur)*, wollte niemand zur Kenntnis nehmen. Er hatte es in Paris verfasst, wo er sich nach einem abgebrochenen Jura-Studium mehrere Jahre aufhielt. Zurückgekehrt hielt er sich als Hauslehrer, Sekretär und Gesellschafter über Wasser und veröffentlichte zwei überarbeitete Teile seines Traktats erneut, dieses Mal mit mehr Erfolg. Berühmt wurde er schließlich als Verfasser einer englischen Geschichte, zu der er wohl durch seine Arbeit als Bibliothekar (1752–63) angeregt worden war. Insofern kann man es fast als Fügung des Schicksals sehen, dass er die von ihm angestrebten Professorenstellen nicht erhielt, weil ihm Deismus, Skeptizismus und Atheismus vorgeworfen wurden. Eine Interpretation,

die auf seinen religionsphilosophischen Schriften beruht, in denen er Religion als ein von den Zeitläufen abhängiges Phänomen der Psyche sah, das mit Furcht und Hoffnung zu erklären ist. Hume zog es schließlich vor, seine Dialoge zur Religion, die sowohl den teleologischen wie auch den kosmologischen Gottesbeweis widerlegen, erst nach seinem Tode veröffentlichen zu lassen. Die in ihnen aufscheinende literarische Meisterschaft konnte also nichts zu seiner Verehrung beitragen, die ihm in Paris von den Enzyklopädisten entgegengebracht wurde, als er dort ab 1763 für drei Jahre Botschaftssekretär war. Der dortige Aufenthalt war der Höhepunkt seines Lebens.

Wie seine beiden großen englischen Vorgänger versucht Hume zu beschreiben, worin Erkenntnis besteht und wie sie zu Stande kommt. Er ist ganz Empirist, wenn er Philosophie als Reflexion auf das alltägliche Leben ansieht und jeglicher Spekulation über übersinnliche Dinge eine Absage erteilt. Dieser aufklärerische Zug entspringt seiner Skepsis gegenüber feststehenden Ansichten, wie der von den Rationalisten vorausgesetzten dem Menschen wesenhaften Vernunft: »Wenn wir Philosophen sind, sollten wir es nur nach skeptischen Grundsätzen sein.« Es kann nur als sinnvoll und verständlich gelten, was jedermann verstehen kann – diese Maxime, die auf die Erfahrung, die jedermann machen kann, abzielt, leitet ihn auch in seiner editorischen Arbeit, sein literarisches Vorbild ist Cicero. Alles, was im Geist vorkommt, nennt er, in Entsprechung zu den »Ideen« Lockes, Perzeptionen und unterscheidet diese nach Eindrücken und Vorstellungen. Letztere sind Kopien der lebhafteren Eindrücke, mit ihnen denkt und erinnert sich der Mensch. Werden mehrere einfache Vorstellungen kombiniert, so entsteht eine komplexe Vorstellung, zum Beispiel die eines goldenen Berges. Er kann nicht unserer Erfahrung entspringen, sondern ist eine Kombination aus der Vorstellung von der Farbe Gold mit der Vorstellung eines Berges. Gold und Berg waren ursprünglich Eindrücke. Eindrücke, Vorstellungen und deren Kombination erklären – so Hume – unseren bewussten Geist, unser Ich vollständig. Von der materiellen und geistigen Substanz Descartes' bleibt damit nach Berkeley und Hume nur noch ein Bündel von Perzeptionen. Wie ist es nun mit Sachverhalten, die jenseits unseres Gedächtnisses oder unserer Sinne liegen, wie beispielsweise der Erwartung, dass die Sonne morgen wieder aufgeht? Hume stellt dazu fest: »Alles Denken, das sich auf Tatsachen bezieht, scheint auf die Beziehung zwischen Ursache und Wirkung gegründet.« Dieses Denken, dass die Zukunft der Vergangenheit gleichen wird, dass die Sonne morgen wieder aufgeht, da sie jeden Tag aufgegangen ist, dass auf Feuer Wärme, auf einen Anstoß die Bewegung der Kugel folgt, kritisiert er als unvernünftig. Erfahrung enthüllt weder die Ursachen, noch die Wirkungen eines Gegenstandes, alles ist nur ein Nacheinander, eine Sache des Glaubens und der Gewohnheit, die das Leben erleichtert. Die Konsequenz – es gibt keine notwendige Verknüpfung von Ursache und Wirkung, keine Kausalität – sollte die Philosophie noch lange beschäftigen. Auch in der praktischen Philosophie ist Hume ganz Empiriker und erklärt als moralisch, was mit der menschlichen Natur vereinbar ist. Sie beruht auf den zwei Prinzipien der Selbstliebe und der Sympathie, gebraucht im ursprünglichen Sinne des Wortes, also des Mitgefühls. Was uns nützt, das billigen wir, und um nicht völlig dem Egoismus zu verfallen, gestehen wir diesen Nutzen auch denen zu, in die wir uns hineinversetzen können. Diese positive Sichtweise der Selbstliebe wird nach Hume bedeutend für die Theorien zweier anderer Engländer: Adam Smith (1723–1790), klassischer Wirtschaftsliberalist, Freund Humes und einer der ersten Volkswirtschaftler, sieht sie als eine Grundlage für den Wohlstand der Nationen, und der Utilitarist John Stuart Mill (1806–1873) als Basis für das eigene Glück. Außer auf diese und die französischen Aufklärer wirkte Humes vom steten Zweifel und dem Beharren auf die eigene Erfahrung getragene Philosophie insbesondere auf Kant, der selber sagte, er sei durch Hume aus seinem dogmatischen Schlummer erweckt worden. Über Comtes Positivismus ist sein Denken bis in die Gegenwart wirksam.

Aufklärung

»Aufklärung ist der Ausgang des Menschen aus seiner selbst verschuldeten Unmündigkeit. Unmündigkeit ist das Unvermögen, sich seines Verstandes ohne Leitung eines anderen zu bedienen ... Habe Mut, dich deines eigenen Verstandes zu bedienen! ist also der Wahlspruch der Aufklärung.« Dies ist die berühmteste Definition der Aufklärung durch einen Philosophen, der selber an ihrem Ende steht: Immanuel Kant.

Immer gab es Philosophen, die vorgefasste Meinungen bekämpften und dem spekulativen Denken ein Ende machen wollten: einige Sophisten der Antike, die Nominalisten im Mittelalter, die Positivisten des 19. Jh. und heute die analytische Philosophie. Doch der Begriff wird zuerst mit der französischen Philosophie des 18. Jh. in Verbindung gebracht, dessen bekanntester Vertreter, Voltaire, das Schlagwort prägte: »Écrasez l'infâme!« (Rottet den niederträchtigen Aberglauben aus!). Vorbereitet durch den Cartesianismus und durch die unhaltbaren politischen und sozialen Zustände des Absolutismus eines Sonnenkönigs, zudem mit Sehnsucht nach England blickend, das seine beiden Revolutionen bereits im 17. Jh. zur relativ liberalen konstitutionellen Monarchie geführt hatte, entwickelte sich vor allem während der Unmündigkeit Ludwigs XV., der sogenannten »Regentenzeit«, am Beginn des 18. Jh. eine immer lauter werdende Kritik an den herrschenden Zuständen. Diese Kritik, in Verbindung mit einer Synthese aus Rationalismus und Empirismus, sowie das Ziel, die natürliche Wohlfahrt aller Menschen zu erreichen, ist das gemeinsame Merkmal der französischen Aufklärer, die sich ansonsten in wesentlichen Auffassungen unterscheiden.

Ein Vorläufer dieser die Freiheit des Denkens fordernden Philosophen, die weniger durch die Neuartigkeit als durch die Radikalität ihrer Gedanken die politische Entwicklung in Frankreich und Europa beeinflussten, war in seiner antidogmatischen Haltung der Skeptiker Pierre Bayle (1647–1706) und in der Vermittlung des englischen Denkens Charles-Louis de Montesquieu. Bacons Kampf gegen Vorurteile, Lockes Ausrichtung der Vernunft an der Erfahrung bzw. Newtons naturwissenschaftliche Methode verfehlten ihre Wirkung nicht. Scharfzüngigster Propagandist von Toleranz und Menschenrechten und in der Schilderung der englischen Zustände wirkungsmächtiger Kritiker des französischen Staates war der Schriftsteller und Philosoph François Marie Arouet, viel besser bekannt als Voltaire. Ein Vielschreiber, der – wie Montesquieu – unter anderem auch Artikel für das nach philosophischen Gesichtspunkten zusammengestellte Großvorhaben der Enzyklopädie verfasste. Es sollte dem Gedanken Ausdruck geben, dass die Zeit der Religion und Philosophie vorbei und das Zeitalter der Wissenschaft angebrochen sei. Seine Hauptprotagonisten waren der Mathematiker Jean d'Alembert und der Schriftsteller Denis Diderot.

Durch die Enzyklopädie, die als »Schwungrad des Fortschritts« den schon von Roger und Francis Bacon im 13. bzw. 17. Jh. erwogenen Plan verwirklichte, eine Zusammenfassung des Wissens der Zeit zu bieten, gewannen sie einen immensen Einfluss auf die öffentliche Meinung und damit auf die Tendenzen, die schließlich 1789 zur Französischen Revolution führten. Mehr als 300 Artikel stammten von Paul-Henri Thiry d'Holbach (1723–1789). Zusammen mit Julien Offray de La Mettrie (1709–1751) und Adrien Helvétius (1715–1771), der sich als einer der ersten für die Gleichberechtigung der Frau einsetzte, bildete er den Kern der Materialisten. Sie stimmten darin überein, auch seelische Vorgänge auf die einzige Substanz, die Materie, auf Nerven- und Gehirntätigkeit zurückzuführen. Diese sei ständig nach festen Gesetzen in Bewegung, werde also nicht durch einen Gott gelenkt, jede Art von übernatürlicher Religion sei daher als spekulative Täuschung abzulehnen. Holbach, der ihre programmatische Schrift *System der Natur* 1770 veröffentlichte, forderte einen Atheistenstaat, ungehemmtes Streben nach irdischem Glück und

Rechtsphilosophie
Wie die Ethik und die Staatsphilosophie ein Teilbereich der praktischen Philosophie. Sie erforscht allgemeinste Grundlagen von Recht und Rechtswissenschaft. Sie befasst sich mit Ursprung, Wesen, Sinn, Zweck und Funktion des Rechts. Die zentrale Frage der klassischen Rechtsphilosophie war die nach einer natürlichen Grundlage des Rechts, die Suche nach einem Naturrecht.

natürlich: Freiheit! »Die Natur sagt dem Menschen, du bist frei, keine Macht auf Erden ist befugt, dich deiner Rechte zu berauben.« Doch die Vernunft, die die Materialisten der Natur gleichsetzten, wurde nicht von allen Aufklärern zum Goldenen Kalb gemacht, dazu war zu offensichtlich, dass es neben der vernünftigen auch die triebhafte Seite des Menschen gab. Diese gefühlsbetonte Seite war Ausgangspunkt für das Denken Jean-Jacques Rousseaus, des neben Voltaire gefeiertsten Aufklärers, der mit den anderen aber insofern übereinstimmte, als auch er immer wieder an die Menschenrechte appellierte. Als Freiheit, Gleichheit, Sicherheit, Eigentum und Widerstandsrecht betreffend wurden sie während der Revolution von dem Mathematiker Antoine Caritat de Condorcet (1743–1794) formuliert. Mit seinem typisch aufklärerischen Glauben an einen Fortschritt, der in Folge der Entwicklungen in Kultur und Erkenntnis nicht aufzuhalten sei, stand er im Gegensatz zu Rousseau. Condorcet wurde ein Opfer der Revolution, mit der die Aufklärung, die der Gewalt dieses radikalen Umsturzes eher fern stand, und die ganze historische Epoche, die Neuzeit, zu Ende geht.

Die Aufklärung war ein Phänomen, das auch andere Länder erfasste. Begünstigt durch die Sprache – Französisch hatte als Sprache der Diplomatie und der Gebildeten das Lateinische in die Wissenschaftsecke gedrängt – las man vielerorts ihre Schriften und nahm ihre Vertreter – meist zeitlich begrenzt – gerne auf. So erhielt Rousseau in der Schweiz, de La Mettrie zuerst in Holland dann in Preußen Exil, Diderot war Gast Katharinas der Großen in Russland genauso wie Voltaire bei ihrem preußischen Kollegen Friedrich dem Großen, der selber einen aufgeklärten Absolutismus – »der Fürst ist der erste Diener seines Staates« – und religiöse Toleranz – »hier muss jeder nach seiner Fasson selig werden« – vertrat und philosophische Werke schrieb. Friedrich war es auch, der Christian Wolff (1679–1754), den einflussreichsten Vertreter der Aufklärung in Deutschland, wieder als Professor in Halle einsetzte, nachdem er unter seinem Vater in Ungnade gefallen war. Gegründet auf Leibniz schuf er das systematischste und umfassendste Gesamtwerk dieser Zeit, dessen Vielfalt später nur noch von Hegel erreicht wurde. Seine Gliederung der Philosophie blieb für Jahrzehnte maßgeblich. Neben Wolff zählen zu den bedeutenden deutschen Vertretern dieser philosophischen Epoche noch der Dichter Gotthold Ephraim Lessing (1729–1781) mit seiner für religiöse Toleranz eintretenden Ringparabel *Nathan der Weise* und der dieser Figur als Vorbild dienende jüdische Philosoph Moses Mendelsohn (1729–1786), Großonkel des Komponisten.

Charles de Secondat, Baron de la Brède et de Montesquieu
(18.1.1689 auf Schloss La Brède bei Bordeaux – 10.2.1755 in Paris)

Der adlige Jurist, Historiker und Moralphilosoph war der Verfasser der *Lettres persanes (Persische Briefe)*, einer Satire auf Absolutismus, Kirche und Sittenlosigkeit, die – 1721 in Holland erschienen – mit ihrer Kritik an den französischen Zuständen großes Aufsehen erregten. Sein über 1000 Seiten umfassendes Hauptwerk ist jedoch der *Esprit des lois (Vom Geist der Gesetze)*, eine Untersuchung über die Wirkungen und Voraussetzungen von Recht und Gesetz. Er erläutert darin, dass die Gesetze der Völker von den in ihren Ländern jeweils vorherrschenden politischen, moralischen, religiösen, geographischen, ja sogar klimatischen Faktoren abhängig sind. An die Stoa erinnert sein Glaube an die natürliche Vernunft: »Das Gesetz im Allgemeinen ist die menschliche Vernunft, sofern sie alle Völker der Erde leitet ...« Er trat für den politischen Liberalismus ein, dessen Ansätze er aus England kannte. Die schon von Locke geforderte Gewaltenteilung in Legislative und Exekutive ergänzte er zur Vermeidung von Willkür noch um die Judikative, die rechtsprechende Gewalt. Ein Konzept, das bis heute zu den Grundlagen des Verfassungsstaats gehört.

François Marie Voltaire *(21.11.1694 in Paris – 30.5.1778 in Paris)*

Auch François Marie Arouet, der sich seit 1719 Voltaire nannte, kritisierte den französischen Absolutismus mit Hilfe von Briefen. Es waren seine *Lettres philosophiques (Briefe über die Engländer)*, die in höchster literarischer Form durch ihr Lob der englischen Verhältnisse, die er 1726 in der Verbannung kennen gelernt hatte, die absolute Gewalt des Königs, religiöse Intoleranz, Adelsprivilegien und die Zensur anprangerten. Voltaire war eigentlich kein selbstständiger Philosoph, wenn überhaupt war er ein Eklektiker, der es jedoch meisterlich verstand, die von ihm übernommenen und in die literarische Form des Romans, des Schauspiels oder der Satire gegossenen Gedanken in vollendetem Stil und meist mit beißendem Spott unter die Leute zu bringen. Er wollte, anders als die Philosophen, denen er dies nicht zubilligte, Einfluss ausüben. In seinen Werken und seiner extrem umfangreichen Korrespondenz mit Künstlern, Denkern und Potentaten kämpfte er immer wieder und ohne Rücksicht auf persönliche Konsequenzen gegen Intoleranz, Unfreiheit, Ungerechtigkeit, kurz: für die Ideen der Aufklärung. Im Jahr der Veröffentlichung seiner *Lettres* zog sich Voltaire nach Cirey in der Champagne, in das Schloss seiner geistreichen Freundin, Madame du Châtelet, zurück, die ihn zu vielen Werken anregte, so auch zu seinem philosophischen Hauptwerk, dem *Traité de métaphysique (Metaphysischer Traktat)* und einer populären Darstellung der Gravitationslehre Newtons. Als Deist glaubte Voltaire aus Vernunftgründen zwar an Gott und meinte, »wenn Gott nicht existierte, müsste man ihn erfinden; aber die ganze Natur ruft uns zu, dass er existiert«. Aber in der Religion sah er eine moralische Instanz und forderte darum die christliche Kirche in zahlreichen Schriften dazu auf, geistliche von weltlicher Macht zu trennen, Fanatismus und Aberglauben abzuschütteln. Religionsausübung hieß für ihn, das Gute zu tun und sich Gott zu ergeben, wozu es weder Dogmen noch Rituale bedürfe. Nach dem Tod seiner Gönnerin 1750 folgte er einem Ruf König Friedrichs II. von Preußen, mit dem er schon seit Jahren korrespondierte, nach Potsdam, zerstritt sich mit ihm und ließ sich 1758, durch glückliche Finanzgeschäfte reich geworden, auf der französischen Seite des Genfer Sees nieder, wo er trotz seiner durch das Erdbeben in Lissabon (1755) und den Siebenjährigen Krieg (1756–63) ausgelösten, immer stärker werdenden pessimistischen Haltung ungebeugt und leidenschaftlich weiter für Menschlichkeit und Gerechtigkeit eintrat. Er beschäftigte sich verstärkt mit der Geschichtsschreibung und beschritt neue Wege, da sein Gegenstand nicht die bis dahin gepflegte Ereignisgeschichte sondern die »Geschichte des menschlichen Geistes«, die Kulturgeschichte ist. Hier am See entstand seine berühmteste Novelle, der *Candide,* in dem er gegen den Optimismus Leibnizscher Prägung zu Felde zieht, dessen Monadenlehre er als »gelehrte Absurdität« abtat. Die Frage nach dem Glück des Menschen in dieser angeblich »besten aller Welten« ist auch das Thema der meisten seiner *Contes philosophiques (Philosophische Erzählungen),* die seinen Nachruhm begründeten, von dem er wenige Wochen vor seinem Tode schon ein wenig kosten durfte, als sein Besuch von Paris einem Triumphzug glich. Man verehrte und hörte auf ihn, so sehr, dass sich Ludwig XVI. im Gefängnis mit einem Blick auf Bücher Rousseaus und Voltaires zu dem Satz hinreißen ließ: »Diese beiden Männer haben Frankreich zerstört.«

Enzyklopädisten

Das Jahrhundert der Aufklärung ist auch das Jahrhundert der großen Enzyklopädien, der *Encyclopaedia Britannica,* vor allem aber der noch älteren *Encyclopédie ou Dictionnaire raisonné des sciences, des arts et des métiers (Enzyklopädie der Wissenschaften, Künste und Gewerbe).* Im Mittelalter nannte man die Bildung, die man sich durch das Studium der Sieben Freien Künste erwarb, enzyklisch, verbunden mit dem griechischen Begriff für Bildung, *paedaia*, ergab sich die Wortschöpfung Diderots und D'Alemberts für ein Werk, das die Aufgabe hatte, »... alles zu behandeln, was sich auf die Wissbegierde des Menschen, seine Pflichten, seine Bedürfnisse und seine Vergnügen bezieht«. Ziel war, das Wissen der Zeit jedem zugänglich zu machen, der davon profitieren wollte, ob zum Wohle und der Befreiung der Menschheit, wie es ihre »Väter« wünschten, oder ganz profane Zwecke verfolgend. Während Jean Le Rond D'Alembert (1717–1783) bis 1759 noch als Mitherausgeber fungierte und auch den Einleitungsartikel schrieb, blieb Denis Diderot (1713–1784) dem Werk 26 Jahre, d.h. bis zum Erscheinen des letzten Tafelbandes 1772, treu. Bis dahin hatten über 170 verschiedene Autoren, darunter praktisch alle wichtigen Aufklärer, über 71000 Artikel verfasst. »Das Zeitalter der Religion und der Philosophie ist dem Jahrhundert der Wissenschaft gewichen!« heißt es in D'Alemberts Einleitung. Dieser Anhänger Descartes', Lockes und Newtons war selber ein weltberühmter Mathematiker und fand erst durch Diderot zur Philosophie, durch einen französischen Schriftsteller, der es mit Voltaire aufnehmen konnte. Diderot hatte mit dem *Lettre sur les aveugles (Brief über die Blinden)* und der *De l'interpretation de la nature (Interpretation der Natur)* darauf hingewiesen, dass das Erkennen von der Beschaffenheit der Sinnesorgane abhängig sei und dass die Materie nicht träge, sondern belebt sei. Zum Pantheismus eines Spinoza wollte er sich jedoch – wohl aus Rücksicht auf die Zensur – nicht bekennen. Besonders bedeutsam wurden seine Gedanken zur Ästhetik und sein den Geniekult der Romantik vorbereitendes Diktum, dass nicht die Vernunft, sondern das natürliche künstlerische Schaffen das Genie ausmache. Sein Name bleibt jedoch am engsten mit der Enzyklopädie verbunden.

Jean-Jacques Rousseau *(28.6.1712 in Genf – 2.7.1778 in Ermenonville)*

»Ich bin nicht so geschaffen wie irgendeiner von denen, die ich gesehen habe; ich wage zu sagen, dass ich nicht geschaffen bin wie einer von denen, die leben ...« schreibt Rousseau in seinen schonungslosen *Confessions (Bekenntnisse)* am Ende seines Lebens. Als Sohn eines Uhrmachers war er bis zu seinem Übertritt zum Katholizismus, den er später wieder rückgängig machte, ein Bürger der Genfer Republik, führte danach ein unstetes Wanderleben und eignete sich seine Bildung mehr oder weniger autodidaktisch an. Bekannt mit den Enzyklopädisten, konnte er für diese einige musiktheoretische Artikel verfassen. Die große Wende seines Lebens kam 1749 mit seiner Teilnahme an einem Wettbewerb der

Universität Dijon um die Beantwortung der Frage, ob die Wiederherstellung der Wissenschaften und Künste (seit der Renaissance) zur Läuterung der Sitten beigetragen habe. Er beantwortete sie mit seinem *Discours sur les sciences et les arts (Diskurs über die Wissenschaften und Künste)* eindeutig negativ – und gewann.

Seine These von der Auflösung einer natürlichen Gemeinschaft durch Besitz, Arbeitsteilung und Technik zielte auf ein Bekenntnis zum natürlichen Zustand der Menschen, auf die Aufwertung von Gefühl und Trieb gegenüber dem Verstand. Im Gegensatz zu dem Wolf, den Hobbes im Menschen sah, malte Rousseau ein fast paradiesisches Bild von unseren Vorvätern, die erst Eigentum zu Mord und Krieg führte, zur Einsetzung einer Obrigkeit, schließlich zu Willkür. Die Konsequenz daraus: »Zurück zur Natur!« – eine nicht von Rousseau stammende Formel, aber ein Schlachtruf, der dessen Wertschätzung einer vom Gefühl kommenden Natürlichkeit des Menschen auf eine kurze Formel bringt. Mit diesen Ansichten stellte er sich gegen die allgemeine Richtung der Aufklärer. Zusätzlich machte es sein »unkonventionelles« Wesen ihnen nicht einfacher, ihn als einen der ihren zu betrachten. Das störte seine Förderer jedoch nicht, die es ihm ermöglichten, weiter an seinen Ideen zu arbeiten.

In dieser sorglosen Zeit, 1761 und 1762, entstanden die drei bedeutendsten Werke: *Julie ou la nouvelle Héloise (Julie oder die neue Héloise)*, ein Roman, mit dem er die Standesschranken kritisierte, *Émile ou de l'education (Émile oder über die Erziehung)*, in dem der »Newton der sittlichen Welt«, wie Kant ihn nannte, von Locke angeregt das Ideal einer an den natürlichen Anlagen orientierten Erziehung beschrieb, und das staatsphilosophische Werk *Contrat social (Sozialvertrag)*. In ihm erläutert Rousseau seine Prinzipien eines Staates als einer Gemeinschaft freier Menschen, die durch einen Vertrag ihre natürliche Freiheit zugunsten des Gemeinwillens opfern. Alle wirken an dessen Zustandekommen mit, denn ihnen ist gemäß dem *Émile* die soziale Verantwortung anerzogen worden, die Bildung eines gerechten Staates ist keine organisatorische, sondern eine erzieherische Aufgabe. Ähnlich ist es mit der Religion. Wie der ganze Mensch dazu erzogen werden soll, sich auf seine natürlichen Anlagen zu verlassen, auf sein Gefühl, so auch in Fragen der Religion, die der Dogmen nicht bedarf. Die Kirche war wieder einmal außer sich, in guter Tradition loderten die Feuer, doch es traf »nur« noch das Papier, auf dem diese Gedanken zu finden waren, nicht mehr die Denker selbst. Trotzdem war die Folge Flucht, Flucht nach England, zu David Hume und danach in die Schweiz.

Erst acht Jahre später, 1770, traute sich Rousseau zurück nach Paris, wo er, nach wiederum acht Jahren, verstarb. Kurz zuvor hatte er noch einen unbekannten Anwalt empfangen. Sein Name: Robespierre. Seine historische Rolle: führender

Kopf der Französischen Revolution. Nicht nur durch ihn wurde der Traum Rousseaus von der natürlich geordneten Gesellschaft – jedenfalls das, was man dafür hielt – umgesetzt und für seinen Nachruhm gesorgt, der den Voltaires noch überstieg. Nicht nur Kant schätzte ihn, mehr noch die Romantiker, die in seiner Gefühlsbetonung und Leidenschaftlichkeit einen Vorläufer erblickten. Auch später wurde er noch ausführlich studiert, seine Kritik am für die Aufklärung typischen Fortschrittsoptimismus machte ihn für Nietzsche, die am Privateigentum für Marx genauso interessant, wie seine These von der »Verbildung« des Menschen für die Pädagogik des 19. und 20. Jh.

IMMANUEL KANT *(22.4.1724 in Königsberg – 12.2.1804 in Königsberg)*

Leben: Kant wurde als Sohn eines Handwerkers in der Hauptstadt Ostpreußens geboren, in der er schließlich auch starb, ohne sie bzw. die engere Umgebung je verlassen zu haben. Sein Leben war ohne große äußere Höhepunkte, es war im Gegenteil durch einen fast pedantisch gleichmäßigen Ablauf geprägt – man konnte förmlich die Uhr nach ihm stellen, wie viele Anekdoten berichten. Er studierte Mathematik, Theologie und Philosophie. Besondere Prägung erfuhr er dabei durch die von Wolff vermittelten Leibnizschen Ideen und die Methoden Newtons. Erste eigene Schriften entstanden, während Kant seit 1746 als Hauslehrer tätig war – er hatte die Universität nach dem Tod des Vaters verlassen müssen –, zwei weitere, seine Dissertation zum Magister und seine Habilitationsschrift, folgten 1755. Damals begann er mit seiner Lehrtätigkeit – erst als Privatdozent, ab 1770 als ordentlicher Professor für Metaphysik und Logik –, von der er als erster der großen Philosophen der Neuzeit seinen Lebensunterhalt bestritt. Inhalt war nicht nur die Philosophie, die er vorschriftsmäßig auf Grundlage von Lehrbüchern abhandeln musste, sondern auch Geographie, Pädagogik, Anthropologie und Physik. Erst mit 73 Jahren beendete er diesen, ihn stark beanspruchenden Beruf, um

Verstand und Vernunft

Seit Kant ist die Vernunft dem Verstand als Erkenntnisvermögen, das auf die Erkenntnis des totalen Zusammenhangs der Erscheinungen gerichtet ist und das Einzelne aus universellen Prinzipien heraus begreift, übergeordnet. Der Verstand ist die Fähigkeit, sinnliche oder gedankliche Inhalte aufzunehmen, zu entwickeln und zu beurteilen – im Unterschied zur puren Anschauung. Er wird oft mit der theoretischen Vernunft und mit Wissen gleichgesetzt und bildet damit den Gegensatz zum Glauben. Verstand und Vernunft entsprechen dem Lateinischen *intellectus* und *ratio,* deren Rangfolge bis Kant jedoch genau umgekehrt gesehen wurde.

sich dann noch einige Jahre weiteren Werken widmen zu können. Inzwischen berühmt und vielfach geehrt starb er schließlich an Altersschwäche.

Kant war für seine lebhaften Tischgesellschaften bekannt. Fast täglich hatte er zum Mittagsmahl, das sich über mehrere Stunden hinziehen konnte, Besuch von Freunden, seltener von Gelehrten.

Werk: Kants bedeutende Werke beginnen mit seiner Habilitationsschrift *Principiorum primorum cognitionis metaphysicae nova dilucidatio (Neue Erhellung der ersten Grundsätze der metaphysischen Erkenntnis),* in der er sich gegen die Schulmetaphysik von Wolff wendet und bestreitet, dass sich alle Grundsätze der Erkenntnis auf ein gemeinsames Prinzip zurückführen lassen. Im selben Jahr, 1755, erschien die *Allgemeine Naturgeschichte und Theorie des Himmels.* Darin hat die Kant-Laplacesche Theorie der Weltentstehung ihren Ursprung: Aus einem Nebel gleichmäßig verteilter kleinster Teilchen, die durch Anziehungskraft in eine Kreisbewegung gerieten, hätten sich durch Verdichtung Sonne und Planeten gebildet. Hier, in der *Naturgeschichte,* und in einer anderen Schrift über die Rassen erwies er sich als Wegbereiter der Idee einer Entwicklung auch in der Natur und näherte sich mit seiner Definition der kleinsten Teilchen als »raumerfüllender Kraft« in der an Leibniz anknüpfenden *Monadologia physica (Physische Monadologie)* einer ganz modernen Auffassung der Physik.

In den 60er Jahren des 18. Jh. begann sich sein besonderes Interesse an der Metaphysik abzuzeichnen, die vom Rationalismus als Wissenschaft vom Übersinnlichen gelehrt wurde, vom Empirismus eines Locke, viel mehr aber noch von Hume, dem er sein Erwachen aus »dogmatischem Schlummer« zuschrieb, angezweifelt, ja als unmöglich angesehen wurde. Quelle der Erkenntnis sollte ausschließlich die sinnliche Erfahrung sein, was Übersinnliches von Vornherein ausschloss. Doch wo genau lag die Grenze, bis wohin reichte die Vernunft, wenn die Metaphysik nun, so Kants Idee, zur Wissenschaft von den Grenzen der menschlichen Vernunft werden sollte? Dieser Frage widmeten sich bereits einige Schriften der 60er Jahre, so die *Träume eines Geisterheilers erläutert durch Träume der Metaphysik,* in der Kant zeigt, wie man mit Hilfe der theoretischen Vernunft, der Logik, zu

Antinomien, sich völlig widersprechenden Gesetzen kommen kann. In der zu seinem Amtsantritt 1770 noch einmal Lateinisch verfassten Inaugural-Dissertation *De mundi sensibilis atque intelligibilis forma et principiis (Von der Form der Sinnen- und Verstandeswelt)* griff er auf seine Hauptwerke voraus. Er unterscheidet darin zwischen zwei Erkenntnisarten, sinnliche und Verstandeserkenntnis. Außerdem stellt er fest, dass wir, um sinnlich erkennen zu können, in uns »a priori« – im Vornherein – etwas haben, was die Sinneseindrücke ordnet: eine Vorstellung von Raum und Zeit. Dies ermöglicht uns das mathematische Denken.

Elf Jahre lang erschien darauf nichts mehr, wie ein großes Atemholen vor seinem Hauptwerk: *Kritik der reinen Vernunft*, übersetzt: Eine Prüfung der Begriffe und Grundsätze, mit denen die Vernunft außerhalb jeder sinnlichen Erfahrung arbeitet. Durch die *Prolegomena* von 1783 und die *Grundlegung zur Metaphysik der Sitten* wie auch durch die *Metaphysischen Anfangsgründe der Naturwissenschaft* erläutert und erweitert er sein seit der zweiten Auflage 1787 begeistert aufgenommenes, sehr komplexes und umfangreiches Werk und setzt es mit der *Kritik der praktischen Vernunft* und der *Kritik der Urteilskraft* fort. Parallel erschienen seine grundlegenden Gedanken zur Geschichtsphilosophie *Idee zu einer allgemeinen Geschichte in weltbürgerlicher Absicht* und nach den Kritiken die religionsphilosophische Arbeit *Die Religion innerhalb der Grenzen der bloßen Vernunft*, durch die er mit der Zensur in Konflikt geriet. Von den späten Werken sollen nur noch seine rechtsphilosophischen Schriften *Metaphysik der Sitten* und – aktuell oft zitiert – *Zum ewigen Frieden* genannt sein. Obwohl seine Kräfte Ende der 90er Jahre stark nachließen, arbeitete er weiter, an den Veröffentlichungen seiner Vorlesungen war er jedoch kaum noch beteiligt.

Lehre: Kants Lehre ist äußerst vielschichtig und kompliziert und wurde darum in verschiedenster Weise gedeutet. Der immense Umfang schon seiner Kritiken macht es unmöglich, näher auf seine Gedanken einzugehen. Trotzdem soll eine knappe Zusammenfassung versucht werden. Kant fragt: 1. Was kann ich wissen? 2.

Ethik

Das griechische Wort bedeutet »Sittenlehre«. Dem gemäß ist die Ethik als philosophische Disziplin die Lehre vom rechten, vernünftigen und sinnvollen Handeln. Sie steht über der Moral, da sie Prinzipien aufstellt, die allgemein gültig sein sollen und nicht, wie bei dieser, Äußerlichkeiten und Konventionen angepasst werden. Begründet wurde sie von Aristoteles, der sie mit Politik und Ökonomie zur praktischen Philosophie zusammenfasste.

Was soll ich tun? 3. Was darf ich hoffen? All diese Fragen führen zu der einen, alle umfassenden: Was ist der Mensch, was sind seine Möglichkeiten und Grenzen?

1. Was kann ich wissen? Kant geht in seinen Untersuchungen hierzu nicht, wie seine Vorgänger, vom Objekt, sondern von den Bedingungen des Subjekts aus und stellt fest, dass es für uns unmöglich ist zu erkennen, was »an sich« ist. «Transzendentale Philosophie» nennt er seine Untersuchung der Grenzen unserer Erkenntnis. Sein Ergebnis: Erkenntnis setzt Erfahrung voraus. Aber: Das, was wir sinnlich wahrnehmen, wird durch im Vornherein in uns existierende Anschauungsformen – Raum und Zeit – und durch die Begriffsformen – die zwölf Kategorien des Verstands – beeinflusst, überhaupt erst ermöglicht. Die Kategorien entwickelt er aus den der traditionellen Logik entnommenen Urteilsformen. Erst durch das urteilende Verknüpfen der durch Raum und Zeit eingeordneten Anschauungen mit den a priori vorhandenen Kategorien werden aus der Vielfalt der Eindrücke gegenständliche Einheiten, empirische Begriffe, in unserem Bewusstsein. Genau das ist Denken. Die Erfahrungswelt ist ein Produkt unseres Denkens! Wir sehen drei verbundene Geraden und eine Fläche, beurteilen diese mit Hilfe unseres Verstandes und erkennen ein Dreieck. Einen Zusammenhang zwischen den Einzelerkenntnissen stellen dann zuletzt die Prinzipien der Vernunft, die Ideen, her – wegweisende Ideale, von denen Kant drei unterscheidet: die Idee der unsterblichen Seele, der Welt und die Idee Gottes. Ihnen entspricht jedoch keine Anschauung, sie lassen sich nicht theoretisch beweisen, eine Metaphysik als Wissenschaft ist somit nicht möglich. Das alles hat aber nicht die Konsequenz, dass die Welt – wie bei dem skeptischen Empiriker Hume – nur in unserem Bewusstsein existiert, trotzdem können wir von der Welt »an sich« keine Vorstellung haben.

2. Was soll ich tun? Vernunft ist erkennender Verstand, aber auch Wollen und Handeln, Fühlen und Schauen. Als theoretische Vernunft, die auf unser sinnliches Wahrnehmen einwirkt, enthält sie wie oben dargestellt die apriorischen Prinzipien der Naturerkenntnis. Als praktische Vernunft, die auf unser Wollen, und als Urteilskraft, die auf unser Gefühl einwirkt, enthält sie aber ebenso Prinzipien für unser sittliches Handeln, für Fühlen und Schauen. Das in der praktischen Vernunft waltende Prinzip ist die Freiheit, die die unveräußerliche Würde des Menschen ist. Aus dieser Freiheit heraus und nicht durch Einwirkung von außen muss ein unbedingter Handlungsgrundsatz, ein kategorisches Gebot der Moral folgen. Er muss außerhalb jeder Erfahrung liegen und damit allgemein Gültigkeit haben. Dieser, der sogenannte »Kategorische Imperativ« Kants lautet für jeden verpflichtend: »Handle so, dass die Maxime deines Willens jederzeit zugleich als Prinzip einer allgemeinen Gesetzgebung gelten könne.«

Das Bindeglied zwischen theoretischer und praktischer Vernunft, die Welt der Gefühle, behandelt er in seiner Kritik der Urteilskraft. Er fragt auch hier, wie der Verstand einwirkt, was im Verstand a priori vorhanden ist, damit wir das Naturgeschehen unter dem Gesichtspunkt von Zwecken, von Bedürfniserfüllung, die letztlich zu Lust und Unlust, zu den Gefühlen führt, beurteilen können. Wie unsere Erkenntnis zweigeteilt ist in Sinnlichkeit und Verstand, so ist unsere Urteilskraft zweigeteilt in das sinnliche Gefühl von Lust und Unlust und in die reflektierende Urteilskraft. Wie es beim Erkennen a priori Raum und Zeit, die Begriffe und Ideen gibt, so ist dies bei der Urteilskraft das Prinzip der Zweckmäßigkeit, das als Maßstab den Anteil der Vernunft am Urteilen ausmacht.

3. Was darf ich hoffen? Alle herkömmlichen Gottesbeweise, die sich letztlich auf den Anselms von Canterburys, den seit Kant so genannten »ontologischen« Gottesbeweis, den Beweis Gottes aus der Tatsache, dass es einen Begriff von ihm gibt, zurückführen lassen, werden von ihm als falsch entlarvt. Da das Wissen auf Dinge in Raum und Zeit beschränkt ist, kann es unmöglich ein Wissen von religiösen Dingen geben. Aber es gibt ein Gefühl davon, denn wenn es laut Sittengesetz darum geht, nicht einfach nach dem irdischen Glück zu streben, sondern unbedingt das Gute zu tun, so muss es in einem jenseitigen Leben einen Ausgleich dafür geben. Sittliches Handeln ist nach Kant praktische Gottesbejahung, die einzig moralisch vollkommene Religion das Christentum, das jedoch entmythologisiert und auf die Ethik reduziert werden sollte.

Recht und Staat: Wie die Sittenlehre so basieren auch Recht und Staat auf dem Prinzip der Freiheit. Das Recht koordiniert die Freiheitsansprüche vieler Personen, die sie vom Staat aufgrund eines Sozialkontrakts im Tausch gegen die Aufgabe der angeborenen, »wilden« Freiheit erhalten haben. Ein Recht zur Revolution gibt es – obwohl Kant die Französische Revolution mit Sympathie verfolgte – nicht.

Erkenntnistheorie

Die Wissenschaft von dem Ursprung, den Bedingungen, dem Umfang und den Grenzen der Erkenntnis. Obwohl der Begriff für diese philosophische Disziplin erst im 19. Jh. entstand, wurde schon seit den Anfängen der Philosophie danach gefragt, ob und wie Menschen sicheres Wissen erlangen können. Heute zählen zur Erkenntnistheorie, die früher auch Epistemologie genannt wurde, neben der Logik auch Sprachphilosophie, Wissenschaftstheorie und Hermeneutik, die Theorie der Auslegung.

Auch zwischen Staaten gibt es einen »wilden« Zustand, es gilt das Recht des Stärkeren. Ihm kann durch die Bildung eines förderativen Völkerbundes aus republikanischen Staaten begegnet werden. Jeder Weltbürger muss fortdauernd danach streben, den ewigen Weltfrieden zu erreichen, Imperialismus verbietet sich, stehende Heere sind abzuschaffen.

Zusammenfassung

Der Königsberger Philosophieprofessor Immanuel Kant begründete aus dem Geist der Aufklärung heraus die kritische Philosophie. In seinen Hauptwerken, den Kritiken der reinen Vernunft, der praktischen Vernunft und der Urteilskraft erläutert er seine Ansicht, dass es keine von der Anschauung unabhängige Erkenntnis gebe. Die Aufgabe seiner Philosophie sah er in einer Grenzbestimmung zwischen Erkennbarem und Unerkennbarem. Zu letzterem gehört für ihn die noch vom Rationalismus dogmatisch gelehrte Metaphysik, die er als reine Spekulation verwirft und in der Folge zu einer Wissenschaft von den Grenzen der menschlichen Vernunft machen will. Den Glauben an Gott und eine unsterbliche Seele gibt er jedoch nicht auf, sondern sieht dessen Rechtfertigung in seiner moralischen Kraft. Eine Kraft, die den autonomen Menschen in einer Ethik unterstützt, deren unbedingter Grundsatz in der Befolgung eines rein formalen Sittengesetzes besteht, dem Kategorischen Imperativ.

Wirkung: Wahrscheinlich ist die Ansicht, dass die Geschichte der Philosophie seit Kant eine Geschichte der Auseinandersetzung mit seinem Werk ist, ja dass das gesamte abendländische Denken seit Platon auf ihn hinführte zu hoch gegriffen, doch wird Kants überragende Bedeutung auch von seinen Gegnern anerkannt. Schon zu Lebzeiten setzte eine intensive Beschäftigung mit seinem schwer verständlichen Werk ein, seine Philosophie wurde an fast allen Universitäten gelehrt, seine *Kritik der reinen Vernunft* gehörte – trotz kirchlichen Verbots – bald zu den bedeutendsten Werken der Weltliteratur. Fichte, der Begründer des Deutschen Idealismus, unternahm zuerst den Versuch, Kants Werk zu vollenden. Schelling und Hegel, die beiden anderen großen Idealisten, entwickelten Kants Vernunftbegriff weiter zur »Vernünftigkeit«. Hölderlin, Schiller, Kleist und Jean Paul war er ein bedeutender Anreger. Kants Kritik an der Metaphysik übernahmen die Pragmatisten und Positivisten und radikalisierten sie. Eine Erneuerung des Kantischen Kritizismus prägte vor allem die deutsche Philosophie zwischen 1870 und 1920 als Gegenbewegung zum Materialismus zum Beispiel eines Marx. Auch Husserl, Heidegger, selbst Schopenhauer, Nietzsche und Freud, Jaspers und Wittgenstein verdanken Kantschem Denken bedeutende Einflüsse, die bis zur Philosophie der Gegenwart reichen.

NEUESTE ZEIT

Die letzte große geschichtliche Zäsur war die Französische Revolution von 1789. Obwohl nicht die erste Revolution – das englische Volk hatte bereits im 17. Jh. und die englischen Kolonien in Nordamerika 1776 erfolgreich gegen die herrschenden Regime gekämpft – war es die für die Geschichte der westlichen Welt und durch deren überseeische Besitzungen auch global folgenreichste. Was folgte war eine Geschichte der Auflösung von alten Reichen und der Bildung von Nationalstaaten, der Auflösung alter gesellschaftlicher Strukturen und der Bildung von neuen Klassengesellschaften, der Abschaffung von wirtschaftlichen Barrieren und vor allem eine Geschichte des technischen Fortschritts. Die Beschleunigung des Menschen wurde nicht nur körperlich – durch die Erfindung der Eisenbahn – greifbar, sondern drückte sich auch durch das sich sprunghaft vermehrende Wissen aus, das eine Spezialisierung in den Wissenschaften mit sich bringen musste. Insbesondere von der Philosophie – neben Theologie, Medizin und Jura seit Jahrhunderten die einzige Wissenschaft – spalteten sich jetzt zahlreiche Fächer ab. Die Philosophen waren durch die dargestellten Umbrüche enorm gefordert, teils waren sie deren Vordenker, teils deren Souffleure oder nur deren Rechtfertiger. War das 19. Jh., vor allem am Anfang, noch durch einen großen Systemwillen, ein Erfassen von Welt, Mensch und Gott in einem Gesamtzusammenhang geprägt, konnte es danach keinem der großen Denker mehr gelingen, alle Aspekte der Philosophie zu vereinen. Es entstanden immer mehr parallel bestehende Denkrichtungen, eine eindeutige Zuordnung der Philosophen wird immer schwieriger. Wie sich die Welt immer schneller wandelte, so auch die Weisheit zu ihrer Durchdringung. Am Anfang des 21. Jh. scheint der von der Aufklärung geforderte Individualismus verwirklicht.

19. Jahrhundert

Wie schon im 17. und 18. Jh. verläuft die Entwicklung der Philosophie in Wechselwirkung mit der gesellschaftlichen Entwicklung, der Veränderungen in Politik und Wirtschaft. Wie zuvor stehen dabei drei Nationen im Fokus: Deutschland, England und Frankreich. Begünstigt einerseits durch religiöse, andererseits durch politische Freiheiten, ihre Wirtschaftskraft sowie bedeutende und traditionsreiche Ausbildungsstätten gehören fast alle Klassiker der Philosophie des 19. Jh. zu einer dieser drei Nationen. An seinem Ende trat schließlich eine weitere, lange Zeit unbeachtete Nation hinzu, die sich, nach schwer wiegenden, innenpolitischen Auseinandersetzungen, als Weltmacht der Moderne zu formieren begann: die USA.

Napoleon spielte nicht nur im Leben Friedrich Wilhelms III., Königin Luises und Zar Alexanders I. (von links) eine Rolle – auch Geistesgrößen wie Goethe, Hegel oder Beethoven wurden durch seine Taten beeinflusst.

Deutschland: Genau so heftig wie die deutsche Geschichte von den Geschehnissen bei ihrem westlichen Nachbarn berührt wird, genau so heftig trifft dies auch die deutsche Philosophie von den Schriften Kants. Das Heilige Römische Reich Deutscher Nation, das seit dem 10. Jh. bestand, zerbrach 1806. Die Nachfolgestaaten, vor allem Preußen und Österreich, bestimmten die weitere Geschichte der deutschen Nation, die sich im Freiheitskampf gegen Napoleon so einig war wie erst wieder 1871, als das Deutsche Reich unter Führerschaft der preußischen Monarchie gegründet wurde. Dazwischen setzte die Industrialisierung mit voller Wucht ein und machte mit ihren sozialen Folgen der ruhigen Biedermeierzeit mit all ihrer Innerlichkeit ein Ende. Dennoch wurde die gescheiterte Revolution von 1848 nicht vom vierten Stand, den Arbeitern, sondern vom Bürgertum getragen. Die Folgen waren bitter, denn bereits erreichte Freiheiten wurden ihm wieder genommen.

Wenn auch alle deutschen Philosophen des 19. Jh. Kant viel verdankten, standen nicht wenige in Opposition zu ihm. Insbesondere drei Zeitgenossen Kants, Hamann, Jacobi und Herder, stießen sich an dem kühlen Rationalismus in Kants Denken und sahen das Gefühl, den Glauben vernachlässigt. Diese drei »Glaubensphilosophen« stehen trotz ihrer Lebensdaten bereits mit einem Bein im 19. Jh. Ein Mann des Glaubens war auch der Theologe Friedrich Daniel Ernst Schleiermacher (1768–1834), dessen Verdienst die Entwicklung der Hermeneutik als einer Lehre des Verstehens sprachlicher Ausdrücke und die klare Trennung von Philosophie und (protestantischer) Theologie ist. Er stand der mächtigen Strömung der sich um 1800 vor allem in der Literatur manifestierenden Romantik nahe, die als Gegenreaktion auf die Vernunftbetonung der Aufklärung – daher eher an Rousseau anknüpfend – das Irrationale schätzte, Nation, Geschichte und Religion, aber zuoberst das Genialische des Künstlers in den Mittelpunkt ihrer Schöpfungen stellte. Die meisten unter den Romantikern versuchten gleichzeitig die von Kant verworfene Metaphysik neu zu begründen und – eingedenk dessen Kritik – das Absolute zu finden, etwas Immaterielles, in dem alles andere seinen Grund hat. Ihre Auffassung von der Wirklichkeit ist darum eine idealistische. Romantik und Deutscher Idealismus bilden die Hauptrichtung der deutschen Philosophie bis ungefähr zur Mitte des 19. Jh. Zu dieser Zeit hat sich die traditionelle Gegenrichtung zum Idealismus, der Materialismus, dessen erster großer Vertreter Platon war, neu formiert. Bevor um 1870 mit dem von Hermann Cohen (1842–1918) begründeten Neukantianismus, geteilt in eine Südwestdeutsche und eine Marburger Schule, die kantische Tradition in der Erkenntnistheorie für ca. fünfzig Jahre zur Hauptrichtung der deutschen Philosophie wurde – Hauptvertreter war Ernst Cassirer (1874–1945) – traten noch zwei Denker hervor, die schwer einzuordnen sind: Der dänische Hegel-Gegner Sören Kierkegaard und der Schopenhauer-Bewunderer Friedrich Nietzsche.

Frankreich: Naturgemäß waren die Auswirkungen der Französischen Revolution auf ihr Mutterland am größten. Die gesellschaftlichen Umwälzungen, besonders die Nivellierung der Stände mit der Betonung des dritten Stands, der Bürger, und der Abschaffung des zweiten Stands, des Klerus, wirkten auch noch weiter, nachdem der erste Stand, der Adel, wieder zur Macht gekommen, die Bourbonen wieder auf dem Thron waren. Napoleon I., Nutznießer der Revolutionswirren, konnte sein Kaiserreich nur bis 1815 erhalten. Das Ergebnis der Kriege, mit denen er Europa überzogen hatte, war der Wiener Kongress, die Neuordnung Europas und ein Erstarken des Nationalbewusstseins. Aber auch die Bourbonen verschwanden 1848, nach einer erneuten Revolution, dieses Mal von Kleinbürgern und Arbeitern getragen, endgültig. Wiederkehr der Geschichte – auch danach folgte ein Bonaparte, Napoleon III., den der verlorene Krieg gegen Deutschland 1870/71 vom Thron fegte. Vor fast allen anderen europäischen Staaten war Frankreich nun – bis heute – Republik. Auch hier hatte die Aufklärung ihre Kritiker, für die stellvertretend Claude-Henri de Saint-Simon (1760–1825) genannt werden soll, der nicht nur zur Zeit der Napoleonischen Kriege seine Utopie einer europäischen Einheit verkündete, sondern auch die Idee vertrat, die Gesellschaft sei in einer stetigen Entwicklung, die auf eine Art Sozialismus hinausliefe. Ein Gesellschaftsmodell, das durch den ersten erklärten Sozialisten, Charles Fourier (1772–1837) und Pierre Joseph Proudhon (1809–1865), dem Erfinder der Wendung »Eigentum ist Diebstahl«, viel konsequenter gefordert wurde. Die wichtigste Leistung der französischen Philosophie des 19. Jh. ist jedoch die Entwicklung des auf empirischer Beobachtung und logischem Denken beruhenden Positivismus durch den Sekretär Saint-Simons, Auguste Comte.

England: Die Französische Revolution wirkte sich kaum auf das britische Königreich aus, da die hier herrschende konstitutionelle Monarchie weiteren Kreisen der Gesellschaft ein politisches Mitwirkungsrecht einräumte, als dies in anderen Monarchien dieser Zeit der Fall war. Man konzentrierte sich vor allem auf die wirtschaftliche Entwicklung, die mit einer Eroberung weiter Teile der Welt einherging und das »goldene Zeitalter« unter der Regierung Queen Victorias (1837–1901) einleitete. Obwohl die »Industrielle Revolution« von Großbritannien ihren Ausgang nahm und darum auch die ökonomischen Wissenschaften in britischen Philosophen ihre ersten bedeutenden Vertreter hervorbrachten, kam es im 19. Jh. zu keinen wesentlichen Unruhen der Industriearbeiter. Auch die Philosophie blieb hier von sozialistischem oder kommunistischem Gedankengut – im Gegensatz zu Frankreich, Deutschland und später Russland – noch weitgehend unberührt. Wie der schon erwähnte Adam Smith wurde Jeremy Bentham (1748–1832) stark von David Humes *Treatise of Human Nature* beeinflusst und formulierte darauf aufbauend seine Theorie vom Utilitarismus. Diese Nützlichkeitsphilosophie erkennt in der Erreichung größtmöglicher Lust für die größtmögliche Anzahl von Menschen das höchste ethische Ziel. Abgewandelt fortgesetzt wurde diese These von John Stuart Mill, bei dem jedoch, aufgrund der großen britischen Tradition der Empirie – Francis Bacon, John Locke, David Hume – besonders der Positivismus Comtes auf fruchtbaren Boden fiel. Nicht unerwähnt bleiben darf hier ein »Naturphilosoph«, dessen Theorien, vergleichbar denen des Kopernikus, Galilei oder Newton, eine Wirkung beschieden war, die weit über sein eigentliches Fach hinausreichten: Charles Darwin (1809–1882). Dessen Hauptwerk *Die Entstehung der Arten* verfehlte seine Wirkung auf die Philosophie nicht, wie sie auch umgekehrt – hier vor allem Hegel – auf Darwin Einfluss genommen hatte.

USA: Die USA entwickelten sich aus 13 englischen Kolonien an der Ostküste Nordamerikas, die sich 1774 zusammenschlossen und 1776 ihre Unabhängigkeit von England erklärten. Durch immer neue Staaten, die der Union beitraten, vergrößerte sich der Bundesstaat, bis die Südstaaten aufgrund der Wahl Lincolns zum Präsidenten (1860) diesen wieder verließen und in den Sezessionskriegen bekämpften. Die abtrünnigen, Konförderierten Staaten mussten kapitulieren und vereinigten sich wieder mit dem Norden. Die nun mögliche Konzentration auf die Außenpolitik führte zu einer weiteren Vergrößerung des Staatsgebiets und zum Erwerb von Kolonien. Mit der politischen Unabhängigkeit von England war anfangs weder eine kulturelle noch geistige Emanzipation verbunden. Eine eigene, die Gründerzeit der Amerikaner verkörpernde Sprache in der Philosophie ist darum erstmals gegen Ende des 19. Jh. mit Charles S. Peirce zu vernehmen, der seine Art der Erkenntnistheorie mit einem von Kant übernommenen Ausdruck als »Pragmatismus« bezeichnete.

Glaubensphilosophen

Als Wegbereiter der Romantik gelten die untereinander befreundeten und sich beeinflussenden Glaubensphilosophen. Der älteste war der Beamte Johann Georg Hamann (1730–1788), der wie Kant aus Königsberg stammte. Als Handelsreisender hatte er 1757 in London sein Erweckungserlebnis, das ihn zu einem radikalen Christen machte. Als solcher stand er – wie auch Jacobi und Herder – in Opposition zum rationalistischen Denken der Aufklärung, zu einer von »Sinnen und Leidenschaften« befreiten reinen Vernunft, der nichts Körperliches oder Geschichtliches anhaften sollte. Nicht »Cogito, ergo sum« sondern »Est; ergo cogito« müsse es heißen, nicht »Ich denke, also bin ich«, sondern »Er ist, also denke ich«. Hamann akzentuierte die Sprache als Schlüssel zur Wirklichkeit, durch sie wird der Mensch zum Menschen; in alter christlicher Tradition war es nämlich auch das Wort, durch das Gott die Natur geschaffen hatte.

Der Kaufmann und Wirtschaftspolitiker Friedrich Heinrich Jacobi (1743–1819) wollte mit seinen philosophischen Briefromanen der »Kothphilosophie« seiner Zeit die Stirn bieten. Der Romantik vorgreifend baut auch er auf den Glauben, die unmittelbare Empfindung und die natürliche Sittlichkeit. Als von vielen Romantikern bewunderter Idealismus-Gegner sieht er in Kants Philosophie den Nihilismus, die Nichtigkeit alles Bestehenden, heraufbeschworen, wenn er schreibt: »Alles überhaupt, Erkennendes und Erkanntes, lösete sich vor dem Erkenntnisvermögen in ein gehaltloses Einbilden von Einbildungen, objektiv rein in Nichts auf.« Den Primat des Verstandes kritisierte Jacobi nicht nur bei Kant, sondern auch bei Spinoza, dessen Gleichsetzung von Gott und Natur er als Atheismus deutete, worüber er vor allem mit Mendelsohn, aber auch Goethe und Kant in den sogenannten »Pantheismusstreit« geriet. Der durch Vermittlung Goethes 1776 zum Generalsuperintendenten in Weimar berufene Theologe und Prediger Johann Gottfried Herder (1744–1803), ein Schüler Kants, ist insbesondere als Geschichts- und Sprachphilosoph von Bedeutung. Wie sein Freund Hamann stellt er fest, dass Vernunft ohne Sprache nicht denkbar sei. In der Wiedergabe eines Eindrucks bildet Sprache die Natur nach. Herder sammelte und übersetzte Volkslieder, da sich in ihnen der jeweilige »Volksgeist« manifestiert, der jedem Volk zu eigen ist. Jedes Volk, jede Epoche, jeder Mensch und damit auch das Denken ist für Herder Ergebnis einer geschichtlichen Entwicklung, die, als Selbstentfaltung Gottes, zur »Humanität« führt. Erkennen verläuft für ihn nicht streng rational nach mathematischen Relationen, sondern intuitiv. Die geniale Intuition schließlich macht darum auch den großen Wissenschaftler, vor allem aber den großen Künstler aus. Die philosophischen Weichen für die Romantiker waren gestellt.

Romantik und Deutscher Idealismus

Sicherlich lag es auch am Terror, der auf die Französische Revolution folgte, und am sich regenden Nationalgefühl der Deutschen in ihrem Widerstand gegen Napoleon, dass sich das deutsche Kulturleben mehr mit inneren Befindlichkeiten befasste als mit der wirklichen Welt, die vielen unbeherrschbar, abstoßend und gewalttätig vorkommen musste. Zudem war das Zeitalter der Vernunft, die Aufklärung, soeben zu Ende gegangen. Nun galt es, die Vernunft mit dem Gefühl, den als Individuum herausgestellten Menschen mit der Natur zu versöhnen, so wie es schon Rousseau gelehrt hatte. Maßgeblich auch von der Philosophie gefördert etablierte sich ein wahrer Geniekult, der sich in Deutschland vor allem auf die Literatur mit ihren Heroen Goethe und Schiller konzentrierte. Mehr als sie, die man zur Weimarer Klassik zählt, waren es Dichter wie Hölderlin, E. T. A. Hoffmann oder Heinrich von Kleist, die die Romantik verkörperten. Parallel dazu entwickelte sich auch die Philosophie mehr zum Irrationalen hin. Bereits Kant ging es nicht darum zu beantworten, was das »Ding an sich«, was die Wirklichkeit sei, sondern darum, welche Kenntnis wir von ihr wie bekommen. Damit war er bereits Idealist, der mit seiner Auffassung, es gebe keine bewusstseinsunabhängige Welt, im Gegensatz zu den Realisten und Materialisten stand. Nicht in Königsberg, bei Kant, sondern in der Nähe von Goethes Weimar, im beschaulichen Jena, an dessen Universität der Kant-Schüler Friedrich Schiller (1759–1805) Geschichte lehrte, führten drei Männer diesen Idealismus fort, der als Deutscher Idealismus zum einen deren Werk zusammenfasst, zum anderen aber auch für die ganze Epoche zwischen Kant und Hegel steht: Fichte, Schelling und Hegel. Mit Hilfe von Attri-

Metaphysik

Eine der Disziplinen der Philosophie. Sie beschäftigt sich mit der Frage nach den ersten Gründen allen Seins und bezieht sich auf das, was jede mögliche Erfahrung überschreitet. Von Aristoteles »Erste Philosophie« genannt, erhielt sie aufgrund der systematischen Einordnung der acht Bände, die sich mit ihr beschäftigten, hinter die 14 Bände seiner Physik den Namen Metaphysik – »nach der Physik«. Noch im Mittelalter als »Königin der Wissenschaften« apostrophiert, verlor sie nach einem letzten Aufglühen im Deutschen Idealismus ihren Rang an die Naturwissenschaften. Themenbereiche der Metaphysik sind die Ontologie (das Sein selbst), die philosophische Theologie (das göttliche Sein), Psychologie (die Seele) und die Kosmologie (der Zusammenhang alles Seienden).

buten lassen sich ihre Denkrichtungen in subjektiven, objektiven bzw. absoluten Idealismus unterscheiden, je nachdem, ob wie bei Fichte das Subjekt, der Mensch, bei Schelling das Objekt, die Natur, oder bei Hegel Gott, das Absolute, den Mittelpunkt bildet. Im engsten Kontakt zur Romantik stand dabei Schelling, der gemeinsam mit Hegel und Hölderlin während seiner Ausbildung in Tübingen eine Stube bewohnt hatte. Hier hätte es Arthur Schopenhauer vermutlich keinen Tag ausgehalten, war Hegel doch sein Intimfeind. Aber trotz seiner Tiraden gegen Romantik und Idealismus, baute sein Werk doch zu einem erheblichen Teil auf idealistischen Thesen auf, wenn er auch eher ein Einzeldenker blieb. Nach Hegels Tod 1831 hatte sich der Idealismus bald überlebt. Die Folge: Rechtsphilosophie und Geschichtsphilosophie verloren ihre spekulative Basis und trennten sich nun – nach den Naturwissenschaften – als Rechtslehre, Geschichte, und Soziologie von der Philosophie und wurden als »Geisteswissenschaften« zu eigenen Disziplinen. Aber auch die Kultur hatte ihre metaphysische Grundlage verloren und wandte sich dem Naturalismus zu.

JOHANN GOTTLIEB FICHTE *(19.5.1762 in Rammenau/Lausitz – 29.1.1814 in Berlin)*

Auf dem Höhepunkt seines Ruhmes, in den 90er Jahren des 18. Jh., erzielte Fichte höhere Honorare für seine Bücher als Goethe und Schiller, die er beide gut kannte, waren sie doch Vorgesetzte bzw. Kollegen in Bezug auf seine Professorenstelle an der Universität von Jena. Erstaunlich für einen Mann, der als Kind armer Eltern geboren wurde, sein Studium der Theologie nicht beendet hatte und sich lange Zeit als Hauslehrer durchschlagen musste. Die entscheidende Wendung hatte Fichte Kant zu verdanken. Diesem, dessen Idee der Freiheit Fichtes Werk durchzieht, legte er seine erste philosophische Schrift *Versuch einer Kritik aller Offenbarung* vor. Kant empfahl sie seinem Verleger zum Druck und sie erschien schließlich anonym. Alle Welt glaubte, sie sei das lange erwartete religionsphilosophische Werk Kants – dieser klärte den Irrtum auf und Fichte war auf einmal berühmt! Doch schon wenige Jahre später verlor er seinen Lehrstuhl, da ihm seine Gegner 1799 im »Atheismusstreit« Unglauben vorwarfen. Seine *Reden an die deutsche Nation*, in denen Fichte die Deutschen dazu aufrief, die Führung auf dem Weg in eine »Epoche der Vernunftwissenschaft« zu übernehmen, soll-

Fichte in einer Federzeichnung eines Zeitgenossen.

ten die deutsche Nation in ihrem Kampf gegen Napoleon einen. Sie erregten großes Aufsehen und trugen dazu bei, dass er 1810 zum ersten Rektor der neuen Berliner Universität wurde, deren Gründung auf Wilhelm von Humboldt (1767–1835) zurückgeht. Fichtes Philosophie knüpft bewusst an Kant an, insbesondere an dessen Sicht des Menschen. Er führt dessen transzendentalen Idealismus, der eine Trennung von »Objekt an sich« und den im Subjekt entstehenden Vorstellungen davon vorsah, nun in eine ähnliche Richtung wie bereits Berkeley: Die Welt entsteht laut Fichte ausschließlich im Subjekt, im Ich.

In seinem 1794 erschienenen Hauptwerk *Grundlage der gesamten Wissenschaftslehre*, unter der er die Philosophie versteht, da sie für alle Wissenschaften begründend sei, entscheidet sich Fichte unter den seiner Meinung nach zwei möglichen Ansätzen der Philosophie, Dogmatismus und Idealismus, bewusst für letzteren. Er vertritt damit die Ansicht, dass die Dinge von den Vorstellungen, nicht die Vorstellungen von den Dingen erzeugt werden. »Bilder sind: sie sind das Einzige, was da ist, ...« – die Realität der Welt wird in unserer Vorstellung erzeugt. Man spricht darum von subjektivem Idealismus, aber auch von praktischem Idealismus, denn das Ich »setzt sich selbst« durch eine Tat, die Vernunft ist eine Tat des denkenden Bewusstseins! Das Ich ist eine »Kraft, der ein Auge eingesetzt ist«.

Wenn es aber kein »Ding an sich« gibt, woher kommen dann unsere Erfahrungen, alles Fremde, alles das, was nicht »Ich« ist? Dieses »Nicht-Ich« ist – wie unser individuelles Bewusstsein – ein vorbewusstes, ohne Grund, in völliger Freiheit entstandenes Produkt des absoluten Ich. Das Nicht-Ich, die Welt der Dinge, die Natur, ist also nur in uns selbst existent. Wir irren uns, wenn wir glauben, die Welt und unsere Individualität seien an sich Seiend. Da die Welt nicht durch unseren Willen in uns entstanden ist, bildet sie eine Schranke für unser Handeln. Vornehmste Aufgabe des Menschen ist es, diese Schranke zu überwinden, von ihr unabhängig und frei zu werden. Dadurch, durch die Erfüllung seiner Pflicht, schreitet der Mensch fort auf dem Weg zur Vollkommenheit. Das Glück, das er dabei empfindet, ist diesseitige Seligkeit. Gott ist die sittliche Weltordnung, eine jenseitige Seligkeit ist nicht mehr notwendig, wie Fichte in seiner späten religionsphilosophischen Schrift *Anweisung zum seligen Leben* erläutert. Ganz Tatmensch – »ich mag nicht bloß denken, ich will handeln« –, liegt sein zentrales Anliegen in einer Betonung der praktischen Vernunft. Auch wenn die Welt nur in unserer Vorstellung existiert, so gibt es doch viele »Iche«, die im natürlichen Zustand gegenseitig ihre Freiheit beschränken. Um diesen unsittlichen Gebrauch der Freiheit zu verhindern, gibt es Staaten, deren Ideal er als erster deutscher Denker in einem sozialistischen Entwurf verwirklicht sieht. Darin kommt dem Staat die Lenkung von Wirtschaft und Handel zu, damit er jedem Arbeit und seinen Anteil am Sozialprodukt garantieren kann. *Der geschlossene Handelsstaat* – so der programmatische Titel seiner 1800 entstandenen Schrift zu diesem Thema – muss dabei auch die Erziehung kontrollieren, die für alle, egal welchen Standes oder Geschlechts, die gleiche sein soll. Fichte war der erste der drei großen deutschen Idealisten, der in einem System, einem von einem Prinzip abgeleiteten geordneten Ganzen, die Welt erklären wollte. Dieses Prinzip, der erste Grundsatz der Wissenschaftslehre, ist für Fichte eine geistige Tat: »Das Ich setzt sich selbst«, was soviel heißen soll wie »das Ich beurteilt sich selbst als wirklich«. Mit Hilfe der dialektischen Methode, dem Dreischritt aus Setzung, Entgegensetzung und Aufhebung des Gegensatzes, also These, Antithese und Synthese kann aus diesem Prinzip alles andere abgeleitet werden. Wie, bleibt Fichtes Geheimnis.

Gegen Ende seines Lebens verändert der Einfluss der Romantik seine Lehre, wie an den nationalistischen Gedanken seiner anti-napoleonischen Reden und der Veränderung des absoluten Ichs in ein absolutes, göttliches Sein, dem einzig Realität zukommt, sichtbar wird. Es ist nicht dieser, sondern der frühe Fichte, der zwei bedeutende Denker stark beeinflusst: Hegel mit seiner Betonung der Subjektivität und Marx mit seiner Idee von der Selbsterzeugung des Menschen.

Friedrich Wilhelm Joseph Schelling *(27.1.1775 in Leonberg – 20.8.1854 in Bad Ragaz)*

Wie auch Fichte überlebte Schelling seinen Ruhm. Obwohl die Zeit des Idealismus schon vorbei war, folgte er seinem sich im Alter eher noch verstärkenden spekulativen Denken bis zuletzt. Er stammte aus einer schwäbischen Pfarrersfamilie und studierte schon früh, gemeinsam mit Hölderlin und Hegel, im Tübinger Stift Theologie. Alle drei waren damals noch stark von Spinozas pantheistischer Weltsicht beeindruckt, die Schelling in seiner Zeit als Hauslehrer mit der Wissenschaftslehre Fichtes zu verbinden suchte. 1797, ein Jahr vor seiner durch Goethe begünstigten Berufung auf einen Lehrstuhl für Philosophie nach Jena, veröffentlichte er mit *Ideen zu einer Philosophie zur Natur* jedoch ein erstes Werk zur Naturphilosophie – die Rolle der Natur bei Fichte als »Nicht-Ich« genügte dem Kenner der zeitgenössischen Naturforschung nicht –, dem noch zwei weitere, *Von der Weltseele* und *Erster Entwurf eines Systems der Naturphilosophie,* folgten. Er, der eigentliche Philosoph der Romantik, war nun Mittelpunkt eines bedeutenden Romantikerkreises in der kleinen thüringischen Universitätsstadt, zu dem auch Novalis, Tieck, Schleiermacher und die Gebrüder Schlegel gehörten. Die Ehefrau des einen, Karoline Schlegel, heiratete Schelling in zweiter Ehe. Ihr Tod 1809 verstärkte seine auf Jakob Böhme und anderen Mystikern aufbauenden mystisch-religiösen Tendenzen, die er durch Vermittlung des katholischen Religionsphilosophen Franz von

Baader (1765–1841), eines Kant-Gegners, in München kennen gelernt hatte. Dort war er, nach drei Jahren in Würzburg, seit 1806 für die Akademie der Wissenschaften und auch die der Kunst tätig. Zuvor schon verband sich sein Denken über das Ich und die Natur als zwei Seiten einer Philosophie in seinem *System des transzendentalen Idealismus*, das er dann 1802 in *Bruno oder über das natürliche und göttliche Prinzip der Dinge* auf Gott bezog. Besonders in dieser Schrift, mit der seine auch »Identitätsphilosophie« genannte Phase beginnt, werden Giordano Bruno und über diesen Nikolaus von Kues als große Vorbilder Schellings greifbar.

Dass die Natur einer Entwicklung unterliegt, hatte Schelling formuliert und damit Darwin wichtige Anstöße für dessen Evolutionstheorie gegeben.

Die Freundschaft mit Fichte und Hegel war schon zerbrochen, als diese Periode 1809 endete und er endgültig begann, in die Welt des Mythos, der Offenbarung und Religion, seine sogenannte »positive Philosophie« einzutauchen. So formuliert er in seinen *Philosophischen Untersuchungen über das Wesen der menschlichen Freiheit*, dass ein dunkler Grund in Gott, der ursprünglicher ist als dessen Geist, zum Abfall der Wesen von Gott geführt habe und will damit erklären, warum eine Vielheit von Wesen existiert. Vielleicht erinnert er sich nun auch immer mehr seiner theologischen Herkunft, wenn er das gesamte Weltgeschehen als Gottes Offenbarung deutet. Es gelingt ihm nun immer weniger, Schriften zu veröffentlichen, da er vieles mehrfach umarbeitet und wieder verwirft, vor allem seine mehrfach angekün-

Naturphilosophie

Als die Disziplin, die sich mit der Natur sowie den Möglichkeiten und Bedingungen ihrer Erkenntnis beschäftigt, umfasste sie bis zum 19. Jh. auch ihre naturwissenschaftliche Erforschung, bevor sich zum Beispiel Physik, Chemie und Biologie als eigenständige Wissenschaften etablieren konnten. Kopernikus, Paracelsus und Galilei gelten historisch gesehen daher als Naturphilosophen. Ihren Höhepunkt erreichte die eigentliche Naturphilosophie in Schelling.

digten *Weltalter*, von denen zwölf Entwürfe existieren. Er lehrt wieder, 1820–27 in Erlangen, dann in München und, vom Romantikerkönig Friedrich Wilhelm IV. als Vernichter der »Drachensaat des Hegelschen Pantheismus« 1841 nach Preußen berufen, zuletzt in Berlin. Engels und Kierkegaard sind nur zwei berühmte Beispiele von Hörern seiner Vorlesungen, denen Schelling und der Idealismus eigentlich nichts mehr sagt. Zurückgezogen stirbt er fast achtzigjährig während eines Kuraufenthalts.

Die Identitätsphilosophie, seine wohl bedeutendste und ausgereifteste Leistung und eine Kombination seiner vorausgehenden Natur- und Transzendentalphilosophie, sind das Bindeglied zwischen Fichte und Hegel. Vor Fichtes Entscheidung, entweder Dogmatismus – mit einem »Ding an sich« – oder Idealismus – es gibt nur Bewusstseinsinhalte – zu wählen, entscheidet sich Schelling für: beides! Das »Ding an sich« ist die Natur. Sie ist mehr als ein Nicht-Ich, sie ist nicht Produkt des Geistes, der Geist ist ein Produkt der Natur. Schellings Idealismus ist kein subjektiver, sondern ein objektiver Idealismus. Die Natur ist lebendig, selbst hinter ihren anorganischen Teilen steht Geist, unbewusst schaffende Intelligenz, erkennbar in den Polaritäten, die z. B. als Magnetismus auch im Gestein enthalten sind. In jedem Teil der Natur ist beides, Geist, das Ideale, und Materie, das Reale, vorhanden. Je nachdem, was von beidem überwiegt, kann es sich im Extremfall bei der Naturerscheinung um tote Masse – für Schelling erloschener, sichtbarer Geist – oder, das andere Extrem, um den menschlichen Geist, das höchste Naturprodukt, handeln. Dessen vollendete Selbstdarstellung ist das Kunstwerk. Ihr, der Kunst, widmet sich Schelling in seiner originellsten Schöpfung, seiner Kunstphilosophie. Kunst ist »die einzige und ewige Offenbarung« des Absoluten, Göttlichen. In ihr begegnen sich Natur und Geist, Reales und Ideales, Bewusstes und Unbewusstes, Endliches und Unendliches. All diese Gegensätze, wie auch die Polaritäten der Natur, haben in Gott ihren gemeinsamen Ursprung und ihr gemeinsames Ziel, ihre »Identität«. Die Welt ist die stufenweise Selbstentfaltung Gottes – in der Ahnengalerie dieser Überlegungen kann man Spinoza und Giordano Bruno, Nikolaus von Kues und sogar die Neuplatoniker erkennen. Gott und sein Verhältnis zur Welt, das wollte Schelling wieder und anders als Kant begreiflich machen. Er war ein Begriffsdichter, dessen Versuch, die Wirklichkeit unabhängig von der Erfahrung zu bestimmen, ihm nicht nur in Schopenhauer einen großen Gegner einbrachte. Die Vielzahl seiner Ansätze, von denen nur ein kleiner Ausschnitt wiedergegeben wurde, ließ dagegen viele spätere philosophische Bewegungen, wie die Lebens- und Existenzphilosophie, in seinem Werk wertvolle Anregungen finden. Nicht zuletzt in unserer Zeit, in der die Erfahrungswissenschaften alles zu dominieren scheinen, wird seine Kritik an einem rein vernünftigen Weltbild wieder geschätzt.

Georg Wilhelm Friedrich Hegel

(27.8.1770 in Stuttgart – 14.11.1831 in Berlin)

Leben: Hegel, Sohn eines gehobenen Beamten, studierte Philosophie und Theologie in Tübingen. Seine erste Stellung als Hauslehrer in der Schweiz, die er als provinziell empfand und deren großartige Natur ihn unbeeindruckt ließ, konnte er 1797 durch die Vermittlung seines Tübinger Jugendfreundes, Friedrich Hölderlin, zugunsten einer ähnlichen Tätigkeit bei einer Frankfurter Kaufmannsfamilie aufgeben. Eine Erbschaft und der Erfolg des dritten im Freundschaftsbund aus Tübinger Zeiten, des schon als Philosoph bekannten Schelling, unterstützten sein Wagnis, sich der Philosophie zu widmen. Er habilitierte sich mit einer Arbeit über Astronomie 1801 an der Jenaer Universität und lehrte dort, bis er infolge der Kriegswirren – die Schlacht bei Jena besiegelte 1806 die Niederlage Preußens gegen Napoleon – nach Bamberg übersiedelte, um dort Redakteur einer Zeitung zu werden. Erst 1816, nach acht Jahren als Gymnasialdirektor in Nürnberg, wurde er ordentlicher Professor für Philosophie – aber noch immer nicht berühmt. Der Sprung zum bestaunten und gefeierten Staatsphilosophen gelang erst 1818 mit einem erneuten Ortswechsel: von Heidelberg nach Preußen, nach Berlin, als Nachfolger Fichtes. Dort starb er, der »deutsche Aristoteles«, als einflussreichster Denker seiner Zeit wahrscheinlich an der Cholera.

Werk: Erst mit 31 Jahren veröffentlichte Hegel sein erstes philosophisches Werk, die *Differenz des Fichteschen und Schellingschen Systems der Philosophie*. Schon dort werden zwei charakteristische Ansätze seines Denkens deutlich: die Abhängigkeit alles Philosophierens von der Dimension der Geschichte und die Bedeutung der dialektischen Methode, die – wie erstmals bei Fichte – aus Gegensätzen zu neuen Erkenntnissen führt. Sein erstes Hauptwerk erschien, als er schon in Bamberg war: *Die Phänomenologie des Geistes*. Geplant als Einleitung zu einem größeren Werk, wurde es eines der originellsten, aber vor allem wegen der von Hegel neu entwickelten Begrifflichkeit und seiner überbordenden Fülle an Ideen schwierigsten Bücher der Philosophiegeschichte. Mit diesem Buch hat die Philosophie nicht mehr nur eine Geschichte, sie ist geschichtlich, denn Hegel zeigt darin, wie das »absolute Wissen«, in dem die Gegenstände und die Erfahrung von ihnen identisch sind, über mehrere Stufen im Bewusstsein zur Erscheinung kommt. Thema ist das »werdende Wissen« oder auch die Erfahrung, die das Bewusstsein in einem historischen Entwicklungsprozess macht, illustriert in Kapiteln über Herrschaft und Knechtschaft, das Gesetz des Herzens oder auch die Schuld und die Schönheit. Hegel geht darin im Gegensatz zu Kant davon aus, dass die Wirklichkeit, die Dinge an sich, erkannt werden können. Zweifellos ist dies, wie schon Descartes lehrte, bei uns selbst möglich: Ich weiß, dass ich bin. Ziel der Phänomenologie – das Wort ist definiert als »Wissenschaft der Erfahrung des Bewusstseins« – ist es nun zu zeigen, dass vernünftige Erkenntnis der Wirklichkeit generell möglich ist. Dabei meint Hegel mit vernünftiger Erkenntnis nur die metaphysische, nicht die naturwissenschaftliche Erkenntnis, denn sie ist eine Manifestation des absoluten Geistes im ansonsten nur endlichen Bewusstsein. Unterteilt in drei Bücher erschien Hegels zweites großes Hauptwerk, das als vielleicht tiefsinnigstes und dunkelstes der Philosophiegeschichte gilt, die *Wissenschaft der Logik.* Sie muss verstanden werden als erster Teil eines philosophischen Systems, das, ergänzt um Naturphilosophie und Philosophie des Geistes, den Inhalt seiner Heidelberger Vorlesungen bildete. Als *Leitfaden für den Gebrauch der Hörer* erschien die in 577 Paragraphen vorgetragene, thesenartige Essenz dieser Vorlesungen, also die Gesamtdarstellung seines Systems, in endgültiger Form 1830, sie trägt den Titel: *Enzyklopädie der philosophischen Wissenschaften im Grundrisse.* Enthält sie aufgrund ihres umfassenden Anspruchs schon seine Gedanken zu Recht, Staat und Weltgeschichte, auf denen seine umstrittene Stellung als Staatsphilosoph Preußens beruht, führte er diesen Teil in den *Grundlinien der Philosophie des Rechts oder Naturrecht und Staatswissenschaft im Grundriss,* seinem letzten Buch, mit dem er gegen den »Brei der Gefühle«, gegen die romantische Betonung des Individuellen angeht, noch einmal detaillierter aus.

Lehre: Da, wie noch zu zeigen ist, das Absolute selbst in Hegel philosophiert, seine Philosophie abschließend ein »Spiegel der ganzen Geschichte« ist, ist es ihm möglich, die Welt zu durchschauen. Sie ist für Hegel die Selbstentfaltung des Geistes und geschieht in drei Stufen. Dabei ist er, der Geist, immer das eigentlich Wirkliche, so dass Hegel sagen kann: »Was vernünftig ist, das ist wirklich und was wirklich ist, das ist vernünftig«.

Auf der ersten Stufe ist der Geist im Zustand des »An-sich-Seins« und kann durch die Logik betrachtet werden, die bei Hegel nicht die Lehre vom Denken ist, sondern die Lehre von der Struktur der Wirklichkeit. Sie ist, in seinen Worten, »sonach als das System der reinen Vernunft, als das Reich des reinen Gedankens zu fassen. Dieses Reich ist die Wahrheit, wie sie ohne Hülle an und für sich selbst ist. Man kann sich deswegen ausdrücken, dass dieser Inhalt die Darstellung Gottes ist, wie er in seinem ewigen Wesen vor der Erschaffung der Natur und eines endlichen Geistes ist«.

Er unterscheidet drei Teile: Logik des Seins, des Wesens – sie bilden die objektive – und die des Begriffs – sie bildet die subjektive Logik. Dabei soll die objektive Logik an die Stelle der alten Metaphysik, also der Betrachtung von Seele, Welt, Gott, treten und sich damit einem Gebiet widmen, das durch Kant aus der Philosophie verbannt worden war. Hegel beginnt mit dem Sein, dem einzigen Begriff, der von einem Ding durch sinnliche Erfahrung mit Sicherheit behauptet werden kann – alle anderen Eigenschaften, wie, wann und wo dieses Ding ist, setzen etwas Allgemeines wie Raum und Zeit voraus. Dann entwickelt er mit Hilfe von Fichtes dialektischer Methode, die er seinen Bedürfnissen angepasst hat, aus diesem Sein den Begriff des Werdens, denn ein Gegenstand, der einfach nur »ist« und sonst keine Merkmale hat, ist wie das Nichts. Das Sein ist das Nichts – diesen Widerspruch hebt Hegel auf im Begriff des Werdens. Des weiteren entwickelt er Kategorien wie Unendlichkeit, Identität, Materie und Wirklichkeit. Jedoch sind sie nicht Ergebnis von Hegels Denken, sondern sie bewegen sich selbst, denn es ist ja nicht Hegel der denkt, sondern das Absolute im Philosophen! In der subjektiven Logik untersucht er die Wirklichkeit. Sie ergibt sich aus einem Subjekt, das sich selbst verwirklicht. Dazu muss es sich seiner selbst bewusst sein, das Denken gehört zur Verwirklichung. Das Ergebnis der Logik ist die »Idee« als der Begriff, der sich verwirklicht, die Vernunft als weltformende Kraft.

Die zweite Stufe der Selbstentfaltung des Geistes betrachtet die Naturphilosophie. Sie bildet den schwächsten Teil in Hegels System – Hegel hatte weder besonderen Zugang zu den Schönheiten der Natur noch zur Naturwissenschaft – und lehnt sich an Schelling an. Der Geist ist hier im Zustand der »Entäußerung«, im Zustand des »Andersseins«. Die Idee wird zur sich entwickelnden, nicht zur statischen Natur, denn alles ist bei Hegel Werden, alles geschichtliche Entwicklung, die geordnet auf ein Ziel zuläuft, »sich selbst zu töten, sich als Phönix zu verbrennen, um aus dieser Äußerlichkeit verjüngt als Geist hervorzutreten«. Aus der Asche auferstanden – auf der dritten Stufe – kehrt der Geist also zu sich selbst zurück, die Idee löst sich wieder von der Materie. Er befindet sich dann im Zustand des »An-und-für-sich-Seins«. Erläutert wird dies in der Philosophie des Geistes. Auch sie unterteilt sich wieder in drei Stufen, den subjektiven, objektiven und absoluten Geist. Nachdem er die Stufe des Andersseins hinter sich gelassen hat, wird er sich im Menschen selbst bewusst, wird subjektiv. Hier ist er »bei sich selbst«, er ist wieder frei. Äußere Realität wird die Freiheit erst in der Gesellschaft anderer Menschen. Diese sind wiederum durch die Vernunft verbunden, der Geist verkörpert sich in den Institutionen der Gesellschaft. Als objektiver Geist erreicht er hier eine

Ein Student schrieb über Hegels Vorlesungen: »Abgespannt, grämlich saß er mit niedergedrücktem Kopf in sich zusammengefallen da und blätterte und suchte immer fort sprechend in den langen Folioheften vorwärts und rückwärts, unten und oben; …«

höhere Ordnung. Hegel behandelt ihn in seiner Rechtsphilosophie. Sie umfasst Ethik, bei Hegel »Moralphilosophie«, und politische Philosophie, bei Hegel »Staatsphilosophie«. Der zum Recht gewordene Geist tritt dem Einzelnen als objektive, auf geistigen Akten eines Gesetzgebers beruhende Macht gegenüber.

Der Staat, auch er eine Manifestation des Absoluten, ist die höchste Form sozialer Organisation, das »an und für sich Vernünftige«, in ihm verwirklicht sich der Volksgeist. Das Entstehen und Vergehen von Staaten, der weltgeschichtliche Prozess, wird vom Weltgeist nach dem Prinzip Heraklits »der Krieg ist der Vater aller Dinge« hervorgebracht und verlief in drei großen, durch den Freiheitsgrad unterschiedenen Phasen: Orientalische Despotie – hier ist nur einer, der Despot, frei –, griechisch-römische Antike – hier sind die Vollbürger frei – und christlich-germanische Welt, in der grundsätzlich alle frei sind. Jedoch nicht vom Weltgeist, der sich die Individuen, ob sie nun Cäsar, Napoleon oder Hans Schmidt heißen, zum Werkzeug macht – der Persönlichkeitskult der Romantik findet bei Hegel keine Nahrung. Ganz bei sich selbst ist der Geist am Ende erst als absoluter Geist, hier ist er »an und für sich«, in ihm ist die absolute Idee gleichzeitig das, was gewusst wird und das, was weiß. Dieser Grad an Absolutheit wird erreicht in der Kunst, die »die Wahrheit in Form der sinnlichen Kunstgestaltung zu enthüllen« hat, in der Religion, die in Metaphern philosophische Wahrheiten ausdrückt, und in der Philosophie. Erst in der Philosophie ist er reine Vernunft, nur noch Gedanke, an kein Material mehr gebunden. Sie ist »die sich denkende Idee, die wissende Wahrheit«. Die letzte Stufe des Geistes ist also in Hegels System erklommen. In ihr unterhält sich das Absolute mit sich selbst.

Zusammenfassung
Hegels Philosophie ist absoluter Idealismus, denn er versucht das ganze Sein über den Geist zu erklären, der alles schafft und alles ist. Er verarbeitet die Gegensätze Heraklits, die Ideen Platons, Aristoteles und Augustinus, die Scholastik und Spinoza und schließlich seine unmittelbaren Vorgänger Fichte und Schelling. Wie diese will er nach Kant eine Metaphysik ausarbeiten, in deren Mittelpunkt das Absolute steht. Seine neue Metaphysik verknüpft er mit dem Menschen, den er als Selbstbewusstsein begreift. Denken, Sein und Wahrheit sind identisch mit dem Weltgeist, der die Dinge schafft, indem er sie denkt. Das Wirkliche sind nicht die Dinge an sich, sondern die Einheit des vom Weltgeist Gedachten. Sie ist das Absolute, dessen Entwicklung er in den drei Teilen seines Systems – Logik, Naturphilosophie und Geistphilosophie – zeigt. Die Methode, mit der er sein System mit logischer Zwangsläufigkeit ableitet, ist die Dialektik, der Dreischritt aus These, Antithese und der sich daraus ergebenden Synthese. Empirisches Wissen spielt dagegen kaum eine Rolle. Seine Philosophie bildet wie die Geschichte seiner Zeit eine Hochebene, auf der man noch weiter schreiten, über die man sich aber nicht mehr erheben kann.

Wirkung: »Jedoch die größte Frechheit im Auftischen baren Unsinns, im Zusammenschmieren sinnleerer, rasender Wortgeflechte, wie man sie bis dahin nur in Tollhäusern vernommen hatte, trat endlich in Hegel auf ...« – dieses wenig schmeichelhafte Zitat stammt von Arthur Schopenhauer, der Hegel als seinen Intimfeind betrachtete. Solche ablehnenden Stimmen von Zeitgenossen waren selten. Vielmehr besetzten Schüler Hegels bald alle wichtigen Philosophielehrstühle Deutschlands und verbreiteten seine Lehre, bis mit dem Ende des Idealismus gegen Mitte des 19. Jh. auch das vorläufige Ende für den Hegelianismus kam. Zuvor spalteten sich die Hegelianer jedoch über einen Streit um die Interpretation des Christentums in Alt- bzw. Rechts- sowie Jung- bzw. Linkshegelianer. Durch letztere, vor allem Ludwig Feuerbach, wurden insbesondere Marx und Engels stark beeinflusst. Anfang des 20. Jh. entstand der Neuhegelianismus, der sich in einigen seiner Vertreter Hegels Staatsbegriff zu Nutze machte und damit versuchte, den Faschismus zu legitimieren. Besondere Bedeutung erhielt Hegels Philosophie in solchen Ländern, die damals ihre historische Identität erst noch finden mussten, so zum Beispiel in Russland (Michail A. Bakunin), Polen und Italien (Benedetto Croce).

ARTHUR SCHOPENHAUER *(22.2.1788 in Danzig – 21.9.1860 in Frankfurt am Main)*

Misantroph – Menschenfeind, so nannte sich Schopenhauer selbst. Er gilt als größter Pessimist unter den Philosophen, obwohl er – von außen gesehen – dazu wenig Grund hatte. In seinen letzten Lebensjahren hatte er die Berühmtheit erlangt, nach der er sich förmlich verzehrte, seit er ganz nach seinen Interessen lebte, was ihm durch ein reiches väterliches Erbe ermöglicht wurde. Ursprünglich für den Kaufmannsberuf vorgesehen, studierte er nach dem Selbstmord seines Vaters doch noch: Medizin und Philosophie in Göttingen und Berlin, hört Fichte, lernt Schleiermacher kennen und promoviert schließlich 1813 mit *Über die vierfache Wurzel des Satzes vom zureichenden Grunde*, einer Schrift über die Grundlagen des Erkennens, in Jena. Er zeigt sich darin als Idealist und Schüler Kants, wenn er feststellt, dass alle Dinge nur Erscheinungen sind und sie erst durch unseren Verstand räumlich, zeitlich, verursacht und verursachend geordnet werden. Kein Objekt ohne Subjekt. Über das Ding an sich wissen wir nichts.

Er war argwöhnisch und ängstlich, eigenbrötlerisch und miesepetrig, voller Hohn für seine Kollegen, verächtlich gegenüber Frauen und nannte sich selbst den »heimlichen Kaiser der Philosophie«. Kein Wunder, dass nur ein Pudel es mit Schopenhauer aushielt.

Schopenhauer lebt danach eine Zeit bei seiner Mutter, einer bekannten Schriftstellerin, in Weimar, lernt die indische Philosophie, vor allem aber auch Goethe und dessen Farbenlehre kennen und veröffentlicht *Über das Sehen und die Farben*. In Dresden dann entsteht 1818 sein Hauptwerk *Die Welt als Wille und Vorstellung*, in dem er der Frage nachgeht, was Kants »Ding an sich« ist, was also das ist, was uns erscheint. Wie Fichte, Schelling und Hegel, in denen er den Idealismus kritisiert, der seine eigene Grundlage ist – sein erster Satz lautet: »Die Welt ist meine Vorstellung« –, geht er von dem aus, was sicher ist: Der Mensch weiß von seinem eigenen Sein. Doch wie erkennt er sich? Einmal natürlich, wie alle anderen Dinge auch: als ein Objekt in seiner Vorstellung. Aber er sieht sich ja nicht nur, sondern fühlt sich auch, fühlt jede seiner Bewegungen. Da nun jede Bewegung auf einen Willensakt zurückzuführen sei, ist der Leib der in Raum und Zeit umgesetzte

Ästhetik

Ursprünglich die Lehre von der sinnlichen Wahrnehmung, wurde die Ästhetik erst seit dem 18. Jh. auch als Wissenschaft von der Kunst und von dem Schönen zur eigenen philosophischen Disziplin. Dabei ist hier im Gegensatz zu den Kunstwissenschaften nie das einzelne Kunstobjekt Gegenstand der Betrachtungen.

Wille. Der Wille ist das »Ding an sich«, das als Form, die den Ideen Platons entspricht, in Erscheinung tritt, sich mit Materie einkleidet und so das Individuum hervorbringt. Jede Form bleibt immer gleich, darum gibt es keinen Fortschritt. Wille – Form – individuelle Einkleidung: Dieser Ablauf gilt nicht nur für den Menschen, sondern analog auch für alles andere, was wir uns vorstellen. Schließlich ist der Wille »auch die Kraft, welche in der Pflanze treibt und vegetiert, ja die Kraft, welche der Kristall anschießt, die, welche den Magneten zum Nordpol wendet, die, deren Schlag aus der Berührung heterogener Metalle entgegenfährt, die, welche in den Wahlverwandtschaften der Stoffe als Fliehen und Suchen, als Trennen und Vereinen erscheint, ja zuletzt sogar die Schwere, welche in aller Materie so gewaltig strebt, den Stein zur Erde und die Erde zur Sonne zieht«. Der Wille ist ein »blinder unaufhaltsamer Drang«, der weder vernünftig ist, noch den Naturgesetzen gehorcht. Er ist wie ein Blinder, der einen Gelähmten – den Intellekt – auf seinen Schultern trägt. Er selbst ist nicht erkennbar, also metaphysisch, jedoch nicht göttlichen Ursprungs. Er ist eine Einheit, die sich in viele Willen aufteilt, die gegeneinander kämpfen. Dadurch und durch ein ewig unbefriedigtes Streben verursacht der Wille Leid. Leibniz hat unrecht: Die Welt, in der wir leben, ist nicht die beste, sondern die schlechteste aller möglichen.

Aber es gibt für den Menschen zwei Wege, sich davon zu befreien. Einen nur vorübergehenden Weg bietet die Kunst. Das Schaffen und Betrachten von Kunstwerken ermöglicht uns zeitweise Befreiung vom Willen. Was wir in der Kunst sehen, sind die Dinge in ihrem reinen Wesen, es sind die platonischen Ideen, die Formen, in denen sich der Wille zuerst verwirklicht. In der Betrachtung von Kunst kommen wir dem »Ding an sich« demnach am nächsten. Ganz vom Willen befreien kann sich der Mensch nur in der Askese, in der Entsagung und Willenlosigkeit erreicht man den inneren Frieden, die »Meeresstille des Gemüts«. Die Verneinung des Willens gipfelt letztlich im Mitleid, in Gerechtigkeit und Nächstenliebe. Dies ist das Grundprinzip von Schopenhauers Ethik, die jedoch, wie das ganze Werk, lange unbeachtet blieb.

Trotzdem er als Privatdozent an der Berliner Universität gescheitert war – er hatte nur eine, auch deshalb sehr schlecht besuchte Vorlesung gehalten, da er sie bewusst zum gleichen Zeitpunkt ansetzte wie die des berühmten Hegel –, blieb er noch bis zum Ausbruch der Choleraepidemie 1831 dort. In Frankfurt am Main, der Stadt, in der er auch begraben ist, verfasste er noch wenige weitere Schriften, deren populärste die *Parerga und Paralipomena* – gesammelte kleine Schriften und Ergänzungen – ist, vor allem wegen der darin enthaltenen *Aphorismen zur Lebensweisheit.* Die ihm lange versagt gebliebene Anerkennung hatte Schopenhauer nun, nach der gescheiterten Revolution von 1848, erreicht. Dass die Zeit nun empfänglich war für einen in brillantem, klarem Stil vorgetragenen Pessimismus, hat ihm, gerade unter Nicht-Philosophen, viele Anhänger eingebracht. Obwohl er den Idealismus bekämpfte, gehörte er zu einem großen Teil selbst dazu. Gleiches gilt für die Romantik, deren Abkehr vom Rationalismus er teilte. Wie ein Eklektiker bediente er sich bei Kant und Platon und nicht zuletzt bei der indischen Philosophie. Ähnlich auswählend verfuhren seine Verehrer mit seinem Werk: Der Komponist Richard Wagner entlieh sich bei ihm die Kunsttheorie, der Schriftsteller und Zeichner Wilhelm Busch die pessimistischen Gedanken und Sigmund Freud knüpft an Schopenhauers Lehre vom Intellekt als Sklave des Willens an. Echte Schopenhauerianer unter den Philosophen gab es nicht, am ehesten noch folgten Nietzsche und Bergson manchen Ansätzen und sorgten dafür, dass Schopenhauers Werk auch in ihrer Disziplin, in der sich nun die Strömungen immer schneller veränderten, seine Wirkung zeigen konnte. Schopenhauers Bonmot sollte künftig auch in der Philosophie immer mehr an Aktualität gewinnen: »Der Wechsel ist das einzig Beständige.«

Materialismus

Das Ende des Idealismus war nicht erst seit der gescheiterten Revolution von 1848 gekommen. Schon bald nach dem Tod Hegels, 1835, veröffentlichte dessen Schüler David Friedrich Strauß (1808–1874) *Das Leben Jesu*, in dem er die Evangelien als Mythen deutete. In seiner Ablehnung alles Spekulativen verstieg er sich zu der Forderung, die Naturwissenschaften sollten doch die Aufgaben der Philosophie übernehmen. Wenn dies auch nicht für alle Linkshegelianer die Konsequenz war, so sind sie doch die eigentlichen Totengräber des Idealismus. Die Erfolge der objektiven Wissenschaften waren nicht mehr zu übersehen. Sie rüttelten immer mehr an überkommenen Denktraditionen, von denen die durch die Entwicklungstheorien Lamarcks und Darwins widerlegte Schöpfungsthese nur die Spitze des Eisbergs war. Es sah immer mehr danach aus, als sei alles objektiv erklärbar, als brauche es keinen Gott, keinen Geist, kein Absolutes mehr. Alte Denkansätze wurden nun entstaubt und weitergedacht. Der Atomismus eines Leukipp, Demokrit und Epikur und der Materialismus einer Gruppe von französischen Aufklärern um Baron Holbach schienen das Richtige zu sein, um nicht den Anschluss an die neuen Wahrheiten zu verlieren. Die Grundthesen des »neuen« Materialismus lauten: 1. Die Materie ist die einzige Substanz und existiert objektiv in Zeit und Raum. 2. Das Bewusstsein ist das bedeutendste Produkt der Materie. 3. Die Welt ist objektiv und vollständig erkennbar.

Nicht so sehr die Naturwissenschaften, sondern seine intensive Beschäftigung mit der Theologie führten den bedeutendsten Linkshegelianer Ludwig Feuerbach, den Onkel des berühmten klassizistischen Malers, zur Ablehnung der Spekulation, ja sogar zum Atheismus, den er als erster radikal durchdachte. Seine These, nicht Gott hätte den Menschen, sondern der Mensch Gott geschaffen, inthronisierte den Materialismus 1841 endgültig, wie Friedrich Engels (1820–1895) meinte. Auf ihn und einen jungen Trierer Wirtschaftswissenschaftler, Linkshegelianer wie Feuerbach, hatte dies großen Einfluss. Sein Name: Karl Marx. Es waren zwar vor allem dessen soziologische und ökonomische Theorien, die die Welt veränderten, aber diese fußten auf der Philosophie eines historischen Materialismus, einer in Hegelsche Denkformen gekleideten Aufklärung.

Ludwig Feuerbach *(28.7.1804 in Landshut – 13.9.1872 in Rechenberg bei Nürnberg)*

Feuerbach war der Sohn eines berühmten Mannes: Sein Vater hatte das moderne Strafgesetzbuch entworfen. Trotzdem sollte er nicht wie dieser Jurist, sondern Theologe werden. Aber die Philosophie, insbesondere die Hegels, reizte ihn so sehr, dass er das Fach wechselte, 1828 in Erlangen promovierte und sich dort auch gleich habilitierte. Seine Zukunft als Hochschullehrer verbaute er sich schon zwei Jahre später, indem er in *Gedanken über Tod und Unsterblichkeit* den Unsterblichkeitsglauben ablehnte – der erste Schritt zu seinem späteren Atheismus. Glücklicherweise konnte er von den Kapitalerträgen seiner Frau leben, denn wirtschaftlich kam er nie auf die Beine. Als diese ab 1860 ausblieben, unterstützen ihn Freunde, später auch die SPD, in die er 1868 eingetreten war. Aus seiner Verehrung für Hegel wurde mit der Zeit eine völlige Ablehnung. Besonders dessen Anspruch, mit seinem System »die Hochebene« der Philosophie, also einen Punkt erreicht zu haben, über den hinauszukommen nicht mehr möglich ist, verwarf er. Feuerbachs Hauptinteresse galt jedoch der Religion, an der er dasselbe kritisiert wie am Hegelschen System: das Spekulieren mit einem Absoluten oder einem göttlichen Prinzip. *Das Wesen des Christentums*, so auch der Titel seines wichtigsten Buchs, das ihn 1841 weithin bekannt machte, sieht er im Menschen. Für ihn ist der Mensch »das Maß aller Dinge, aller Wirklichkeit«. Alle religiösen Ideen haben in ihm ihre Ursache. Gott ist »nur etwas in der Vorstellung, in der Einbildung, aber nichts in Wahrheit und Wirklichkeit«. Der Mensch macht seine Wünsche zu seinem Gott, zum Ideal eines

Menschen, er ist dessen »entäußerstes Selbst«. In ihm spiegelt sich das Wesen des Menschen, der in Wahrheit nicht von Gott, sondern von seiner Sinnlichkeit bestimmt wird. Das sinnlich Gegebene ist das einzig Wirkliche, »Wahrheit, Wirklichkeit und Sinnlichkeit sind identisch«. 1848, während der Revolution, kehrte Feuerbach noch einmal mit *Vorlesungen über das Wesen der Religion* ans Katheder zurück – Studenten hatten darum gebeten. In der *Theogonie* schließlich beschrieb er 1857 die Entstehung der Götter, der Titel seiner kleineren Arbeit *Das Geheimnis des Opfers oder Der Mensch ist, was er isst*, wurde zur Redewendung. Als Kritiker der bestehenden Verhältnisse – wenn auch nur auf dem Gebiet der Religion – und als Materialist, spielte er eine wichtige Rolle für die marxistische Philosophie.

Karl Marx *(5.5.1818 in Trier – 14.3.1883 in London)*

»Die Philosophen haben die Welt nur verschieden interpretiert, es kommt darauf an, sie zu verändern.« Diese elfte der *Thesen zu Feuerbach* lässt keinen Zweifel an den Zielen von Karl Marx, dessen ganzes Lebenswerk von der »Darstellung der Wirklichkeit«, ihrer philosophischen Kritik und schließlich der »Aufhebung der Philosophie durch ihre Verwirklichung« geprägt ist. Als Sohn eines Rechtsanwalts studierte er – zuerst in Bonn, dann in Berlin – Jura, promovierte aber über ein philosophisches Thema 1841 in Jena. In Berlin hatte er sich den Linkshegelianern angeschlossen, was ihm eine akademische Karriere verwehrte und ihn dazu bewog, in Köln leitender Redakteur einer linksdemokratischen Zeitung zu werden. Die kommenden zehn Jahre waren durch zahlreiche Umzüge gekennzeichnet, Paris, Brüssel, Köln, Paris und letztlich London – Folge seiner von den Behörden verfolgten revolutionären Ansichten. Während seines ersten Parisaufenthaltes lernte er den Spross einer rheinischen Industriellenfamilie, Friedrich Engels (1820–1895), kennen, der nicht nur zum finanziellen Rückhalt, sondern auch zu seinem Freund und engsten Mitarbeiter wurde. Mit ihm verfasste er auch seine Hauptwerke, die *Deutsche Ideologie* mit den *Thesen zu Feuerbach*, das vom Bund der Kommunisten 1848 beauftragte *Kommunistische Manifest* – einer Art Evangelium des marxistischen Sozialismus –, und schließlich *Das Kapital – Kritik der politischen Ökono-*

Geschichtsphilosophie
Wenn auch der Terminus auf Voltaire zurückgeht, versuchte bereits Augustinus die Geschichte in ihrer Gesamtheit zu deuten, einen Sinn in ihrem Ablauf bzw. eine Gesetzmäßigkeit zu finden – alles Inhalte der Geschichtsphilosophie, die jedoch im eigentlichen Sinne erst durch Giambattista Vico (1668–1744) begründet wurde. Ihren Höhepunkt erreichte sie in Hegel und Marx.

mie, dessen zweiten und dritten Band Engels nach dem Tode Marx' alleine herausgeben musste. »Marx war ... Fortführer der geistigen Hauptströmungen des 19. Jh. der klassischen deutschen Philosophie, der klassischen englischen politischen Ökonomie und des französischen Sozialismus.« Besser als Lenin kann man nicht beschreiben, auf welchen Fundamenten er sein Gedankengebäude errichtete.

Während er sich in der Ökonomie vor allem auf Adam Smith und David Ricardo (1772–1823) bezog, forderte er wie die Kapitalismus-Kritiker Saint-Simon und Fourier die Abschaffung des Privateigentums und war vor allem von dem englischen Frühsozialisten Robert Owen (1771–1858), beeindruckt, da dieser seine gesellschaftlichen Forderungen durch die Errichtung einer Musterfabrik in die Tat umsetzte. Dialektisches Prinzip – bei Marx jedoch zum Aufdecken von Widersprüchen und nicht von Gemeinsamkeiten genutzt – und Entwicklungsdenken nahm er von Hegel. Seinen Materialismus hingegen – den Gedanken, dass die Materie, das Objekt, das Denken des Subjekts bestimmt und nicht umgekehrt – nahm er von Feuerbach. Dessen Einstellung zur Religion teilt er und schreibt darum über sie, sie sei »der Geist geistloser Zustände, ... das Opium des Volkes«. Als Bild für ihren dialektischen Materialismus wählt Engels das Gerstenkorn, das in die Erde fällt, dort vernichtet, aber zur Pflanze wird, die ebenfalls stirbt, aber zahlreiche neue Körner hervorbringt. Die Deutung der Geschichte nach diesem Muster stellt als historischer Materialismus eine Weiterentwicklung der Hegelschen Geschichtsphilosophie dar. Für Marx ist die Geschichte eine »Geschichte von Klassenkämpfen«. Dabei bilden sich die Klassen streng materialistisch nach ökonomischen Gesichtspunkten, das Verhältnis der wirtschaftlichen Strukturen, die Marx Produktionsverhältnisse nennt, zu den Produktivkräften ist Ausgangspunkt der Spannungen, die sich in Revolutionen entladen und, nach dem dialektischen Prinzip, daraus neue Gesellschaftsformen hervorbringen, die dann wieder in Kämpfen untergehen usw. Die ökonomischen Prozesse bestimmen die Geschichte, Moral, Religion und Recht sind nur ideologischer Überbau, der die wahren Verhältnisse verschleiert: »Es ist nicht das Bewusstsein der Menschen, das ihr Sein, sondern umgekehrt ihr gesellschaftliches Sein, das ihr Bewusstsein bestimmt.« Bei all seinen Untersuchungen geht Marx vom Individuum als gesellschaftlichem Wesen aus. Darum unterzieht er – gemäß der Maxime: »Statt unnütze Systeme für das Glück der Völker aufzustellen, will ich mich darauf beschränken, die Gründe des Unglücks zu untersuchen« – den Kapitalismus, das Gesellschaftssystem seiner Zeit, im *Kapital* einer intensiven Analyse. Er erkannte, dass die eine der beiden Klassen, das Proletariat, seine Arbeitszeit an die andere, die Kapitalisten, verkauft und diese wiederum mit der vergegenständlichten Arbeit, dem Produkt, einen Mehrwert erzielen. Denn »bei der Schaffung von Ware gibt der Kapitalist nicht alles an die Produzenten, die Arbeiter, aus, sondern behält einen Teil für sich«. Es kommt zur Entfremdung, einem von Hegel entliehenen, jedoch umgedeuteten Begriff, der hier zum Ausdruck bringt, dass der Lohnarbeiter jeden Kontakt zum Produkt seiner Arbeit verliert. Ein Zustand, der durch die anonyme Macht des Geldes noch gesteigert wird und den Menschen von seiner wahren Bestimmung, der Freiheit, fern hält. Gemäß der dialektischen Entwicklung wird das Proletariat weiter verelenden, es muss zur Revolution kommen, die unterdrückte Klasse letztlich der Gewinner sein. Mit diesem Glauben an die Herbeiführung einer neuen, einer sozialistischen Gesellschaftsordnung, engagierte sich Marx seit 1864 als geistiges Oberhaupt der Ersten Internationale, einer internationalen Arbeiterorganisation. Sein Gedankengut fand dadurch sehr schnell große Verbreitung. Die geschichtliche Wirkung seines Denkens vor allem in den Deutungen von Wladimir Iljitsch Lenin (1870–1924) und dem von diesem vertretenen revolutionären Kommunismus ist bekannt. Direkt an Marx' Philosophie knüpfte der westliche Marxismus mit Ernst Bloch, aber auch die Vertreter der Frankfurter Schule, Horkheimer, Adorno und Marcuse, an.

Sören Aabye Kierkegaard *(5.5.1813 in Kopenhagen – 11.11.1855 in Kopenhagen)*

Auf den Tag genau fünf Jahre vor Karl Marx wurde einem streng pietistischen Großkaufmann in der dänischen Hauptstadt als siebtes und letztes Kind ein Junge geboren. Aus diesem Knaben wurde einerseits der neben Platon und Nietzsche begabteste Schriftsteller unter den Philosophen, andererseits aber auch ein Mensch, dem das Attribut des Schwermuts so anhaftet wie Schopenhauer das des Pessimismus. Wenn sich bei einem Philosophen sein Werk aus seiner Erziehung erklärt, dann bei Kierkegaard: Sein Vater litt unter einem religiösen Schuldwahn – er hatte einstmals Gott verflucht –, dessen Auswirkungen, Depressionen und melancholische Stimmungen, sich auf seinen Sohn übertrugen. Und der Wunsch des Vaters war es auch, der Kierkegaard in Kopenhagen Theologie studieren ließ. Dass er das Studium erst nach zehn Jahren abschloss, zeigt genauso wie die Tatsache, dass er danach nicht in den Kirchendienst eintrat, um wie viel mehr ihn die Philosophie reizte, die er noch 1841 in Berlin bei Schelling hörte. Schon zu dieser Zeit wurde Sokrates zu seiner Leitfigur. Er verehrte ihn, da er, wie Kierkegaard meinte, um des Handels willen und nicht wegen des Wissens philosophierte, und wird später selbst der »nordische Sokrates« genannt. Da er keinen Beruf ausübte, verbrauchte er fortan das Vermögen seines Vaters, das ihm auch ermöglichte, die Früchte seiner unermüdlichen literarischen Produktion zu veröffentlichen – denn verdienen konnte er damit nichts. Nur sein erstes größeres, zugleich sein bedeutendstes, wie alles aus seiner Feder auf Dänisch geschriebenes Werk *Entweder – Oder. Ein Lebensfragment, herausgegeben von Victor Eremita* stieß auf breitere Resonanz. Eremita war eines seiner zahlreichen Pseudonyme – zwei weitere wichtige Schriften *Der Begriff der Angst* und *Philosophische Brocken* veröffentlichte er als Johannes Climacus bzw. Vigilius Haufniensis. Diese Phantasienamen sollten eine Identifizierung des Lesers mit dem Autor verhindern, der als Bohemien stadtbekannt und nicht selten zum Gespött geworden war. Sein Leben als Dandy sollte jedoch nur über seine Schwermut hinweg täuschen, die sich noch vergrößerte, als er 1840 seine Verlobung löste, um seiner Braut ein Leben mit ihm zu ersparen.

Am Anfang von Kierkegaards Denken steht die Feststellung: »Denn alles wesentliche Erkennen betrifft die Existenz«, wobei er unter Existenz eine Einheit von Wollen, Denken, Fühlen und Handeln sieht, Existenz ist ständige Selbstverwirklichung. In der völligen Ablehnung Hegels ähnelt er Schopenhauer. Wie diesem geht es ihm in seiner Philosophie nicht um ein Absolutes, den Geist – also etwas Abstraktes –, sondern allein um den Menschen. Aber nicht um den Menschen als Gattungswesen, sondern um den Menschen im Konkreten, um seine konkrete Existenz und um seine existenziellen Probleme. Dialektik hilft hier nicht weiter, auch wenn Kierkegaard feststellt: »Der Mensch ist eine Synthese von Unendlichkeit und Endlichkeit, von Zeitlichem und Ewigem, von Freiheit und Notwendigkeit, kurz, eine Synthese«. Indem er sich bewusst zu dieser Synthese verhält, erwirbt der Mensch sein Selbst. Kierkegaard definiert drei Stadien der Existenz, die der Mensch durchlaufen kann: Das sinnliche (»ästhetische«), ethische und religiöse Stadium, verkörpert durch Hegel, Sokrates und Christus. Im sinnlichen Stadium existiert der Mensch vollkommen abhängig vom Äußerlichen, seine Sinnlichkeit bestimmt ihn, er strebt nach Befriedigung seiner Bedürfnisse, statt er selbst zu werden. Verzweiflung ist die Folge. Im ethischen Stadium, das er nicht stetig, sondern durch einen bewussten Sprung erreicht, kommt er kritisch zu sich selbst und bindet sich freiwillig an die Kategorien Gut und Böse. In einem erneuten Sprung zur religiösen Existenz vertraut er sich Gott an, paradoxerweise findet er nur zu sich selbst, wenn er seine Abhängigkeit von Gott anerkennt. Das Paradoxon löst Kierkegaard nicht logisch auf, wie andere Denker - zuerst Zenon - vor ihm, sondern zeigt mit ihm bewusst die Grenzen der Rationalität. Dies ist eine Tendenz, wie sie auch die Lebens- und Existenzphilosophie beherrscht, die mit Jaspers und Heidegger, Sartre und Camus im 20. Jh. zu einer Wertschätzung dieses Philosophen führt, wie sie das 19. Jh. - nicht nur wegen der späten Übersetzung - niemals kannte.

FRIEDRICH NIETZSCHE *(15.10.1844 in Röcken bei Lützen - 25.8.1900 in Weimar)*

»Gott ist tot« oder »Du gehst zu Frauen? Vergiss die Peitsche nicht« - aus dem Zusammenhang gerissene Zitate Nietzsches, deren Popularität darüber hinweg täuschen, dass es sich um einen Außenseiter der deutschen Philosophie des 19. Jh. handelt. Nicht nur, weil er unter all den »gelernten« Philosophen der einzige Autodidakt ist, sondern weil er, auch wenn man in ihm eine Fortsetzung der Aufklärung sehen, eine Nähe zu Heraklit und Schopenhauer oder eine Verwandtschaft zur Lebensphilosophie Diltheys und Bergsons feststellen kann, ein Werk hinterlassen hat, dessen eigene, bildhafte Sprache voller Aphorismen nichts mit der üblichen Begriffswelt der Philosophie gemein hat. Ein Werk, in dem er nicht nach Wahrheit, sondern nach seiner Wahrheit sucht.

Mit 45 Jahren brach Nietzsche zusammen: Er umarmte in Turin ein misshandeltes Pferd, brach in Tränen aus, hielt wirre Reden, schrieb verworrene Briefe und wurde vorerst in eine Baseler Klinik eingeliefert.

Wie Kierkegaard in eine Pfarrersfamilie hineingeboren, folgte er der Tradition und studierte zuerst ein Semester Theologie, um sich dann in Bonn und Leipzig der Klassischen Philologie zuzuwenden. Noch vor der Promotion erhielt er, 24-jährig, in diesem Fach eine Professur in Basel. Hier lernte er Richard Wagner kennen, dem er mit seinem ersten Buch *Die Geburt der Tragödie aus dem Geiste der Musik* huldigte. 1878 kam es über Wagners Oper *Parsifal* zum Bruch, dem Jahr, in dem

Nietzsche aus Gesundheitsgründen sein Lehramt aufgab. »Philosophie des Vormittags« ist die Bezeichnung, die Nietzsche selber dieser Phase seines Denkens gibt, die bis 1882 andauert und Werke wie *Menschliches-Allzumenschliches*, *Morgenröte* und *Die fröhliche Wissenschaft* umfasst, in denen er – vom Idealismus seiner Anfänge zum Naturalismus übergehend – die Dekadenz seiner Zeit am Beispiel von Religion und Moral anprangert. Er lebte – »im Kampfe gegen alles, was bisher von den Menschen verehrt und geliebt worden ist« – von nun an als Privatgelehrter an vielen Orten, die Balsam für seinen Körper sein sollten: Sils-Maria, Nizza, Marienbad, Venedig, Riva, Rapallo, Rom, Genua und Turin. Balsam für seine einsame Seele bildet die rastlose Produktion neuer Schriften, in denen er zuletzt trotzig das Leben bejaht und ein neues Zeitalter ankündigt: *Also sprach Zarathustra*, *Jenseits von Gut und Böse*, *Ecce homo. Warum man wird, was man ist*, eine pathetische Autobiographie mit Kapiteln wie *Warum ich so klug bin* oder *Warum ich so gute Bücher schreibe* und – aus dem Nachlass herausgegeben – *Der Wille zur Macht*. Wie seine anderen Schriften bleiben auch sie in philosophischen Kreisen fast ohne Resonanz, verfehlen aber ihre Wirkung auf die zeitgenössische Literatur nicht. In Turin brach schließlich 1889 seine Geisteskrankheit, wahrscheinlich in Folge einer Syphilis-Infektion, aus, an deren Folgen er nach elf Jahren in geistiger Umnachtung starb.

Die Leitmotive seines Werks lassen sich in Schlagworten mit »Wille zur Macht«, »Nihilismus«, »Umwertung der Werte«, »Übermensch«, »Gott ist tot« und »ewige Wiederkehr« kennzeichnen. Kleinste Fetzen seines sehr umfangreichen Werks, die jedoch schon erahnen lassen, worum es ihm geht. Als später Aufklärer setzt er mit seiner Kritik noch vor Kant an und stellt fest, dass die von diesem untersuchte Vernunft, die alle Philosophien von Sokrates bis Hegel bestimmt habe, ein Ausdruck von Degeneration sei. Die Welt ist nicht Wille und Vorstellung wie bei dem von ihm zuerst verehrten Schopenhauer, sondern lediglich Wille, Wille zur Selbsterhaltung, Wille zur Macht. In einer Welt, in der es keine objektive Wahrheit gibt, die Moral ständig relativiert wird und sich die Religion, das Christentum, an antike Werte klammert, an die sich keiner mehr hält, und auf ein Jenseits verweist, dass es nicht gibt, eine Welt, die sich dem Nihilismus ergeben hat, der radikalen »Ablehnung von Wert, Sinn und Wünschbarkeit« muss eine Umwertung aller

Religionsphilosophie

In der Religionsphilosophie werden die Erscheinungsformen und der theoretische Gehalt von Religionen untersucht. Systematisch vor allem von Hegel dargestellt, als Religionskritik besonders von Feuerbach und Nietzsche betrieben.

Werte stattfinden. Gut und Böse sollten sich an dem durch eine Handlung möglichen Machtgewinn orientieren: »Was ist gut? – Alles, was das Gefühl der Macht, den Willen zur Macht, die Macht selbst im Menschen erhöht. Was ist schlecht? – Alles, was aus der Schwäche stammt.« Das »schaffende, wollende, werdende Ich« wird im Übermenschen »das Maß und der Wert der Dinge«. Der Übermensch – mehr als ein Mensch, aber kein Gott, strebt nach Stärke, Vitalität und Macht, er beugt sich weder einem erfundenen und darum toten Gott noch einer Moral der Schwäche und des Mitleids, wie die Herdenmenschen mit ihrem kleinlichen Streben nach Glück. Seine schwerste Prüfung besteht darin, dass er ein Leben ohne Ziel und Zweck nicht nur einmal, sondern immer wieder aushalten muss: »Das Dasein, so wie es ist, ohne Sinn und Ziel, aber unvermeidlich wiederkehrend, ohne ein Finale ins Nichts: die ewige Wiederkehr. Das ist die extremste Form des Nihilismus: das Nichts ewig.« Die Geschichte wiederholt sich ständig, es gibt kein Paradies. Nietzsches romantisch anmutende Sehnsucht nach Kraft und Größe, seine Ablehnung von Demokratie, Sozialismus und Christentum harmonierte so gut mit dem faschistischen Gedankengut, dass die Gralshüterin seines Nachlasses, seine Schwester Elisabeth Förster-Nietzsche (1846–1935), für die Nationalsozialisten eine ähnliche Rolle zu spielen suchte wie Winifried Wagner, die Schwiegertochter des Komponisten – auch wenn Nietzsche weder Antisemit noch Nationalist war. Er polarisierte die Nachwelt, Philosophen und Laien, wie kaum ein anderer, seine bildhafte Sprache mit ihrer ungenauen Begrifflichkeit öffnete Deutungen aller Art Tür und Tor. Unstrittig ist, dass er zu den größten Dichtern deutscher Sprache zählt.

Positivismus

Auch in Frankreich existierte eine romantische Bewegung, die jedoch in der Philosophie keine ähnlich starke Parallelbewegung hervorbrachte wie es in Deutschland mit dem Idealismus der Fall war. Vielmehr begann sich am Anfang des 19. Jh. eine Denkrichtung zu formieren, die an den eigenen Traditionen anknüpfte, also an der Aufklärung, besonders den Enzyklopädisten. Damit wurden gleichzeitig die englischen Empiristen und deren Urvater, Francis Bacon, zu Ahnherren der neuen Bewegung, denn die Aufklärung hatte sich deren Forderung angeschlossen, nur die durch Beobachtung wahrnehmbaren, positiven Tatsachen als Quelle der Erkenntnis zuzulassen, womit die Ablehnung der Ansicht einher ging, über die eigentliche Natur des Wirklichen Aussagen machen zu können, was Idealisten und Materialisten, wenn auch entgegengesetzt, versuchten. Auch wenn der kritische Idealismus Kants in Frankreich wahrgenommen wurde und seine Adepten hatte, schien es sinnvoller zu sein, den bereits gegangenen Weg weiter zu verfolgen, zumal die in einem enormen Aufschwung befindlichen Naturwissenschaften ebenfalls mit Methoden arbeiteten, die jede idealistische Metaphysik leugneten und bei der Deutung ihrer Beobachtungen ganz objektivistisch vorgingen. Schon der Sozialist Saint-Simon verwendete hierfür den Begriff »Positivismus« und meint damit dreierlei: 1. Positiv als wirklich im Gegensatz zu negativ als nichtwirklich (»positive Kenntnisse«). 2. Positiv im Sinne von günstig, vorteilhaft (»eine positive Entwicklung«) und 3. Positiv im Sinne von konkret (»positives Recht« im Gegensatz zum Naturrecht). Saint-Simons zeitweiliger Sekretär, Auguste Comte gilt als eigentlicher Gründer dieser philosophischen Richtung und gleichzeitig als wichtigster französischer Philosoph des 19. Jh., vor allem aber als Begründer der Soziologie. Seine Einflüsse wirkten insbesondere nach England, dem eigentlichen Land des Empirismus, das in Wechselwirkung mit seiner führenden Rolle in Naturwissenschaften und Technik ebenso wie mit seinen liberalen Traditionen auf politischem und wirtschaftlichem Gebiet besonders aufgeschlossen für Comtes Ideen war. Hier etablierte dessen acht Jahre jüngerer britischer Anhänger John Stuart Mill diese neue Philosophierichtung.

AUGUSTE COMTE *(19.1.1798 in Montpellier – 3.9.1857 in Paris)*

Der Sohn eines Finanzbeamten studierte am Pariser Polytechnikum und lebte, nur gelegentlich in einem festen Arbeitsverhältnis stehend, zumeist von der Unterstützung seiner Freunde und Jünger, die ihn zuletzt als Propheten einer neuen Religion verehrten. In seinen zwei Hauptwerken, dem sechsbändigen *Cours de philosophie positive (Einleitung in die positive Philosophie)* und dem vierbändigen *Système de politique positive (System der positiven Politik)* entwickelte er seine Theorien, für die das »Dreistadiengesetz« grundlegend ist. Mit ihm beschreibt er die individuelle Entwicklung des Einzelnen wie auch der ganzen Gesellschaft. Es lautet: »Jeder Zweig unserer Erkenntnisse durchläuft der Reihe nach drei verschiedene Zustände, nämlich den theologischen oder fiktiven Zustand, den metaphysischen oder abstrakten Zustand und den wissenschaftlichen oder positiven Zustand.« Im ersten, theologischen Stadium sucht der Mensch nach absoluter Erkenntnis – Comte verknüpft dies beim einzelnen Menschen mit der Kindheit, auf der Ebene der Gesellschaftsordnungen mit der priester-

lich-militärischen Ordnung. Im zweiten, metaphysischen Stadium werden die übernatürlichen Kräfte durch abstrakte Wesenheiten ersetzt. Dem entspricht die Jugend bzw. das feudale System. Im dritten, dem positiven Stadium stützt sich das Wissen schließlich auf Beobachtung und Erfahrung und leitet daraus allgemeine Gesetzmäßigkeiten ab. Ihm entspricht das Erwachsenenalter und eine wissenschaftlich-industrielle Gesellschaft. Nach Höhe des erreichten Positivitätsgrades unter gleichzeitiger Berücksichtigung der Komplexität der Vorgänge, mit denen sie es zu tun haben, lassen sich laut Comte auch die Wissenschaften ordnen. Es ergibt sich folgende Rangfolge: Mathematik, Astronomie, Physik, Chemie, Biologie und – als einzige noch keine positive Wissenschaft – soziale Physik. Als Wissenschaft von der Gesamtheit der menschlichen Verhältnisse nennt er letztere »Soziologie« und widmete ihr allein drei Bände seines Hauptwerks. Der Philosophie weist er eine die Einzelwissenschaften verbindende Aufgabe zu, die Pflege der Logik und eine führende Rolle in der Erziehung. Comtes mystisch-religiöses Spätwerk gipfelt in der Formulierung einer positiven Religion, eines »Katholizismus ohne Christentum«, die sich ganz altruistisch – das Wort stammt von ihm – auf die Liebe zur Menschheit gründet. »Sehen, um vorauszusehen« war seine Devise. Was er voraussah, eine Welt ohne Kriege, da mit dem wissenschaftlichen Fortschritt auch die Humanität wachsen würde, erwies sich leider als falsch. Das verhinderte jedoch nicht den Erfolg des Positivismus, der sich am Anfang des 20. Jh. durch die Übernahme mathematisch-logischer Elemente zum Neopositivismus entwickelte.

John Stuart Mill *(20.5.1806 in London – 8.5.1873 in Avignon)*

Mehr noch als an Comte orientierten sich die späten Positivisten an dem die Logik stärker betonenden Werk Mills, dessen Denken sich zudem durch die im englischen Empirismus vorgezeichnete Integration der Psychologie in die Philosophie von Comte unterscheidet. Sein Hauptwerk *A System of Logic, Ratiocinative and Inductive (System der deduktiven und induktiven Logik)* gilt darum auch als klassisches Werk des »Psychologismus«, der Psychologie als Grundwissenschaft für die Geisteswissenschaften. Als Seelenlehre von Melanchthon eingeführt, untersuchte die Psychologie seit dem 19. Jh. bewusste Vorgänge und Zustände, deren Ursachen und Wirkungen. Dementsprechend versuchte Mill die logische Verbindung von Erfahrungen wie Hume als reine Gewohnheit zu erklären – wegen ihrer fehlenden Objektivität sind absolut gültige Ergebnisse mit Hilfe der Schlusslogik, der deduktiven Logik nicht zu erreichen. Die empirische Verallgemeinerung – die Induktion, wie sie schon Francis Bacon forderte – könne zwar auch nicht exakt, aber zur Wissenserweiterung dienlich sein. Mill wurde schon früh durch seinen Vater James Mill (1773–1836), selber Philosoph und mit Jeremy Bentham in Gedankenaustausch stehend, mit allen Wissenschaften vertraut. Über dessen Utilitarismus hinausgehend meinte er, dass es mehr noch als auf die Quantität auf die Qualität des Glücks ankomme und dass die soziale Gerechtigkeit immer gewahrt bleiben müsse. Durch seine kaufmännische Tätigkeit wohlhabend, konnte er Comte unterstützen und eine entsprechende Hilfe auch Jeremy Spencer (1820–1903) anbieten, dessen Formulierung einer Allmählichkeit der Entwicklung sowohl in der Natur- wie auch in der Geistesgeschichte dem Darwinismus um einige Jahre zuvor kam. Neben der Philosophie galt Mills Interesse der Nationalökonomie, deren erstes wirkliches Lehrbuch *Principles of Political Economy (Grundsätze der Nationalökonomie)* er 1848 verfasste. Dabei waren seine Lehrmeister dieselben wie bei Marx: Adam Smith, der wie er die Ökonomie als Teil der Sozialphilosophie ansah, und David Ricardo – Freund seines Vaters –, dessen Lehre er ausbaute. Einem die Freiheit des Einzelnen wahrenden gemäßigten Sozialismus und dem klassischen englischen Liberalismus indifferent gegenüber zeigte sich Mill in *On Liberty (Über Freiheit)*, seiner 1861 veröffentlichten wichtigsten politischen Schrift, zu deren Umsetzung er einige Jahre später als Parlamentsabgeordneter Gelegenheit erhielt. Er sah durchaus die Gefahren einer Tyrannei der Masse, wobei er sich auf das berühmte Werk des französischen Staatsphilosophen Alexis de Tocqueville (1805–1859) *Über die Demokratie in Amerika* bezog.

Genie und Wahnsinn? Auch Mill verbrachte eine Zeit in einer Nervenheilanstalt.

Pragmatismus

Die Evolutionslehre Darwins und Spencers beeinflusste das Denken der amerikanischen Philosophen, die erstmals mit Charles Sanders Peirce (1839–1914) und William James (1842–1910), dem älteren Bruder des Schriftstellers Henry James, ihre Eigenständigkeit unter Beweis stellten. Sie gelten als Begründer des Pragmatismus, einer weltweit äußerst wirkungsvollen Lehre, die den Nutzen von Denken und Erkennen für die Handlungsfähigkeit des Menschen in den Vordergrund stellt und Wahrheit dementsprechend nicht absolut, sondern als Produkt der Auslese im Kampf ums Dasein sieht: »Wahr ist das, was sich durch seine praktischen Konsequenzen bewährt«. Unter dieser Voraussetzung hat auch der Glaube an Gott seine Berechtigung, wenn Pragmatismus auch eher »eine Einstellung [ist], die von ersten Dingen, Prinzipien, Kategorien und vermeintlichen Notwendigkeiten absieht und sich auf letzte Dinge, Früchte, Folgen und Tatsachen richtet«. Anders als Peirce, der keine einzige Monographie hinterlassen hat, verfasste James, als Professor in Harvard Psychologie und Philosophie lehrend, zahlreiche Schriften, darunter auch *Pragmatism. A New Name for Some Old Ways of Thinking (Pragmatismus. Ein neuer Name für alte Denkmethoden).* Den bereits 1865 verwendeten Begriff des Pragmatismus übernahm Peirce von Kant, den er neben den griechischen Klassikern, den Teilnehmern am mittelalterlichen Universalienstreit, Spinoza, Berkeley und Comte zu seinen Quellen zählt. Parallelen finden sich zu Nietzsche und den Lebensphilosophen, in seiner Verbindung von Theorie und Praxis ähnelt der Pragmatismus dem Marxismus und der Existenzphilosophie. Peirce' Interesse gilt vor allem der Logik. Er, der als bedeutendster Philosoph der USA gilt, begründete, indem er die Bedeutung der Zeichen und Zeichenfunktionen für das Denken hervorhob, die moderne Semiotik, die Lehre von den Zeichen. Peirce definiert, dass Begriffe ihre Bedeutung dadurch erlangen, dass per Gedankenexperiment die praktischen Konsequenzen bestimmt werden, die die Gegenstände ausüben, die unter sie fallen. Daneben entdeckt er als dritten Schlussmodus neben Induktion und Deduktion die Abduktion, die bei jeder wissenschaftlichen Hypothesenbildung angewendet wird. Da Peirce' Werk erst seit den 1930er Jahren veröffentlicht wurde, kommt neben James einem jüngeren Vertreter des Pragmatismus, John Dewey (1859–1952), eine breitere Wirkung zu als ihm. Dieser vertrat die Ansicht, dass die Philosophen ihr Elfenbeinturmdenken stärker in den Dienst des Menschen stellen sollten. Er selbst ging als leuchtendes Beispiel voran und war ein bedeutender Sozialreformer im Bereich der Pädagogik, deren stärkeren Bezug zur Praxis er forderte und förderte – beispielsweise durch problem- und projektorientiertes Lernen gemäß seiner als Instrumentalismus bezeichneten Auffassung, dass das Denken ein Werkzeug zum Handeln sei.

Logik

Auch die Lehre vom folgerichtigen und geordneten Denken wurde, wie Ethik und Metaphysik, als philosophische Disziplin von Aristoteles begründet. Die klassische, bis ins 19. Jh. dominierende Logik lässt sich in die reine, »formale« Logik und die angewandte, »materiale« Logik unterteilen. Als rein zählten die Lehren vom Begriff, Urteil und Schluss, als angewandt die Lehren von der Definition, vom Beweis und der Methode. Verdrängt wurde sie dann von der durch Friedrich L. G. Frege (1848–1925) begründeten modernen Logik, die durch eine weitergehende Formalisierung und Mathematisierung überschaubarer, exakter und leistungsfähiger ist.

Das 20. Jahrhundert

Edvard Munchs expressionistischer *Schrei* von 1893 weist über seine Zeit hinaus auf ein Jahrhundert, das das Innere des Menschen so sehr nach außen kehrt wie keines zuvor.

Die großen Philosophienationen des 19. sind auch die großen des 20. Jh. Die wirkungsmächtigsten Persönlichkeiten stammen nach wie vor aus Deutschland, Frankreich und England sowie den angrenzenden Ländern wie Belgien oder die Schweiz. Einen großen Unterschied zum 19. Jh. gibt es jedoch: die Schulen, die entstehen und die – ähnlich einem Stammbaum mit seiner immer größer werdenden Verästelung – immer vielfältiger und spezialisierter werden, machen immer weniger vor Ländergrenzen Halt, denn die Kommunikation hat sich bereits am Anfang des Jh. so weit entwickelt, dass sich neue Ideen schnell ausbreiten können. Trotzdem bleiben traditionelle landestypische Eigenarten, die manche aus einem »Volkscharakter«, andere aus Bildungstraditionen ableiten. Ganz besonderen Einfluss nimmt nach wie vor die Geschichte, die immer weniger eine Geschichte von einzelnen Völkern und Nationen als von länderübergreifenden Phänomenen ist. Am Anfang des 20. Jh. ist es der Imperialismus, sind es die Kolonialreiche fast aller großen europäischen Staaten, die die Welt kleiner werden lassen, am Ende die wirtschaftlichen Interessen, die zur Globalisierung führen. Mit dem Ende des 1. Weltkriegs 1918 gehen die meisten Monarchien zu Grunde, eine Demokratisierung Europas ist die Folge. In anderer Zeit zu anderem Zweck formulierte Gedanken eines Hegel oder Nietzsche werden in der Folge nur zu gerne von den aufkeimenden faschistischen Regimes missbraucht, um den eigenen Machtanspruch zu begründen und geradewegs in die Katastrophe des 2. Weltkriegs zu führen. Das Ergebnis: Eine für lange Zeit gespaltene Welt, deren eine Hälfte sich auf den Kommunismus eines Marx und Lenin, die andere auf die nationalökonomischen Denker Englands wie Smith, Ricardo oder Mill berief. Angesichts der atomaren Bedrohung, des Kalten Kriegs zwischen den Weltmächten USA und UdSSR und dem ersten Schritt des Menschen in den Weltraum war die Philosophie dazu aufgerufen, den Menschen in dieser sich ständig ändernden, schönen neuen Welt zu verorten. Philosophen wurden durch die sich stürmisch entwickelnden Wissenschaften nicht überflüssig – im Gegenteil: das Überwinden immer neuer Grenzen, ob in Medizin, Technik oder Geographie, die die Welt immer rationaler erscheinen lassen, lassen eine verunsicherte Kreatur zurück, die der Liebe zur Weisheit, der Philosophie, dringender bedarf denn je.

Hauptgegenstand der Philosophie im 20. Jh. ist das Leben in der modernen, der aufgeklärten und zunehmend gottfremden, von Naturwissenschaft und Technik geprägten Gesellschaft. Diese gibt es zuerst in den großen Industrieländern: England, Frankreich und Deutschland/Österreich. Aus denen stammen denn auch sämtliche der hier in eigenen Kapiteln vorgestellten Philosophen. Rationalität, Technik und industrielle Güterproduktion sowie kapitalistische Marktwirtschaft scheinen für die sogenannte Entfremdung des Menschen, seine Heimatlosigkeit und Verdinglichung, verantwortlich zu sein. Dagegen rufen nun die Philosophen den »ganzen Menschen« (Dilthey) auf, den »Lebensschwung« (Bergson), die noch nicht rationalisierte »Lebenswelt« (Husserl) und das mündige, kritische »Subjekt« (Habermas), den »Leib« (Schmitz) und die »lebendige Beziehung« der Menschen unter einander (Bloch), den freien »Entwurf« (Sartre) und die »Eigentlichkeit« der Existenz (Heidegger). Die Philosophen versuchen, die sich herausbildende moderne Gesellschaft, ihre Strukturen und die Mittel ihrer Weiterentwicklung sowie ihre Risiken, zu verstehen: die Möglichkeit und Gefährdung von »Aufklärung« (Adorno) und »Demokratie« (Popper), die Möglichkeit und Grenzen der »Kommunikation« (Luhmann), der »Diskurse« (Foucault) und der »Sprache« überhaupt (Saussure, Russell, Wittgenstein). Erst am Ende des Jahrhunderts werden Stimmen laut, die angesichts der neuen, intelligenten Technologien (Genetik, Informationsverarbeitung) eine Verbindung von Leben und Technik im sich selbst manipulierenden »operablen Menschen« (Sloterdijk) kommen sehen – und begrüßen.

Lebensphilosophie

Wilhelm Dilthey *(19.11.1833 in Biebrich – 1.10.1911 in Sais am Schlern/Südtirol)*

»Leben ist die Grundtatsache, die den Ausgangspunkt der Philosophie bilden muss. Es ist das von innen Bekannte; es ist dasjenige, hinter welches nicht zurückgegangen werden kann,« erklärte Wilhelm Dilthey, der am Beginn des 20. Jh. an der Berliner Universität lehrte. Er gab der Lebensphilosophie entscheidende Anregungen.

Das uns von innen, d. h. in unserem Bewusstsein und als dieses selbst, Bekannte ist »geistige Lebendigkeit«. Sie manifestiert sich in den Gebilden der geistig-geschichtlichen Welt. Diese Welt zu verstehen,

»In den Adern des erkennenden Subjekts, das Locke, Hume und Kant konstruierten, rinnt kein wirkliches Blut, sondern der verdünnte Saft von Vernunft als bloßer Denktätigkeit. Mich führte aber historische wie psychologische Beschäftigung mit dem ganzen Menschen dahin, diesen in der Mannigfaltigkeit seiner Kräfte, dies wollend, fühlend vorstellende Wesen auch der Erklärung der Erkenntnis zugrunde zu legen.« (Wilhelm Dilthey)

darum ging es Dilthey. Er fragte: Wie ist dieses Verstehen, d. h. wie ist Geisteswissenschaft möglich? – Antwort: Durch Rückübersetzen der objektiven Gebilde in die geistige Lebendigkeit, aus der sie hervorgegangen sind!

Das ergibt allerdings keine objektive oder rationale Erkenntnis wie in den Naturwissenschaften. »In allem Verstehen ist ein Irrationales, wie das Leben selber ein solches ist; es kann durch keine Formeln logischer Leistungen repräsentiert werden«, sagt Dilthey. Denn während die Naturwissenschaften die unabhängig vom Wirken des menschlichen Geistes hervorgebrachte Wirklichkeit mit Hilfe des Kausalitätsprinzips *erklären*, *verstehen* die Geisteswissenschaften die von den menschlichen Zwecken und Werten geprägte geschichtliche Welt. Und dieses Verstehen enthält immer einen hermeneutischen (= die Interpretation betreffenden) Zirkel: die Aufklärung des Lebens über sich selbst durch sich selbst. Der Vorgang des Verstehens, durch den Leben über sich selbst in seinen Tiefen aufgeklärt wird, charakterisiert die Geisteswissenschaften als Lebensphilosophie, erklärt Dilthey in seinem Buch *Die Entstehung der Hermeneutik* von 1900. Dieses ist seine Hoffnung dabei: Die Selbstbesinnung des Lebens könnte als ein »Haupthebel der Kultur« in der modernen, zerrissenen Welt geistig orientieren und praktisch motivieren.

Henri Louis Bergson *(18.10.1859 in Paris – 4.1.1941 in Paris)*

Im Jahr 1900 erhielt Henri Bergson, bis dahin Gymnasiallehrer, eine Philosophie-Professur am Collège de France in Paris. Er lehrte dort über 20 Jahre. Seine Lebensphilosophie, zurückgehend auf Schopenhauer und Nietzsche, bestimmte maßgebend die philosophische Diskussion am Anfang des 20. Jh.s. Er war der intellektuelle Star seiner Epoche, darin vergleichbar nur noch mit Jean-Paul Sartre ein halbes Jh. später. Mit Ehrungen überhäuft – einschließlich Literaturnobelpreis – war er Mitglied der Académie française und Präsident der Völkerbundkommission für geistige Zusammenarbeit. Er starb an einer Lungenentzündung, die er sich im Winter 1941 im besetzten Paris zugezogen hatte, als er sich, in der Kälte Schlange stehend, als Jude registrieren ließ.

Seine Lebensphilosophie wendet sich gegen den neuzeitlichen Rationalismus, der für die Entfremdung der Philosophie vom Leben verantwortlich gemacht wird.

Anthropologie
Die Lehre vom Wesen und der Natur des Menschen wird seit dem 16. Jh. als Anthropologie bezeichnet. Als Wissenschaft von der Abstammung und der Entwicklung des Menschen im biologischen Sinn verselbständigte sie sich im 19. Jh., während sich auch weiterhin Philosophen mit ihr beschäftigen. Zur eigenen philosophischen Disziplin wurde sie erst seit den 30er Jahren des 20. Jh.

Das mathematisch-rationalistische Denken spaltet die Welt in berechnendes Subjekt und zu berechnendes Objekt, um sie der technischen Einwirkung des Menschen zu unterwerfen, es versachlicht Natur und Mensch, entseelt sie. Der Lebensphilosoph will dem Ganzen der Natur gerecht werden, dem Leben, das nur von innerem Erleben her verstanden werden kann, ganz so wie Schopenhauers Welt-Willen, der nur intuitiv in uns selbst erfahrbar ist. Bergson nennt ihn *élan vital* (Lebensschwung). Er ist der Grund der Welt. Welt ist Werden, Handlung, Aktion. Dabei gibt es zwei Bewegungen: die steigende des Lebens und die fallende der Materie. Die Entfaltung des Lebens kommt nicht aus der Materie und ihren mechanischen Gesetzen, sondern richtet sich gegen sie, gegen deren Trägheit und gegen den Zerfall, und geht hin zu immer höheren, gewagteren und freieren Formen. Ein Organismus oder auch nur ein Organ wie das Auge kann nicht darwinistisch allein durch zufällige Variation und Selektion, d. h. materiell erklärt werden. Auch das Bewusstsein ist nicht vom Körper anhängig. Bewusstsein ist da, wo Leben ist. Nur im Menschen erkennt sich dieses Leben selbst.

Der *élan vital* entfaltet sich schöpferisch planlos, nicht zweckbestimmt, im organischen Universum. Bergson schreibt in seinem Buch *Schöpferische Entwicklung*: »Würde das Leben einen Plan verwirklichen, so müsste es je im Maße seines Vorrückens eine immer höhere Harmonie offenbaren.« Aber so ist es nicht. Die Einheit des Lebens ruht im Schwung. Sie ist als Ausgangspunkt, nicht als Endpunkt gegeben. Mehr und mehr spaltet sich die Schwungkraft. »Mehr und mehr, je weiter es fortschreitet, zerfasert sich das Leben in Manifestationen, die sich zwar, dank der Gemeinschaft ihres Ursprungs, in gewisser Hinsicht ergänzen, die aber darum nicht weniger antagonistisch, nicht weniger unversöhnlich bleiben. Es wird also die Disharmonie der Arten an Schärfe zunehmen.«

Bergsons Philosophie des Lebens will den Mechanismus (in der darwinistischen Erklärung) wie den Finalismus (Natur als göttliche Planverwirklichung) hinter sich lassen und dem Dynamischen und Einmaligen des Lebens gerecht werden: dem Lebensstrom. Hierfür prägte Bergson den Begriff der Dauer *(durée),* die dem Lebensstrom zugrunde liegt als unteilbarer schöpferischer Fluss, der das Frühere in sich bewahrt und in das Kommende trägt. Und sie ist nur im inneren Erleben zu erfahren, in der reinen Qualität und Intensität der Bewusstseinszustände.

Phänomenologie

Edmund Husserl *(8.4.1859 in Proßnitz/Mähren – 26.4.1938 in Freiburg i. Br.)*

»Die Philosophie, ihrem historischen Absehen nach die höchste und strengste aller Wissenschaften, sie, die den unverlierbaren Anspruch der Menschheit auf reine und absolute Erkenntnis vertritt (und was damit untrennbar Eins ist: auf reines und absolutes Werten und Wollen), vermag sich nicht zu wirklicher Wissenschaft zu gestalten«, erklärt Husserl. Das soll sich jetzt durch seine Phänomenologie ändern: Philosophie wird strenge Wissenschaft.

Husserl, im selben Jahr wie Bergson geboren, war Mathematiker und Naturwissenschaftler, bevor er sich ganz der Philosophie widmete, seiner *Philosophie als strenger Wissenschaft*, wie auch der Titel seines Buches von 1911 lautet. Später war er Philosophieprofessor in Freiburg, bis die Nationalsozialisten ihn wegen seiner jüdischen Herkunft 1933 beurlaubten und ihm 1937 das Betreten der Freiburger Universität verboten. Sein ehemaliger Assistent Martin Heidegger war übrigens 1933 Rektor der Freiburger Universität.

»Zu den Sachen selbst!«, lautet Husserls Ruf, dem dann auch andere Phänomenologen wie Martin Heidegger, Jean-Paul Sartre, Maurice Merleau-Ponty oder Hermann Schmitz folgten. Husserl will eine originäre Psychologie, eine Phänomenologie des Bewusstseins, anstatt einer Naturwissenschaft vom Bewusstsein, welche seiende Gegenstände, auf die dann die Erfahrung des Bewusstseins trifft, naiv voraussetzt.

Dennoch ist die Phänomenologie als Analyse der Phänomene, auf die das Bewusstsein intentional gerichtet ist, empirische Wissenschaft. »Sind Phänomene als solche keine Natur, so haben sie doch ein in unmittelbarem Schauen fassbares und adäquat fassbares Wesen«, meint Husserl. Seine Wissenschaft nennt er darum Wesensschau. Sie ist Wissenschaft von den Wurzeln aller Dinge. Er zeigt z. B. in seiner Phänomenologie des inneren Zeitbewusstseins, wie das Bewusstsein einer objektiven Zeit mit ihrer Vorher-Nachher-Struktur auf das innere Bewusstsein der Zeitlichkeit der Erlebnisse mit ihrer Struktur der Gegenwart, Vergangenheit und Zukunft gründet.

Husserls Spätphilosophie, ausgeführt in dem Buch *Die Krisis der europäischen Wissenschaften und die transzendentale Phänomenologie* (1936), kreist um den Begriff der Lebenswelt. Damit gemeint ist das menschliche Fundament aller wissenschaftlichen Praxis. Husserl zeigt, dass und wie die objektivistisch gedachte Welt der Naturwissenschaften menschlichen Leistungen entspringt, was aber in der Erklärung wissenschaftlicher Objektivität zur Welt schechthin unterschlagen wird. Eben das sei der Fehler der Moderne: die Verabsolutierung der wissenschaftlichen Erfahrungswelt zur allein wahren Welt. Dabei ist der Bezug zur intuitiv anschaulichen Lebenswelt verloren gegangen. Die Wissenschaften verlieren ihre Lebensbedeutsamkeit und führen so in die Sinnkrise der Moderne. Husserl geht es um die Lösung dieser Krise durch Rückgewinnung eines natürlichen, vortheoretischen Weltverständnisses und damit um die Aufhebung der Entfremdung zischen Rationalität und Leben.

Hermann Schmitz *(16.5.1928 in Leipzig)*

Hermann Schmitz, Philosophieprofessor in Kiel, ist der Begründer der Neuen Phänomenologie, die Husserls Methode übernimmt, aber auch erheblich verändert. Sie befreit sie von Künstlichkeiten und überzogenen Ansprüchen wie absolute Wahrheit und Wesensschau, Einschränkung auf unmittelbare Selbsterfahrung, Ausgang von der sogenannten Lebenswelt, das Dogma der Intentionalität (d.h. der aktiven Ausgerichtetheit allen Bewusstseins).

Schmitz, den man auch den Leibphilosophen nennt, geht vom leibhaftigen In-der-Welt-Sein aus. Er schreibt (in seinem Buch *Subjektivität* von 1964): »In meiner Analyse des leiblichen Befindens setze ich mir – soviel ich sehe, zum ersten Mal in der Weltliteratur – das Ziel, ein abgerundetes Begriffssystem allein auf das Zeugnis des eigenleiblichen Spürens zu gründen, also dessen, was der Mensch, wie man sagt, am eigenen Leibe spürt.« Einige grundlegende aus der Analyse des Leiblichen gewonnene Kategorien sind z.B.: Enge, Weite, Spannung, Schwellung, Intensität, Rhythmus und Richtung.

Schmitz' systematische und unglaublich differenzierte Analysen aller Dimensionen menschlichen Lebens (z.B. auch des Rechtswesens, der Kunst, des Wohnens und der Liebe) haben nicht den Sinn bloßen Erkennens, sondern den der Entdeckung oder Wiederentdeckung von Lebensformen, die im Zuge der Entwicklung einer durchweg patriarchalischen Gesellschaft verdeckt und unterdrückt wurden. Das europäische Denken, so erklärt Schmitz in seiner *Neuen Phänomenologie* (1980), habe bisher einseitig eine der Welt des Mannes zuzuordnende leibfeindliche und kopflastige Lebensform begünstigt und gezüchtet. In dieser Welt gibt es vor allem Dinge und Körper, umfassende Organisationen, transzendierende Hoffnungen und Ansprüche, Utopien, in deren Diensten das Leben verbraucht und die Natur überlistet wird. Der nach dem Bild des Männlichen sich stilisierende Mensch verlor mehr und mehr die Fähigkeit, seinen Lebenswillen im Hier und Jetzt zu verankern. Die dazu Anlass gebenden Möglichkeiten der Gefühlsbetroffenheit und des Gestaltens galten als weiblich, d. h. sie wuchsen tatsächlich geschichtlich der Frau zu, so dass die Leibphilosophie hier eine Emanzipation des Weiblichen zu befördern hilft.

Schmitz hat sein System der Leibphilosophie flankiert mit Arbeiten zur Geschichte der europäischen Philosophie von Parmenides bis Heidegger. Denn die Bewältigung eigener Leiblichkeit für den Menschen heute ist nicht nur eine systematische, sondern auch eine historische Aufgabe. Er erklärt in seinem Hauptwerk *System der Philosophie*: »Aus dem Schacht einer durch Jahrtausende gewordenen Verdrängung kann die Unmittelbarkeit des Leiblichen nur durch mühsame, von den Anfängen bis zur Gegenwart das Geschehen verfolgenden Rückbesinnung herausgeholt werden. Der Bann der Mächte, die das Leibliche aus den Gedanken verdrängt haben, lässt sich nicht durch einen unvermittelt dagegengesetzten Bannfluch brechen, sondern nur durch geduldiges Bemühen um geschichtliche Gerechtigkeit, die jenen Mächten ihre Ehre gibt und eben dadurch die Gegenwart gegen sie frei werden lässt.«

Existenzphilosophie

KARL JASPERS *(23.2.1883 in Oldenburg – 26.2.1969 in Basel)*

Karl Jaspers, erst Psychiater, dann Philosoph auf einem Lehrstuhl in Marburg, hat 1919 mit seiner *Philosophie der Weltanschauungen* das erste Buch einer neuen Schule, genannt »Existenzphilosophie«, vorgelegt. Ausgeprägt als »Existenzialismus« durch Sartre und Camus, war sie eine Philosophie als Lebensform, die ihr Zentrum in den Cafés um die Place St. Germain des Près hatte.

Jaspers bestimmte die Philosophie als Existenzerhellung. Sie geht von Grenzerfahrungen aus, ist Appell an die eigene Lebenskraft und kritisiert die Weltanschauungen, die vermeintlich den Sinn des Seins erfasst haben, aber doch nur mythologische Gebäude sind, in die hinein der Mensch, Schutz suchend vor den eigentlichen Fragen der Existenz, flüchtet.

Existenzphilosophie ist die Philosophie des in einer völlig erklärten Welt sich verloren vorkommenden Individuums, schreibt Hannah Arendt, Schülerin und Freundin von Heidegger und Jaspers. »Zu dieser erklärten Welt befindet sich der Einzelne im dauernden Widerspruch, weil seine Existenz, nämlich die reine Faktizität seines Existierens in seiner ganzen Zufälligkeit (dass ich gerade ich bin und niemand anderes, dass ich bin und nicht nicht bin), weder von der Vernunft vorhergesehen, noch von ihr in etwas rein Denkbares aufgelöst werden kann.«

Diese Existenz ist aber gerade das einzige, dessen ich gewiss werden kann. Also ist es Aufgabe des Menschen, subjektiv zu werden. Dies geschieht in der Erfahrung von Grenzsituationen, z. B. in der Angst oder im Gedanken an den Tod. Denn da löst sich der Mensch aus der alltäglichen Welt heraus. Die objektiven Wahrheiten der Wissenschaft werden uninteressant, werden zum unwesentlichen Wissen. Das Wesentliche ist das, was mich interessiert: meine Existenz, subjektive Wahrheiten wie Unsterblichkeit, Freiheit oder Gott (so hieß es bei Kant). Sie können nicht objektiv erkannt werden, wohl aber gefühlsmäßig *ergriffen*. Ich muss sie ergreifen, um im emphatischen Sinn zu existieren. Heidegger nennt sie Existentiale.

Albert Camus *(7.11.1913 in Mondovi/Algerien – 4.1.1960 bei Petit-Villeblevin)*

Camus, der mit dem Nobelpreis ausgezeichnete Autor von Romanen (z. B. *Der Fremde*), Theaterstücken (*Caligula*), Erzählungen (*Licht und Schatten*) und philosophischen Texten (*Der Mythos von Sisyphos, Der Mensch in der Revolte*) starb nach einem Autounfall. »Die ganze Generation, die mit dem letzen Krieg ins Leben trat und ihr Vertrauen in diesen älteren Gefährten gesetzt hat, denkt nur mehr an den Körper, der zerschmettert auf der Landstraße liegt, an den Geist und das Herz, die so plötzlich verlöschten. Das Aufbegehren gegen den Tod – Camus hat es gekannt.« (André Blanchet) Jean-Paul Sartre schrieb über Camus nach seinem Tod: »Er bekräftigte von neuem das Vorhandensein des Moralischen, mitten in unserer Epoche.«

Camus ging aus von der Reflexion über das Absurde aus der Konfrontation von Mensch und Welt. Der Mensch erkennt das Absurde in der eigenen Sterblichkeit im Gegensatz zur ihn überdauernden Welt, er erkennt es in der undurchdringbaren Natur und in der Unmenschlichkeit der Mitmenschen. Camus schreibt in *Der Mensch in der Revolte* (1951): »Wir wissen nichts, solange wir nicht wissen, ob wir das Recht haben, den anderen vor uns zu töten oder zuzustimmen, dass er getötet werde. Da jede Handlung heute direkt oder indirekt in den Mord einmündet, können wir nicht handeln, bevor wir nicht wissen, ob und warum wir töten sollen.«

Das Absurde entsteht aus dem Zwiespalt zwischen dem Sinnanspruch des Menschen und dem Schweigen der Welt. Kann man diesen Zwiespalt aushalten, oder soll man sich umbringen? – das ist die Frage. »Es gibt nur ein wirklich ernstes philosophisches Problem: den Selbstmord«, sagt Camus im ersten Satz seines Buches *Der Mythos von Sisyphos*. Ein Versuch über das Absurde. Wie löst er das Problem? – Durch Aushalten des Zwiespalts, durch Aushalten der Absurdität. Des Menschen Los ist das Leiden in einer sinn- und gottlosen Welt.

Camus verwirft sowohl den körperlichen Selbstmord als auch den geistigen, den sogenannten philosophischen Selbstmord, der vor allem in der Flucht in den Glauben besteht, wie er es bei dem dänischen Philosophen Kierkegaard oder dem russischen Philosophen Schestow sieht. Aber auch die Phänomenologie Husserls ist ein Ausweichen. Sie hintergeht die Hoffnung der Vernunft, die Erscheinungen unter einem großen Prinzip vertraut zu machen, und bereichert stattdessen die Welt des Geistes mit unabsehbar vielen und alle gleich bedeutsamen wie darum auch unbedeutenden Phänomenen, »deren Reichtum schon etwas Unmenschliches hat.«

Den ausharrenden Helden des Absurden sieht Camus in der Gestalt des Sisyphos, im griechischen Mythos der Klügste unter den Sterblichen und zugleich ein professioneller Straßenräuber. Er ist verurteilt, zeit seines Lebens einen gewaltigen Stein auf einen Berg hinaufzuwälzen, der, am Ziel angelangt, im Nu in jene Tiefe rollt, aus der er ihn wieder auf den Gipfel wälzen muss. Camus erklärt: Die Stunde des Aufatmens, in der dieser Mann zu der Qual hinuntergeht, deren Ende er nicht kennt, ist die Stunde des Bewusstseins. In diesen Augenblicken ist er seinem Schicksal überlegen, er ist stärker als sein Fels. – Und arbeitet ein Werktätiger sein Leben lang nicht unter gleichen Bedingungen? Ist sein Schicksal nicht genauso absurd?

Aber es gibt eine verschwiegene Freude dabei, sagt Camus von Sisyphos, dem absurden Menschen. Dieser lässt, wenn er seine Qual bedenkt, alle Götzenbilder schweigen. »Dieses Universum, das nun keinen Herrn mehr kennt, kommt ihm weder unfruchtbar noch wertlos vor. Jedes Gran dieses Steins, jeder Splitter dieses durchnächtigten Berges bedeutet allein für ihn eine ganze Welt. Der Kampf gegen Gipfel vermag ein Menschenherz auszufüllen. Wir müssen uns Sisyphos als einen glücklichen Menschen vorstellen.«

Jean-Paul Sartre *(21.6.1905 in Paris – 15.4.1980 in Paris)*

Auch ihn, wie seinen Freund Camus, lässt die Suche nach einer konkreten Darstellung der Welt zwischen Literatur und Philosophie schwanken. Noch beides verbindend, beschreibt Sartre in seinem Roman *Der Ekel* von 1938 die Absurdität der Existenz, den Ekel vor der Sinnlehre und Zufälligkeit aller Dinge, Menschen und auch des eigenen Körpers. Nur ein Erlebnis ohne Ekel und Absurditätsgefühl hat der Ich-Erzähler dieses Romans noch: das Anhören einer Jazz-Platte.

1939 wird der Gymnasiallehrer Sartre, der vorher schon in Berlin Husserls Phänomenologie studiert hatte, eingezogen und gerät in deutsche Kriegsgefangenschaft, aus der er aber bald mit gefälschten Papieren entkommen kann. 1941 ist er wieder Gymnasiallehrer in Paris. Noch unter deutscher Besatzung erscheint 1943 sein philosophisches Hauptwerk *Das Sein und das Nichts*, das ihn nach dem Krieg weltberühmt machte.

Sartres Philosophie zufolge gibt es zwei verschiedene Seinsweisen: Das An-sich-Sein (in der Weise existieren die Dinge) und das Für-sich-Sein (in dieser Weise existiert der Mensch, d. h. als Bewusstsein). Die beiden Seinsweisen sind unvereinbar: Man kann sich von außen sehen, als Körper. Und man kann sich subjektiv erleben, als Freiheit. Aber das ist zweierlei. Entsprechend kann ich den anderen objektivieren, als Körper, oder aber seinem Blick begegnen und seine Subjektivität spüren, die mich objektiviert, die mir damit meine Freiheit, mein Ausgreifen auf die Welt streitig macht. Sartre kommt abschließend zu der Feststellung: »Jede menschliche Wirklichkeit« (z. B. die Vorliebe für Knoblauch oder Schalentiere) »ist direkter Entwurf, das eigene Für-sich zum An-sich-Für-sich zu verwandeln, und zugleich Entwurf zur Aneignung der Welt als der Ganzheit des An-sich-Seins.« Denn »Die Ganzheit der Nahrung stellt nur einen gewissen Seinsmodus des Seienden vor, das ich annehme oder ablehne.« Der Mensch entwirft sich, um sich selbst als Für-sich-Sein aufzuheben und etwas zu gründen, das sich selbst gründet und damit der Zufälligkeit (Kontingenz) entgeht. Die Religionen nennen das Gott. D. h.: »Der Mensch richtet sich als Mensch zugrunde, damit Gott entstehe. Aber die Idee Gottes ist widerspruchsvoll, und wir richten uns umsonst zugrunde; der Mensch ist eine absurde Leidenschaft.«

Auf diesem Foto beweisen Jean-Paul Sartre und Simone de Beauvoir, dass Existenzialisten nicht immer in schwarze Rollkragenpullover gekleidet waren.

Mit einem Radiovortrag hat Sartre seiner Lehre 1946 zu ungeheurer Popularität verholfen. »Ist der Existenzialismus ein Humanismus?« war der Titel. Er verteidigt darin den Existenzialismus gegen die Vorwürfe von christlicher Seite, dass er die göttlichen Gebote und ewigen Werte unterdrücke, so dass der Mensch

»Der Mensch ist, wozu er sich macht. Das ist der erste Grundsatz des Existenzialismus. Das ist es auch, was man die Subjektivität nennt und was man uns unter eben diesem Namen zum Vorwurf macht. Aber was wollen wir denn damit anderes sagen, als dass der Mensch eine größere Würde hat als der Stein oder der Tisch? Denn wir wollen sagen, dass der Mensch zuerst existiert, das heißt, dass er zuerst das ist, was sich in eine Zukunft hineinwirft und was sich bewusst ist, sich in der Zukunft zu planen.«
»Wir, die atheistischen Existenzialisten, haben die Überzeugung, dass die Existenz der Essenz vorausgehe.« (Jean-Paul Sartre)

tun könne was er wolle, und zwar ohne Rücksicht auf andere. Und er verteidigt ihn gegen die Vorwürfe von marxistischer Seite, dass er sich an der menschlichen Solidarität verfehle und allein den Einzelnen im Blick habe. Sartre betont: Allerdings gehe er von der reinen Subjektivität, dem Für-sich-Sein aus. Aber wir kämen zu uns selber im Angesicht des Anderen, so dass eine Wahl, die mich bindet, auch die ganze Menschheit bindet. »Man wählt im Angesicht des Anderen. Und man wählt sich im Angesicht der Anderen«, sagt Sartre. »Wir wollen die Freiheit um der Freiheit willen und durch jeden besonderen Einzelumstand hindurch. Und indem wir die Freiheit wollen, entdecken wir, dass sie ganz und gar von der Freiheit der anderen abhängt. Gewiss hängt die Freiheit als Definition des Menschen nicht vom anderen ab, aber sobald ein Sichbinden vorhanden ist, bin ich verpflichtet, gleichzeitig mit meiner Freiheit die der anderen zu wollen, und ich kann meine Freiheit nicht zum Ziel nehmen, wenn ich nicht zugleich die Freiheit der anderen zum Ziel nehme.«

Auch das zweite Hauptwerk Sartres, die *Kritik der dialektischen Vernunft* (1960), hat die menschliche Freiheit zum Gegenstand. Sie wird aber jetzt, anders als in *Das Sein und das Nichts*, in einem sozialen und geschichtlichen Zusammenhang gesehen. Sartre sucht, eine verstehende Erkenntnis hervorzubringen, die den Menschen in der sozialen Welt wiederfindet und ihn bis in seine Praxis bzw. den Entwurf, der den Menschen auf Grund einer bestimmten Situation mit dem gesellschaftlich Möglichen konfrontiert, verfolgt. Sartre ist inzwischen Marxist. Er hat im Humanismus die gemeinsame Quelle von Marxismus und Existenzialismus entdeckt. Aber er ist ein existenzialistischer Marxist, der die Dogmatik des Marxismus aufgebrochen hat, nach der z. B. das gesellschaftliche Sein das Bewusstsein und damit den Entwurf der Existenz determiniert. Allerdings: Der Entwurf vollzieht sich in der geschichtlichen und gesellschaftlichen Realität. Also gibt es eine Dialektik von Determiniertheit und Wahl.

Sartre hat die Dialektik von Determiniertheit und Wahl an konkreten Beispielen dargestellt, am Beispiel Baudelaires, Mallarmés, Flauberts – und seiner eigenen

Person, letzteres in dem Buch *Die Wörter* (1963), wofür er den Literaturnobelpreis erhielt, den er aber als Vereinnahmungsmanöver ablehnte. Er starb 1980, bis zum Schluss gepflegt von seiner ebenfalls berühmten Lebensgefährtin, der Schriftstellerin Simone de Beauvoir. 50 000 Menschen begleiteten seinen Sarg zum Pariser Friedhof Montparnasse. Man nahm Abschied von dem Intellektuellen des 20. Jh. schlechthin und von der durch ihn, durch seine Philosophie, seine Theaterstücke, seine Bücher und seine unzähligen politisch engagierten Artikel und Interviews geprägten Epoche.

MARTIN HEIDEGGER *(26.9.1889 in Meßkirch – 26.5.1976 in Freiburg i. Br.)*

1946, als Sartre seinen Vortrag über den Existenzialismus als Humanismus veröffentlicht hatte, wurde Heidegger gefragt, ob er seine Existenzphilosophie wohl auch als Humanismus bezeichnen würde. In seinem *Brief über den Humanismus* von 1946 hat Heidegger ausführlich geantwortet, und zwar mit »lieber nicht«. Denn es käme letztlich gar nicht auf den Menschen als solchen an, sondern auf das Sein. Er würde das Wesen des Menschen anfänglicher denken (als Sartre). Er nenne es zwar auch Existenz, aber mit einem anderen Wortsinn, weshalb er »Ek-sistenz« schreibe. Heidegger erklärt (in der ihm eigenen Terminologie): »Auf diese Ek-sistenz kommt es wesentlich, d. h. vom Sein selbst her an, insofern das Sein den Menschen als den ek-sistierenden zur Wächterschaft für die Wahrheit des Seins in diese selbst ereignet. 'Humanismus' bedeutet jetzt, falls wir uns entschließen das Wort festzuhalten: Das Wesen des Menschen ist für die Wahrheit des Seins wesentlich, so zwar, dass es demzufolge gerade nicht auf den Menschen, lediglich als solchen, ankommt.«

Der Seinsfrage gilt Heideggers Hauptwerk *Sein und Zeit* von 1927. (Heidegger war damals Philosophieprofessor in Marburg. 1928 wurde er Nachfolger von Husserl an der Universität Freiburg. Wegen seines Engagements für die nationalsozialistische Bewegung hatte er auf Beschluss der Besatzungsmächte von 1945 bis 1951 Unterrichtsverbot.) Um den Menschen geht es in *Sein und Zeit* erst in zweiter Linie, eben nur um willen des Seins. Die Frage nach dem Sinn von Sein wendet Heidegger in diesem Buch nämlich so, dass sie zur Frage nach dem menschlichen Dasein wird. Denn nur im menschlichen Dasein kann sich das Seinsverständnis vollziehen.

Als Grundverfassung des Daseins wird das In-der-Welt-Sein phänomenologisch herausgearbeitet mit Betonung des menschlichen Praxisbezugs zu den Dingen. Bei Husserl, von dem Heidegger die phänomenologische Methode übernimmt, heißt das Lebenswelt. Auch Heidegger geht hinter die wissenschaftlich objektivierende Weltauffassung zurück zu einer ursprünglichen, sinnlichen Erfahrung der Welt. Es

»Wir kommen für die Götter zu spät und zu früh für das Seyn. Dessen angefangenes Gedicht ist der Mensch.« – »Soll aber der Mensch noch einmal in die Nähe des Seins finden, dann muss er zuvor lernen, im Namenlosen zu existieren. Er muss in gleicher Weise sowohl die Verführung durch die Öffentlichkeit als auch die Ohnmacht des Privaten erkennen. Der Mensch muss, bevor er spricht, erst vom Sein sich wieder ansprechen lassen, auf die Gefahr, dass er unter diesem Anspruch wenig oder selten etwas zu sagen hat. Nur so wird dem Wort die Kostbarkeit seines Wesens, dem Menschen aber die Behausung für das Wohnen in der Wahrheit des Seins geschenkt.« (Martin Heidegger)

gibt dabei kein seiner selbst gewisses Subjekt, das mit Objekten da draußen Bezug aufnimmt. Welt ist immer schon vorweg erschlossen, so dass sich Dasein vom Sein des übrigen Seienden her versteht. Das Dasein ist sich vorweg schon in der Welt beim innerweltlich Seienden. Heidegger nennt das Sorge. Diese bezieht sich zwar meist auf anderes Seiendes, aber auch auf die eigene Seinsweise des Sich-entwerfen-Müssens.

Dasein gibt es nur als Sein zum Tode. Es existiert endlich. Zeitlichkeit ist der Sinn der Sorge. Die menschliche Grunderfahrung dabei ist die Angst, Angst vor anderem Seienden, aber letztlich Angst ums eigene Nichtsein. Das Nichts ist der Schleier des Seins, so dass sich in der Angst die Seinsfrage aufdrängt: Was heißt es, zu sein, zu wissen den Tod und leben zu bleiben?

Nach Heidegger ist die europäische Geistesgeschichte von Seinsvergessenheit geprägt – schon seit Platon und Aristoteles übrigens. Das Denken hat sich einseitig dem Seienden statt dem Sein zugewandt und damit Wissenschaft und Technik als den vorherrschenden Weltbezug auf den Weg gebracht. Eigentliches Denken findet sich allenfalls bei den Vorsokratikern (wie Parmenides und Heraklit) und bei den Dichtern, vor allem im dichterischen Sagen Hölderlins. Einst hat der Mensch wohl in der Wahrheit des Seins gewohnt. Dies Paradies ist seit langem verloren.

In dem berühmten Spiegel-Gespräch mit Rudolf Augstein am 23. 9. 1966, das erst nach Heideggers Tod veröffentlicht werden durfte, erklärt Heidegger: »Die Philosophie wird keine unmittelbare Veränderung des jetzigen Weltzustandes bewirken können. ... Nur noch ein Gott kann uns retten. Uns bleibt die einzige Möglichkeit, im Denken und Dichten eine Bereitschaft vorzubereiten für die Erscheinung Gottes oder für die Abwesenheit des Gottes im Untergang.«

Marxismus

Ernst Bloch *(8.7.1885 in Ludwigshafen – 4.8.1977 in Tübingen)*

Ernst Bloch – ab 1948 Professor in Leipzig, nach dem Bau der Berliner Mauer 1961 in Tübingen – machte die von Karl Marx beschworene klassenlose Gesellschaft zum utopischen Ziel der Weltgeschichte. Es ging ihm, wie dann auch den Vertretern der Kritischen Theorie, um die Überwindung der Verdinglichungen des Bewusstseins und ihrer historisch-gesellschaftlichen Ursachen. Gemeint sind »die im Alltag scheinbar von selbst zustande kommenden Verkehrungen von beispielsweise lebendigen Beziehungen zwischen Menschen in tote gespenstische Dinghaftigkeit, von Zusammenhängen in isolierte Fakten, von Individualität in quantifizierende Berechenbarkeit, von Zärtlichkeit in verfügbaren Besitz.« Marx machte für solche Verkehrungen oder auch Entfremdungen die kapitalistische Produktionsweise bzw. die kapitalistische Gesellschaft verantwortlich, die er schlicht eine Gesellschaft der Prostitution nannte: Alles wird zur Ware.

Bloch lehrt uns die Hoffnung – nicht auf Heideggers Gott, sondern auf den in allen Daseinserscheinungen auf Selbstübersteigung hin drängenden Weltwillen. Den besorgt der Mensch, indem er die gewordene Wirklichkeit überschreitet und neue Möglichkeiten verwirklicht. Er hat die Möglichkeit einer Heilsgeschichte, die Möglichkeit für das sogenannte »Humanum«. Vorausgesetzt ist die politische Aktion und durch sie die Verwirklichung der Marxschen Forderungen: »Herstellung der klassenlosen Gesellschaft, Abschaffung des Privateigentums an Produk-

»Wir sind Subjekte ohne Namen, Kaspar-Hauser-Naturen, die mit unbekannter Ordre fahren. Mit seiner ganzen Welt noch auf Fahrt befindlich, ist die Ordre doch in der Entdeckungsfahrt ihrer selbst möglicherweise erhellbar, ja überhaupt erst bildbar.« (Ernst Bloch)

tionsmitteln, Aufhebung des Unterschieds zwischen Kapital und Arbeit« usw. »Man muss ans 'Prinzip Hoffnung' glauben«, versichert der 70-jährige Bloch. »Ein Marxist hat nicht das Recht, Pessimist zu sein«. Pessimisten, die Hoffnungslosigkeit verbreiteten, waren seiner Meinung nach die Vertreter der sogenannten Kritischen Theorie.

Bloch verstand seine Philosophie als begriffene Hoffnung und als Gewissen des Morgen, als Parteilichkeit für eine Zukunft, in der es keine Entäußerung und Entfremdung mehr gibt, dafür aber reale Demokratie. Erst in ihr, so schreibt er im Schlusssatz seines Buches *Das Prinzip Hoffnung*, entstünde in der Welt »etwas, das allen in die Kindheit scheint und worin noch niemand war: Heimat.«

Kritische Theorie

Max Horkheimer *(14.2.1895 in Zuffenhausen – 7.7.1973 in Nürnberg)*

Horkheimer wurde 1930 Leiter einer marxistischen Forschungsstätte, des »Instituts für Sozialforschung« in Frankfurt, zu dem auch Theodor W. Adorno (1903–1969) und Herbert Marcuse (1898–1979) gehörten. Man spricht von ihnen als Angehörigen der »Frankfurter Schule«. Alle drei jüdischer Abstammung, flohen sie vor den Nationalsozialisten ins amerikanische Exil. Ihr Anliegen: die kritische Analyse der Gesellschaft, die sie in Essays, Aufsätzen und Aphorismen formuliert haben. Ihr Mittel: die Kritische Theorie. Diese wurde 1937 von Max Horkheimer in seiner Abhandlung *Traditionelle und kritische Theorie* programmatisch definiert.

Dort erklärt Horkheimer: »Die Selbsterkenntnis des Menschen in der Gegenwart ist nicht die mathematische Naturwissenschaft, die als ewiger Logos erscheint, sondern die vom Interesse an vernünftigen Zuständen durchherrschte kritische Theorie der bestehenden Gesellschaft.« ... Die traditionelle Theorie Descartesscher Prägung »organisiert die Erfahrung auf Grund von Fragestellungen, die sich mit der Reproduktion des Lebens innerhalb der Gesellschaft ergeben. Die Systeme der Disziplinen enthalten die Kenntnisse in einer Form, die sie unter den gegebenen Umständen für möglichst viele Anlässe verwertbar macht. Die soziale Genesis der Probleme, die realen Situationen, in denen die Wissenschaft gebraucht, die Zwecke, zu denen sie angewandt wird, gelten ihr selbst als äußerlich. – Die kritische Theorie der Gesellschaft hat dagegen die Menschen als die Produzenten ihrer gesamten historischen Lebensformen zum Gegenstand.«

Die kritische Theorie hat also Praxis im Sinn, hat Veränderung zum Ziel, sofern die bestehenden Verhältnisse eben als unvernünftig erkannt wurden. »Das Ziel einer vernünftigen Gesellschaft, das heute freilich nur in der Phantasie aufgehoben scheint, ist in jedem Menschen wirklich angelegt«, meint Horkheimer. Explizit ist dies von Marx benannt worden: die kommunistische, klassenlose Gesellschaft. Unvernünftig ist demnach die bestehende kapitalistische Organisation der Wirtschaft. »Nach der kritischen Theorie ist die gegenwärtige Wirtschaft wesentlich dadurch bestimmt, dass die Produkte, welche die Menschen über ihren eigenen Bedarf hinaus erzeugen, nicht unmittelbar in die Hände der Gesellschaft übergehen, sondern privat angeeignet und umgesetzt werden.« »Die Ökonomie ist die erste Ursache des Elends, und die theoretische und praktische Kritik hat sich zunächst auf sie zu richten.« – Allerdings: An die progressive historische Rolle, die Marx dem Proletariat für die Aufhebung des Elends verliehen hatte, glaubte Horkheimer nicht mehr. Fehlte aber dann nicht der Motor für die vernünftige Veränderung der Welt?

Um das »Institut für Sozialforschung« nach dem Krieg neu aufzubauen und seine frühere Professur wieder aufzunehmen, kehrte Horkheimer 1950 nach Frankfurt zurück, u. a. mit einem Buch, das er zusammen mit Adorno im amerikanischen Exil verfasst hatte und das 1947 in Amsterdam erschienen war: *Dialektik der Aufklärung.*

THEODOR WIESENGRUND ADORNO *(11.9.1903 in Frankfurt – 6.8.1969 in Visp/Kanton Wallis)*

Im Titel *Dialektik der Aufklärung* steht das Wort »Aufklärung« für Vernunft, nicht für die historische Epoche der Aufklärung. Gemeint ist nämlich die herrschaftsförmige Vernunft, die Vernunft der Naturunterwerfung. Dialektik meint die Gegenwendung in der Beherrschung: Das Beherrschende bleibt an das Beherrschte gebunden, kann sich nicht von ihm befreien, was doch der Sinn der Beherrschung sein sollte. Der Anspruch totaler Freiheit schlägt in totale Unfreiheit um. Thema des Buches ist also die »Selbstzerstörung der Aufklärung«.

Das Buch wurde angesichts des nationalsozialistischen Terrors geschrieben mit der brennenden Frage, warum die Menschheit, anstatt in einen wahrhaft menschlichen Zustand einzutreten, in eine neue Art von Barbarei versinkt. Eine Antwort liegt darin, dass die Freiheit in der Gesellschaft zwar vom aufklärenden Denken unabtrennbar ist, dass aber »der Begriff dieses Denkens wie auch die konkreten historischen Formen, die Institutionen der Gesellschaft, in die es verflochten ist, schon den Keim zu jenem Rückschritt enthalten, der heute überall sich ereignet. Nimmt die Aufklärung die Reflexion auf dieses rückläufige Moment nicht in sich auf, so besiegelt sie ihr eigenes Schicksal.«

Horkheimer und Adorno besorgen diese Reflexion. Sie erkennen den Grund für den Rückfall von Aufklärung (Naturbeherrschung) in Mythologie (Naturverfallenheit) nicht so sehr in den eigens dazu ersonnenen nationalistischen, heidnischen und sonstigen modernen Mythen, sondern in der Erstarrung der Aufklärung, ihrer falschen Klarheit. Während die Gewalt der Gesellschaft über die Natur in nie geahnte Höhen steigt, verschwindet der Einzelne vor dem Apparat, den er bedient, wird jedoch von diesem besser als je versorgt. Die Flut präziser Information und gestriegelter Amüsements witzigt und verdummt die Menschen zugleich. Das Buch wurde zur Programmschrift der »Frankfurter Schule«. Spätere Schriften von Horkheimer und Adorno können als Fortführungen der dort vorgenommenen Untersuchungen gesehen werden.

Jürgen Habermas *(18.6.1929 in Düsseldorf)*

Habermas gehört zu der Generation, die, wie sein philosophischer Mitstreiter Karl-Otto Apel sagt, die Zerstörung des moralischen Bewusstseins selbst erlebt hat und nach 1945 in dem dumpfen Gefühl lebte, dass alles falsch gewesen sei, für das man sich bis dahin eingesetzt habe. Hauptanliegen von Habermas ist eine Ethik der Moderne. Er möchte die ehemals religiös formulierte Einheit der Vernunft wiederfinden und sichern – mit Vernunft. »Die Vernunft hat dem Willen zum Vernünftigen noch nicht entsagt!«, ruft er trotzig aus. Anstelle des ehemals religiösen Grundkonsenses tritt bei Habermas der Konsens einer nicht verdinglichten, im Idealfall herrschaftsfreien kommunikativen Alltagspraxis. »Die bannende Kraft des Heiligen wird zur bindenden Kraft kritisierbarer Geltungsansprüche zugleich sublimiert und veralltäglicht.« Die bürgerliche Gesellschaft bildet dabei – wenigstens zum Teil – eine Öffentlichkeit, die am vernünftigen Gespräch zwischen grundsätzlich allen Bür-

»Reine Theorie, die, aller praktischen Bezüge entbunden, die Strukturen der Wirklichkeit in der Weise erfasst, dass theoretische Sätze wahr sind, wenn sie einem Ansichseienden korrespondieren, ist Schein. Denn die Akte der Erkenntnis sind in Sinnzusammenhänge eingelassen, die sich in der Lebenspraxis, im Sprechen und Handeln bedürftiger Wesen, erst konstituieren.« (Jürgen Habermas)

gern orientiert ist. Dadurch wäre die Gesellschaft einer Selbstkritik und Selbstheilung, d. h. der Auflösung ihrer pathologischen Strukturen fähig, meint Habermas.

Hierfür übernimmt Habermas von Sigmund Freud das psychoanalytische Modell der Selbstemanzipation durch Gesprächstherapie. Und er knüpft an Horkheimers Idee einer kritischen Theorie an. Gesellschaft wird zum gemeinschaftlichen Leben emanzipierter Subjekte, getragen vom Heiligen Geist des herrschaftsfreien Diskurses. Ihre Basis ist die (noch) nicht entfremdete Lebenswelt, die vor der Kolonisierung (Verdinglichung) durch die Funktionssysteme (Recht, Wissenschaft, Erziehung, Geld, Politik) bewahrt blieb. Die kontrafaktische (d. h. der Realität widerstreitende) oder utopische Bezugnahme auf eine unbegrenzte Kommunikationsgemeinschaft ersetzt das Ewigkeitsmoment der Wahrheit durch die Idee eines offenen, aber zielgerichteten fortlaufenden Diskurses.

Habermas, der wie Horkheimer und Adorno in Frankfurt lehrte, ist seit langem der meistzitierte deutsche Gegenwartsphilosoph. Er hat, wie man sagt, die »Frankfurter Schule« aus ihrer negativistischen Sackgasse heraus geführt, indem er die kritische mit der Demokratie verband und mit der Vernunft die soziale Evolution. Seine Hauptwerke sind Erkenntnis und Interesse (1968) und Theorie des kommunikativen Handelns (1981).

Kritischer Rationalismus

Karl Raimund Popper *(28.7.1902 in Wien – 17.9.1994 in London)*

Auch Popper ist ein Theoretiker der Demokratie, wie Habermas. Aber er bedient sich nicht der kritischen Theorie für seine Untersuchung der Gesellschaft, sondern des kritischen Rationalismus. Popper hat seine Methode in seiner Schrift *Die Logik der Sozialwissenschaften* dargelegt. Darüber entstand 1961 eine Kontroverse: der sogenannte Positivismusstreit in der deutschen Soziologie. Protagonisten waren auf der einen Seite neben Popper Hans Albert und auf der anderen Seite Adorno und Habermas. Adorno erklärte gegen Popper: »Der Verzicht auf eine kritische Theorie der Gesellschaft ist resignativ: Man wagt das Ganze nicht mehr zu denken, weil man daran verzweifeln muss, es zu verändern.«

Der Streit ging also ums Ganze. Die marxistisch denkenden Mitglieder der »Frankfurter Schule« kritisierten als positivistisch, das gesellschaftlich Ganze nur in seinen Details zu befragen. Das nämlich scheint Popper zu tun, wenn er Einzelprobleme mit wissenschaftlich formalisierten methodologischen Verfahren zu lösen versucht. Popper kritisiert den Marxismus als ökonomische Variante des Historizismus, der glaubt, im Stile der Naturwissenschaft für den Geschichtsablauf Prognosen machen zu können, und als Aufgabe der Politik ansieht, die Geburtswehen des Neuen zu lindern. Der Blick aufs Ganze (die gesellschaftliche Totalität) birgt selbst totalitäre Gefahren, meint Popper. Er kennzeichnet jene utopischen Theorien dadurch, dass sie in »geschlossene Gesellschaften« münden. Eine gewisse Entfremdung der Menschen untereinander, ihr partieller Verzicht auf emotionale und soziale Bedürfnisse seien eben der Preis für die Humanität, welchen die offene Gesellschaft, die Demokratie und Freiheit verbürge, zu tragen habe. In seinem Buch *Die offene Gesellschaft und ihre Feinde* von 1945 sieht Popper solch totalitäre Tendenzen bei den – wie er sagt – falschen Propheten Platon und Hegel mit ihren Gesellschaftstheorien.

In seinem Hauptwerk, *Die Logik der Forschung* (1934), zeigt Popper, dass alle Erfahrungswissenschaft (Naturwissenschaft und eben auch Soziologie) hypothetisch ist. Denn Theorien können sich nie direkt an der Erfahrung bewahrheiten, ihr logischer Status ist der von Allaussagen (z. B. physikalische Gesetze), die über das direkt beobachtbare Einzelne hinausgehen. Aber sie müssen mit der Wirklichkeit zu tun haben. Sie gelten, solange sie nicht widerlegt sind. Das heißt, diese allgemeinen Aussagen müssen prinzipiell falsifizierbar sein, und zwar durch Beoachtungssätze, die den aus der Allaussage ableitbaren Sätzen widersprechen. So kann der Theorie-Satz »Alle Schwäne sind weiß« durch den Beobachtungssatz »Dieser Schwan ist schwarz« als falsch erwiesen werden, weil er dem ableitbaren Satz »Dieser Schwan ist weiß« widerspricht. Theorien bzw. Theoriesätze, die nicht prinzipiell falsifizierbar sind, taugen nichts. Sie bringen keine möglicherweise wahre Vorstellung der Wirklichkeit. Erst die unendliche kritische Bewegung der Theorienprüfung bringt den Erkenntnisfortschritt durch Annäherung an die Wahrheit – ohne sie je ganz zu erreichen.

Systemtheorie

NIKLAS LUHMANN *(8.12.1927 in Lüneburg – 6.11.1998 in Oerlinghausen bei Bielefeld)*

Eine weitere Kontroverse über Gesellschaftstheorie (nach dem Positivismusstreit zwischen Popper und Adorno bzw. Habermas) war die zwischen Habermas und Luhmann in dem Buch *Theorie der Gesellschaft oder Sozialtechnologie* (1971). Mit »Theorie der Gesellschaft« ist Habermas' Theorie gemeint, mit Sozialtechnologie Luhmanns Systemtheorie der Gesellschaft. Habermas wehrt sich hier dagegen, Gesellschaft als System zu begreifen, wie Luhmann es tut. Trotz der offensichtlich systemischen Verfasstheit vieler gesellschaftlicher Bereiche will er sein Konzept der Lebenswelt als eines von den Funktionssystemen verschonten Residuums kommunikativ-kompetenter und kritischer Subjekte nicht aufgeben. Denn das hieße, aufs kritische Subjekt zu verzichten. Tatsächlich macht das Luhmann. Habermas entschließt sich aber in seiner späteren *Theorie des kommunikativen Handelns* dazu, »Gesellschaften gleichzeitig als System und Lebenswelt zu konzipieren«.

Luhmann, Soziologieprofessor in Bielefeld, betrachtet (in seinem Buch *Soziale Systeme,* 1984) Gesellschaft als Kommunikationssystem. Die Substanz, aus der es besteht, ist nicht Fleisch und Blut oder sonstige Materie, auch nicht Subjekt oder Bewusstsein, sondern ein Drittes: Sinn (man könnte auch sagen Information oder Kommunikation). Kommunikationssysteme sind Sinnsysteme. Menschen, Dinge sowie Psychen oder Seelen gehören nicht dazu. Sie gehören in deren Umwelt. Kommunikation bezieht sich immer nur auf Kommunikation.

Dass Gesellschaft nicht aus Menschen besteht, scheint absurd. Es mag einen auch erschrecken. – Aber kennt man nicht Hegels Geist, jenes Dritte zwischen Natur und Subjektivität? – Luhmann kann sich sogar vorstellen, dass die Kommunikation weiterläuft, auch wenn es längst schon keine Menschen mehr gibt. Wissen und Vernunft befindet sich nicht in den Köpfen oder Psychen, sondern in Büchern, Datenspeichern oder im Internet.

Das Verschwinden des Subjekts ist im (gottlosen) Buddhismus ein religiöses Ideal. Luhmann hat aus seiner Sympathie mit dem Buddhismus keinen Hehl gemacht. Das eine Auge, das alles sieht, Gott, gibt es nicht mehr, nicht mehr die eine Wahrheit und den Blick aufs Wirkliche. Stattdessen nur mehr die Beobachtung der Beobachtung, selbstreferentielle, rekursive Beobachtung.

Luhmanns Systemtheorie geht zurück auf die biologische Systemtheorie des chilenischen Biologen Humberto Maturana, wonach Lebewesen in sich geschlossene, sich selbst erzeugende (autopoietische) Systeme sind. Luhmann hat das auf Sinnsysteme übertragen: auf jene Funktionssysteme, zu denen sich die Rationalität rationalen Handelns verdinglicht hat, die Systeme der Wissenschaft, der Politik, des Geldwesens, der Kunst und sogar der Liebe. Die Gesellschaft besteht aus vielen mehr oder weniger ausdifferenzierten Subsystemen. Und zu allen, einschließlich der Gesellschaft als Ganzes, hat Luhmann in einer Unmenge von Büchern und Aufsätzen Systemtheorien geliefert.

Analytische Philosophie

Bertrand Russell *(18.5.1872 in Trelleck – 2.2.1970 in Penhydendreath)*

Dieser wohl berühmteste Philosoph Großbritanniens im 20. Jh. (übrigens Literaturnobelpreisträger wie Bergson, Camus und Sartre, der allerdings die Annahme verweigerte) widmete die letzten Jahrzehnte seines Lebens fast ausschließlich dem Kampf für Frieden (Vietnamkrieg) und Abrüstung. Am Anfang des 20. Jh. bestimmte die Entwicklung seiner Gedanken einen wesentlichen Teil der Geschichte der Mathematik und der Philosophie.

Russell unternahm zusammen mit seinem Lehrer Alfred North Whitehead in den *Principia mathematica* (1913) die Ableitung der Mathematik aus der formalen Logik und entwickelte eine Symbolsprache, welche die Mehrdeutigkeiten der Alltagssprache nicht enthält. Dabei war die Vermeidung logischer Widersprüche von größter Bedeutung. Russell entdeckte die Selbstbezüglichkeits-Paradoxien der Mengenlehre. Dazu gehört die Paradoxie der Menge aller Mengen, die sich nicht selbst als Element enthalten. Diese Menge enthält sowohl sich selbst als auch nicht. Diese Paradoxie entspricht der aus der Antike bekannten Paradoxie des lügenden Kreters, welche lautet: »Ich lüge jetzt« = *pseudomai.* Luhmann hat später das Paradoxienproblem als das Problem des 20. Jh. bezeichnet, weil es das Problem seiner selbstreferentiellen Systeme ist.

Ausgerüstet mit dem Instrument der Logik und dem Ideal völliger Klarheit der Sprache begründete Russell (in dem Aufsatz *Über das Kennzeichen,* 1905) die logisch-analytische Philosophie, die bis heute im angelsächsischen Sprachbereich vorherrschend ist. Russell bezeichnete seine Philosophie als »logischen Atomismus«. Ihre Überzeugung: Die Wirklichkeit kann bis in ihre kleinsten Elemente erkannt und benannt werden. Ihre Aufgabe: Erkenntnis der Wirklichkeit aus ihren atomaren Grundbestandteilen *(atomic facts).* Die Methode: logische Analyse und Synthese hinsichtlich der den elementaren Tatsachen entsprechenden Sätze.

Im sogenannten Wiener Kreis waren in den 20er und 30er Jahren analytische Philosophen versammelt. Sie nannten ihre wissenschaftliche Weltanschauung »Logischen Positivismus« oder auch »Logischen Empirismus«. Rudolf Carnap (1891–1970), einer der Vertreter des Wiener Kreises, legte 1928 in dem Buch *Der logische Aufbau der Welt* den Versuch einer durchgängigen Wirklichkeitsanalyse mit

Hilfe der symbolischen Logik von Russell und Whitehead vor. In seinem Buch *Die Scheinprobleme der Philosophie* schied er die metaphysischen Probleme, z. B. das Problem der Realität der Außenwelt oder der Existenz von Fremdpsychischem, aus der (analytischen) Philosophie aus, weil sie keinen wissenschaftlichen Sinn hätten. D. h.: Es gibt kein empirisches Sinnkriterium für solche Sätze wie: »Es existieren noch andere Bewusstseine außer mir«. Die Wahrheit oder Falschheit solcher metaphysischer Sätze kann nicht empirisch überprüft werden.

Einer, der sich schon früher dem Russellschen Programm angeschlossen hatte und dazu eigens von Wien nach Cambridge ging, war Ludwig Wittgenstein, der wohl wirkungsmächtigste Philosoph des 20. Jh.

Ludwig Wittgenstein *(26.4.1889 in Wien – 29.4.1951 in Cambridge)*

Wittgenstein verkündet in seinem *Tractatus logico-philosophicus* (1919), dem wohl einflussreichsten philosophischen Buch des 20. Jh.: Alle Philosophie ist Sprachkritik, d. h. Eingrenzung aller Wahrheit auf das klar Sagbare, auf Naturwissenschaft. Der Rest ist Schweigen. Nur Tatsachenaussagen hält er für sinnvoll. Das heißt aber, dass diese Aussage über Tatsachenaussagen es nicht ist. Wittgenstein erklärt somit auch die Aussagen seines *Tractatus* für unsinnig: »Meine Sätze erläutern dadurch, dass sie der, welcher mich versteht, am Ende als unsinnig erkennt, wenn er durch sie – auf ihnen – über sie hinausgestiegen ist. (Er muss sozusagen die Leiter wegwerfen, nachdem er auf ihr hinaufgestiegen ist.) Er muss die Sätze überwinden, dann sieht er die Welt richtig.« Man sieht: Die Welt ist alles, was der Fall ist, also bloß bestehende Tatsachen, wozu eben nicht die Sachen gehören, über die der *Tractatus* redet, z. B. die Bedingung der Möglichkeit der Tatsachenerkenntnis. Über anderes als Tatsachen, über nicht Tatsächliches, muss man schweigen, z. B. über das eigene Erleben.

Die sieben Hauptsätze von Wittgensteins *Logisch-philosophischer Abhandlung* (so der ursprüngliche, deutsche Titel des *Tractatus*) lauten: 1: Die Welt ist alles, was der Fall ist. 2: Was der Fall ist, die Tatsache, ist das Bestehen von Sachverhalten. 3: Das logische Bild der Tatsachen ist der Gedanke. 4: Der Gedanke ist der sinnvolle Satz. 5: Der Satz ist eine Wahrheitsfunktion der Elementarsätze. 6: Die allgemeine

> »Der Solipsist flattert und flattert in der Fliegenglocke, stößt sich an den Wänden, flattert weiter. Wie ist er zur Ruhe zu bringen?«
> »Was ist dein Ziel in der Philosophie? Der Fliege den Ausweg aus dem Fliegenglas zu zeigen.« (Ludwig Wittgenstein)

Form der Wahrheitsfunktion ist $(\bar{p}, \bar{\xi}, N(\bar{\xi}))$. 7: Wovon man nicht sprechen kann, darüber muss man schweigen.

Die Probleme des Lebens, sagt Wittgenstein, sind noch gar nicht berührt, wenn alle möglichen wissenschaftlichen Fragen beantwortet sind. Wissenschaftliche Fragen werden eben durch Logik und Empirie beantwortet. Logik, das ist die Klasse der sinnlosen (tautologischen) Aussagen: Sie sagen nichts. Es sind analytische Sätze. Und Empirie ist Wahrnehmung, ein Vergleichen der Wirklichkeit mit dem sprachlichen Bild, der sinnvollen Aussage. Gegenstand bzw. Ziel des *Tractatus* ist die allgemeine logische Form von Sätzen über Wirklichkeit. Die besteht in der allgemeinen Form der Wahrheitsfunktion. Und diese ist die wiederholt auf die Elementarsätze angewendete Weder-Noch-Relation, auf die sich alle 16 Wahrheitsoperationen (nicht, und, oder, wenn-dann, usw.) zurückführen lassen. Sie ergibt eine bestimmte Folge von Ist- und Ist-nicht-Aussagen hinsichtlich elementarer (laut Russell, atomarer) Sachverhalte, von denen die Welt derjenige Teil ist, der besteht.

Wittgenstein schrieb seinen *Tractatus* zum größten Teil während seines Kriegsdienstes bei der österreichischen Armee, zu dem er sich freiwillig gemeldet hatte. Sein zufällig erhaltenes und später veröffentlichtes Tagebuch aus dieser Zeit enthält neben den Aufzeichnungen zum *Tractatus* Notizen in einer Geheimschrift, die uns Aufschluss geben über sein Seelenleben, d. h. über seine homoerotische Sehnsucht, seine Schuldgefühle, sein Judesein und seine Religiosität. Stets war er am Rande des Selbstmordes (drei seiner Brüder hatten sich schon selbst getötet). Das Ideal der Klarheit und Reinheit des *Tractatus* entspricht, als Gegensatz und durch Verdrängung, der Verwerfung seiner selbst als unrein und sündhaft. Die Logik ist für ihn Bußübung.

Sprachphilosophie

Erstmals in einer eigenständigen Form trat die Sprachphilosophie, die Ursprung und Wesen, soziologische, kulturelle und geistige Funktion, Logik und Psychologie der Sprache zum Gegenstand hat, an der Wende zum 19. Jh. bei Herder und Wilhelm von Humboldt auf, obwohl z. B. der mittelalterliche Universalienstreit auch als sprachphilosophisches Problem gesehen werden kann. Bedeutendster Sprachphilosoph ist Wittgenstein.

Nach der Entlassung aus der Kriegsgefangenschaft fing er, unter dem Eindruck von Tolstois *Evangelium,* sein Leben neu an. Durch väterliche Erbschaft einer der reichsten Männer Europas, überlies er sein Vermögen seinen Schwestern und wurde Volksschullehrer auf dem Lande. Dort verfasste er für den Unterricht ein Wörterbuch. Aus dieser Beschäftigung mit der Sprachvermittlung erwuchs ihm ein neues Verständnis der Sprache. Er entdeckte die Alltagssprache im Unterschied zur Wissenschaftssprache, die ihn zuvor beschäftigt hatte. Bald (1929) zog es ihn wieder nach England, d.h. Cambridge, wo er 1939 einen Lehrstuhl erhielt, den er bis 1947 inne hatte. Dann zog er sich ganz zurück. 1951 erlag er seinem Krebsleiden.

Aus dem Wittgenstein I des *Tractatus* wurde der Wittgenstein II der *Philosophischen Untersuchungen,* die erst nach seinem Tode erschienen. Darin geht es nicht mehr nur um sprachlich verfasste Erkenntnis über objektive, sondern über subjektive Tatsachen. Unentwegt laboriert Wittgenstein an dem Satz: »Ich habe Schmerzen«. Was bedeutet diese Aussage – für mich, für andere? Wie lernt ein Kind diesen Satz, d.h. die Bedeutung von »Schmerz«? – Durch Sprachspiele als Lebensformen, ist Wittgensteins Antwort. Denn Sprache ist immer auch Tun. Die Bedeutung eines Ausdrucks ergibt sich aus seiner Rolle im Sprachspiel.

Wittgensteins Sprachphilosophie in den *Philosophischen Untersuchungen* brachte die Philosophie der Alltagssprache *(Ordinary Language Philosophy)* auf den Weg. Sie wurde von Austin und Searle zur Sprechakttheorie weiterentwickelt. Darin geht es um das, was man mit Worten machen kann und wie man es macht: Grüßen, Versprechen, Verzichten, Taufen, Verfluchen usw.

Wittgensteins Philosophie ist sein Selbstheilungsversuch, zur Ruhe zu kommen, alle philosophischen Sinnprobleme zum Verschwinden, insbesondere das eigene Selbst (die Einsamkeit des Solipsisten, des Einzigen) hinter sich zu bringen, fähig zu sein, das Philosophieren (also die Therapie) abzubrechen.

Strukturalismus

Ferdinand de Saussure *(26.11.1857 in Genf – 22.2.1913 in Vufflens-sur-Morges/ Kanton Waadt)*

Saussure ist der Begründer der strukturalen Linguistik und damit des Strukturalismus, denn dieser ist die Anwendung der strukturalen Linguistik auf Anthropologie (Claude Lévi-Strauss), Psychoanalyse (Jacques Lacan) und Literaturwissenschaft (Roland Barthes). Saussure war Professor für Allgemeine Linguistik und vergleichende Geschichte der indoeuropäischen Sprachen in Genf. Seine Sprachtheorie hat er nur in Vorlesungen mitgeteilt. Erst nach seinem Tod wurde sie von zweien seiner Hörer in dem Buch *Cours de linguistique générale* (*Grundfragen der allgemeinen Sprachwissenschaft,* 1931) veröffentlicht.

Saussure sah in der Sprache nicht mehr ein Produkt der sie sprechenden Subjekte, sondern ein System von Zeichen, die er als eine Verbindung von einem Lautbild (Signifikant, Zeichen) und einer Vorstellung (Signifikat, Bezeichnetes) bestimmte. Dass die Sprache überhaupt etwas bezeichnet, schreibt er nicht mehr einer Art Abbildung der Objekte durch die Zeichen zu, sondern der Differenz der Zeichen untereinander. Ein Zeichen (Lautbild) ist bezeichnend (signifikant) nicht durch seinen Inhalt, sondern durch seine Unterschiedenheit von anderen Zeichen. Die Bedeutungsfunktion kommt aus dem Spiel der Zeichen. Das andere der Sprache, die durch sie bezeichnete Welt, wird so in gewisser Weise in die Sprache hineingenommen. Der Fremdbezug entsteht durch Selbstbezug. Es gibt nur noch Zeichen und nichts außerdem. (Dieselbe Struktur haben Luhmanns Sinnsysteme.) Der systematische Bezug zwischen den Zeichen ersetzt den nie ohne Zeichen bezeichenbaren Bezug der Zeichen zum Bezeichneten selbst.

Claude Lévi-Strauss *(28.11.1908 in Brüssel)*

Zum erstenmal hat Lévi-Strauss die Linguistik Saussures auf die Ethnologie angewandt, d. h. soziokulturelle Phänomene nach dem Muster der Sprache als symbolische Systeme interpretiert. Nach seinem Studium in Paris wurde er Professor für Soziologie an der neu gegründeten Universität von São Paulo und unternahm mehrere ethnologische Expeditionen nach Zentralbrasilien. In seinem berühmten Buch über diese Expeditionen, *Traurige Tropen,* zeigt er z. B., wie der Plan eines Dorfes der Bororos durch seine logische Struktur eine ganze Kosmologie enthält, die den Bewohnern Orientierung und Halt bietet.

1941 flieht er, der jüdischer Abstammung ist, vor den Nationalsozialisten in die USA und kehrt erst 1948 zurück. Als Subdirektor des Pariser Musée de l'Homme reist er nach Ost-Pakistan und studiert die Mythen der Völker, die er auch struktural-linguistisch zu verstehen lernt. Er erkennt: Zeichen und Symbole in den Mythen tragen ihre Bedeutung nicht in sich selbst, sondern gewinnen sie durch den Bezug untereinander. Berühmt wurde seine Bemerkung in der Einleitung seines vierbändigen Werkes *Mythologica* (1957): Er wolle nicht zeigen, wie die Menschen in Mythen denken, sondern wie sich die Mythen in den Menschen ohne deren Wissen denken, unter Abstraktion von jedem Subjekt. Die Strukturen, die in den Subjekten unbewusst wirken, sind wirklicher und fundamentaler als diese Subjekte selbst. Das Subjekt verschwindet zugunsten der Strukturen.

Lévi-Strauss' Leben zeigt einen Zug von Trauer und hoffnungsloser Resignation. In einem Interview erklärte er: »Ich habe nie das Gefühl meiner persönlichen Identität gehabt, habe es auch jetzt nicht. Ich komme mir vor wie ein Ort, an dem etwas geschieht, an dem aber kein Ich vorhanden ist. Jeder von uns ist eine Art Straßenkreuzung, auf der sich Verschiedenes ereignet. Die Straßenkreuzung selbst ist völlig passiv; etwas ereignet sich darauf. Etwas anderes, genauso Gültiges, ereignet sich anderswo. Es gibt keine Wahl, es ist einfach eine Sache des Zufalls.«

MICHEL FOUCAULT *(15.10.1926 in Poitiers – 25.6.1984 in Paris)*

Was die Strukturalisten vereint, ist die gemeinsame Gegenposition zur Subjektphilosophie, wie sie Sartre vertrat. Zu ihnen gehört Foucault. Er erklärt 1966: »Wir haben die Generation Sartres als eine durchaus mutige und großherzige Generation empfunden, die sich für das Leben, die Politik, die Existenz leidenschaftlich einsetzte. ... Wir haben jedoch für uns selbst etwas anderes entdeckt, eine andere Leidenschaft, die Leidenschaft für den Begriff und für das, was ich das System nennen möchte.«

Seine Antrittsvorlesung 1971 mit dem Titel *Die Ordnung des Diskurses* handelt von der Macht und von der Ohnmacht des Einzelnen. Macht steht für Diskurs. Diskurse sind »Großgespräche«, Kommunikationssysteme – ähnlich wie bei Luhmann. Foucaults Thema sind die Prozeduren und Reglementierungen, Ausschließung und Unterdrückung, die zu den sozialen Systemen (Institutionen) des Wissens, also zu den Diskursen gehören. Die Diskurse haben Macht. Diese Macht ist zentrumslos überall, in der Familie, im Körper, in der Moral. In den Diskursen steckt immer der »Wille zur Macht« (Nietzsche), Wille zur Realitätsbemächtigung und Ausschluss des Anderen.

Wie Nietzsche ist Foucault auf der Suche nach neuen Lebensformen, die gerechtfertigt sind durch neue Weltinterprationen. Entsprechend definiert Foucault die Philosophie als Verschiebung und Transformation der Denkrahmen und Modifizierung der Werte, um anders sein zu können, um anders zu werden als man ist. Philosophie ist eine Bewegung, so schreibt er, mit deren Hilfe man sich frei macht von dem, was für wahr gilt, und nach anderen Spielregeln sucht. Seine Rationalitätskritik gilt dem Recht auf Anderssein. Er kritisiert die Ausgrenzung von Lebensformen und thematisiert das als Ausgrenzung des Anderen, z. B. des Wahnsinns. Mit seinem Buch *Wahnsinn und Gesellschaft* von 1961 wird er berühmt. Sein Hauptwerk heißt *Sexualität und Wahrheit.*

Foucault war anders, nämlich homosexuell so wie Nietzsche oder Wittgenstein. Eine gewisse Paranoia gegenüber der Kontrolle bestimmte ein Großteil seines Lebens. Sie wich erst von ihm, berichtet Richard Sennet, als er im Sterben lag. In seinen letzten Jahren schrieb er den zweiten und dritten Teil von *Sexualität und Wahrheit*: *Der Gebrauch der Lüste* und *Die Sorge um sich* (1984). Diese Untersuchungen handeln von der Philosophie als Lebensform in der griechisch-römischen Antike, der asketisch-epikureischen Ethik der Existenz. Er fragt: Wie, warum und in welcher Form ist die sexuelle Aktivität als moralischer Bereich konstituiert worden? Er meint, die Griechen hätten gewisse Ratschläge erlassen, wie man die Sexualität meistern könne. Er hat sie wohl erhalten. Denn er wollte in Kalifornien ein neues Leben anfangen. Aber er starb 1984 an Aids.

Postmoderne

JEAN FRANÇOIS LYOTARD *(10.8.1924 in Versailles – 21.4.1998 in Paris)*

Lyotard, zunächst Lehrer für Philosophie in Algerien, dann Hochschullehrer an den Pariser Universitäten Nanterre, Vincennes und St. Denis, schrieb 1971 einen Bericht über die Lage des Wissens in den höchst entwickelten, den informatisierten Gesellschaften mit dem Titel *Das postmoderne Wissen.* Mit dem Wort »postmodern« nahm er einen in amerikanischen Architekturdebatten bereits gängigen Begriff auf, welcher die Vielfalt der Stile (Codes) bzw. Stilelemente in einem Objekt bedeutet, und zwar mindestens die Zweiheit eines elitären und eines populären Codes. Diesen Begriff wendete er auf das Wissen, die Sprachspiele, die Diskurse, die Lebensformen an. Mit dem Ergebnis: Alles ist möglich.

Lyotard selbst wollte keine neue Epoche ausrufen, nicht die Moderne verabschieden. Er wollte auf ein Grundproblem der Gegenwart aufmerksam machen, das Problem des Widerstreites zwischen den verschiedenen Wissensarten, den verschiedenen Sprachspielen, Diskursen und Lebensformen. Er stellt fest: Es gibt keine großen Erzählungen mehr, die als Meta-Diskurse maßgebend und integrierend wirken könnten. Das soziale Band kann nicht mehr durch eine gemeinschaftlich akzeptierte Erzählung religiöser oder auch philosophischer Art wie die Erzählung von der Dialektik des Geistes (Hegel) oder der Emanzipation des vernünftigen oder arbeitenden Subjekts (Marx) geknüpft werden. Das soziale Leben ist ein Ensemble von Zügen in Sprachspielen, die nirgendwo ihre Legitimation haben. Aber es gibt die fundamentalistische Sehnsucht nach dem alles integrierenden Mythos oder jenen Meta-Erzählungen. Die terroristischen Aktionen der RAF und roten Brigaden und ihre Manifeste in den 1970-er Jahren könnten als Reanimationsversuche für den marxistischen Legitimationsdiskurs, als Verlängerungsfrist für die sterbende große Erzählung gesehen werden.

Was den Zustand des Wissens betrifft, so meint Lyotard, träten heute Informationsquantitäten an die Stelle von Wissen und Erkenntnis. Nur sie seien weiterzuverarbeiten. Eine starke Veräußerlichung des Wissens sei das Ergebnis. Die Prognose Lyotards in seiner Schrift *Das Grabmal des Intellektuellen* lautet u. a.: »Das Wissen wird für seinen Verkauf geschaffen werden, und es wird für seine Verwertung in einer neuen Produktion konsumiert werden. Es hört auf, sein eigenes Ziel zu sein.« »Die Sprache verwandelt sich in eine produktive Ware. Man operiert mit einer Maßeinheit, die zugleich eine ökonomische Größe ist: der Information.«

Was ist zu tun? – Jedenfalls keine Verabschiedung der Moderne, meint Lyotard, sondern Steigerung durch kritische Reflexion. Dazu gehört, wie Lyotard das in *Die Analytik des Erhabenen* vorgemacht hat, die Re-Lektüre, das Wiederlesen der großen Autoren (wozu ja auch dieses Buch anregen soll).

Peter Sloterdijk *(26.6.1947 in Karlsruhe)*

Auch Peter Sloterdijk, Philosoph an der Karlsruher Hochschule für Gestaltung, hat durch die Herausgabe einer Lesebuchreihe unter dem Titel *Philosophie jetzt!* eine solche Re-Lektüre angeregt. Er meint, sie könnte ein »Gegengift sein gegen die fundamentalistische Versuchung«, das verlorene metaphysische Fundament zu re-installieren. Die moderne Welt hat es ja aufgegeben, Wissen und Handeln in der Idee eines höchsten Gutes zu fundieren. So hat sie ein grenzenloses moralisches und physisches Experimentieren auf den Weg gebracht. Die Ermächtigung zum unbegrenzten Experimentieren wurde mit der Entdeckung einer innerweltlichen Bodenlosigkeit und Heimatlosigkeit bezahlt. Der Fundamentalismus flieht nun zurück zu den alten Grundlagen, ruiniert damit aber die von Haltlosigkeit befallene Gesellschaft durch Drogen und falsche Gewissheit. – Wie kann man ohne eine solche Ausflucht leben? Wie kann man in der eben entstehenden »telematischen Weltzivilisation« leben?

Um dafür einen Wink zu geben, knüpft Sloterdijk (der 1983 durch seine *Kritik der zynischen Vernunft* schlagartig berühmt wurde) an Heidegger an. Dieser hatte den Weltlauf der letzten zweieinhalb Jahrtausende als eine einzige durch Seinsvergessenheit bestimmte Irre diagnostiziert, als eine mit der Entwicklung der Technik fortschreitende Heimatlosigkeit. Sloterdijk meint (in seinem Buch *Nicht gerettet. Versuche nach Heidegger*): »Die enormen Zuwächse an Wissen und Können bei der modernen Menschheit erzwingen die Überlegung, ob die Irre-Diagnose für sie in derselben Weise gelten kann wie für die Zeiten vor der Entfaltung des modernen Potentials« (also zu Zeiten Heideggers, der 1976 starb).

Sloterdijk vermutet, »die Theorie der Irre, mit und ohne Ziel, geht aus einer falschen Beschreibung des Verhältnisses von Mensch und Sein hervor.« Falsch sei die Aufteilung des Seienden in Subjektives (Kultur, das Menschliche) und Objektives (Natur, das Mechanische und Unmenschliche) ohne Beachtung eines dritten Bereichs des sowohl Subjektiven als auch Objektiven. (Diese Idee dreier Bereiche stammt von Gotthard Günther in seinem Buch *Das Bewusstsein der Maschinen*, 1957.) Und dieses Dritte ist die Information (d. h. real existierendes Gedächtnis und selbstorganisierende Systeme). »Die metaphysische Unterscheidung von Natur und Kultur wird hinfällig, weil beide Seiten der Differenz nur regionale Zustände von Information und ihrer Prozessierung darstellen.«

Die praktische Anwendung der (falschen, unzureichenden) Unterscheidung von Seelisch-Menschlichem einerseits und Dinglich-Mechanischem oder Unmenschlichem andererseits heißt Herrschaft. Technik erscheint dann als eine Fremdbestimmung und Versklavung von Materien und Personen, wobei deren Eigennatur nicht berücksichtigt wird. Man kann dann z. B. fürchten, »die Gene würden als Rohstoffe des *biotech century* dieselbe Rolle spielen wie die Kohle in der Industriellen Revolution.« Oder auch, dass durch die Biotechnik das menschliche Selbst ohne

»Nachdem die Moderne in ihrem entgrenzten Experimentieren das System alteuropäischer Maßverhältnisse gesprengt hat, wird es die Weisheit der Zukunft sein, den Exzess und die Vorsicht neu miteinander auszugleichen. Die Weltgesellschaft wird eine Gesellschaft der Vorsicht sein, oder sie wird nicht sein.« (Peter Sloterdijk)

Rest in die Dinglichkeit und Äußerlichkeit versenkt wird und dort verloren geht. Das sind hysterische Illusionen, hinter denen das falsche zweiwertige Denken steckt. Angesichts jenes Dritten, der real existierenden Information (und auch Gene sind solches: eine auf das materielle Minimum reduzierte Form von informierter und informierender Information) ist dieses Bild der Technik nicht mehr plausibel.

Kolben und Reagenzgläser sind die Kristallkugeln von heute: Auf die grundlegenden Fragen der Menschheit können jedoch auch sie keine Antworten geben.

Mit den intelligenten Technologien entsteht eine nicht-herrische Technik, die Sloterdijk Homöotechnik nennt (wortanalog der Homöopathie). »Sie greift Intelligenz intelligent auf und erzeugt neue Zustände von Intelligenz.« Sie berücksichtigt den Eigensinn der Sachen, entfaltet eigentlich nur diesen. Der Dialog mit der Natur löst den Krieg mit der Natur ab.

Das gilt auch für die Natur des Menschen. Es geschieht dann dem Menschen nichts Fremdes, wenn er sich weiterer Hervorbringung und Manipulation aussetzt, d. h. sich selbst autoplastisch manipuliert. Sloterdijk zitiert den Theologen Karl Rahner, der schon 1966 schrieb: »Er muss der operable Mensch sein wollen, auch wenn Ausmaß und gerechte Weise dieser Selbstmanipulation noch weithin dunkel sind ... Aber es ist wahr: Die Zukunft der Selbstmanipulation des Menschen hat schon begonnen.«

Sloterdijk hofft sogar, dass »das homöotechnische Denken – das bisher unter Titeln wie Ökologie und Komplexitätswissenschaft angekündigt wurde – das Potential besitzt, eine Ethik der feindlosen und herrschaftsfreien Beziehungen freizusetzen.« Das wäre ein »Humanismus nach dem Humanismus«.

Quellen

Otto A. Böhmer: Sternstunden der Philosophie. Schlüsselerlebnisse großer Denker von Augustinus bis Popper. München, 1998
Inge Breuer/Peter Leusch/Dieter Mersch: Welten im Kopf. Profile der Gegenwartsphilosophie. Darmstadt, 1996
dtv-Atlas zur Philosophie. München, 2002
dtv-Atlas zur Weltgeschichte, Band 1+2. München, 1991
Ernst von Aster: Geschichte der Philosophie. Stuttgart, 1998
dtv-Brockhaus-Lexikon in 20 Bänden, 1998
Ursula Eberhard: Sophias Gärten. Eine Geschichte der Philosophie. Wien, 2001
John Farman: Eine schräge Geschichte der Philosophie. München, 1997
Karl Flasch: Das philosophische Denken im Mittelalter. Von Augustin zu Machiavelli. Stuttgart, 1986
Helferich, Christoph: Geschichte der Philosophie. München, dtv 1998
Johannes Hirschberger: Geschichte der Philosophie, Band I: Altertum und Mittelalter. Freiburg, 1991
Johannes Hirschberger: Geschichte der Philosophie, Band II: Neuzeit und Gegenwart. Freiburg, 1991
Otfried Höffe (Hg.): Klassiker der Philosophie I. Von den Vorsokratikern bis David Hume. München, 1994
Otfried Höffe (Hg.): Klassiker der Philosophie II. Von Immanuel Kant bis Jean-Paul Sartre. München, 1994
Otfried Höffe: Kleine Geschichte der Philosophie. München, 2001
Anton Hügli/Poul Lübcke (Hg.): Philosophie-Lexikon. Reinbek, 1997
Anthony Kennedy (Hg.): Illustrierte Geschichte der westlichen Philosophie. Frankfurt, 1995
Bernd Lutz (Hg.): Metzler Philosophen Lexikon. Von den Vorsokratikern bis zu den Neuen Philosophen. Stuttgart, 1995
H. Maier/H. Denzer (Hg.): Klassiker des politischen Denkens I. Von Plato bis Hobbes. München, 1968
H. Maier/H. Denzer (Hg.): Klassiker des politischen Denkens II. Von Locke bis Max Weber. München, 1968
Jaap Mansfeld: Die Vorsokratiker I. Stuttgart, 1983
Wolfgang Röd: Der Weg der Philosophie von den Anfängen bis ins 20. Jahrhundert. Band I. Altertum, Mittelalter, Renaissance. München, 2000
Wolfgang Röd: Der Weg der Philosophie von den Anfängen bis ins 20. Jahrhundert. Band II. 17. bis 20. Jahrhundert. München, 2000
Bertrand Russell: Philosophie des Abendlandes. Ihr Zusammenhang mit der politischen und sozialen Entwicklung. Frankfurt, 1950
Ernst R. Sandvoss: Geschichte der Philosophie, Band 1+2. München, 2001
Wolfgang Schadewaldt: Tübinger Vorlesungen. Band 1: Die Anfänge der Philosophie bei den Griechen. Die Vorsokratiker und ihre Voraussetzungen. Frankfurt, 1978
Schneiders, Werner: Deutsche Philosophie im 20. Jahrhundert. München, 1998
Schülerduden »Die Philosophie«. Mannheim, Wien, Zürich, 2002
Günter Schulte: Schnellkurs Philosophie. Köln, 2002
Robert C. Solomon, Kathleen M. Higgins: Eine kurze Geschichte der Philosophie. München, 2000
Volker Spierling (Hg.): Lust an der Erkenntnis. Die Philosophie des 20. Jahrhunderts. München, 1988
Hans Joachim Störig: Kleine Weltgeschichte der Philosophie. Frankfurt, 2002
Matthias Vogt: DuMonts Handbuch Allgemeinbildung. Köln, 2001
Franco Volpi (Hg.): Großes Werklexikon der Philosophie. Stuttgart, 1999
Karl Vorländer: Geschichte der Philosophie mit Quellentexten. Band 1: Altertum. Reinbek, 1990
Karl Vorländer: Geschichte der Philosophie mit Quellentexten. Band 2: Mittelalter und Renaissance. Reinbek, 1990
Karl Vorländer: Geschichte der Philosophie mit Quellentexten. Band 3: Neuzeit bis Kant. Reinbek, 1990
Nigel Warburton: Philosophie: Die Klassiker. Von Platon bis Wittgenstein. Reinbek, 2000
Marc Sautet: Ein Café für Sokrates. Philosophie für jedermann. Düsseldorf/Zürich, 1997
Wilhelm Weischedel: Die philosophische Hintertreppe. München, 1988

Sachregister

Abduktion 223
Abendmahlstreit 107
Absolute 15, 107, 205, 207, 208, 211, 212, 216
Absolutismus 159, 160, 162, 180, 182, 183
aer 33, 34
aither 33, 34
Akademie 49, 63, 67, 78, 88
Akademie, Jüngere 78
Akademie, Mittlere 78
Alchemie 143
Alexandria 17, 78, 79, 81, 83, 92, 93, 129
Allah 128
Allegorese 82
Allgemeine, das 105, 109, 120, 122, 124, 130, 175
Althegelianer 208
Anthropologie 87, 227
Antike 15, 16–87, 128, 133, 250
Antinomien 189
apeiron 11, 18, 21, 26
Aphorismen 72, 210, 217, 238
Apokatastasis 91
Apologeten 90, 92
Arier 12
Aristotelismus 67, 79, 131, 154, 155, 173, 174
Arten 105
artes liberales, s. Sieben Freien Künste
Askese 11, 15, 210
Ästhetik 87, 185, 209
Astrologie 59, 69, 78, 82, 143
Astronomie 35, 53, 145, 149, 150, 151, 166
ataraxia 36
Atharvaveda 10
Atheismus 161, 168, 178, 181, 197, 212, 234
Atheismusstreit 199
Athen 16, 18, 38, 40, 41
atman 11, 12
Atom 11, 18, 35, 74, 75, 144, 148
Atomismus 11, 18, 34, 73, 74, 76, 77, 167, 173, 211
Aufklärer 175
Aufklärung 106, 133, 143, 162, 163, 180-192, 193, 194, 195, 197, 198, 211, 217, 218, 219, 225, 226, 239, 240
Augustinismus 102
Aussagenlogik 65
Autonomie 163
Averroisten 111, 115, 125

Baccalaureus 114
Barock 162, 163
Begriff 124, 130, 191
Bettelorden 110, 112, 134, 153
Beweis 58
Bewusstsein 32, 167, 168, 177, 204, 205, 211, 214, 227, 228, 243, 245
Bibel 10, 81, 94, 95, 132, 151, 153, 155, 172
Bibelkritik 169
Biologie 61
Böse, das 71, 86, 94, 96, 100, 101, 106, 119, 157, 217, 219
Brahman 10, 11
Brahmane 10, 11
Buddhismus 10, 11, 12–13, 12, 243

Calvinismus 154, 162
Cartesianismus 164, 168, 180
Christentum 12, 27, 53, 55, 63, 67, 70, 76, 82, 84, 88, 89, 90, 93, 94, 95, 96, 127, 128, 131, 136, 142, 176, 191, 218

Darwinismus 222
Dauer 227
Deduktion 58, 152, 167, 221, 223
Definition 58
Deismus 176, 178
Delphi 20
Demiurg 53, 127, 136
Demokratie 26, 38, 41, 225, 241, 242
Dialektik 30, 51, 65, 74, 103, 208, 214, 216, 234, 239
dialektische Methode 201, 204, 206
Dialog 52
Dichotomie 30
Differential- und Integralrechnung 172
Ding an sich 209, 210
Disziplinen der Philosophie 62, 87
doctor angelicus 119
doctor subtilis 123
Dogmatismus 77, 78, 200, 203
Dominikaner 102, 110, 111
Donatisten 96
Dreieinigkeit s. Dreifaltigkeit
Dreifaltigkeit 88, 91, 94, 98, 105, 141, 148
Dreißigjähriger Krieg 157, 162, 164, 165
Dreistadiengesetz 220
Dualismus 15, 168, 172

Eindrücke 179
Eine, das 85, 86, 87
Eklektiker 31, 63, 83, 143, 183, 211
Eklektizismus 78, 79–82
Ekstase 86, 87, 98
Eleaten 17, 2--31, 35, 49, 55, 145
Elemente 32, 33, 53, 59, 65, 75, 157
Emanation 86, 127, 129, 130, 132
Empirie 11, 120, 128, 152, 208, 246
Empirismus 62, 76, 77, 125, 146, 162, 164, 170, 175–180, 181, 188, 219, 220, 221
Empirismus, Logischer 244
Energie 167
Engel 118
Entelechie 59
Entfaltungen 140, 142, 203, 205, 206
Entfremdung 215
Entwicklungstheorie 211
Enzyklopädisten 179, 181, 184–185, 219

Epikureer 73, 75, 77, 79
Epistemologie 191
Erbsünde 99
Erde 21, 36, 59, 166
Erdkarte 21
Erfahrung 125, 161, 162, 175, 178, 179, 181, 188, 189, 190, 200, 205, 242
Eristik 39
Erkennen 118, 185, 222
Erkenntnis 32, 36, 52, 65, 77, 97, 101, 112, 119, 125, 127, 139, 140, 144, 150, 152, 164, 166, 172, 179, 188, 189, 190, 191, 192, 205, 209, 226, 251
Erkenntnistheorie 27, 38, 51–52, 87, 109, 116, 148, 164, 170, 176, 177, 191, 195, 197
Erleuchtung 97, 101, 119
Erste Philosophie 57, 198
Erziehung 186, 201
Ethik 13, 20, 25, 35, 38, 41, 53, 57, 61, 63, 64, 65, 66, 67, 70, 71, 74, 75, 77, 79, 81, 87, 103, 110, 118, 125, 154, 164, 169, 172, 189, 191, 192, 206, 210, 223, 240, 250
Ethnologie 248
Eugenik 54
Evolutionslehre 222
Existenz 216, 231
Existenzialismus 102, 230, 233, 234, 235
Existenzphilosophie 203, 217, 223, 230–236

Familie 69
Faschismus 208
Finalismus 227
Fixsterne 149
Form 60, 61, 62, 111, 117, 118, 119, 130, 131, 132, 209, 210
Frankfurter Schule 215, 238, 240, 241, 242
Franziskaner 102, 110, 111, 120, 122
Französische Revolution 133, 162, 163, 181, 187, 191, 193, 195, 198
Freiheit 71, 156, 163, 171, 177, 182, 186, 190, 200, 207, 231, 233, 234, 242
Frühscholastik 103, 104-110

Gartenphilosophen 73
Gattungen 105
Gefühle 191, 198
Gegenreformation 155, 162
Geist 12, 32, 34, 179, 205, 206, 208, 211, 215, 243
Geisteswissenschaften 199
Geistphilosophie 208
Gemütsruhe 65, 76, 77, 78, 101, 144
Geographie 35
Geometrie 163, 166
Geschichte 100, 204, 205, 214, 219
Geschichtsphilosophie 189, 197, 199, 214
Gewaltenteilung 61, 177, 183
Glaubensphilosophen 194, 197–198
Gleichberechtigung der Frau 181
Gleichheit 156
Glückseligkeit 61, 62, 66, 67, 101, 118, 119, 123, 171, 172
Gnade Gottes 99, 118, 119, 127, 154, 156
Gnomom 25
Gnosis 90
Gnostik 94
Gnostiker 92
Gott 11, 12, 27, 33, 60, 65, 67, 81, 82, 84, 85, 89, 90, 91, 92, 93, 97, 98, 99, 100, 101, 106, 107, 111, 112, 116, 119, 122, 123, 126, 127, 129, 130, 131, 132, 135, 138, 139, 140, 141, 142, 143, 148, 151, 152, 156, 157, 158, 164, 166, 167, 168, 169, 170, 172, 174, 177, 178, 181, 190, 197, 200, 201, 203, 205, 206, 211, 212, 213, 217, 219, 222, 231, 233, 236
Götter 20, 21, 36, 39, 40, 74
Gottesbeweis 117, 175, 179, 191
Gottesbeweis, Augustinischer 98
Gottesbeweis, kosmologischer 62, 167
Gottesbeweis, ontologischer 107, 117, 167, 191
Gottesstaat 99, 100, 101, 103
Gute, das 94, 96, 100, 106, 119, 122, 154, 191, 217, 219

Harmonie 11, 53
Hebammenkunst 45
Hedonismus 48, 76, 77
Hegelianismus 208
Hellenismus 17, 63–87
Hermeneutik 191, 194, 226
Historizismus 242
Hochscholastik 103, 105, 107, 110–120, 122, 131, 175
Hoffnung 237, 238
Höhlengleichnis 51, 85
Homöotechnik 253
Hugenotten 154
Humanismus 62, 134, 135–144, 147, 162, 233, 235, 253
Hypostase 84, 85, 86, 87, 94, 127

Idealismus 54, 178, 195, 199, 211, 218, 219
Idealismus, Deutscher 87, 128, 192, 195, 198–211
Idee 51, 52, 54, 60, 62, 85, 86, 93, 97, 98, 105, 106, 109, 112, 116, 127, 142, 144, 164, 175, 177, 178, 190, 191, 206, 209, 210
Identitätsphilosophie 202, 203
Imperialismus 192
Individualismus 122, 124, 125, 143, 193
Individuelle 121
Indra 11
Induktion 58, 153, 221, 223
Industrielle Revolution 196
Infinitesimalrechnung 142
Information 252
Instrumentalismus 223
Intellekt 112, 116, 131, 210, 211
Intelligenz 140
Intentionalität 229
Intuition 10, 124, 170, 197

Investiturstreit 106
Islam 10, 10, 89, 128

Jahwe 127, 132
Jainismus 10, 11
Jansenisten 164
Jena 198
Jesuiten 168
Judentum 12, 81, 89, 127, 128, 132, 143
Junghegelianer 208

Kabbala 143
Kaisertum 135
Kanonik 74
Kant-Laplacesche Theorie 188
Kapitalismus 215, 239
Kardinaltugenden 52, 54, 86
Karma 11
Kastensystem 10
Kategorie 58, 62, 190, 206
Kategorienlehre 105, 109
Kategorischer Imperativ 72, 190, 192
Katholizismus 155, 159, 165, 175
Kausalgesetz 35
Kausalität 180
Keplersche Gesetze 149, 150
Kirchenlehrer 119
Kirchenväter 82, 89, 102, 112
Klasse 58
Klassische Periode 16, 19, 41–62
Klassizismus 163
Kommunikation 225, 243
Kommunismus 15, 215, 239
Konfuzianismus 13, 12–13
Konstantinopel 17, 129, 133, 136
Konzeptualismus 109
Konzil von Basel 138, 153
Konzil von Konstanz 153
Konzil von Nizäa 91
Konzil von Trient 122, 155, 162
Koran 128, 131
Körper 140, 168, 170, 233
Kosmologie 25, 53, 166, 198, 248
Kosmopolit 66, 67, 69
Kosmos 23
Krieg 25, 160, 161
Kritische Theorie 237–241
Kulturgeschichte 184
Kunst 87, 207, 210
Kunstphilosophie 203
Kyniker 41, 46, 47, 48, 64, 66
Kyrenaiker 41, 46, 48, 75

Lebensphilosophie 203, 217, 225–228
Li 15
Liberalismus 172, 177, 183, 222
Linkshegelianer 208, 211, 212, 213
Logik 31, 57, 58, 62, 64, 65, 67, 74, 79, 87, 103, 107, 108, 121, 124, 125, 127, 128, 129, 153, 161, 164, 173, 189, 190, 191, 205, 206, 208, 221, 223, 244, 246
logos 26, 27, 36, 65, 82, 93, 132, 156, 238
Logoslehre 25
Lust 75, 77
Lykeion 41, 55, 57, 63

Macht 249
Magie 143
Magnetismus 20
Manichäismus 94, 95, 96
Mantik 69, 78
Marxismus 26, 213, 215, 223, 234, 237–238, 242
Materialismus 87, 178, 192, 195, 211–215, 219
Materialismus, dialektischer 214
Materialismus, historischer 212, 214
Materialist 18, 36, 161, 181, 182, 198
Materie 12, 15, 32, 60, 62, 86, 94, 117, 118, 119, 130, 131, 132, 142, 148, 167, 177, 181, 185, 227, 243
Mathematik 22, 35, 49, 57, 120, 134, 137, 145, 148, 150, 153, 163, 165, 167, 168, 169, 244
mathematische Methode 167, 168, 173
maya 11, 12
Mechanik 62, 151, 165
Megariker 41, 46, 64
Mehrwert 215
Mensch 21, 38, 39, 139, 141, 142, 144, 147, 157, 169, 178, 212, 213, 227, 235, 243, 252, 253
Menschenrechte 67, 181, 182
Metaphysik 15, 29, 31, 41, 57, 60, 85, 87, 116, 129, 147, 150, 165, 166, 175, 178, 188, 190, 192, 195, 198, 205, 206, 208, 210, 220, 223, 251
Methode, scholastische 109, 150
Mikrokosmos 141, 142
Milesier 17, 18, 20, 32, 35
Milet 18
Mimamsa 12
Minoriten 121
Mithraskult 82
Mittelalter 17, 88–132, 144
Moderne 240, 250
Mohismus 13
Monade 148, 173, 174, 184
Monarchie 119
Monismus 12
Monotheismus 27
Moral 13, 64, 67, 71, 158, 189, 190, 218, 219
Moralphilosophie 166, 207
Motivation 110
Mystik 109, 121, 125, 126, 128, 134, 135, 155, 156, 157, 164, 201
Mythologie 36, 240

Nationalökonomie 222
Nationalsozialismus 128
Natur 18, 25, 38, 59, 62, 65, 66, 67, 86, 97, 106, 113, 119, 120, 121, 128, 134, 143, 144, 152, 168, 169, 170, 172, 182, 186, 188, 197, 203, 206, 227, 240, 243, 252, 253
Naturalismus 161, 199, 218
Naturphilosophie 12, 18, 21, 33, 36, 53, 55, 144–153, 166, 196, 201, 202, 203, 205, 206, 208
Naturrecht 66, 67, 160, 177
Naturwissenschaften 22, 37, 62, 76, 137, 143, 146, 148, 151, 153, 166, 168, 176, 199, 205, 211, 220, 225, 226, 228, 229, 242

Naturwissenschaftler 18, 113, 145, 148
Neopositivismus 221
Neueste Zeit 133, 193–253
Neuhegelianismus 208
Neukantianismus 195
Neu-Konfuzianismus 14, 15
Neuplatonismus 55, 63, 82–87, 90, 92, 93, 95, 98, 101, 106, 112, 116, 121, 129, 132, 136, 139, 140, 141, 142, 148, 156, 203
Neupythagoreismus 23
Neuscholastik 120
Neuzeit 66, 67, 88, 123, 125, 133–192
Nihilismus 197, 218, 219
Nirvana 13
Nominalismus 62, 105, 116, 120, 124, 125, 137, 175, 177, 180
Nous 127
Nyaya 11

Objektivismus 87
Ockhams Rasiermesser 124
Offenbarung 89, 111, 127, 131, 134, 153, 176, 202
Okkasionalismus 164
Ökonomie 176, 214, 222
Ontologie 29, 30, 85, 87, 198
Optik 149
Optimismus 174, 184
Organismus 148, 227
Organon 57, 59, 152
Orphik 24, 32, 33

Pädagogik 142, 176, 187, 223
Pantheismus 28, 67, 86, 142, 148, 164, 170, 185, 201, 203
Pantheismusstreit 197
Papsttum 119, 135, 157
Paradoxon 30, 48, 217, 244
Patristik 88, 89-102
Pelagianer 96
Peripatetiker 56
Perzeptionen 179
Pessimismus 210
Pflanzen 118
Pflicht 66, 67, 118, 154, 200
Phänomenologie 102, 205, 228–230, 233, 235
Pharmakologie 147
Philosophie, analytische 180, 244–247
Philosophie, Chinesische 13–15
Philosophie, Indische 10–12, 13, 84, 209, 211
Philosophie, Islamische 129–131
Philosophie, Jüdische 131-132
Philosophiegeschichte 41
Physik 32, 35, 53, 57, 59, 64, 65, 67, 74, 77, 79, 81, 132, 150, 163, 165, 166, 167, 188
Physiologie 35
Pietismus 157
Planeten 149, 150
Platoniker 83, 95, 164
Platonische Akademie 134, 136, 142, 143, 154
Platonische Körper 23, 53, 149
Platonismus 82, 90, 101, 105, 107, 109, 131, 142
Poetik 62
Politik 25, 57, 61
Positivismus 79, 87, 180, 192, 195, 196, 219–222, 241, 242
Positivismus, Logischer 244
Positivismusstreit 243
Postmoderne 250–253
Prädestination 96, 98, 99, 102, 154
Prädestinationsstreit 106
Pragmatismus 192, 197, 222–223
prästabilierte Harmonie 174
Preußische Akademie der Wissenschaften 175
Proletariat 215
Protestantismus 153, 154, 155, 162, 175
Psychoanalyse 247
Psychologie 35, 59, 61, 166, 168, 198, 221, 228, 246
Psychologismus 221
Puritaner 155
Pythagoreer 23, 24, 34, 49, 55, 145

Qi 15
Quadrivium 111

Rationalismus 15, 162, 163–175, 181, 188, 194, 211, 226, 243
Rationalismus, Kritischer 241–242
Realismus 105, 107, 116, 122, 198
Recht 158, 161, 183, 191, 192, 205, 207
Rechtfertigung 155
Rechtsgeschichte 142
Rechtshegelianer 208
Rechtsphilosophie 182, 189, 199, 206
Reformation 133, 135, 153–157
Reformierte Kirche 154
Relativitätstheorie 173
Religion 40, 82, 186, 191, 202, 207, 212, 213, 214, 218, 221
Religionsphilosophie 179, 189, 199, 200, 218
Renaissance 133-161, 162, 186
Renaissance, karolingische 104
Rhetorik 38, 39, 40, 41, 65, 72, 74, 80, 94
Rigveda 10
Rokoko 162, 163
Rom 69, 71
Romantik 128, 142, 155, 157, 163, 185, 187, 194, 195, 197, 198–211, 219
Römer 17

Samaveda 10
Samkhya 12
Sanskrit 10
Satz 124
Satz vom ausgeschlossenen Dritten 59
Satz vom Widerspruch 58, 140
Schluss 58, 124, 221
Scholastik 88, 91, 92, 102–128, 135, 137, 141, 147, 150, 155, 164, 175, 208
Scholastik, lutherische 155
Scholastiker 82, 129, 143, 153, 164

Schöpfung 106
Schule von Athen 16
Scotismus 122, 123, 125
Seele 11, 24, 26, 36, 51, 52, 53, 54, 59, 86, 93, 94, 97, 98, 101, 111, 116, 118, 119, 126, 127, 128, 130, 131, 140, 141, 142, 143, 147, 148, 156, 157, 166, 168, 170, 173, 177, 190, 206
Seelenwanderung 10, 24, 27, 32, 53
Sein 10, 235, 252
Seinsstufen 140
Selbstbestimmung 75
Selbstbewusstsein 174, 208
Selbstliebe 180
Selbstmord 232
Seligkeit 99, 101
Semiotik 223
Sentenzen 103
Septuaginta 81, 93
Sexualität 250
Sieben Freien Künste, die 104, 110, 111, 135, 184
Sieben Weisen, die 19
Siebenjähriger Krieg 184
Sinn 243
Sinne 140, 144
Skepsis 40, 77, 144
Skeptiker 28
Skeptizismus 63, 77–79, 81, 95, 98, 144, 178
Sklaven 38
Sonne 150
Sophist 18, 31, 37–41, 44, 55, 77, 78, 180
Sozialismus 195, 214, 222
Sozialphilosophie 222
Sozialvertrag 161, 186, 191
Soziologie 199, 220, 221, 241
Spätscholastik 103, 120, 122, 134, 143, 175
Sphären 59
Sprachphilosophie 87, 191, 197, 225, 245, 247
Staat 14, 53, 54, 55, 61, 62, 69, 76, 97, 118, 119, 157, 160, 161, 169, 171, 191, 205, 207
Staatsphilosophie 157-161, 207
Stoa 63–73, 82, 90, 160, 183
Stoiker 26, 74, 76, 77, 78, 79, 81, 86
Stoizismus 93
Strukturalismus 247-250
Subjektphilosophie 249
Substanz 12, 167, 168, 170, 173, 174, 179, 181, 211, 243
Summen 103
Syllogismus 11, 58, 62, 152
Sympathie 180
System 163, 164, 205
Systemtheorie 243–244

Talmud 128, 132
Taoismus 13, 15
Technik 225
Teleologie 34
Temperamente 147
Terminismus 125
Theodizee 99, 174
Theologie 25, 88, 106, 109, 110, 112, 113, 115, 116, 119, 120, 121, 122, 125, 127, 128, 132, 134, 135, 138, 139, 140, 148, 150, 153, 164, 170, 177, 194, 198, 211
Theosophie 82
Thomisten 123, 125
Thora 132
Tiere 118, 144
Toleranz 143, 176, 177, 181, 182, 183
Totalitarismus 55
Trägheitsprinzip 151
Transzendentalphilosophie 190, 203
Triebe 66
Trinität s. Dreifaltigkeit
Trivium 111
Tugend 14, 15, 45, 47, 61, 69, 118, 127, 143, 158, 170, 171

Übermensch 219
unbewegte Beweger 62, 111, 127, 130, 148
Unbewusste, das 97
Unendlichkeit 139, 141, 142, 148
Universalien 120
Universalienstreit 84, 105, 107, 109, 110, 116, 223
Universität 49, 110, 111
Universum 148
Unsterblichkeit 131
Upanischaden 11, 13
Urgesetz 23
Urstoff 17
Urteile 190, 191, 192
Utilitarismus 196, 222
Utopie 152, 159

Vaisheshika 12
Vedanta 12
Veden 10, 11
Vernunft 15, 26, 29, 33, 39, 51, 60, 66, 67, 86, 89, 92, 102, 107, 113, 115, 116, 123, 125, 132, 140, 141, 144, 153, 155, 160, 163, 170, 171, 175, 176, 181, 182, 183, 187, 188, 189, 190, 191, 192, 194, 197, 198, 205, 206, 207, 239, 240
Vernunftreligion 176
Verstand 8, 98, 116, 126, 130, 140, 170, 177, 187, 189, 190, 191, 197
via antiqua 125
via moderna 125
Völkerbund 192
Völkerrecht 160
Volksgeist 197, 207
Voluntarismus 122, 123, 125, 126, 156
Vorscholastik 104
Vorsokratiker 11, 17–41, 49, 55
Vorstellung 177, 178, 179, 200, 209
Vorurteile 144, 152, 181

Wahrheit 37, 39, 45, 99, 116, 150, 175, 208, 222, 231, 241
Wahrheit, doppelte 111, 115, 125, 137
Wahrnehmung 39, 60
Wahrscheinlichkeitsrechnung 164
Wahrscheinlichkeitstheorie 78
Welt 36, 62, 119, 122, 139, 141,

145, 190, 200, 201, 203, 206, 218
Weltbild, heliozentrisches 146
Weltbild, kopernikanisches 151
Weltbild, ptolemäisches 144
Weltgeist 207, 208
Weltseele 86, 109, 143, 148
Weltstaat 100, 101
Weltvernunft 13, 26
Wiedergeburt 12, 13
Wiener Kreis 244
Wille 99, 118, 122, 123, 167, 171, 200, 209, 210, 211, 218, 249
Wirklichkeit 116, 124, 206, 213, 242, 244
Wissen 152
Wissenschaftstheorie 57, 191

Yajurveda 10
Yin und Yang 14, 15
Yoga 12

Zeit 99, 100, 101
Zen-Buddhismus 15
Zoologie 59, 61
Zwei-Welten-Lehre 52, 54, 55, 59, 61

Personenregister

Abélard, Pierre (Petrus Abaelardus) 105, **108–110,** 116, 130
Adeodat 94
Adorno, Theodor Wiesengrund 215, 225, 238, **239–240,** 241, 242, 243
Agricola, Rudolf 137
Ainesidemos von Knossos 78, 95
Akademos 49
Albert, Hans 241, 242
Albertus Magnus (Albert von Lauingen) 111, **112–113,** 126
Alembert, Jean Le Rond d' 181, 185
Alexander der Große 10, 11, 17, 41, 47, 56, 63, 81
Alfarabi (Abu Nasr Mohammed) 129, 130
Alkibiades 42, 46
Ambrosius, Bischof 90, 95, 101
Ammonios Sakkas 83, 84, 93
Amyntas von Makedonien 55
Anaxagoras 18, 30, **33–34**
Anaximander 18, **20–21**, 22, 26, 32
Anaximenes 18, **21–22,** 26, 65
Andronikos 57
Anselm von Canterbury 102, 105, **106–108,** 117, 167, 191
Antiochos 80
Antistehnes 46, 47
Apel, Karl-Otto 240
Apollodoros 44
Apostel Paulus 70, 82, 90, 92, 95
Arcesilaus 78
Archimedes 150
Arendt, Hannah 230
Aristarchos 145, 146
Aristippos von Kyrene 46, 48, 75
Aristoteles 11, 14, 16, 18, 19, 24, 30, 32, 35, 37, 41, 46, 49, **55–62,** 63, 64, 65, 74, 79, 84, 85, 86, 89, 100, 101, 103, 105, 109, 110, 111, 112, 113, 114, 115, 116, 117, 118, 120, 121, 122, 124, 127, 128, 129, 130, 134, 136, 137, 140, 144, 145, 147, 148, 150, 151, 152, 160, 173, 198, 208, 236,
Arius, Bischof 91
Arrianus, Flavius Aulus 71
Ashoka 10
Athanasius 90
Augstein, Rudolf 236
Augustinus, Aurelius 87, 90, 91, 92, **94–102,** 103, 107, 111, 112, 117, 119, 126, 127, 135, 136, 137, 154, 155, 166, 208, 214, 87
Augustus, Kaiser 17
Austin, John Langshaw 247
Averroes (Mohammed Ibn Ruschd) 111, 114, 125, 130, 131, 132, 137
Avicebron (Salomon Ibn Gabriol) 131
Avicenna (Ibn Sina) 130

Baader, Benedict Franz Xaver von 157, 202
Bacon, Francis 120, 146, **151–153,** 161, 162, 175, 181, 196, 219, 221
Bacon, Roger 181
Bakunin, Michail A. 208
Barthes, Roland 247
Basileios der Große 91
Basilius der Große 90
Baudelaire, Charles 234
Bayle, Pierre 171, 181
Beauvoir, Simone de 233, 235
Bentham, Jeremy 196, 221
Bergson, Henri-Louis 172, 211, 217, 227, 228, 244, 225, **226–228**
Berkeley, George 126, 175, **177–178,** 179, 200, 223
Blanchet, André 231
Bloch, Ernst 215, 225, **237–238**
Bodin, Jean 159, 162
Boethius, Anicius Manlius Severinus 84, 87, 103, 105, 107, 115
Böhme, Jakob 155, **156–157,** 201
Bonaventura (Giovanni di Fidanza) 111, **112,** 113
Brahe, Tycho 145, 149
Brecht, Berthold 47

Bruno, Giordano 142, 145, **147–149,** 151, 169, 170, 173, 202, 203
Buddha (Siddharta Gautama) 12
Burrus 70
Busch, Wilhelm 211

Caligula, Kaiser 70
Calvin, Johannes (Jean Cauvin) 102, 154
Camus, Albert 79, 217, 230, 231–232, 244
Caravaggio (Michelangelo Merisi, Amerighi da Caravaggio) 162
Caritat de Condorcet, Antoine 182
Carnap, Rudolf 244
Cäsar 69, 80, 207
Cassirer, Ernst 195
Catilina 80
Cesena, Michael von 123
Champeaux, Wilhelm von 105, 108
Cheng, König 13
Cherbury, Herbert von 176
Chrysippos 64, 66, **68–69**
Chrysostomus, Johannes 90
Cicero, Marcus Tullius 41, 69, **80–81,** 94, 95, 103, 136, 179
Clairvaux, Bernhard von 109
Claudius, Kaiser 70
Clemens von Alexandria, Titus Flavius 90, **92–93**
Cohen, Hermann 195
Compiègne, Johannes Roscellinus von 105, 108
Comte, Auguste 180, 196, 195, **220–221,** 223
Croce, Benedetto 208
Cromwell, Oliver 160

Dante Alighieri 62
Darwin, Charles 26, 32, 196, 211, 222
Demokrit 18, 30, 33, **34–37,** 73, 74, 75, 76, 77, 211
Descartes, René 63, 67, 79, 102, 107, 126, 134, 138, 162, 163, 164, **165–168,** 169, 171, 173, 177, 179, 185, 205
Dewey, John 223
Diderot, Denis 14, 181, 182, 184
Dilthey, Wilhelm 217, **225–226**
Diogenes aus Seleukia 69
Diogenes von Sinope 47, 63
Dionysios 49
Dionysios Areopagita 92, 106, 115, 139
Dionysios der Jüngere 49
Domitian, Kaiser 71
Duns Scotus, Johannes 107, 120, **121–123,** 125

Earl of Shaftesbury 176
Einstein, Albert 173, 175
Empedokles 18, 28, 30, **31–33,** 34, 35, 36, 40, 65, 144
Engels, Friedrich 203, 208, 212, 213, 214
Epiktet 67, **71–72,** 73
Epikur 37, 48, 63, 66, **73–77,** 78, 81, 144, 211
Erasmus von Rotterdam 137, 138, 156, 159
Erzbischof von Reims 106
Eukleides von Megara 46, 48
Euklid 150
Euripides 39

Feuerbach, Ludwig 208, 211, **212–213,** 214, 218
Fichte, Johann Gottlieb 128, 192, 198, **199–201,** 202, 203, 204, 206, 208, 209
Ficino, Marsilio 136, 137, **142–143**
Flasch, Kurt 108
Flaubert, Gustave 234
Förster-Nietzsche, Elisabeth 219
Foucault, Michel 225, **249–250**
Fourier, Charles 195, 214
Franck, Sebastian 155
Frege, Friedrich Ludwig Gottlob 223
Freud, Sigmund 175, 192, 211, 241
Friedrich der Große 159, 182
Friedrich II. von Preußen 184
Friedrich Wilhelm IV. 203

Galilei, Galileo 134, 145, 146, 148, **150–151,** 152, 161, 163, 169, 196, 202
Gallienus 85
Gassendi, Pierre 167, 173
Geulincx, Arnold 164
Goethe, Johann Wolfgang von 14, 26, 55, 171, 197, 198, 199, 201
Gordianus III., Kaiser 85
Gorgias 31, 38, **40–41**
Gottschalk 106
Gregor der Große 90
Grotius, Hugo (Huig de Groot) 160
Günther, Gotthard 252
Gutenberg, Johannes 144

Habermas, Jürgen 225, **240–241,** 242, 243
Hales, Alexander von 112
Hamann, Johann Georg 171, 194, 197
Hegel, Georg Wilhelm Friedrich 15, 17, 26, 87, 107, 128, 157, 172, 182, 192, 195, 196, 198, 199, 201, 202, 203, **204–208,** 209, 210, 211, 212, 214, 215, 216, 218, 242, 243
Heidegger, Martin 26, 123, 175, 192, 217, 225, 228, 230, 231, **235–236,** 237, 252
Heinrich IV. 106
Heinrich VIII. 159
Hektaios 18
Héloise 108
Helvétius, Adrien 181
Heraklit 17, **24–27,** 30, 32, 33, 34, 39, 49, 64, 65, 140, 144, 207, 208, 217, 236
Herder, Johann Gottfried 10, 171, 194, 197, 246
Hermeias 56
Hesiod 25, 28, 73
Hieronymus 90

Hippokrates 40
Hobbes, Thomas 126, 161, 162, 166, 169, 186
Hoffmann, E. T. A. 198
Holbach, Paul-Henri Thiry d' 181, 211
Hölderlin, Friedrich 192, 198, 199, 201, 204, 236
Homer 25, 82
Horaz (Quintus Horatius Flaccus) 76, 77
Horkheimer, Max 215, **238–239,** 240, 241
Humboldt, Wilhelm von 200, 246
Hume, David 63, 79, 175, **178–180,** 186, 188, 190, 196, 221
Hus, Jan 153
Husserl, Edmund 102, 175, 192, 225, **228–229,** 232, 233, 235
Hypatia 83

Jacobi, Friedrich Heinrich 194, 197
Jamblichos 83
James, Henry 222
James, William 222
Jansen, Cornelius 164
Jaspers, Karl 192, 217, 230, **230–231**
Julian, Kaiser 83
Justinian, Kaiser 49, 84
Justinus, Flavius 90

Kant , Immanuel 14, 20, 62, 67, 72, 107, 166, 171, 175, 177, 180, 186, **187–192,** 194, 195, 197, 198, 199, 200, 202, 203, 205, 206, 208, 209, 211, 218, 219, 223, 226, 231
Karl der Große, Kaiser 105
Karl der Kahle, Kaiser 105
Karneades 78, 95
Katharina die Große 182
Kelsos 93
Kepler, Johannes 24, 142, 145, **149–150,** 164, 169
Kierkegaard, Sören Aabye 195, 203, **215–217,** 232
Kleanthes 68
Kleist, Heinrich von 192, 198
Kleopatra 17
Kolumbus, Christoph 133
Konfuzius 14, 15
Konstantin, Kaiser 90, 91
Konsul Marius 69
Kopernikus, Nikolaus 145, **146–147,** 148, 149, 150, 151, 164, 169, 196, 202
Krates 68
Kristina, Königin 165
Kriton 44
Kues, Nikolaus von (Nicolaus Cusanus) 121, 137, **138–142,** 145, 148, 202, 203

Lacan, Jacques 247
Lamarck, Jean-Baptiste 211
Lanfranc 106, 107
Lao Tse (Ri Li) 15
Leeuwenhoeks, Antoni van 172
Leibniz, Gottfried Wilhelm 87, 107, 134, 142, 163, 164, 165, 171, **172–175,** 176, 182, 188, 210
Lenin, Vladimir Iljitsch 214, 215
Lessing, Gotthold Ephraim 171
Leukipp 34, 35, 36, 37, 211
Lévi-Strauss, Claude 247, **248–249**
Lincoln, Abraham 196
Locke, John 67, 161, 163, 175, **176–177,** 178, 179, 181, 183, 185, 186, 188, 196, 226
Ludwig der Bayer, Kaiser 123
Ludwig XIV. 162, 172
Ludwig XV. 181
Ludwig XVI. 184
Luhmann, Niklas 225, **243–244,** 248
Luise, Königin 194
Lukrez (Titus Lucretius Carus) 74, 77
Luther, Martin 88, 102, 125, 133, 138, 148, 153, 154, **155–156**
Lyotard, Jean François **250–251**

Machiavelli, Niccolò 158, 159, 160
Madame du Châtelet 184
Magellan, Ferdinand 144
Maimonides (Moses ben Maimon) 132
Malebranche, Nicole 164
Mallarmé, Stéphane 234
Mani 94
Marc Aurel 64, 71, **72–73**
Marcus Antonius 80
Marcuse, Herbert 238
Marcuse, Ludwig 215
Marx, Karl 187, 192, 201, 208, 212, **213–215,** 222, 237, 239
Maturana, Humberto 243
Meister Eckhart, Johannes 121, **126–128,** 155
Melanchthon, Philipp 153, 154, 155, 221
Merleau-Ponty, Maurice 228
Mill, James 221
Mill, John Stuart 180, 196, 220, **221–222**
Moerbecke, Wilhelm von 114
Mohammed 128, 129
Montaigne, Michel de 79, 138, **144,** 152
Montesquieu, Charles de Secondat 61, 181, **183**
More, Thomas 159
Munch, Edvard 217

Napoleon Bonaparte I. 194, 195, 198, 200, 204, 207
Napoleon Bonaparte III. 195
Nausiphanes 73
Nazianz, Gregor von 90, 91
Nero, Kaiser 64, 70, 71
Newton, Isaak 142, 176, 178, 181, 185, 187
Nietzsche, Friedrich 17, 26, 42, 47, 55, 172, 187, 192, 195, 211, 215, **217–219,** 223, 249, 250
Nikolaus V. 138
Nikomachos 55
Novalis 87, 201
Nyssa, Gregor von 91, 106

Ockham, Wilhelm von 120, **123–126,** 134, 155, 162
Offray de La Metrie, Julien 181, 182
Origenes 90, **93–94**
Owen, Robert 214

Padua, Marsilius von 123
Pamphilos 73
Panaitios von Rhodos 64, **69**
Papst Innozenz VIII. 143
Paracelsus (Theophrastus Bombastus von Hohenheim) 145, 146, 147, 148, 157, 202
Parmenides **28–30,** 32, 33, 35, 39, 230, 236
Pascal, Blaise 163, 164
Paul, Jean 192
Peirce, Charles Sanders 123, 196, 222, 223
Pelagius 30, 33, 38, 96, 98, 99
Petrarca, Francesco 134, 136, 137
Petrus Lombardus 115, 121, 123, 124
Phaunarete 42
Philipp, König 56
Philon von Alexandria **81–82,** 92, 95
Pico della Mirandola, Giovanni 137, 141, **143,** 154
Platon 14, 18, 19, 22, 24, 25, 26, 27, 29, 30, 37, 39, 40, 41, 42, 43, 44, 45, 46, 47, **48–55,** 57, 60, 61, 62, 63, 64, 72, 74, 78, 79, 83, 84, 85, 86, 87, 89, 90, 93, 97, 101, 103, 105, 106, 109, 110, 112, 115, 116, 117, 127, 129, 135, 136, 137, 142, 144, 150, 152, 192, 195, 208, 209, 211, 215, 236, 242
Plethon, Giorgos Gemistos 136
Plotin 83, **84–87,** 92, 101, 121, 127, 129, 142, 148
Polemon 68
Polykrates 22
Pompejus 69
Popper, Karl Raimund 47, 225, **241–242,** 243
Porphyrios 83, 84, 85, 105
Poseidonos von Apameia 64, **69,** 80, 90
Prodikos von Keos 38
Proklos 83, 115, 139
Protagoras **38–40,** 48
Proudhon, Pierre Joseph 195
Pyrrhon von Elis 77
Pythagoras 17, **22–24,** 25, 27, 31, 32, 33, 81, 90
Pythias 56

Raffael (Rafaello Santi, Sanzio) 61
Rahner, Karl 253
Reuchlin, Johannes 137, 153
Ricardo, David 214, 222
Robespierre, Maximilien de 186
Romulus Augustulus 88
Rousseau, Jean-Jacques 161, 176, 182, 184, **185–187,** 194
Rudolf II., Kaiser 149
Russell, Bertrand 31, 175, **244–245,** 255

Saint-Simon, Claude-Henri de 195, 214, 220
Sartre, Jean-Paul 217, 225, 226, 228, 230, 231, **232–235,** 244
Saussure, Ferdinand de 225, 247–248
Savonarola 142, 158
Schelling, Friedrich Wilhelm 10, 87, 128, 157, 192, 198, 199, **201–203,** 204, 206, 208, 209, 216
Schestow, Leo 232
Schiller, Friedrich 192, 198, 199
Schlegel, Karoline 201
Schleiermacher, Friedrich Daniel Ernst 194, 201, 209
Schmitz, Hermann 225, 228, 229–230
Schopenhauer, Arthur 10, 11, 106, 172, 192, 195, 199, 203, **208–211,** 215, 216, 217, 218, 227
Scipio der Jüngere 69
Scotus Eriugena, Johannes 104, **105–106,** 139
Searle, John Roger 247
Seneca 64, **70–71,** 103, 136
Sennet, Richard 250
Septimus Severus, Kaiser 93
Sextus Empiricus 78, 79
Shakespeare, William 151, 152
Shankara 12
Siger von Brabant 111
Sloterdijk, Peter 225, **251–253**
Smith, Adam 180, 196, 214, 222
Sokrates 14, 17, 19, 25, 29, 30, 36, 41, **42–47,** 48, 49, 52, 55, 58, 78, 83, 90, 105, 216, 218
Solon 48
Sophie Charlotte, Königin 173
Sophronikos 42
Spencer, Jeremy 222
Speusippos 56
Spinoza, Benedict (Baruch) de 67, 87, 107, 148, 164, 165, **168–172,** 185, 197, 201, 203, 223
Stilponos 68
Strauß, David Friedrich 211
Sultan Saladin 132

Tertullianus 90
Thales von Milet 18, **19–20,** 22
Theoderich 84
Theodosius I., Kaiser 91
Theophrast 41, 147
Theron 31
Thomas von Aquin 15, 102, 107, 111, **113–120,** 123, 126, 130, 131, 139, 157
Thomasius, Christian 171
Thrasymachos 38
Tieck, Johann Ludwig 201
Timaios 53
Timon von Phlius 77
Tocqueville, Alexis de 222
Tolstoi, Leo Nikolajewitsch 247

Vergil 136
Verne, Jules 120
Vico, Giambattista 214
Victoria, Königin 196
Voltaire, François Marie 14, 159, 180, 181, 182, **183–184,** 187, 214

Wagner, Richard 211, 217
Wagner, Winifried 219
Weigel, Valentin 155
Whitehead, Alfred North 55, 244, 245
Wiclif, John 153
Wittgenstein, Ludwig 175, 192, 225, **245–247,** 250
Wolff, Christian 14, 171, 174, 182, 187, 188

Xenokrates 56, 68, 73
Xenophanes **27–28,** 77
Xenophon 46

Zenon von Elea 29, **30–31,** 217
Zenon von Kition 64, 65, **68,** 69, 77, 80
Zeus 39
Zhu Xi 14
Zwingli, Ulrich 154

Bildnachweis

AKG, Berlin/Erich Lessing: S. 30, 134 AKG, Berlin: S. 49, 56, 70, 99, 104, 109, 136, 139, 146, 149, 154, 158, 188, 199, 207, 212, 213, 233, 240, 241, 248 Wilhelm Fink Verlag, München: S. 83 Giraudon, Paris: S. 14 Herzog August Bibliothek, Wolfenbüttel: S. 169 Hulton Deutsch Collection, London: S. 231 Image Select/Ann Ronan Picture Library: S. 202, 222 Interfoto/Dulfaquar: S. 250 Königliche Bibliothek, Kopenhagen: S. 215 Kunsthistorisches Museum, Wien: S. 55 Metropolitan Museum of Art, New York: S. 43 Stefan Moses: S. 237 Musée Carnavalet, Paris: S. 185 Musée Comte, Paris: S. 220 Musée du Louvre, Paris: S. 73, 165 Musée National, Versailles: S. 194 Nasjonalgalleriet, Oslo: S. 224 Museo Archeologico Nazionale, Neapel: S. 63 Niedersächsische Landesbibliothek, Hannover: S. 173 Rijksmuseum, Amsterdam: S. 35 Scala, Florenz: S. 95, 114, 121 Schopenhauer-Archiv, Fft/M.: S. 209 Scottish National Portrait Gallery, Edinburgh: S. 179 Sonia Halliday Photographs: S. 88 Thielska Galleriet, Stockholm: S. 217 Trinity College, Oxford: S. 245 Vatikanische Museen: S. 16, 25
Mit frdl. Genehmigung der Bayer-AG: S. 253